“十一五”国家重点图书

● 数学天元基金资助项目

俄罗斯数学教材选译

非线性动力学定性理论方法

Feixianxing Donglixue Dingxing Lilun Fangfa

（第一卷）

Leonid P. Shilnikov
Andrey L. Shilnikov
Dmitry V. Turaev
Lcon O. Chua 著

金成桴 译

高等教育出版社·北京

内 容 提 要

本书详细介绍非线性动力系统高维定性理论和分支理论 (局部和大范围)。全书共分两卷。第一卷共有 6 章和 2 个附录, 主要内容有: 动力系统基本概念, 动力系统的结构稳定平衡态和结构稳定周期轨线, 不变环面, 局部和非局部中心流形理论以及鞍点平衡态附近系统的特殊形式和鞍点不动点附近轨线的一阶渐近。全书可作为大学数学系高年级本科生、研究生、教师的教科书和教学参考书, 也供非线性动力学和动力系统其它方向的学生、教师、工程师、学者和专家学习和参考。

"没有什么比好的理论更实用。"

James C. Maxwell

"…… 我们既要追求优美, 同样也要选择有用。"

Henri Poincaré

目录

《俄罗斯数学教材选译》序

从上世纪 50 年代初起, 在当时全面学习苏联的大背景下, 国内的高等学校大量采用了翻译过来的苏联数学教材. 这些教材体系严密, 论证严谨, 有效地帮助了青年学子打好扎实的数学基础, 培养了一大批优秀的数学人才. 到了 60 年代, 国内开始编纂出版的大学数学教材逐步代替了原先采用的苏联教材, 但还在很大程度上保留着苏联教材的影响, 同时, 一些苏联教材仍被广大教师和学生作为主要参考书或课外读物继续发挥着作用. 客观地说, 从解放初一直到文化大革命前夕, 苏联数学教材在培养我国高级专门人才中发挥了重要的作用, 起了不可忽略的影响, 是功不可没的.

改革开放以来, 通过接触并引进在体系及风格上各有特色的欧美数学教材, 大家眼界为之一新, 并得到了很大的启发和教益. 但在很长一段时间中, 尽管苏联的数学教学也在进行积极的探索与改革, 引进却基本中断, 更没有及时地进行跟踪, 能看懂俄文数学教材原著的人也越来越少, 事实上已造成了很大的隔膜, 不能不说是一个很大的缺憾.

事情终于出现了一个转折的契机. 今年初, 在由中国数学会、中国工业与应用数学学会及国家自然科学基金委员会数学天元基金联合组织的迎春茶话会上, 有数学家提出, 莫斯科大学为庆祝成立 250 周年计划推出一批优秀教材, 建议将其中的一些数学教材组织翻译出版. 这一建议在会上得到广泛支持, 并得到高等教育出版社的高度重视. 会后高等教育出版社和数学天元基金一起邀请熟悉俄罗斯数学教材情况的专家座谈讨论, 大家一致认为: 在当前着力引进俄罗斯的数学教材, 有助于扩大视野, 开拓思路, 对提高数学教学质量、促进数学教材改革均十分必要. 《俄罗斯数学教材选译》系列正是在这样的情况下, 经数学天元基金资助, 由高等教育出版社组织出版的.

经过认真选题并精心翻译校订, 本系列中所列入的教材, 以莫斯科大学的教材为主, 也包括俄罗斯其他一些著名大学的教材. 有大学基础课程的教材, 也有适合大学高年级学生及研究生使用的教学用书. 有些教材虽曾翻译出版, 但经多次修订重版, 面目已有较大变化, 至今仍广泛采用、深受欢迎, 反射出俄罗斯在出版经典教材方面所作的不懈努力, 对我们也是一个有益的借鉴. 这一教材系列的出版, 将中俄数学教学之间中断多年的链条重新连接起来, 对推动我国数学课程设置和教学内容的改革, 对提高数学素养、培养更多优秀的数学人才, 可望发挥积极的作用, 并起着深远的影响, 无疑值得庆贺, 特为之序.

李大潜

2005 年 10 月

中文版序

我很高兴为我们的书《非线性动力学定性理论方法》(Methods of Qualitative Theory in Nonlinear Dynamics) 的第一卷和第二卷的中文版写这个序. 该书原来的思想和内容是俄文的, 但是首先是由世界科技出版公司 (World Scientific) 于 1998 年和 2001 年出版英文版, 再由计算机研究院出版社 (Институт компьютерных исследований) 和有序与混沌动力学出版社 (Regular and Chaotic Dynamics) 分别于 2004 年和 2009 年从英文翻译回到俄文版, 感谢高等教育出版社现在出版中文版. 这样, 对本书的读者将有更多的科学语言可使用.

本书系统地讨论了动力系统简单极限集的所有主要分支, 这些极限集包括稳定平衡态, 周期轨道和不变环面. 但是重点是对高维系统中的大范围分支 —— 同宿分支和异宿分支的讨论. 通常这种无形解是大部分非线性系统中复杂动力学的主要组织中心. 我们对同宿研究所用的关键方法都得到了严格的论述且具有完全的一般性. 我高兴地强调大范围分支的工具箱中的大部分工具在这里即在 Nizhny Novgorod (以前的 Gorky) —— 大家引以为豪的世界著名的 Andronov 非线性振动学派的基地得到了发展.

这本特别偏爱数学技巧的严格的教科书为大学生和研究生水平的数学课程打下了坚实的基础. 本书也可作为工程或者任何其它非线性动力学交叉学科的参考书以及一本十分透彻的自学教材. 书中包含有大量的迄今为止还没有在教科书中出版的大范围分支材料. 其中包括许多第一次详细阐述的新奇分支, 例如蓝天突变以及鞍点和鞍 - 焦点之间的各种同宿连接和异宿连接. 这些新颖分支现在已经在非线性动力学的各种应用, 例如在神经科学、医学、化学和流体力学中被广泛地发现. 本书已经被横跨欧美和俄罗斯的大学中普遍地作为动力系统的教材, 当然我也希望这个趋势将延伸到中国.

现今中国正在崛起. 当我于 2002 年接受邀请在北京的世界数学家大会上递送题为《分支理论与奇怪吸引子》的报告而访问这个国家的时候亲眼目睹了她的指数式飞速增长. 我想这个国家如果没有科学和研究的发展, 那么她的经济的显著发展也是不可能的. 一个明显的迹象是在纯粹数学与应用数学、物理和生命科学的中国研究的各种不同顶级杂志大量增长. 我希望用中文母语出版的我们的这两卷书将进一步鼓舞和培养中国新一代的非线性动力学家.

最后, 我仅代表合著者感谢金成桴教授为我们全书所作的出色翻译工作.

Leonid Shilnikov
Nizhny Novgorod
2010 年 6 月

译者序

由国际著名动力系统专家 L.Shilnikov 等四人合写的这部《**非线性动力学定性理论方法**》一书共分两卷 (中本版按英文版 Methods of Qualitative Theory in Nonlinear Dynamics, World Scientific 出版社出版的第一卷 (1998), 第二卷 (2001) 翻译. 该书现已出版俄文译本, 第一卷 (2004), 第二卷 (2008)). 本书是前苏联著名 Andronov 非线性振动学校继 Andronov, A. A., Vitt, A. A. 和 Khaikin, S. E. 的《**振动理论**》, Andronov, A. A., Leontovich, E. A., Gordon, I. E. 和 Maier, A. G. 的《**平面动力系统分支理论**》以及 Andronov, A. A., Leontovich, E. A., Gordon, I. E. 和 Maier, A. G. 的《**平面动力系统理论**》等著名著作 (原书都为俄文版, 现在都有英文版) 后又一部关于非线性动力学理论方法的优秀著作. 该书除介绍平面动力系统分支理论的重要结果以外, 主要以严谨的数学理论为基础, 介绍高维动力系统 (连续和离散) 的定性理论和分支理论. 其介绍的理论和方法介于基础教科书和抽象动力系统理论之间.

由常微分方程和映射 (包括微分同胚) 定义的动力系统的高维分支理论在上世纪 60 年代开始得到了很大发展, 特别是那时出现了这种系统的混沌解. 为了研究这种以前没有发现过的新现象的发展规律, 必须对高维分支问题作系统而细致的分析. 但是高维定性理论和分支问题比平面情形复杂得多. 平面系统由于有著名的 Poincaré-Bendixson 理论, 它们的极限集相对比较简单, 高维情形就不一样, 其不变集除了平衡态、周期轨线、鞍点分界线连接以外, 还可以有其它更加复杂的不变集, 如奇怪吸引子等.

本书作者用新的方法详细阐述了由常微分方程和映射 (包括微分同胚) 定义的系统的高维定性理论和分支问题. 他们从对平衡态和周期轨线邻域内线性化系统的特征值作更细致分划开始, 详细分析了平衡态和周期轨线 (特别是与混沌性态有关的高维空间中的鞍点, 鞍 – 结点, 鞍 – 焦点等各类同宿回路和异宿环) 邻域内的轨线性态, 用他们的边值问题新方法分析局部和大范围各类不变流形 (包括不变叶层) 的存在性、光滑性. 最后详细并严格地讨论了各类局部分支和大范围分支 (包括余维 2 分支), 其中包含有通向混沌道路的分支.

本书对有关问题的发展历史, 与实际问题的联系介绍得很清楚, 对问题的来龙去脉也介绍得很详细. 书中用到较高深的数学概念一般都有说明, 定理证明大多比较细致. 但必须指出, 书中有些公式和分支的推导是借助于有关计算机软件得到的, 用通常的分析方法一般很难办到. 读者开始接触时不要被搞得望而生畏. 欲知其详, 建议读者可参考译者不久前翻译并由科学出版社出版的库兹涅佐夫著的《**应用分支理论基础**》(2010 版) 一书, 那里对分支理论的数值分析有较详细的介绍, 并有一些具体计算例子, 例如, 如何用 MAPLE 命令计算 Hopf-Hopf 分支的 Poincaré 规范形以及用其它专适用于动力系统分支理论的软件计算分支曲线等.

还值得一提的是本书两卷的序言写得特别详细, 这在一般著作中也是少有的, 特别是第二卷, 作者花了相当大的篇幅介绍非线性动力学有关课题的发展历史以及各章内容, 读者可以经常回过头来反复查看. 另一个值得注意的是全书后面的例子、问题与练习, 这部分内容特别对于刚开始做研究工作的读者很有参考价值. 书中列举的问题不少来自有关文献. 例如对以本书作者之一 L.O.Chua 名字命名的 Chua 电路的详细分析, 它是继 Lorenz 方程出现混沌性态后又一个来自实际问题出现混沌现象的系统. 书中对每一个问题的研究分析都提出了详细的方案, 对有些作为例子的问题还作了细致的讨论. 这也是对各章正文很好的补充.

本书有些内容是第一作者 L.P.Shilnikov 本人在 Nizhny Novgorod 大学应用数学与控制论研究所微分方程系 30 年来教授 "**平面定性理论**" 课程 (一学年) 的教材. 对于要学习高维定性理论和混沌理论的高年级学生和研究生来说本书无疑是一本难得的好教材. 当然, 对于那些从事非线性动力学研究工作的工程师、学者和专家, 本书也是一本有价值的参考书.

对于不同水平和不同要求的读者可以选读本书的不同内容, 对初学者最好同时补充一些本书没有介绍而在非线性动力学中很重要的相关内容, 例如平面定性理论的基本知识, 不变环面上轨线性态的 Poincaré-Denjoy 理论以及著名的 Smale 马蹄等. 动力系统理论中的著名定理, 如 λ – 引理、封闭性引理等都作了介绍并给出应用.

本书的第一卷对全书是引论性的, 主要介绍常微分方程和动力系统的基本概念, 结构稳定平衡态 (特别对鞍点) 和周期轨线附近的性态、不变环面以及局部和大范围中心流形定理. 第二卷是本书的重点, 介绍结构稳定系统、Morse-Smale 系统、平衡态的第一、第二、第三临界情形、弱共振和强共振、平衡态和周期轨线 (包括鞍 – 结点, 鞍 – 焦点周期轨线) 的局部分支和大范围分支以及通往混沌动力学的一些分支. 在最后的例子、问题和练习中特别介绍了有关 Lorenz 方程, Henon 映射 Khorozov-Takens 方程, Hindmarsh-Rose, Shimizu-Morioka 等模型和 Chua 电路等的详细分析.

本书翻译过程中改正了原书的一些错误. 由于原书是由不同人执笔写成的, 每人写作风格和所用数学名词都有所不同, 译文在忠实原文的原则下尽量做到统一和通顺易懂.

最后, 感谢 L. Shilnikov 教授为中文版写的热情洋溢的序, 也感谢 Andrey 和我对本书一些问题的多次讨论和对为中文版序所提供的帮助. 感谢高等教育出版社编辑李鹏的热心支持与帮助和责任编辑蒋青的认真负责仔细的辛勤劳动. 另外, 也要感谢我妻子何燕俐对我这项工作的理解支持和关心.

金成桴 2009 年 12 月

序言

科学和技术中的许多现象本质是动力学现象. 很长时间人们相信驻定机制, 周期运动以及调制中的拍频是可观察到的仅有状态. 但是, 20 世纪下半叶的发现戏剧性地改变了我们对动力学过程特征的传统观念. 这个突破来自一类叫**动力混沌**的新振动的发现. 随着对动力学现象的越来越深入的理解令我们对我们的非线性世界有了更清晰的认识. 这导致作为科学学科的**非线性动力学**的产生, 其目的是研究非线性动力学过程中的一般规律 (正则性).

研究一个新现象的典型方案的通常过程如下: 首先对被研究的有关实验或观察构造一个动力学方程形式的适当数学模型, 然后分析这个模型, 并将分析结果与实验现象进行比较.

这个方法首先是由 Newton 建议的.Newton 发现的几条定律提供了包括天体力学在内的多个问题的数学模拟基础. 限制二体问题的解, 给 Kepler 几条实验性定律以令人信服的解释. 事实上, 从 Newton 开始, 模拟自然界的这个方法统治了这个领域许多年. 但是, 即使这样的纯科学方法也必须通过考察实际现象与它的现象学模型之间的符合程度来确认, 就像 Brillouin 恰当地指出: “数学模型与真实之间的不同就像地球仪与地球一样”.

非线性动力学中的数学模型通常是由含有有限个参数并解析地给定的非线性方程系统组成. 系统可以由常微分方程, 偏微分方程, 时滞微分方程, 积分 – 微分方程等刻画. 本书将仅处理由常微分方程描述的 (离散空间) 系统. 此外, 我们将限于研究**非保守**系统, 因此把 “理想” 的 Hamilton 系统动力学 (在 19 世纪末 Klein 认为大部分 “无摩擦的吸引力” 都可用这种系统描述) 放在一旁.

微分方程系统是写为形式

$$\frac{dx}{dt} = X(x)$$

的系统, 其中独立变量 t 称为时间. 非线性动力学的基本假设之一, 就是一切可观察的状态必须是稳定的, 这个以常识为基础的假设可追溯到 Aristole. 由此得知, 我们对微分方程系统的任何综合性研究都必须把注意力集中在**无穷**时间区间上解的特性上. 从这种观点考虑的系统称为**动力系统**. 虽然动力系统的概念是一种数学抽象——事实上, 从宇宙论我们知道, 万物的生命时间都是**有限**的——但是, 现实世界的许多现象都通过动力系统的理论得到了成功的解释. 按照这个理论的语言, 驻定态的数学对象是平衡态, 自激振动的对象是极限环, 调制的对象是具拟周期轨线的不变环面, 以及动力混沌的对象是奇怪吸引子, 即由不稳定轨线所组成的吸引极限集.

原则上, 所引用的前面三个类型的运动可用线性理论解释. 那是 19 世纪人们所使用的方法, 即主要借助线性常微分方程或者线性偏微分方程模拟考虑各种不同的实际应用. 最著名的例子是蒸汽机的控制问题, 它的研究导致平衡态的稳定性问题的解决, 即古典的 Routh-Hurwitz 准则.

非线性动力学中最值得注意的事情要追溯到 20 世纪二、三十年代. 这个时代的特征是无线电工程的快速发展. 许多非线性无线电工程问题的一个共同特征是相应的瞬变过程一般都相当快, 因此花费很少时间就可完成一个复杂的实验. 在当时与数学模型相应的拟线性方程的简单系统通常也起了重要的作用. 接下来允许研究工作者利用以 Poincaré 的极限环理论和 Lyapunov 的稳定性理论为基础的方法对有关数学模型作相当完整的研究.

那个时期另一个重要事件是二维系统振动的数学理论的创立. 特别地, Andronov 和 Pontryagin 确定了一大类具有相当简单的数学描述的粗 (结构稳定) 系统. 此外, 极限环的所有主要分支已被研究 (Antronov, Leontovich), 粗系统 (Andronov, Pontryagin) 和一般系统 (Leontovich, Mayer) 的完全拓扑不变量也得到了讨论. 稍后, 不同研究领域内的专家们应用这些数学上明显和几何上直观易懂的方法去研究各个具体的二维系统. 这个阶段的发展总结在 Andronov, Vitt 和 Khaikin 的经典著作《振动理论》之中.[1]

这个课题的进一步发展, 包括将平面系统的概念作直接的推广, 就是说, 将结构稳定和分支的条件推广到高维情形. 这绝不表明这个方法的视野狭小, 相反, 是数学上合理的策略. 事实上, 进入空间必定会带来新的运动类型, 它们对非线性动力学可能会至关重要. 如我们在前面指出的, 调制的数学对象是具拟周期轨线的环面. 拟周期轨线是概周期轨线的特殊情形, 按照定义, 它们是非闭轨线, 其主要特性是它们具有**概周期**: 在时间区间上轨线回到接近于它的初始状态. 拟周期轨线和概周期轨线都是自极限的. 较宽的一类自极限轨线由 Poission 稳定轨线组成. 这类轨线是由 Poincaré 在研究限制三体问题的稳定性时被发现的. Poission 稳定轨线也任意接近地回到它的初始状态, 但对任意而固定的初始状态的小邻域, 相应的回复时间序列可能是无界的, 即运动不可预测. 按照 Birkhoff 的分类, 驻定, 周期, 拟周期, 概周期

[1] 这本书第一次出版于 1937 年, 但没有 Vitt 的名字, 当时他已经被压制了.

以及 Poisson 稳定轨线包含与非瞬变性态对应的所有的运动类型.

在20世纪 30 年代早期, Andronov 提出了下面一个与振动的数学理论有关的基本问题: Poisson 稳定轨线能否是 Lyapunov 稳定的? 回答由 Markov 给出的: 如果 Poisson 稳定轨线是 Lyapunov 意义下稳定 (更确切地, 是一致稳定) 的, 则它必须是概周期的. 因此, 除了概周期运动, 看来在非线性动力学中没有其他的运动. 从而, 在上世纪 60 年代, 尽管有高维系统定性理论的新发现, 但还不清楚这个理论是否具有超越纯数学的任何价值. 这种情况并没有持续多久.

在相对较短的时间内, Smale 建立了轨线具有复杂性态的结构稳定系统理论的基础, 当今一般称这个理论为**双曲理论**. 本质上, 一个以它自己的术语、概念和问题的新数学学科已经被创立. 它的成就导致了 20 世纪最令人惊异的基本发现之一: **动力学混沌**.[2] 双曲理论提供了奇怪吸引子的一些例子, 它们可以是混沌振动的数学反映, 诸如流体力学中熟知的湍流.

然而, 非线性动力学中的奇怪吸引子的意义没有被广泛赞赏, 特别不被湍流专家们赏识. 他们不愿接受有几个理由. 按照数学构造, 大家知道, 双曲吸引子具有如此复杂的拓扑结构, 它不允许我们去想象它们呈现的合理情景. 这导致人们将双曲吸引子认为是与真实动力学过程不相关的纯抽象设计的结果. [3]此外, 在许多具体模型中观察到的**混沌**现象几乎与双曲吸引子都没有关系, 这是因为长周期的稳定周期轨道在给定的参数值出现或者在其附近出现. 这使得怀疑论者争辩认为可观察到的混沌性态仅代表瞬变过程. 在这点上, 我们必须强调, 奇怪吸引子的轨线的不稳定性在控制参数的充分小改变下的持久性是此问题的本质: 为了使得这个现象能够观察到, 它必须对外部扰动是稳定的.

突破这个辩论是在上世纪 70 年代中期出现了简单的低阶模型

$$\begin{aligned}\dot{x} &= -\sigma(x-y),\\ \dot{y} &= rx - y - xz,\\ \dot{z} &= -bz + xy,\end{aligned}$$

其中解的混沌性态是被 E.Lorenz 在 1962 年用数值计算发现. 由数学家们详细分析显示奇怪吸引子的存在性, 它不是双曲的但结构不稳定. 然而, 主要特征被保持了下来, 就是说, 在系统的小光滑扰动下吸引子保持轨线的不稳定性态. 这种包含单个鞍点型平衡态的吸引子, 称为 **Lorenz 吸引子**. 有关这些吸引子第二个值得注意的事实是, Lorenz 吸引子可以由仅具平凡动力学的系统通过有限个容易被观察到的分支产生.

自从那以后, 动力学混沌几乎普遍地被接受为合理和基本的自然现象. Lorenz 模型实际上变成混沌存在性的证明, 尽管该模型源自流体力学, 但模型本身也包含 "很

[2] 按年代顺序排列, 这个发现在创造 "相对论" 和 "量子力学" 之后.

[3] 应用双曲吸引子到非线性动力学的可能性即使在今天仍还是问题.

少水分", 除了模型源自流体力学之外.[4] 最近, 一个称为 **Chua 电路**的真实物理系统的更加现实的数学模型也被严格证明具有动力学混沌, 它的实验结果与数学分析以及计算机模拟惊人地相一致 [76-79].

我们不准备进一步讨论奇怪吸引子理论的相关问题, 而仅指出, 创立于上世纪 30 年代的非线性振动理论是那么清楚又易于理解, 使得几代人非线性研究工作者能够应用它成功地解决许多科学学科中的问题. 上世纪 70 年代出现了不同情况. 具有统一特性的极限环和环面被具有更加复杂数学结构的奇怪吸引子所代替. 后者包含了光滑或不光滑的曲面和流形, 具有表示为区间和 Cantor 集直积的局部结构的集合, 或者甚至更加复杂的集合. 今天, 复杂非线性动力学的专家们, 他们或者必须具有高维动力系统定性理论较强的数学背景, 或者至少要对它的主要论述和结果有足够深入的理解. 我们希望提醒大家, 正如非线性方程通常不能够靠积分求解一样, 大多数具体的动力系统模型也不允许用纯数学分析 "定性积分". 这就不可避免地导致使用计算机进行分析. 因此, 对用微分方程定性理论任何形式的论述的最终要求必须有完全和具体的特征. 同时应当免去不必要的限制, Hadamard 解释为: "不是按照科学需要的指示而是按人类智力的能力行事".

在大多数情形下, 高维模型的参数空间可以依模型的轨线是具有简单性态还是复杂性态而划分成两个区域. 出现与本书相联系的复杂性态的最初标志或征兆是出现 Poincaré 同宿轨线. 虽然 Poincaré 是在限制三体问题, 即在 Hamilton 系统中发现这些轨线的, 但这种轨线是非线性动力学所有领域研究的基本对象. 一般, Poincaré 同宿轨线的出现导致相当重要的结论. 由 Smale 和 L.Shilnikov (从地球的两端) 同时建立的这些具有 Poincaré 同宿轨线的系统具有无穷多条共存的周期轨线以及 Poisson 稳定轨线的连续统. 它们都是不稳定的. 本质上, 这些同宿结构是构筑动力学混沌的基本砖块.

由于具有简单性态轨线的高维系统非常类似于平面系统 [80]. 原则上, 只有在具有被拟周期轨线环面的不变环面的相空间内才有可能存在新的特性. 因此, 任何具体模型在参数空间的这个区域内可以被完全地分析.

具有复杂性态轨线的系统情况完全不同. 事实上, 最近由 Gonchenko, L.Shilnikov 和 Turaev 发现大部分非线性动力学模型的完全分析都是不现实的 [28].

本书仅考虑具有简单动力学的高维微分方程系统的定性理论. 在实际应用中出现的这类系统非常丰富且多种多样, 读者可查阅到与**神经细胞网络**有关的非线性微分方程的非常大的系统 (典型地, 具有维数大于 10 000 的状态变量) [81], 它包含格动力系统以及胞腔自动机作为特殊情形. 我们把本书划分成两卷. 第一卷实际上主要是引论和方法. 那里我们考虑简单平衡态和周期轨线附近的轨线性态, 以及与不变环面存在性有关的一些问题. 很自然我们首先叙述有关稳定性问题的经典结果, 特别考虑鞍点型的不稳定平衡点和周期轨线. 这类轨线在当代定性理论中起着至关重

[4] Lorenz 系统是代表平面层流对流问题最简单的 Galerkin 近似.

要的作用. 例如, 鞍点平衡态可组成奇怪吸引子不可分离的部分. 鞍点也与某些非局部特性的主要且重要的问题有关, 等等. 我们在本书中研究鞍点轨线附近系统性态的方法, 是以 L.Shilnikov 在上世纪 60 年代建议的方法为基础的. 这个方法的主要特点不是将鞍点附近的解考虑为 Cauchy 问题的解, 而是作为特殊边值问题的解来考虑. 由于这个方法还没有在文献中明显叙述过, 仅在专家们的小圈子里知道, 故本书将对它作详细论述.

本书的第二卷是分析平衡态, 周期轨线以及同宿和异宿轨线的主要分支. 分支理论在非线性动力学中起着关键的作用, 其根源可追溯到 Poincaré 和 Lyapunov 关于研究旋转流形状的先驱性工作. 分支理论以粗性或者结构稳定性概念为基础并得到了发展. 鉴于在粗 (强) 情形系统小的变化不产生系统状态的重大改变, 分支理论解释在非粗情形将发生什么, 包括许多可能的定性变化. 这些转移中的某些可能是危险的, 有可能导致突变和不可逆情形. 用分支理论允许我们预言许多现实世界的现象. 特别地, 诸如激发振动中的软性和刚性 (严格) 机制, 平衡态和周期运动的安全和危险边界, 磁滞, 锁相等概念都通过分支理论得到了阐明和分析.

我们在本书特别注意给出参数空间中平衡点和周期轨线的稳定性边界. 与标准分支一起, 局部的和大范围的, 也研究最近由 L.Shilnikov 和 Turaev [66] 才发现的被称为 “蓝天突变” 的分支现象. 这个现象的本质是在参数空间内可以存在周期轨线的稳定性边界, 当参数趋近边界时周期轨线的长度和周期趋于无穷, 但在相空间的有界区域, 周期轨线停留在距任何平衡态的有限距离内. 这个分支在物理系统的模型中还没有被观察到, 虽然已经有了一个右端是多项式的双参数三维模型 [25].

本书基本上是自封的, 所有提供的必要事实都有完全的证明, 除了某些熟知的经典结果, 诸如不变环面上轨线性态的 Poincaré-Denjoy 理论.

本书以它的第一作者在过去 30 年于 Nizhny Novgorod (以前的 Gorky) 大学的特别课程讲义为基础. 这门课通常是以二维系统定性理论为内容需进行为期一年的教学, 它由 E.A.Leontovich-Andronova 教授讲授了许多年. 此外, 该课程的某些内容在学生讨论班上讨论过, 有些内容也在应用数学和控制论研究所的微分方程系每周的科学讨论班上讨论过. 本书将吸引那些选择定性理论、分支理论以及奇怪吸引子作为主修课的初学者. 毋庸置疑, 对在上述课题和有关数学学科的专家们以及各学科中非线性动力学和混沌跨学科的学者和研究者, 如果他们对具体的动力学模型的分析有兴趣, 本书对他们大家都有用.

本书的第一卷由六章和两个附录组成.

第 1 章叙述自治系统的主要性质, 给出抽象动力系统的概念, 并选择为进一步阐述所必须的轨线和不变集的主要类型, 我们讨论的微分方程定性积分的某些问题是以拓扑等价性概念为基础. 这一章的材料也有参考价值, 初学者需要时可随时翻阅它.

第 2 章研究结构稳定平衡态邻域内的轨线性态. 我们在这里所用的方法可追溯

到 Poincaré. 利用这个方法对平衡态的主要类型进行分类. 这里我们特别关注鞍点型平衡态以及, 尤其是主与非主 (强稳定) 不变流形. 另外我们还充分注意到鞍点附近解的渐近表达式. 值得一提的是我们的方法是以 Shilnikov 的边值问题为基础. 此外, 我们证明了某些不变流形定理. 要强调的是, 连同熟知的鞍点的稳定和不稳定流形定理一起以及有些后面将要用到的相当重要的结果在这里一并给出. 在这一章的最后一节叙述与局部分支问题有关的 Poincaré 共振理论的某些有用信息.

第 3 章讨论结构稳定的周期轨线. 我们集中考虑不动点邻域内 Poincaré 映射的轨线性态. 如同在平衡点情形, 我们将研究鞍点不动点附近相应的边值问题以及证明关于它的不变流形的存在性定理. 3.10—3.12 节和 3.14 节仅考虑连续时间周期轨线的性质.

第 4 章考虑不变环面. 更明确地说, 我们研究对时间是周期或拟周期的非自治系统. 这类非自治系统可以通过加入某些关于循环变量有特殊形式的方程来将系统扩展到高维. 为了证明这种系统不变环面的存在性, 我们用了一个普适准则, 即所谓可适用于小扰动系统的环域原理. 在周期外力情形, 二维不变环面上的轨线性态可用圆周的可定向微分同胚模拟. 与此有关, 我们将简短叙述与 Poincaré-Denjoy 理论的相关的某些结果. 并用讨论非线性动力学中的一个重要问题, 即与调制中的 "拍频" 现象相应的同步化问题来结束这一章.

最后两章, 第 5 章和第 6 章分别专门讨论局部和大范围中心流形. 第 5 章我们重新证明下面一个熟知的结果, 即在结构不稳定平衡态的小邻域内, 或者在 $\mathbb{C}^r$ – 光滑动力系统分支周期轨线附近, 局部存在 $\mathbb{C}^r$ – 光滑不变中心流形, 它的维数在平衡态情形下等于具零实部的特征指数的个数, 或者在周期轨线情形下等于位于单位圆上乘子的个数. 对中心流形定理的证明与特殊的边值问题的研究有关, 并且涵盖了所有基本的局部不变流形 (强稳定和强不稳定, 扩展稳定和扩展不稳定以及强稳定和强不稳定不变叶层). 讨论中心流形和不变叶层的存在性是如何允许我们把研究系统的局部分支问题化到在中心流形上对应子系统的局部分支的研究, 因此, 值得注意, 问题的维数减少了.

第 6 章对大范围分支情形, 叙述类似的中心流形定理的证明. 不像局部情形, 非局部中心流形的维数并不依赖于 Jacobi 矩阵的退化次数, 但等于某个整数, 它可用组成异宿环的鞍点轨线的负的和正的特征指数的个数来估计. 非局部中心流形的另一个特征是, 一般它仅 $\mathbb{C}^1$ – 光滑. 在这样的中心流形上的限制只可能用来研究允许其解在 $\mathbb{C}^1$ – 光滑的框架下的分支问题. 因此, 与局部分支理论不同, 不能直接应用非局部中心流形去研究各种要求更高光滑性的精细的分支现象. 因此, 本质上, 定理包含的某些定性结果只能允许我们期待同宿环的小邻域内轨线的某些可能的动力学, 以及估计位于它邻域内轨线的稳定和不稳定流形的维数, 并计算这些轨线的正的和负的 Lyapunov 指数的个数. 我们只详细考虑具有最简单环的一类系统; 即开始和终止于同一个鞍点平衡态的双向渐近轨线 (同宿回路). 然后将这个结果推广到一般的异宿环.

在附录里我们证明一条关于系统化到特殊形式的定理, 它对分析鞍点附近的轨线十分有用. 这个定理特别重要, 因为当要求得到轨线更细致的性态时, 通常在鞍点附近直接对系统线性化时所作的假设有时候会导致引发混乱. 我们的证明本质上是技巧性的, 它是建立在通过一系列对系统的小光滑扰动强有力的坐标变换将问题化为强稳定不变流形定理的基础上. 在本书的第二卷当我们研究同宿分支时将用这些特殊形式.

最后不得不提的, 我们要感谢我们的同事们在准备这本书时的协助. 他们包括 Sergey Gonchenko, Mikhail Shashkov, Oleg Sten' kin, Jorge Moiola 和 Paul Curran. 特别是 Sergey Gonchenko 帮助写了 3.7 和 3.8 节, Oleg Sten' kin 写了 3.9 节和附录 A 以及 Mikhail Shashkov 写了 6.1 和 6.2 节. 我们也感谢 Osvaldo Garcia 画出了我们定性图像的最后一笔.

我们也要感谢美国海军研究所 (EPFL) 的慷慨资助 (no. N00014-96-1-0753), 北大西洋公约组织 (NATO) 的 Linkage 资助 (no. OUTR LG96-578), Alexander von Humboldt 访问奖, 世界科学出版公司以及 EPFL 和瑞士联邦技术研究所 ETH 的特别联合教授邀请奖 (给 L.Chua).

Leonidv Shilnikov
Andrey Shilnikov
Dmitry Turaev
Leon Chua

第 1 章　基本概念

1.1　常微分方程理论中的必要背景

我们研究的主要对象是形如

$$\dot{x} \overset{\text{def}}{=} \frac{dx}{dt} = X(x) \tag{1.1.1}$$

的常微分方程自治系统, 其中 $x = (x_1, \cdots, x_n)$, $X(x) = (X_1, \cdots, X_n)$. 假定 $X_1, \cdots, X_n$ 是定义在某个区域 $D \subseteq \mathbb{R}^n$ 中的 $\mathbb{C}^r$ – 光滑函数 $(r \geqslant 1)$. 在动力系统理论中, 通常视变量 t 为时间, 区域 D 为相空间, 它可以是有界、无界或者与 Euclid 空间 $\mathbb{R}^n$ 重合. 可微映射 $\varphi : \tau \mapsto D$ 称为系统 (1.1.1) 的解 $x = \varphi(t)$, 如果

$$\dot{\varphi}(t) = X(\varphi(t)), \quad \text{对任何 } t \in \tau. \tag{1.1.2}$$

其中 τ 是 t 轴上的一个区间. 由假设, Cauchy 定理的条件成立, 故对任何 $x_0 \in D$ 和任何 $t_0 \in \mathbb{R}^1$, 存在唯一解 φ 满足初始条件

$$x_0 = \varphi(t_0). \tag{1.1.3}$$

解定义在包含 $t = t_0$ 的某个区间 (t^-, t^+) 上. 一般地, 端点 t^- 和 t^+ 可以是有限或者无穷.

系统 (1.1.1) 的解具有下面的性质:

1. 如果 $x = \varphi(t)$ 是 (1.1.1) 的解, 则显然 $x = \varphi(t+C)$ 也是定义在区间 $(t^- - C, t^+ - C)$ 上的解.
2. 解 $x = \varphi(t)$ 和 $x = \varphi(t + C)$ 可以视为对应于同一初始点 x_0 但不同初始时间 t_0 的解.

3. 满足 (1.1.3) 的解可以写为形式 $x=\varphi(t-t_0,x_0)$, 其中 $\varphi(0,x_0)=x_0$.
4. 如果 $x_1=\varphi(t_1-t_0,x_0)$, 则 $\varphi(t-t_0,x_0)=\varphi(t-t_1,x_1)$. 记 t_1-t_0 为新的 t_1 以及 $t-t_1$ 为 t_2, 我们得到所谓解的群性质:

$$\varphi(t_2,\varphi(t_1,x_0))=\varphi(t_1+t_2,x_0). \tag{1.1.4}$$

大家知道, $\mathbb{C}^r$ – 光滑系统 (1.1.1) 的 Cauchy 问题 (1.1.3) 的解 $x=\varphi(t-t_0,x_0)$ 关于时间和初始值 x_0 是 ($\mathbb{C}^r$) 光滑的. 一阶导数 $\xi(t-t_0,x_0)\equiv\dfrac{\partial\varphi}{\partial x_0}$ 满足关于初始条件 $\xi(0;x_0)=I$ (恒同矩阵) 的所谓**变分方程** $\dot{\xi}=X'(\varphi(t-t_0,x_0))\xi$. 这个变分方程是由 (1.1.1) 形式微分得到的线性非自治系统. 进一步微分给出高阶导数的方程.

系统 (1.1.1) 的解有两种几何解释. 第一种解释与相空间 D 相关, 第二种与所谓**扩展相空间** $D\times\mathbb{R}^1$ 相关. 在第一种解释下, 满足初始条件 (1.1.3) 的任何解可考虑为某曲线 (关于参数 t) 的参数方程. 当 t 变化时, 这条曲线由在相空间 D 内的点 $\varphi(t,x_0)$ 描绘出. 按标准术语这样的曲线称为**相轨线**, 或者简单地称为轨线 (或者轨道, 或者有时候就称相曲线). 微分方程系统 (1.1.1) 的右端在相空间内定义了一个向量场, 其中方程 (1.1.2) 意味着速度向量 $X(x)$ 在点 x 切于相轨线. 对光滑向量场 X, 由 Cauchy 问题 (1.1.3) 的解的唯一性, 通过相空间的每一点只存在一条轨线.

在第二种解释中, 系统 (1.1.1) 的解考虑为扩展相空间 $D\times\mathbb{R}^1$ 中的曲线. 这样的曲线称为**积分曲线**. 轨线与积分曲线之间存在明显的联系. 每一条相轨线是对应的积分曲线沿着 t 轴在相空间中的投影, 如图 1.1.1 所示. 但是, 与此相对照, 积分曲线是严格意义下的曲线, 它们在相空间中的投影可以不再是曲线而是点. 这样的点称为**平衡点**. 它们对应于常数解 $x=x^*$. 由 (1.1.2), $X(x^*)=0$, 即平衡态是向量场的奇点. 自然会问下面一个问题: 相轨线能否彼此相交? 这个问题由下面的定理解决.

定理 1.1　设 L 是异于平衡态的轨线, 它对应于系统 (1.1.1) 的解 $\varphi(t)$, 使得对 $t_1\neq t_2$ 有 $\varphi(t_1)=\varphi(t_2)$. 则 $\varphi(t)$ 对所有 t 有定义且是周期解, L 是一条简单的光滑闭曲线.

如果 τ 是 $\varphi(t)$ 的最小周期, 则 L 的参数方程是 $x=\varphi(t)$, $t_0\leqslant t\leqslant t_0+\tau$, 在这个区间内 t 的不同值对应于 L 上的不同点.

这个定理的证明建议读者参看 Andronov, Leontovich, Gordon 和 Maier 的《**平面动力系统理论**》[6].

对应于周期解 $\varphi(t)$ 的轨线 L 称为**周期轨线**.

既不是平衡态又不是周期轨线的任何其它轨线都是非闭曲线. 由定理 1.1 得知非闭轨线没有自交点.

注意, 任何两个仅仅由于选择的初始时间 t_0 不同的解对应于相同的轨线. 反之: 任何两个对应于相同轨线的不同解仅相差对时间的移位 $t\to t+C$. 由此得知, 对应于相同周期轨线的所有解都有相同周期.

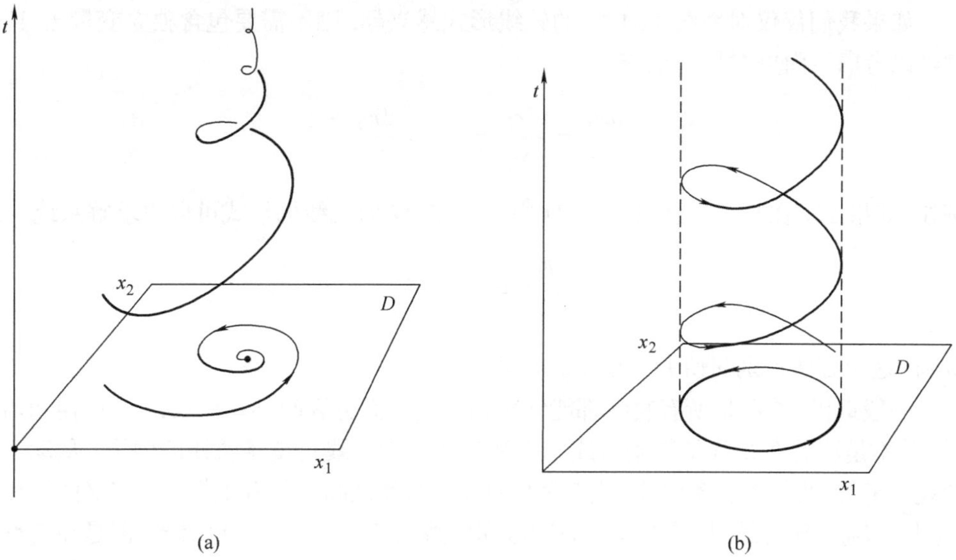

图 1.1.1 积分曲线在相空间 D 中的投影可为非闭轨线 (a), 或者例如是周期轨线 (b).

对应于给定轨线 L 的解, 如果对所有时间 $t \in (-\infty, +\infty)$ 都有定义, 我们就称 L 是一**整条轨线**. 位于有界区域内的任何轨线都是整轨线.

从运动学的观点, 点 $\varphi(t)$ 称为**代表点**, 而它的轨线则称为**相应运动**. 此外, 对任何异于平衡态的轨线, 我们可以按时间 t 增加时点运动的方向引入运动的正方向. 在这样的轨线上的每一点, 这个方向是由相应的切向量所确定. 为了强调这一点我们对所有轨线都标上箭头.

连同系统 (1.1.1), 考虑相应的 "逆时间" 系统

$$\dot{x} = -X(x). \tag{1.1.5}$$

系统 (1.1.5) 的向量场是由 (1.1.1) 的向量场的每个切向量取反方向得到. 容易看到, 系统 (1.1.1) 的每一个解 $x = \varphi(t)$ 对应于系统 (1.1.5) 的解 $x = \varphi(-t)$, 反之亦然. 显然, 系统 (1.1.1) 和 (1.1.5) 有相同的相曲线, 只要作时间变换 $t \to -t$ 即可. 因此, 从一个系统的时间定向轨线把箭头方向反向就得到另一个系统的相应轨线.

接下来考虑系统

$$\dot{x} = X(x)f(x), \tag{1.1.6}$$

其中 $\mathbb{C}^r$ – 光滑函数 $f(x) : D \mapsto \mathbb{R}^1$ 在 D 中不为零. 观察到系统 (1.1.1) 和 (1.1.6) 有相同的相曲线, 仅仅时间参数化不同. 此外, 如果 $f(x) > 0$, 这两个系统的轨线有相同方向, 如果 $f(x) < 0$ 则方向相反. 如果 $x = \varphi(t - t_0, x_0)$ 是 (1.1.1) 在 $t = t_0$ 时通过 x_0 的轨线, 则沿着这条轨线由规则 $d\tilde{t} = \dfrac{dt}{f(\varphi(t - t_0, x_0))}$ 或者 $\tilde{t} = t_0 + \displaystyle\int_{t_0}^{t} \frac{ds}{f(\varphi(s - t_0, x_0))}$ 时间参数化给出 (1.1.6) 的轨线. 我们称这类变换为**时间尺度化**或**时间变换**.

如果我们仅仅对系统 (1.1.1) 的轨线形式感兴趣, 则不需要包含独立变量 t. 这时可以考虑下面更对称的系统

$$\frac{dx_1}{X_1}=\frac{dx_2}{X_2}=\cdots=\frac{dx_n}{X_n}.$$

例如, 如果 X_n 在某个子区域 $G\subset D$ 内不为零, G 内轨线的形式可以由求解系统

$$\frac{dx_i}{dx_n}=X_iX_n^{-1}$$

得到. 这个方法特别对研究二维系统有效.

一般地讲, 并不是所有轨线都能够延拓到整个无穷区间 $\tau=(-\infty,+\infty)$. 换句话说, 并不是所有轨线都是整条轨线.[1] 平衡态和周期轨线是整条轨线的例子. 从动力学观点来看, 我们对整条轨线, 或者至少对无穷时间区间的所有正数 t 有定义的轨线特别有兴趣. 理由是, 尽管在有限时间区间内瞬变解显示的信息也重要, 但是在自然科学和工程中观察到的最令人感兴趣的现象, 是仅当时间 t 无限增加时才得到适当的解释的. 解可以延拓到时间的无穷段的系统, 按 Birkhoff 的命名称为**动力系统**. 这个系统的抽象定义要考虑到它们的群性质, 我们将在下一节叙述.

1.2 动力系统. 基本概念

动力系统的定义要用到三个成分. (1) 称为相空间的距离空间 D. (2) 时间变量 t, 它可以是连续的, 即 $t\in\mathbb{R}^1$, 或者是离散的, 即 $t\in\mathbb{Z}$. (3) 发展规律, 即将 D 中任给的点 x 和任何 t 映为唯一确定的状态 $\varphi(t,x)\in D$, 它满足下面的群性质:

1. $\varphi(0,x)=x$,
2. $\varphi(t_1,\varphi(t_2,x))=\varphi(t_1+t_2,x)$, (1.2.1)
3. $\varphi(t,x)$ 关于 (t,x) 连续.

当 t 是连续情形时, 上面的条件确定了连续动力系统, 或者流. 换句话说, 流是相空间 D 的单参数**同胚**[2] 群. 固定 x 而让 t 从 $-\infty$ 到 $+\infty$ 变化, 如前我们得到称为相轨线的可定向曲线.[3] 相轨线的下面分类是自然的: 平衡态, 周期轨线和非闭轨线. 我们称 $\{x:\varphi(t,x),\ t\geqslant 0\}$ 为**正半轨线**, $\{x:\varphi(t,x),\ t\leqslant 0\}$ 为**负半轨线**. 观察非闭轨线的情形, 轨线上的任何点将轨线分为两部分: 正半轨线和负半轨线.

当映射 $\varphi(t,x)$ 是**微分同胚**[4]时, 流是光滑动力系统. 这时赋予相空间 D 某个附加的光滑结构. 相空间 D 通常可选为 $\mathbb{R}^n$, 或者 $\mathbb{R}^{n-k}\times\mathbb{T}^k$, 这里 $\mathbb{T}^k$ 可以是 k 维环

[1] 存在这样的系统, 它的解在某个**有限**时间趋于无穷. 这样的系统不是**动力地定义的系统**.

[2] 即连续可逆的一对一的连续映射. 从群性质 (1.2.1) 直接得到 $\varphi(-t,\cdot)$ 是 $\varphi(t,\cdot)$ 的逆.

[3] 曲线的定向由运动方向所诱导.

[4] 具有可微逆的一对一的可微映射.

面 $\underbrace{\mathbb{S}^1\times\mathbb{S}^1\times\cdots\times\mathbb{S}^1}_{k次}$, 或者光滑曲面, 或者流形. 这允许我们在光滑流和它相应的向量场之间用速度场

$$X(x)=\left.\frac{d\varphi(t,x)}{dt}\right|_{t=0} \tag{1.2.2}$$

建立某种对应. 由定义可知, 光滑流的轨线是系统 $\dot{x}=X(x)$ 的轨线. 本书将主要研究光滑动力系统的性质.

为简单起见, 离散动力系统通常就称为**级联**. 一个级联具有下面值得注意的特性. 我们选择一个同胚 $\varphi(1,x)$ 并用 $\psi(x)$ 记之. 显然 $\varphi(t,x)=\psi^t(x)$, 其中

$$\psi^t=\psi\,\underbrace{(\psi(\cdots\psi}_{t-1\,次}(x))).$$

因此, 为了定义级联只需指定同胚 $\psi: D\mapsto D$.

在离散动力系统中, 序列 $\{x_k\}_{k=-\infty}^{+\infty}$ 称为点 x_0 的**轨线**, 其中 $x_{k+1}=\psi(x_k)$. 轨线可以分为三类:

1. 点 x_0. 该点是同胚 $\psi(x)$ 的不动点, 即它被 $\psi(x)$ 映为它自己.
2. 环 $(x_0,\cdots,x_{k-1})$, 其中 $x_i=\psi^i(x_0)$, $i=(0,\cdots,k-1)$ 和 $x_0=\psi^k(x_0)$, 此外, 当 $i\neq j$ 时 $x_i\neq x_j$. 数 k 称为**周期**, 每一点 x_i 称为**周期**为 k 的**周期点**. 显然, 不动点是周期为 1 的周期点.
3. 双向无穷轨线, 即序列 $\{x_k\}_{-\infty}^{+\infty}$, 其中 $k\to\pm\infty$, 当 $i\neq j$ 时 $x_i\neq x_j$. 如同在流的情形, 这时, 我们称这类轨线为非闭轨线.

当 $\psi(x)$ 是微分同胚时, 级联是光滑动力系统. 这类级联的例子出现在非自治周期系统

$$\dot{x}=X(x,t)$$

中, 其中 $X(x,t)$ 在 $\mathbb{R}^n\times\mathbb{R}^1$ 中对所有变量连续, 对 x 光滑, 关于 t 是周期为 τ 的周期函数. 假设系统有解, 它可以在区间 $t_0\leqslant t\leqslant t_0+\tau$ 上连续. 给定解 $x=\varphi(t,x_0)$, 其中 $\varphi(0,x_0)=x_0$, 我们可以定义从超平面 $t=0$ 到超平面 $t=\tau$ 的映射

$$x_1=\varphi(\tau,x). \tag{1.2.3}$$

从 $X(x,t)$ 的周期性得知, 如果 (t_2-t_1) 可被 τ 除尽, 则 (X,t_1) 和 (X,t_2) 必须恒同. 因此, (1.2.3) 可视为微分同胚 $\psi:\mathbb{R}^n\to\mathbb{R}^n$.[5]

在进一步讨论之前, 我们需要引入一些概念.

---

[5] 系统 (1.2.3) 可以写为自治系统

$$\dot{x}=X(x,\theta),\quad \dot{\theta}=1,$$

其中 θ 按 mod τ 取.

集合 A 称为关于动力系统是**不变**的, 如果对任何 t 有 $A=\varphi(t,A)$. 其中 $\varphi(t,A)$ 表示集合 $\bigcup\limits_{x\in A}\varphi(t,x)$. 从这个定义得知, 如果 $x\in A$, 则轨线 $\varphi(t,x)$ 位于 A 中.

我们称点 x_0 为**游荡点**, 如果存在 x_0 的开邻域 $U(x_0)$ 和正数 T, 使得

$$U(x_0)\bigcap\varphi(t,U(x_0))=\varnothing,\quad \text{对}\ \ t>T. \tag{1.2.4}$$

应用变换 $\varphi(-t,\cdot)$ 到 (1.2.4), 得到

$$\varphi(-t,U(x_0))\bigcap U(x_0)=\varnothing,\quad \text{对}\ t<T.$$

因此, 游荡点的定义关于时间是反向对称的.

我们用 $\mathcal{W}$ 表示游荡点集. 集 $\mathcal{W}$ 是开的不变集. 开性由 $U(x_0)$ 中的任何点包括 x_0 都是游荡点这个事实得知. $\mathcal{W}$ 的不变性由下面事实得知, 如果 x_0 是游荡点, 则对任何 t_0, 点 $\varphi(t_0,x_0)$ 也是游荡点. 为了证明这个, 选择 $\varphi(t_0,U(x_0))$ 为点 $\varphi(t_0,x_0)$ 的邻域. 于是

$$\varphi(t_0,U(x_0))\bigcap\varphi(t,\varphi(t_0,U(x_0)))=\varnothing,\quad \text{对}\ t>T.$$

因此, **非游荡点集**$\mathcal{M}=D\backslash\mathcal{W}$ 是闭不变集. 非游荡点集可以是空集. 为了后面叙述的需要, 考虑在相空间 $\mathbb{R}^{n+1}$ 中由自治系统

$$\begin{aligned}\dot{x}&=X(x,\theta),\\ \dot{\theta}&=1\end{aligned}$$

定义的动力系统, 其中 $x=(x_1,\cdots,x_n)$. 注意到 (1.2.4) 在这里成立, 因为 $\theta(t)=\theta_0+t$ 关于 t 单调增加. 因此, $\mathbb{R}^{n+1}$ 中的每一点都是游荡点.

显然平衡态和周期轨线上的所有点都是非游荡点. 当 $t\to\pm\infty$ 时趋于平衡态和周期轨线的双向渐近轨线上的所有点都是非游荡点. 这样的双向渐近轨线是非闭的, 称为**同宿轨线**. 在 Poisson – 稳定轨线上的点也是非游荡点.

定义 1.1 点 x_0 称为正 Poisson 稳定, 如果任给邻域 $U(x_0)$ 和任何 $T>0$, 存在 $t>T$ 使得

$$\varphi(t,x_0)\subset U(x_0). \tag{1.2.5}$$

如果对任何 $T>0$ 存在 t, 使得 $t<-T$ 且 (1.2.5) 成立, 则点 x_0 称为负 Poisson – 稳定. 如果一个点是既正又负 Poisson – 稳定就称它为 Poisson – 稳定.

如果点 x_0 是正 (负) Poisson – 稳定, 则轨线 $\varphi(t,x_0)$ 上的任何点也是正 (负) Poisson – 稳定. 因此, 我们可以引入 P^+ – 轨线 (正 Poisson – 稳定), P^- – 轨线 (负 Poisson – 稳定) 以及 P – 轨线 (Poisson – 稳定). 由 (1.2.5) 直接得知 P^+, P^- 与 P – 轨线由非游荡点组成.

显然平衡态和周期轨线都是闭 P – 轨线.

定理 1.2 (Birkhoff) [6] 如果 $P^+(P^-, P)$ – 轨线是非闭的, 则它的闭包 Σ 包含非闭 P – 轨线的连续统.

我们选择正数序列 $\{T_n\}$, 当 $n \to +\infty$ 时 $T_n \to +\infty$. 由 P^+ – 轨线的定义得知, 存在序列 $\{t_n\}$, 当 $n \to +\infty$ 时 $\{t_n\} \to +\infty$ 使得 $\varphi(t_n, x_0) \subset U(x_0)$. 在 P^- – 轨线情形类似论述也成立. 由此得知, P – 轨线与 x_0 的任何 ε – 邻域 $U_\varepsilon(x_0)$ 相继交无穷多次.[7] 设选择 $\{t_n(\varepsilon)\}_{-\infty}^{+\infty}$, 使得 $t_n(\varepsilon) < t_{n+1}(\varepsilon)$ 且让 $\varphi(t_n(\varepsilon), x_0) \subset U_\varepsilon(x_0)$. 值

$$\tau_n(\varepsilon) = t_{n+1}(\varepsilon) - t_n(\varepsilon)$$

称为 **Poincaré 回复时间**. 对非闭 P – 轨线可有两类本质不同的情形:

1. 对任何有限 ε, 序列 $\{\tau_n(\varepsilon)\}$ 有界, 即存在数 $L(\varepsilon)$, 使得对任何 n 有 $\tau_n(\varepsilon) < L(\varepsilon)$. 故当 $\varepsilon \to 0$ 时 $L(\varepsilon) \to +\infty$.
2. 对任何充分小 ε, 序列 $\{\tau_n(\varepsilon)\}$ 无界.

在第一个情形, P – 轨线称为**回归**的. 对这样的轨线, 在它的闭包 Σ 中的一切轨线也是回归的, 闭包本身是**极小集**.[8] 回归轨线的主要性质是它回到点 x_0 的 ε – 邻域的时间不超过 $L(\varepsilon)$. 但是对周期轨线则相反, 它的回复时间是固定的, 回归轨线的回复时间没有强制.

在第二个情形, P – 轨线的闭包 Σ 称为**拟极小集**. 在该情形下, Σ 中始终存在另外的不变闭子集, 它可以是平衡态、周期轨线或者不变环面等等. 由于 P – 轨线可以任意接近于这样的子集, 因此 Poincaré 回复时间可以任意大.

所有轨线都是 Poisson 稳定的流的最简单例子是由方程

$$\begin{aligned} \dot{x}_1 &= \omega_1, \\ \dot{x}_2 &= \omega_2, \end{aligned} \tag{1.2.6}$$

定义的二维环面 $\mathbb{T}^2$ 上的**拟周期流**, 其中 $\dfrac{\omega_1}{\omega_2}$ 是无理数. 这个流可以用定义在单位正方形上的流表示, 只要将点 $(x_1, 0)$ 与点 $(x_1, 1)$ 以及 $(0, x_2)$ 与 $(1, x_2)$ 等同, 如图 1.2.1 所示. 在该情形下, $\Sigma = \mathbb{T}^2$ 是极小集, 且流具有在环面上处处稠密的非闭轨线.[9] 当 $\dfrac{\omega_1}{\omega_2}$ 是有理数时, 在 $\mathbb{T}^2$ 上 (1.2.6) 的所有轨线都是周期轨线.

设 $f(x_1, x_2)$ 是定义在环面 $\mathbb{T}^2$ 上的函数, 即 $f(x_1+1, x_2+1) = f(x_1+1, x_2) = f(x_1, x_2)$. 假设 f 仅在一点 (x_1^0, x_2^0) 光滑且等于零. 则由系统

$$\begin{aligned} \dot{x}_1 &= \omega_1 f_1(x_1, x_2), \\ \dot{x}_2 &= \omega_2 f_2(x_1, x_2), \end{aligned}$$

---

[6] 见 [14] 中的证明.

[7] 在流的情形, P – 轨线穿过 $U_\varepsilon(x_0)$ 的经历时间集由无穷多个时间区间 $I_n(\varepsilon)$ 组成, 其中 $t_n(\varepsilon)$ 选择为 $I_n(\varepsilon)$ 中的一个值.

[8] 一个集合称为**极小**, 如果它非空、不变、闭且不包含具有这三个性质的真子集.

[9] 这种轨线称为拟周期轨线.

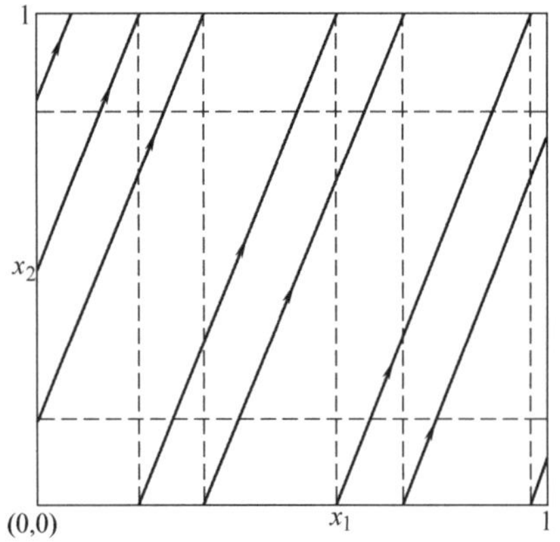

图 1.2.1 环面上的流可表示为单位正方形上的流. 所有平行的轨线的斜率等于 ω_2/ω_1. 将正方形的对边黏合就得到二维环面.

在 $\mathbb{T}^2$ 上定义的流是拟极小的. 在这种情形下 Σ 也与 $\mathbb{T}^2$ 重合. 但是, Σ 包含不变子集, 即点 (x_1^0, x_2^0). 在这个环面上流的所有轨线都是 Poisson 稳定轨线, 除了两条轨线: 它们分别是当 $t \to +\infty$ 时趋于 (x_1^0, x_2^0), 另一条则是当 $t \to -\infty$ 时趋于它的轨线. 我们将在高维自治系统中遇到拟极小集的其它例子.

下面我们引入吸引子的概念.

定义 1.2 吸引子 $\mathcal{A}$ 是一个闭不变集, 它具有邻域 (吸引区域)$U(\mathcal{A})$, 使得 $U(\mathcal{A})$ 中任何点 x 的轨线 $\varphi(t, x)$ 满足条件

$$\rho(\varphi(t, x), \mathcal{A}) \to 0, \quad \text{当} t \to +\infty \tag{1.2.7}$$

其中

$$\rho(x, \mathcal{A}) = \inf_{x_0 \in \mathcal{A}} \|x - x_0\|.$$

最简单的吸引子例子是稳定平衡态、稳定周期轨线以及包含拟周期轨线的稳定不变环面.

吸引子的这个定义并不排除还存在其它吸引子的可能性. 我们可以用拟极小条件对吸引子的概念加予合理的限制. 存在满足这种条件的各种各样的吸引子, 但其中特别令人感兴趣的是**奇怪吸引子**, 它们是只包含不稳定轨线的不变闭集.

为结束本节, 我们指出, 也存在这样的系统, 其中 $t \in \mathbb{R}^+$, 这里 $\mathbb{R}^+$ 表示非负半直线, 或者 $t \in \mathbb{Z}^+$, 这里 $\mathbb{Z}^+$ 表示非负整数集. 在前一个情形, 动力系统是由半流 (半群) 定义, 后一个情形由不可逆映射定义.

1.3 动力系统的定性积分

任何一个具有动力学性态的现象的研究通常是由构造形如 (1.2.1) 的相应的数

学模型开始. 对具有明显形式的模型, 由于初始数据定义了 (1.2.1) 的唯一解, 这允许我们在时间 t 变化时可追随状态的发展. 为了对模型进行完全的研究, 我们必须寻找这个解, 就是 "积分" 原始系统. " 积分系统" 意味着求得它的解的解析表达式. 但是, 这个目标仅仅对非常小的一类动力系统才能够达到; 也就是说, 只有线性常系数系统和某些非常特殊的系统才可能为**求积分形式**. 此外, 即使解由解析形式给出, 定义解的分量函数也许很复杂, 因此直接分析实际上变得不大可能. 除此以外, 寻找解的解析形式问题不是非线性动力学的主要目的. 我们主要是考虑它的 "定性性质", 诸如平衡态的数目, 稳定性, 周期轨线的存在性等. 因此, 按照 Poincaré 的方法, 不直接求微分方程的积分, 转而从这些方程本身[10] 出发, 寻求与由其确定的函数的特性和形式相关的信息. 更特殊地, 我们通过相轨线的几何表示来刻画这些函数的重要定性特征. 这就是为什么我们把这个方法称为 " 定性积分".

定性研究的第一步是确定具有不同性态和 "形式" 的轨线的所有类型. 第二步是对每一类定性类似的轨线给予描述. 为了达到完全的描述, 必须确定某些更本质或者更 "特殊" 的轨线. 但是这里我们又回到了一个艰难的问题: 为了刻画用轨线将相空间分划的定性结构, 必须寻找什么样的轨线性质?

第一步简单. 事实上, 可重述如下: 必须寻找当 $t \to +\infty$ $(t \to -\infty)$ 时轨线趋向何处. 这里必须假设当 $t \geqslant t_0$ $(t \leqslant t_0)$ 时由 $x = \varphi(t)$ 定义的轨线 L 停留在相空间的某个有界区域内. 在这研究中下面的概念是基本的.

定义 1.3　点 x^* 称为轨线 L 的 ω – 极限点, 如果对某个序列 $\{t_k\}$, 其中 $k \to \infty$ 时 $t_k \to +\infty$, 有

$$\lim_{k\to\infty} \varphi(t_k) = x^*.$$

类似地, 如果当 $k \to \infty$ 时 $t_k \to -\infty$, 可定义 α – **极限点**. 我们用 Ω_L 表示轨线 L 的所有 ω – 极限点的集合, 用 $\mathcal{A}_L$ 记 α – 极限点集. 注意到, 平衡态是它自己的唯一极限点. 在 L 是周期轨线时, 它上面的所有点都是 α – 极限点和 ω – 极限点, 即 $L = \Omega_L = \mathcal{A}_L$. 在 L 是非闭 Poisson – 稳定轨线时, 集合 Ω_L 和 $\mathcal{A}_L$ 与轨线的闭包 $\bar{L}$ 重合. 集合 $\bar{L}$ 或者是极小集 (如果 L 是回归轨线), 或者是拟极小集, 如果 L 的 Poincaré 回复时间是无界的. 所有的平衡态、周期轨线以及 Poisson – 稳定轨线都称为**自极限**轨线.

在**二维**动力系统中, 当 $t \to \pm\infty$ 时所有轨线若保持在平面的有界区域内, 这时的集 Ω_L 和 $\mathcal{A}_L$ 的结构已经比较完全地得到了研究. 在这种情形下, Poincaré 和 Bendixson [13] 证明了集合 Ω_L 只可能是下面三个拓扑类型之一:

I. 平衡态.
II. 周期轨线.
III. 由平衡态和当 $t \to \pm\infty$ 时趋于这些平衡态的连接轨线组成的环.

---

10 "Analyse des travans de Henri Poincaré faite par lui-mêma"[54].

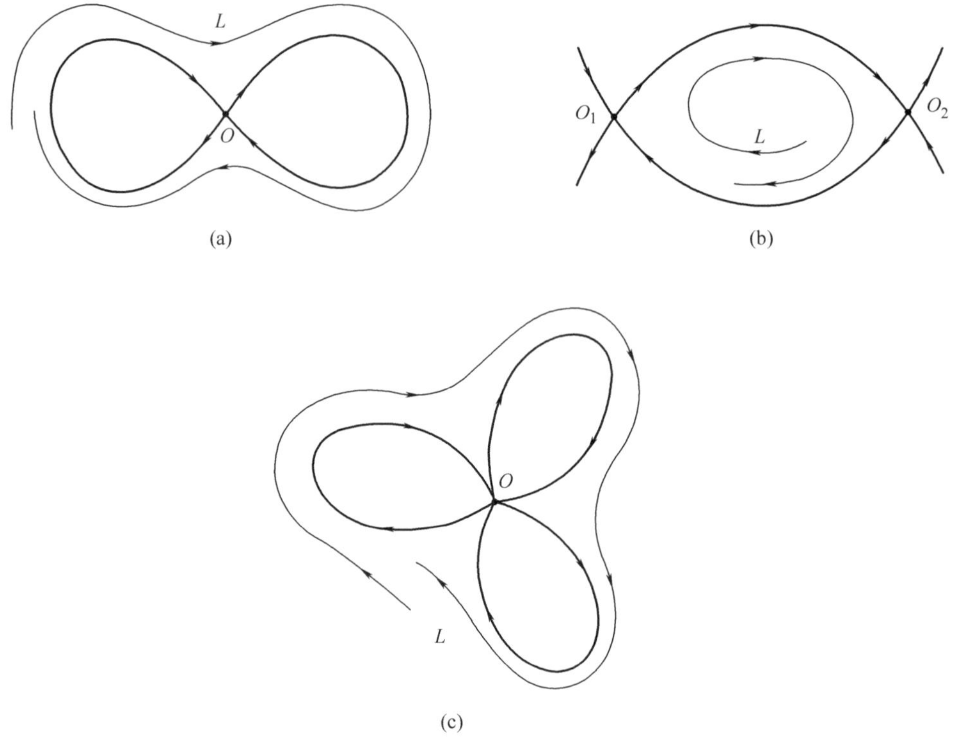

图 1.3.1　在 (a) 和 (c) 中的两个 ω – 极限同宿环. 在 (b) 中由两条从一个平衡态到另一个平衡态的轨线所组成的 ω – 极限异宿环的例子.

图 1.3.1 显示了第 III 类极限集的例子, 其中平衡态记为 O. 用上面的一般分类我们可以列举平面系统正半轨线的**所有**类型:

1. 平衡态;
2. 周期轨线;
3. 趋于平衡态的半轨线;
4. 趋于周期轨线的半轨线;
5. 趋于第 III 类极限集的半轨线.

类似的情况出现在负半轨线情形. 在二维情形的周期轨线中有类特殊角色, 它们是周期轨线内邻域或外邻域内非闭轨线的 ω – 极限集或者 α – 极限集, 如图 1.3.2 所示. 这样的周期轨线称为二维系统理论中的**极限环**.

在高维情形对应的情况比较复杂. 这时除了平衡态和周期轨线, 极限集可以是极小集, 或者是不同拓扑类型的拟极小集, 例如光滑或非光滑流形形式的奇怪吸引子, 或者某些分形集, 其局部结构可表示为圆盘和 Cantor 集甚至更奇怪的集合的直积.

现在我们转到考虑对整条轨线的研究问题. 事实上, 刻画动力系统意味着将相

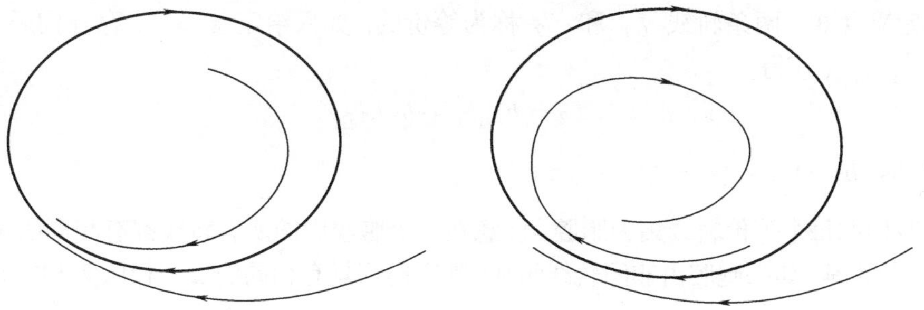

(a)　　(b)

图 1.3.2　(a) ω – 极限环. (b) 极限环, 它是其邻域内非闭轨线的 ω – 极限集和 α – 极限集.

空间拓扑地 (或者定性地) 划分为不同拓扑类型轨线的存在性区域. 通常将这个问题称为 "构造相图". 由此引出一个问题: 什么时候两个相图类似? 借助于动力系统定性理论, 我们可以通过引入拓扑等价性概念来回答这个问题.

定义 1.4　两个系统称为是拓扑等价的, 如果存在这两个相空间之间的同胚, 将一个系统的轨线映为第二个系统的轨线. [11]

由这个定义得知, 如果两个系统拓扑等价, 那么一个系统的平衡态、周期轨线和非闭轨线分别映为另一个系统的平衡态、周期轨线和非闭轨线. 两个系统在相空间的某个子区域内的拓扑等价性以类似方法定义. 后者通常被用来研究局部问题, 例如在平衡态邻域内或者周期轨线或同宿轨线附近的问题. 两个动力系统拓扑等价性的定义给出了相空间划分为不同拓扑类型的轨线的存在性区域的定性结构的间接定义. 这样的结构必须关于相空间所有可能的同胚是不变的.

设 G 是相空间的有界子区域, 令 $H = \{h_i\}$ 是定义在 G 上的同胚集, 我们可以引入距离如下:

$$\mathrm{dist}(h_1, h_2) = \sup_{x \in G} \|h_1 x - h_2 x\|.$$

定义 1.5　称轨线 L ($L \in G$) 为特殊的, 如果对充分小的 $\varepsilon > 0$, 对所有满足 $\mathrm{dist}(h_i, I) < \varepsilon$ 的同胚 h_i, 满足条件

$$h_i L = L,$$

其中 I 是恒同同胚.

显然所有的平衡态和周期轨线都是特殊轨线. 非闭轨线也可以是特殊轨线, 例如二维系统中当 $t \to +\infty$ 和 $t \to -\infty$ 时都趋于鞍点平衡态的轨线. 由于这样的轨线将平面分成某些区域, 故称它们为**分界线** (分界线的例子见图 1.3.1). 类似地, 可以引入特殊半轨线的定义.

[11] 详细见 2.5 节.

定义 1.6 两条轨线 L_1 和 L_2 称为等价的, 如果给定 $\varepsilon > 0$, 存在同胚 $h_1, h_2, \cdots, h_{m(\varepsilon)}$ 使得

$$L_2 = h_{m(\varepsilon)} \cdots h_1 L_1,$$

其中 $\mathrm{dist}(h_k, I) < \varepsilon \ (k = 1, 2, \cdots, m(\varepsilon))$.

我们称每个等价轨线集为**胞腔**. 注意在一个胞腔中的所有轨线都有相同的拓扑类型. 特别地, 如果胞腔由非闭轨线组成, 则它们都具有相同的 ω – 极限集和相同的 α – 极限集.

特殊轨线与胞腔对二维系统尤其重要. 对于此情形, 我们可以从每个胞腔选择单条轨线来指定某个集合 S(由定义所有特殊轨线属于 S). 我们称这个集 S 为**概形**.[12]

假设 S 是由有限多条轨线所组成.[13]

定理 1.3 概形是完全拓扑不变量.

这条定理以及它的证明一起占据了由 Andronov, Leontovich, Gordon 和 Maier 写的《**平面动力系统理论**》[**6**]一书的重要部分. 这个理论不仅为二维系统振动理论提供了数学基础, 而且也给具体系统的研究开了处方. 特别地, 研究过程是按下面的次序进行: 首先将平衡态分类, 然后是所有的特殊轨线, 例如趋于鞍点的分界线以及当 $t \to +\infty$ 或者 $t \to -\infty$ 时趋于第 III 类极限集的轨线. 特殊轨线整个汇合在一起确定了被称为**框架**的示意图, 它允许我们把相空间划分为胞腔, 并对每个胞腔内轨线的性态进行研究.

遗憾的是, 在研究高维系统时这个方法没有作用. 三维系统中的特殊轨线已经可以有无穷多, 甚至可以组成一个连续统. 这同样也适用于胞腔的情况. 因此, 这时寻找完全拓扑不变量的问题看起来很不现实. 这就是我们为什么甘心接受基于仅适用于某些情形的某些拓扑不变量的相对不完全分类概念的理由. 尽管如此, 研究具体的高维系统的基本方法仍与二维情形相同; 即从确定平衡态和周期轨线开始. 我们将分别在第 2 章和第 3 章考虑这个 "广泛" 的局部理论.

---

[12] 集合 S 可考虑为关于上面等价关系的因子系统.

[13] S 的有限性条件相当一般, 它对一大类平面系统成立.

第 2 章　动力系统的结构稳定平衡态

2.1　平衡态概念. 线性化系统

考虑微分方程系统

$$\dot{x} = X(x), \tag{2.1.1}$$

其中 $x \in \mathbb{R}^n$, X 是某区域 $D \subset \mathbb{R}^n$ 内的光滑函数.

定义 2.1　系统 (2.1.1) 的轨线 $x(t)$ 称为平衡态, 如果它与时间无关, 即 $x(t) \equiv x_0 =$ 常数.

由定义得知平衡态的坐标是系统

$$X(x_0) = 0 \tag{2.1.2}$$

的解. 如果 Jacobi 矩阵 $\partial X/\partial x$ 在点 x_0 处非奇异, 则由隐函数定理, 在 x_0 附近不存在方程 (2.1.2) 的其它解. 这意味着这个平衡态是**孤立**的. 但是, 即使 Jacobi 矩阵奇异, 平衡态通常也是孤立的 (除非右端 $X(x)$ 是非常特殊的类型). 因此, 对一般情形, 系统 (2.1.1) 在 $\mathbb{R}^n$ 的任何有界子区域内只有有限个平衡态. 此外, 当 (2.1.1) 的右端是多项式时, 存在标准的代数方法估计平衡态的个数.

从数值模拟的观点来看, 当 n 比较小时, 确定系统 (2.1.2) 在 $\mathbb{R}^n$ 的任何有界子区域内的所有孤立解 (或者等价地, (2.1.1) 所有的驻定态) 相对来说比较简单. 但是, 高维系统平衡态的个数可能非常大, 从而找全它们比较困难.

系统 (2.1.1) 在平衡态附近的研究是基于标准的线性化方法.

设点 $O\,(x = x_0)$ 是系统 (2.1.1) 的一个平衡态. 变换

$$x = x_0 + y \tag{2.1.3}$$

将原点移到 O. 对新变量这个系统可以写为

$$\dot{y} = X(x_0 + y), \tag{2.1.4}$$

或者由在 $x = x_0$ 附近的 Taylor 展开, 我们有

$$\dot{y} = X(x_0) + \frac{\partial X(x_0)}{\partial x} y + o(y). \tag{2.1.5}$$

由于 $X(x_0) = 0$, 系统 (2.1.5) 变成

$$\dot{y} = Ay + g(y), \tag{2.1.6}$$

其中

$$A = \frac{\partial X(x_0)}{\partial x},$$

A 是 $(n \times n)$ – 常数矩阵, $g(y)$ 满足条件

$$g(0) = \frac{\partial g(0)}{\partial y} = 0. \tag{2.1.7}$$

对一般情形, (2.1.6) 中的最后一项是关于第一项的高阶小项 (按通常的范数). 显然, 系统 (2.1.6) 在原点的小邻域内的轨线性态主要是由线性化系统

$$\dot{y} = Ay \tag{2.1.8}$$

确定.

线性系统的研究是 19 世纪和 20 世纪初研究非保守动力学的主要范例. 这类系统的主要来源是自动控制理论, 特别是蒸汽机的控制理论. 在那个时期线性动力学的中心问题是寻找驻定态稳定性的最有效准则.[1]

平衡态的稳定性由 Jacobi 矩阵 A 的特征值 $(\lambda_1, \cdots, \lambda_n)$, 即由特征方程

$$\det |A - \lambda I| = 0 \tag{2.1.9}$$

的根确定, 其中 I 是恒同矩阵. 特征方程的根也称为平衡态的**特征指数**. 当平衡态的所有特征指数位于复平面的左半平面 (LHP) 时, 平衡态**稳定**. 此外, 这时的平衡态的任何偏离以正比于 $\mathrm{Re}\,\lambda_i$ $(i = 1, \cdots, n)$ 的衰减阻尼指数衰减. 因此, 构造既简单又有效的平衡态稳定性准则的主要问题是, 寻找由矩阵 A 的元素构成的某些明确条件, 使得不用求解特征方程就能确定它的所有特征值什么时候位于开的 LHP 内.

这里, 我们叙述一个最通用的叫 Routh-Hurwitz 准则的算法. 设 $(a_0, \cdots, a_n)$ 是多项式 $\det |\lambda I - A|$.

$$\det |\lambda I - A| = a_0 \lambda^n + a_1 \lambda^{n-1} + \cdots + a_n$$

[1] 研究非线性非保守系统的必要性, 最先仅在 20 世纪前期在真空管振子的持续振荡现象的研究中显示.

的系数. 我们构造 $(n \times n)$ - 矩阵:

$$\tilde{A} = \begin{bmatrix} a_1 & a_3 & a_5 & \cdots & 0 & 0 \\ a_0 & a_2 & a_4 & \cdots & 0 & 0 \\ 0 & a_1 & a_3 & \cdots & 0 & 0 \\ 0 & a_0 & a_2 & \cdots & 0 & 0 \\ \vdots & \vdots & \vdots & & \vdots & \vdots \\ 0 & 0 & 0 & \cdots & a_{n-1} & 0 \\ 0 & 0 & 0 & \cdots & a_{n-2} & a_n \end{bmatrix}, \tag{2.1.10}$$

并求子式 $\Delta_1 = a_1$, $\Delta_2 = a_1 a_2 - a_0 a_3$, $\cdots$, $\Delta_n = \det \tilde{A}$. 其中 Δ_i 是这样的矩阵的行列式, 它的元素是矩阵 $\tilde{A}$ 前 i 行和前 i 列的交.

Routh-Hurwitz 准则. 所有的特征指数具有负实部, 当且仅当每个 Δ_i 都是正的.

非线性系统在平衡态附近的性质与相应的线性化系统在平衡态附近的性质之间对应这一**数学**问题, 首先是在 Poincaré 和 Lyapunov 的文章中提出来的. 这个问题在相当范围内现在已经被解决. 下面几节我们将详细研究并阐述非线性系统在它的结构稳定 (**等价**于粗) 平衡态, 即它的特征指数没有零实部的平衡态的邻域内的轨线性态. 我们注意, 下面的叙述不同于在通常意义下的处理, 即我们将集中那些对研究包括鞍点平衡态的奇怪吸引子, 例如, Lorenz 吸引子, 螺旋吸引子, Chua 电路中的双涡形管吸引子等所需要的系统特性.

2.2 二维和三维线性系统的定性研究

在这一节和下面两节我们研究线性化系统的解的性态. 此外, 将仅限制考虑结构稳定平衡态.

我们从 $n = 2$ 和 $n = 3$ 的低维情形开始.

当 $n = 2$ 时, 假设系统的一般形式是:

$$\begin{aligned} \dot{x} &= a_{11}x + a_{12}y, \\ \dot{y} &= a_{21}x + a_{22}y. \end{aligned} \tag{2.2.1}$$

对应的特征方程是

$$\lambda^2 - (a_{11} + a_{22})\lambda + (a_{11}a_{22} - a_{12}a_{21}) = 0. \tag{2.2.2}$$

它的根是

$$\lambda_{1,2} = \frac{a_{11} + a_{22}}{2 \pm \sqrt{(a_{11} + a_{22})^2/4 - (a_{11}a_{22} - a_{12}a_{21})}}.$$

二维系统基本平衡态的名字是由 Poincaré 第一次给出的. 它们依赖于特征指数 $\lambda_{1,2}$ 的值如下:

1. λ_1 和 λ_2 都是负实数:$\lambda_1 < 0$ 和 $\lambda_2 < 0$. 这样的平衡态 O 称为**稳定结点**. 当 $\lambda_1 \neq \lambda_2$ 时系统 (2.2.1) 经变量的非奇异线性变换可化为

$$\begin{aligned}\dot{\xi} &= \lambda_1 \xi,\\ \dot{\eta} &= \lambda_2 \eta,\end{aligned} \tag{2.2.3}$$

其中 $\xi(t)$ 和 $\eta(t)$ 分别是相点 $(x(t), y(t))$ 在对应于矩阵 $\begin{pmatrix} a_{11} & a_{12} \\ a_{21} & a_{22} \end{pmatrix}$ 的特征值 λ_1 和 λ_2 的特征向量上的投影. 系统 (2.2.3) 的通解是

$$\xi = e^{\lambda_1 t}\xi_0, \eta = e^{\lambda_2 t}\eta_0. \tag{2.2.4}$$

由于 $\lambda_{1,2}$ 都是负的, 所有轨线当 $t \to +\infty$ 时都被吸向原点. 此外, 每一条趋于原点 O 的轨线都切于 ξ 轴或者 η 轴. 为了验证这一点, 我们考察系统 (2.2.3) 的轨线方程

$$\eta \xi_0^{\nu} = \xi^{\nu} \eta_0, \tag{2.2.5}$$

其中 $\nu = |\lambda_2|/|\lambda_1|$. 为确定起见, 设 $|\lambda_2|$ 大于 $|\lambda_1|$. 则 $\nu > 1$, 由 (2.2.5), 除了两条位于 η 轴上的轨线, 所有趋于 O 的轨线都切于 ξ 轴, 见图 2.2.1. ξ 轴和 η 轴分别称为**主方向**和 **非主方向**.

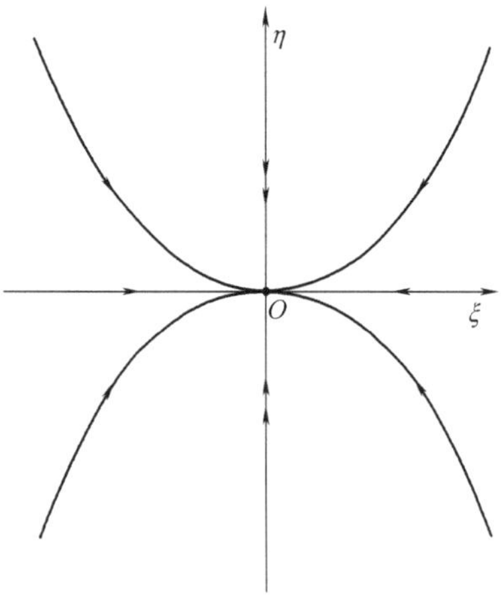

图 2.2.1　稳定结点. 双箭头表示与 η 轴重合的强稳定 (非主) 方向.

当 $\lambda_1 = \lambda_2 = -\lambda < 0$ 时, 系统 (2.2.1) 可以写为下面两个形式之一:

$$\begin{aligned}\dot{\xi} &= -\lambda \xi + \eta,\\ \dot{\eta} &= -\lambda \eta\end{aligned} \tag{2.2.6}$$

(非平凡 Jordan 块), 或者

$$\begin{aligned}\dot{\xi} &= -\lambda\xi, \\ \dot{\eta} &= -\lambda\eta.\end{aligned} \tag{2.2.7}$$

系统 (2.2.6) 的通解是

$$\xi = e^{-\lambda t}\xi_0 + te^{-\lambda t}\eta_0, \quad \eta = e^{-\lambda t}\eta_0. \tag{2.2.8}$$

系统 (2.2.7) 的通解是

$$\xi = e^{-\lambda t}\xi_0, \quad \eta = e^{-\lambda t}\eta_0. \tag{2.2.9}$$

图 2.2.2 显示第一个情形的相图. 所有趋于 O 的轨线切于唯一的特征向量, 即 ξ 轴. 在第二个情形中, 任何轨线沿着它自己的如图 2.2.3 所示的特征方向趋于 O. 这样的结点称为**临界节点**.

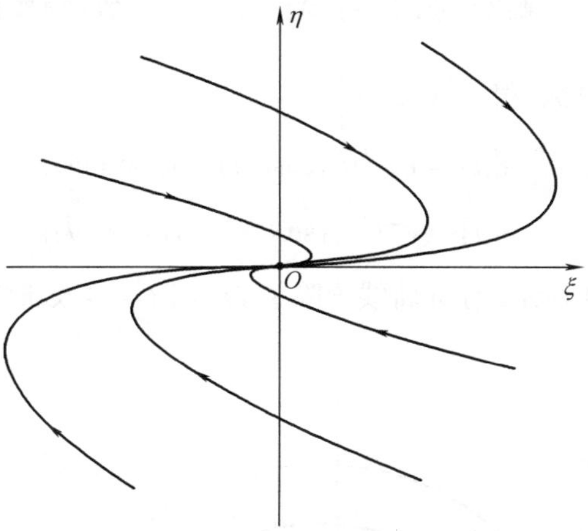

图 2.2.2 另一个稳定结点. 每一条轨线仅沿着 ξ 轴这个主方向进入原点.

2. 一对共轭复根: $\lambda_{1,2} = -\rho \pm i\omega$, $\rho > 0$, $\omega > 0$. 在这一情形下平衡态 O 称为**稳定焦点**. 由坐标的非奇异线性变换, 系统 (2.2.1) 可以变换成

$$\begin{aligned}\dot{\xi} &= -\rho\xi - \omega\eta, \\ \dot{\eta} &= \omega\xi - \rho\eta.\end{aligned} \tag{2.2.10}$$

在极坐标 $\xi = r\cos\varphi$, $\eta = r\sin\varphi$ 下, (2.2.10) 可以写为

$$\begin{aligned}\dot{r} &= -\rho r, \\ \dot{\varphi} &= \omega.\end{aligned} \tag{2.2.11}$$

系统 (2.2.11) 的通解是

$$\begin{aligned}r(t) &= e^{-\rho t}r_0, \\ \varphi(t) &= \omega t + \varphi_0,\end{aligned} \tag{2.2.12}$$

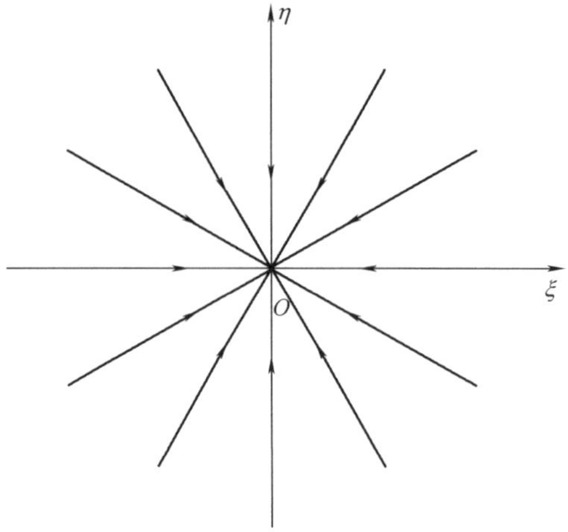

图 2.2.3　临界结点. 每一条轨线沿着它自己的方向趋于 O.

或者, 回到直角坐标, 得

$$\begin{aligned}\xi(t) &= e^{-\rho t}(\xi_0 \cos(\omega t) - \eta_0 \sin(\omega t)),\\ \eta(t) &= e^{-\rho t}(\xi_0 \sin(\omega t) + \eta_0 \cos(\omega t)).\end{aligned} \tag{2.2.13}$$

其相图如图 2.2.4 所示. 任何轨线 (除了 O) 当 $t \to +\infty$ 时都 “逆时针方向” 盘旋趋于原点 O.

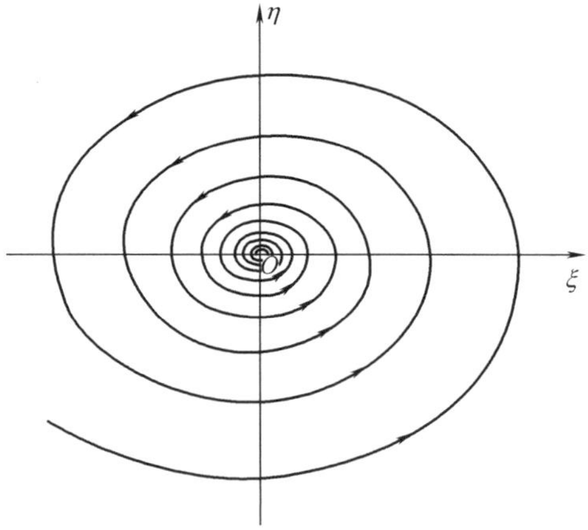

图 2.2.4　平面上的稳定焦点

3. λ_1 和 λ_2 是实数但反号: $\lambda_1 = \gamma > 0$, $\lambda_2 = -\lambda < 0$. 这样的平衡点称为**鞍点**. 变量的线性变换将系统 (2.2.1) 化为形式

$$\begin{aligned}\dot{\xi} &= \gamma\xi,\\ \dot{\eta} &= -\lambda\eta.\end{aligned} \tag{2.2.14}$$

系统 (2.2.14) 的通解是

$$\xi = e^{\gamma t}\xi_0, \quad \eta = e^{-\lambda t}\eta_0. \tag{2.2.15}$$

对应的轨线方程是

$$\eta\xi^{\nu} = \xi_0^{\nu}\eta_0, \tag{2.2.16}$$

其中 $\nu = \lambda/\gamma$. 在鞍点附近相空间的相图 (或者就称 "相空间") 如图 2.2.5 所示. 存在四条称为**分界线**的例外轨线, 两条**稳定**, 两条**不稳定**, 当 $t \to +\infty$ 和 $t \to -\infty$ 时它们分别趋于鞍点 O. 其它所有轨线都离开鞍点. 这对稳定分界线连同鞍点 O 一起组成鞍点的**稳定不变子空间** (η 轴). 不稳定分界线和鞍点 O 组成鞍点的**不稳定不变子空间** (ξ 轴).

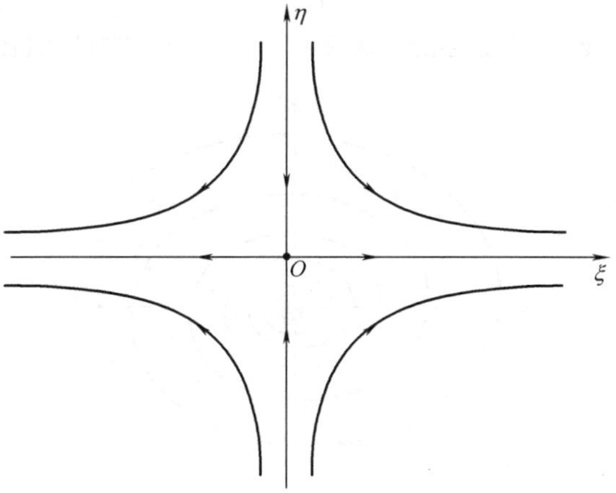

图 2.2.5 平面鞍点

4. 两个特征指数的实部都是正的情况可以用时间变换 $t \to -t$ 简单地化为上面的情形 (1) 和 (2), 因此相应的相图中的箭头方向是相反的. 当特征指数是实数时, 相应的平衡态称为**不稳定结点**. 在复特征指数的情形称它为**不稳定焦点** (见图 2.2.6 和图 2.2.7)
5. 现在让我们考虑三维系统的平衡态. 首先考虑特征指数 λ_i $(i = 1, 2, 3)$ 是实数且 $\lambda_3 < \lambda_2 < \lambda_1 < 0$ 的情形. 于是, 相应的三维系统可化为形式

$$\dot{x} = \lambda_1 x, \quad \dot{y} = \lambda_2 y, \quad \dot{z} = \lambda_3 z. \tag{2.2.17}$$

它的通解是

$$x = e^{\lambda_1 t}x_0, \quad y = e^{\lambda_2 t}y_0, \quad z = e^{\lambda_3 t}z_0. \tag{2.2.18}$$

由于所有的 λ_i 都是负的, 点 O 是稳定平衡态, 即所有轨线当 $t \to +\infty$ 时趋于 O. 此外, 不在**非主平面** (y, z) 上的所有轨线沿着与 x 轴重合的主方向趋于 O, 见图 2.2.8. 这样的平衡态称为**稳定结点**.

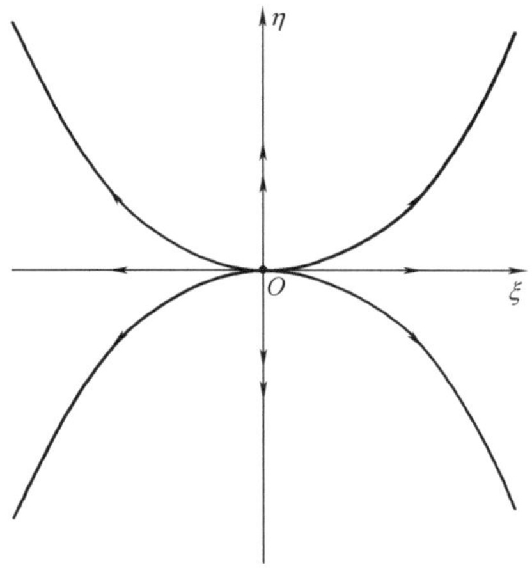

图 2.2.6　不稳定结点. 从图 2.2.1 改变时间方向得到此图.

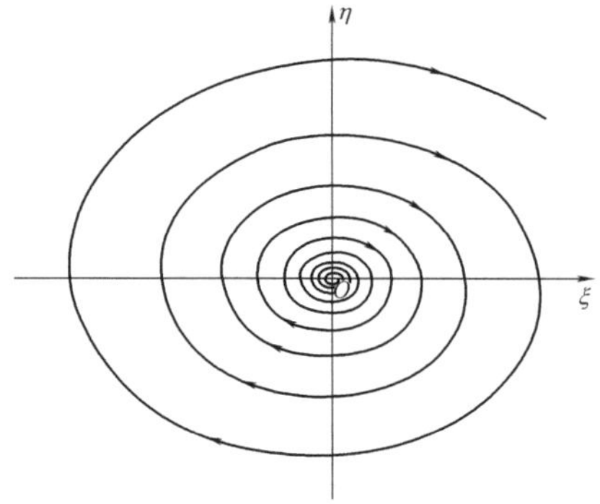

图 2.2.7　不稳定焦点. 平面上 “顺时针” 向外盘旋的轨线.

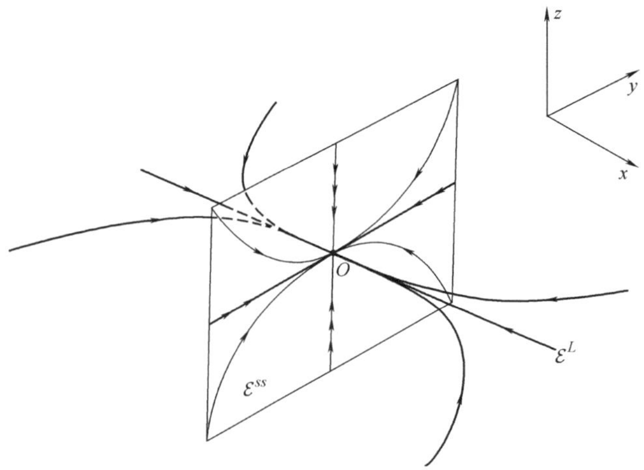

图 2.2.8　$\mathbb{R}^3$ 中的稳定结点. 较少箭头的代表压缩率较弱. 主子空间 $\mathcal{E}^L$ 是一维的, 二维子空间 $\mathcal{E}^{ss}$ 是非主子空间.

现在考虑特征指数中有一对共轭复数 $\lambda_{2,3} = -\rho \pm i\omega$ 的情形. 系统

$$\dot{x} = \lambda_1 x, \quad \dot{y} = -\rho y - \omega z, \quad \dot{z} = \omega y - \rho z \tag{2.2.19}$$

的平衡态 O 在 $-\rho < \lambda_1 < 0$ 时, 称为**稳定结点**. 通解具有形式

$$\begin{aligned} x(t) &= e^{\lambda_1 t} x_0, \\ y(t) &= e^{-\rho t}(y_0 \cos(\omega t) - z_0 \sin(\omega t)), \\ z(t) &= e^{-\rho t}(y_0 \sin(\omega t) + z_0 \cos(\omega t)). \end{aligned} \tag{2.2.20}$$

(见 (2.2.13)). 这个系统的相图如图 2.2.9 所示. 从 (2.2.20) 得

$$\sqrt{y^2(t) + z^2(t)} = e^{-\rho t}\sqrt{y_0^2 + z_0^2}.$$

此外, 对于初始点不在非主平面 (y, z) 内的任何轨线, 我们有

$$\sqrt{y^2(t) + z^2(t)} = C|x(t)|^\nu, \tag{2.2.21}$$

其中 $\nu = \dfrac{\rho}{|\lambda_1|}$, $C = \sqrt{y_0^2 + z_0^2}/|x_0|^\nu$. 由于 $\nu > 1$, 所有这些轨线沿着主 x – 轴趋于 O.

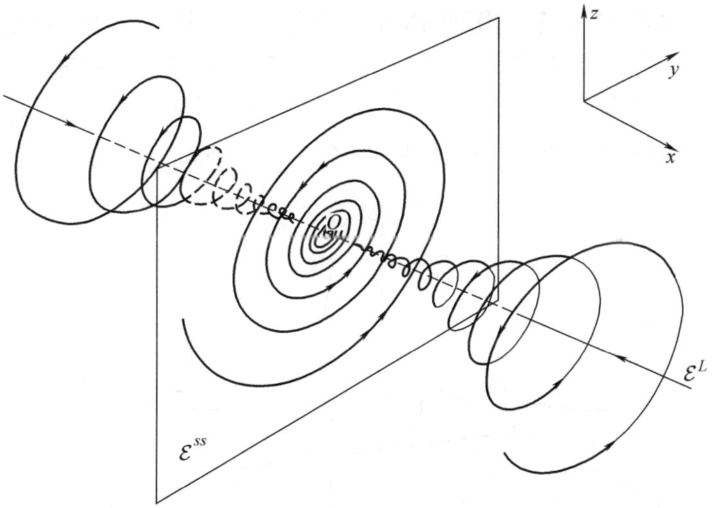

图 2.2.9　$\mathbb{R}^3$ 中另一类可能的稳定结点. 虽然点 O 是 $\mathcal{E}^{ss}$ 上的稳定焦点, 所有不在 $\mathcal{E}^{ss}$ 上的轨线沿着一维主子空间 $\mathcal{E}^L$ 趋向 O.

6. 当 $\lambda_1 < -\rho < 0$ 时系统 (2.2.19) 的平衡态称为**稳定焦点**. 但是由于 $\nu < 1$ 时关系式 (2.2.21) 仍成立, 故对 $C \neq 0$ (即初始点不在 x 轴上) 时的所有轨线趋于 O 时与 (y, z) – 平面相切, 如图 2.2.10 所示. 在这种情形下, 分别称 x – 轴为**非主方向**, (y, z) – 平面为**主平面**.

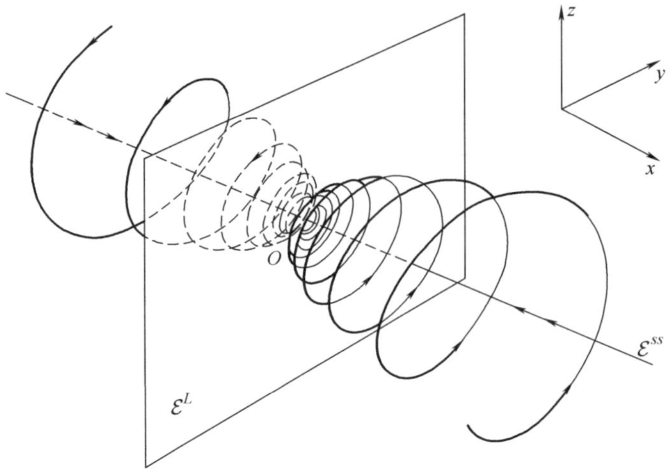

图 2.2.10 $\mathbb{R}^3$ 中的稳定焦点. 与图 2.2.9 相反, 所有不在一维子空间 $\mathcal{E}^{ss}$ 的轨线趋于 O 时与二维主子空间 $\mathcal{E}^L$ 相切.

7. 当所有特征指数位于虚轴的右边时 (即在右半开平面 (RHP)), 利用时间反向 $t \to -t$, 就把问题化为上面我们已经考虑过的情形. 这里所有的轨线当 $t \to -\infty$ 时趋于平衡态. 如前, 存在两类平衡态: 若最靠近虚轴的特征指数是实数, 则称为**不稳定结点**; 若最靠近虚轴的特征指数是由一对共轭复数所组成, 则称为**不稳定焦点**. 对应的相图类似于图 2.2.8—图 2.2.10, 但箭头方向相反.
8. 若特征指数在虚轴的左右两边都存在, 则平衡态或者是**鞍点**或者是**鞍 – 焦点** (这个名字也是 Poincaré 给的), 见图 2.2.11—图2.2.14.

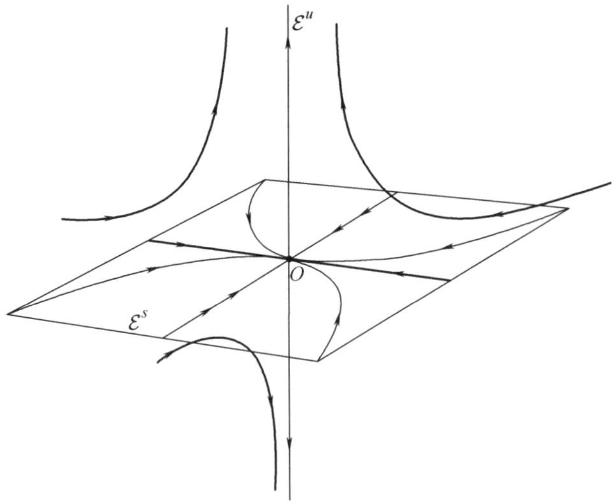

图 2.2.11 具有二维稳定子空间 $\mathcal{E}^s$ 和一维不稳定子空间 $\mathcal{E}^u$ 的鞍点 O.

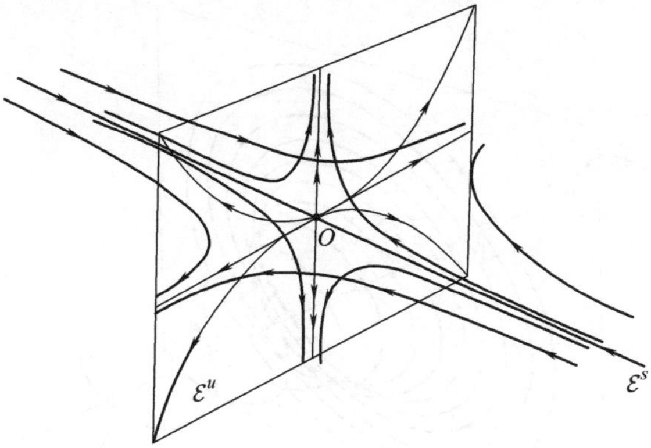

图 2.2.12 鞍点 (1,2)

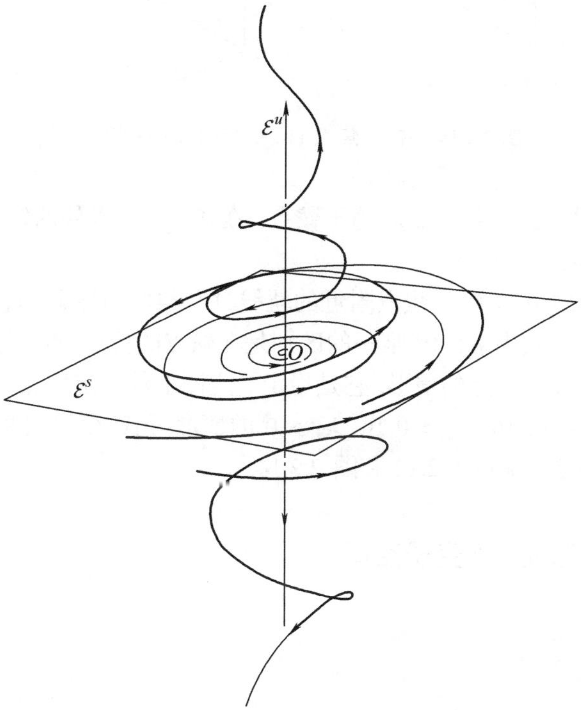

图 2.2.13 鞍 – 焦点 (2,1). 它有二维稳定子空间 $\mathcal{E}^s$ 和一维不稳定子空间 $\mathcal{E}^u$.

我们在 (2.2.17) 中假设 $\lambda_1 > 0$ 以及 $\lambda_s < 0\ (s = 2, 3)$. 于是系统 (2.2.17) 的平衡态是鞍点, 见图 2.2.11. 通解也由 (2.2.18) 给出. 由于 $\lambda_1 > 0$, $\lambda_2 < 0$, $\lambda_3 < 0$, 当 $t \to +\infty$ 时, y 坐标和 z 坐标都指数式衰减到零, 而 x 坐标趋于无穷. 另一方面, 当 $t \to -\infty$ 时 x 坐标减少到零. 因此, 整个位于**稳定子空间** $\mathcal{E}^s : x = 0$ 内的所有轨线, 当 $t \to +\infty$ 时都趋于鞍点 O, 而位于**不稳定子空间** $\mathcal{E}^u : (y = 0, z = 0)$

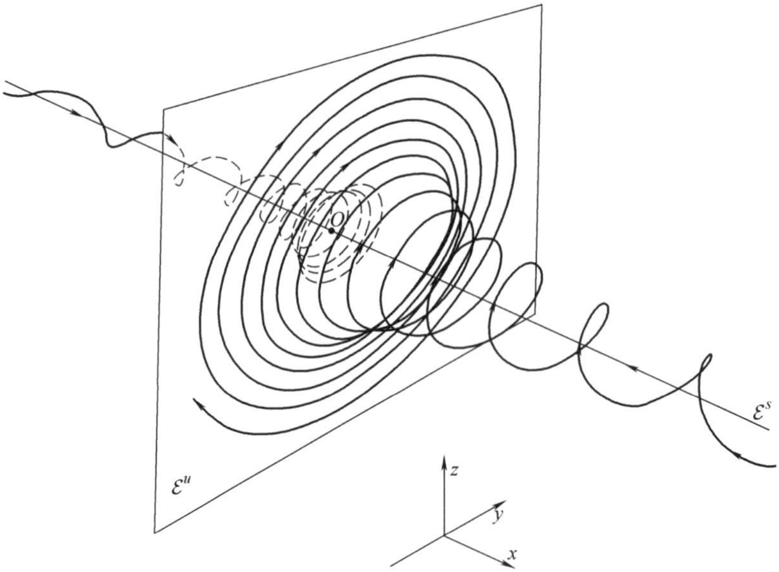

图 2.2.14　鞍 – 焦点 (1,2). 与图 2.2.13 相反.

内的所有轨线, 当 $t \to -\infty$ 时趋于鞍点. 在 $\mathcal{E}^s \bigcup \mathcal{E}^u$ 以外的轨线经过鞍点附近后而远离鞍点.

系统 (2.2.19) 在鞍 – 焦点附近的轨线具有类似的性态. 现在, $\lambda_1 > 0$ 以及 $\lambda_{2,3} = -\rho \pm i\omega$, 其中 $\rho > 0$. 唯一的区别是在鞍点的情形, 点 O 是稳定子空间上的结点, 而在鞍 – 焦点的情形, 它是稳定子空间上的稳定焦点.

对于 $\lambda_1 < 0$, Re $\lambda_2 > 0$, Re $\lambda_3 > 0$ 的情形, 可改变时间变量 $t \to -t$ 而化为前面两个情形, 见图 2.2.12 和图 2.2.14.

2.3　高维线性系统. 不变子空间

考虑系统

$$\dot{y} = Ay, \tag{2.3.1}$$

其中 $y \in \mathbb{R}^n$. 通解是

$$y(t) = e^{At} y_0. \tag{2.3.2}$$

回忆矩阵 B 的指数 e^B 是由矩阵级数

$$e^B = I + B + B^2/2 + \cdots + B^k/k! + \cdots,$$

的和定义的, 这里以及下面的 I 表示恒同矩阵. 因此系统 (2.3.1) 的通解可以写为

$$y(t) = (I + At + A^2t^2/2 + \cdots + A^kt^k/k! + \cdots)y_0. \tag{2.3.3}$$

级数 (2.3.3) 对任何 t 的收敛性是显然的, 因为 $\|A^k t^k/k!\|$ 不大于 $\|A\|^k|t|^k/k!$, 而后者当 $k\to\infty$ 时迅速衰减. 为了验证 (2.3.3) 是通解, 我们应该注意, 由 (2.3.3) 得

$$y(0)=y_0$$

以及

$$\begin{aligned}\dot{y}(t)&=(A+A^2t+\cdots+A^kt^{k-1}/(k-1)!+\cdots)y_0\\&=A(I+At+A^2t^2/2+\cdots+A^{k-1}t^{k-1}/(k-1)!+\cdots)y_0=Ay(t).\end{aligned}$$

我们来详细阐述表达式 (2.3.2). 如果矩阵 A 的所有特征值是相异实数, 那么可以选择特征基作为坐标标架, 使得矩阵 A 变成对角矩阵, 即

$$A=\begin{pmatrix}\lambda_1 & & & 0\\ & \lambda_2 & & \\ & & \ddots & \\ 0 & & & \lambda_n\end{pmatrix},$$

这里, 在不至于混淆的情况下, 我们使用同一个符号 A 表示原矩阵在新基下的对角矩阵. 在这个基下有

$$A^k=\begin{pmatrix}\lambda_1^k & & & 0\\ & \lambda_2^k & & \\ & & \ddots & \\ 0 & & & \lambda_n^k\end{pmatrix},$$

因此,

$$e^{At}=\begin{pmatrix}e^{\lambda_1 t} & & & 0\\ & e^{\lambda_2 t} & & \\ & & \ddots & \\ 0 & & & e^{\lambda_n t}\end{pmatrix}.$$

由此, 如果我们用 $(y_1,\cdots,y_n)$ 表示向量 $y\in\mathbb{R}^n$ 在给定基下的分量, 那么系统的解可以重写为

$$y_s(t)=e^{\lambda_s t}y_{s0}\quad (s=1,\cdots,n). \tag{2.3.4}$$

如前, 如果所有的特征值 (我们也称它们为**特征指数**) 相异, 但它们中有些是复数, 则存在一组基, 在此基下 A 取分块对角形:

$$\begin{pmatrix}A_1 & & & 0\\ & A_2 & & \\ & & \ddots & \\ 0 & & & A_m\end{pmatrix}, \tag{2.3.5}$$

其中每一块 A_j 对应于一个实特征值或者一对共轭的复特征值 (回忆若 A 是实矩阵, 则任何复特征值 λ_i 的复共轭 λ_i^* 也是特征值). 如果 λ_j 是实数, 那么它的对应块是 (1×1) 矩阵

$$A_j = (\lambda_j). \tag{2.3.6}$$

如果 $\lambda = \rho + i\omega$ 和 $\lambda^* = \rho - i\omega$ 是一对共轭的复特征值, 那么对应的块是 (2×2) 矩阵:

$$A_j = \begin{pmatrix} \rho & -\omega \\ \omega & \rho \end{pmatrix} = \begin{pmatrix} \operatorname{Re}\lambda & -\operatorname{Im}\lambda \\ \operatorname{Im}\lambda & \operatorname{Re}\lambda \end{pmatrix}. \tag{2.3.7}$$

在这一组基下

$$A^k = \begin{pmatrix} A_1^k & & & 0 \\ & A_2^k & & \\ & & \ddots & \\ 0 & & & A_m^k \end{pmatrix},$$

此外, 对复数 λ 我们有

$$A_j^k = \begin{pmatrix} \operatorname{Re}(\lambda^k) & -\operatorname{Im}(\lambda^k) \\ \operatorname{Im}(\lambda^k) & \operatorname{Re}(\lambda^k) \end{pmatrix},$$

因此, 我们得到

$$e^{At} = \begin{pmatrix} e^{A_1 t} & & & 0 \\ & e^{A_2 t} & & \\ & & \ddots & \\ 0 & & & e^{A_m t} \end{pmatrix},$$

其中

$$e^{A_j t} = \begin{cases} e^{\lambda t} \quad 对 \quad A_j = (\lambda), \\ \begin{pmatrix} \operatorname{Re} e^{\lambda t} & -\operatorname{Im} e^{\lambda t} \\ \operatorname{Im} e^{\lambda t} & \operatorname{Re} e^{\lambda t} \end{pmatrix} = e^{\rho t}\begin{pmatrix} \cos(\omega t) & -\sin(\omega t) \\ \sin(\omega t) & \cos(\omega t) \end{pmatrix} \quad 对 \quad A_j = \begin{pmatrix} \rho & -\omega \\ \omega & \rho \end{pmatrix}. \end{cases}$$

由此, 对实数 λ_s, 通解 (2.3.2) 有形式

$$y_s(t) = e^{\lambda_s t} y_{s0}, \tag{2.3.8}$$

对复数 $\lambda_s = \lambda_{s+1}^* = \rho + i\omega$, 有

$$y_s(t) = e^{\rho t}(y_{s0}\cos(\omega t) - y_{s+1,0}\sin(\omega t)), \tag{2.3.9}$$

$$y_{s+1}(t) = e^{\rho t}(y_{s0}\sin(\omega t) + y_{s+1,0}\cos(\omega t)). \tag{2.3.10}$$

如果 A 有某些重特征值, 我们可以作线性变换使得在一组 Jordan 基下 A 变成分块对角矩阵. 对应于单特征值的上述块保持不变, 但对每个 k 重实特征值 λ, 对应的块是形如

$$\begin{pmatrix} \lambda & \delta_1 & & & & 0 \\ & \lambda & \delta_2 & & & \\ & & \lambda & \ddots & & \\ & & & \ddots & \ddots & \\ & & & & \ddots & \delta_{k-1} \\ 0 & & & & & \lambda \end{pmatrix} \tag{2.3.11}$$

的 $(k \times k)$ – 矩阵, 其中 δ_i 是 0 或 1. 对每一对 k 重共轭复特征值, 对应的块是形如

$$\begin{pmatrix} \Lambda & \delta_1 I & & & & 0 \\ & \Lambda & \delta_2 I & & & \\ & & \Lambda & \ddots & & \\ & & & \ddots & \ddots & \\ & & & & \ddots & \delta_{k-1} I \\ 0 & & & & & \Lambda \end{pmatrix} \tag{2.3.12}$$

的 $(2k \times 2k)$ – 矩阵, 其中矩阵 Λ 由 (2.3.7) 给出, I 是 (2×2) 恒同矩阵, δ_i 是 0 或 1. 此时 $y(t)$ 也可以从公式 (2.3.3) 容易地得到. 对应于单个特征值的 y_s 坐标, 公式 (2.3.8), (2.3.9) 和 (2.3.10) 保持不变.

对应于 k 重实特征值 λ 的坐标 $(y_{i+1}, \cdots, y_{i+k})$, 在完全 Jordan 块 (即 (2.3.11) 中的所有 δ 都等于 1) 情形, 下面的公式成立:

$$\begin{aligned} y_{i+k}(t) &= e^{\lambda t} y_{i+k,0}, \\ y_{i+k-1}(t) &= e^{\lambda t}(y_{i+k-1,0} + t y_{i+k,0}), \\ &\vdots \\ y_{i+j}(t) &= e^{\lambda t} \sum_{s=j}^{k} \frac{y_{i+s,0} t^{s-j}}{(s-j)!}, \\ &\vdots \end{aligned} \tag{2.3.13}$$

或者等价地,

$$(y_{i+1}(t), \cdots, y_{i+k}(t)) = e^{\lambda t}(y_{i+1,0}, \cdots, y_{i+k,0}) e^{J_k t}, \tag{2.3.14}$$

其中 J_k 表示 $(k \times k)$ 矩阵

$$\begin{pmatrix} 0 & & & & & 0 \\ 1 & 0 & & & & \\ & 1 & 0 & & & \\ & & \ddots & \ddots & & \\ & & & \ddots & \ddots & \\ 0 & & & & 1 & 0 \end{pmatrix}$$

(这是 (2.3.11) 的非对角部分的转置).

在完全 Jordan 块情形, 对应于 k 重的一对复共轭特征值的坐标 $(y_{i+1}, \cdots, y_{i+2k})$, 我们有

$$\begin{aligned} y_{i+2j-1}(t) &= e^{\rho t} \sum_{s=j}^{k} (y_{i+2s-1,0} \cos(\omega t) - y_{i+2s,0} \sin(\omega t)) t^{s-j}/(s-j)!, \\ y_{i+2j}(t) &= e^{\rho t} \sum_{s=j}^{k} (y_{i+2s-1,0} \sin(\omega t) + y_{i+2s,0} \cos(\omega t)) t^{s-j}/(s-j)!, \end{aligned} \tag{2.3.15}$$

或者等价地

$$\begin{pmatrix} y_{i+1}(t) & \cdots & y_{i+2k-1}(t) \\ y_{i+2}(t) & \cdots & y_{i+2k}(t) \end{pmatrix} = e^{\Lambda t} \begin{pmatrix} y_{i+1,0} & \cdots & y_{i+2k-1,0} \\ y_{i+2,0} & \cdots & y_{i+2k,0} \end{pmatrix} e^{J_k t}, \tag{2.3.16}$$

其中 Λ 是矩阵 (2.3.7), J_k 与 (2.3.14) 中的相同.

如果 λ 是实数且 Jordan 块是不完全的, 即 (2.3.11) 中有些 δ_j 为零, 那么对应于 λ 的块可以划分为下面两个子块

$$\left[\begin{array}{cccc|cccc} \lambda & \delta_1 & & 0 & & & & \\ & \lambda & \ddots & & & & & \\ & & \ddots & \delta_{j-1} & & 0 & & \\ 0 & & & \lambda & & & & \\ \hline & & & & \lambda & \delta_{j+1} & & 0 \\ & 0 & & & & \lambda & \ddots & \\ & & & & & & \ddots & \delta_k \\ & & & & & & & \lambda \end{array}\right]$$

即一个指数分开建立各个子块. 对具有不完全 Jordan 块的每个 k 重复特征值 λ 可类似地进行计算.

现在我们证明下面的引理, 它给出矩阵指数范数的标准估计. 这个估计在我们的这本书中将经常用到.

引理 2.1 对任给的小 $\varepsilon > 0$, 在 $\mathbb{R}^n$ 中可选择一组适当的基, 使得线性系统

$$\dot{y} = Ay$$

的解 $y(t) = e^{At}y_0$ 满足下面的不等式:

$$\|y(t)\| \leqslant \|e^{At}\|\|y_0\| \leqslant e^{(\max \operatorname{Re}\lambda_i + \varepsilon)t}\|y_0\| \quad 对 \quad t \geqslant 0, \tag{2.3.17}$$

$$\|y(t)\| \geqslant \|e^{-At}\|^{-1}\|y_0\| \geqslant e^{(\min \operatorname{Re}\lambda_i - \varepsilon)t}\|y_0\| \quad 对 \quad t \geqslant 0, \tag{2.3.18}$$

$$\|y(t)\| \leqslant \|e^{At}\|\|y_0\| \leqslant e^{(\min \operatorname{Re}\lambda_i - \varepsilon)t}\|y_0\| \quad 对 \quad t \leqslant 0, \tag{2.3.19}$$

$$\|y(t)\| \geqslant \|e^{-At}\|^{-1}\|y_0\| \geqslant e^{(\max \operatorname{Re}\lambda_i + \varepsilon)t}\|y_0\| \quad 对 \quad t \leqslant 0, \tag{2.3.20}$$

其中 λ_i $(i = 1, \cdots, n)$ 是矩阵 A 的特征指数, 范数 $\|\cdot\|$ 取向量 $y \in \mathbb{R}^n$ 的 Euclid 范数 $\sqrt{y_1^2 + \cdots + y_n^n}$.

证明 四个不等式的证明类似, 故我们就考虑第一个情形. 为了在所有特征指数都是单的情况下证明 (2.3.17), 选择基使得等式 (2.3.8), (2.3.9) 和 (2.3.10) 成立, 由此立即得 (2.3.17).

对于重特征指数的情形, 经选择 Jordan 基以后, $y(t)$ 的公式 (见 (2.3.13) 和 (2.3.15)) 有幂因子 t^k, 它给出了 $y(t)$ 的范数的以下估计:

$$\|y(t)\| \leqslant e^{\max(\operatorname{Re}\lambda_i)t}\|y_0\|Q(|t|),$$

其中 Q 是次数小于特征指数的最大重数的多项式. 因为对任何小 $\varepsilon > 0$, 存在某个 $C(\varepsilon)$ 使得

$$Q(|t|) \leqslant Ce^{\varepsilon|t|},$$

由此得估计

$$\|y(t)\| \leqslant Ce^{(\max \operatorname{Re}\lambda_i + \varepsilon)t}\|y_0\| \quad 对 \quad t \geqslant 0.$$

为了使 C 等于 1, 我们指出, 可以选择 Jordan 基, 使得 (2.3.11) 和 (2.3.12) 中非零 δ_j 的值等于给定的任意小的 ε. 为此, 代替对应于实特征值的 Jordan 块 (2.3.11) 的坐标

$$(y_{i+1}, \cdots, y_{i+k}),$$

必须选择坐标

$$\left(\frac{y_{i+1}}{\varepsilon^{k-1}}, \frac{y_{i+2}}{\varepsilon^{k-2}}, \cdots, y_{i+k}\right).$$

类似地, 对复特征值 (见公式 (2.3.12)), 我们必须用坐标

$$\left(\frac{y_{i+1}}{\varepsilon^{k-1}}, \frac{y_{i+2}}{\varepsilon^{k-1}}, \frac{y_{i+3}}{\varepsilon^{k-2}}, \frac{y_{i+4}}{\varepsilon^{k-2}}, \cdots, y_{i+2k-1}, y_{i+2k}\right)$$

代替

$$(y_{i+1}, \cdots, y_{i+2k}).$$

在这个基下, 因子 ε^{s-j} 出现在公式 (2.3.13) 和 (2.3.15) 中的 t^{s-j} 之前, 或等价地, 系数 ε 出现在 (2.3.14) 和 (2.3.16) 中 $J_k t$ 的前面. 因此, 我们得到下面的对 $y(t)$ 的估计

$$\|y(t)\| \leqslant e^{\max(\mathrm{Re}\,\lambda_i)t}\|y_0\|\|e^{\varepsilon J_k t}\|. \tag{2.3.21}$$

由于 $\|J_k\| < 1$, 下面的估计成立:

$$\begin{aligned}\|e^{\varepsilon_k t}\| &\leqslant (1 + \varepsilon\|J_k\|t + \varepsilon^2\|J_k\|^2\frac{t^2}{2} + \cdots + \varepsilon^m\|J_k\|^m\frac{t^m}{m!} + \cdots) \\ &= e^{\varepsilon\|J_k\|t} \leqslant e^{\varepsilon t},\end{aligned}$$

由此从 (2.3.21) 得出 (2.3.17).

从这个证明容易看出, 当具有最大实部的特征指数是单的时, 我们可以假设不等式 (2.3.17) 和 (2.3.20) 中的 $\varepsilon = 0$. 如果具有最小实部的特征指数是单的, 则我们可以假设不等式 (2.3.18) 和 (2.3.19) 中的 $\varepsilon = 0$.

我们也指出, 任何一个基将改变不等式 (2.3.17)—(2.3.20) 以至于额外的系数可能出现在其右端 (一般地, 系数在 (2.3.17) 和 (2.3.19) 中的大于 1, 而 (2.3.18) 和 (2.3.20) 中的小于 1). 事实上, 从一个基到另一个基仅仅作了一个变量的线性变换

$$x = Py,$$

其中 P 为非奇异矩阵. 在新变量 x 下我们有

$$\|x\| \leqslant \|P\|\|y\|, \quad \|y\| \leqslant \|P^{-1}\|\|x\|.$$

因此, 例如, 代替 (2.3.17), 我们得到下面关于 $x(t)$ 的不等式:

$$\|x(t)\| \leqslant Ce^{(\max \mathrm{Re}\,\lambda_i + \varepsilon)t}\|x_0\| \quad 对 \quad t \geqslant 0, \tag{2.3.22}$$

其中

$$C = \|P\|\|P^{-1}\| \geqslant 1. \tag{2.3.23}$$

对于所有特征指数 λ_i 都位于虚轴左边的这个特殊情形, 不等式 (2.3.17) 变成

$$\|y(t)\| \leqslant e^{-\lambda t}\|y_0\| \quad 对 \quad t \geqslant 0, \tag{2.3.24}$$

其中 $\lambda > 0$ 并对所有 i 满足 $\mathrm{Re}\,\lambda_i < -\lambda$ (如果最靠近虚轴的特征指数是单的, 我们可以选择 $\lambda = \min|\mathrm{Re}\ \lambda_i|$). 因此, 在这种情形下, 线性系统 (2.3.1) 的每一条轨线当 $t \to +\infty$ 时都指数式趋于 O. 这样的平衡态称为**指数式渐近稳定平衡态**.

对稳定平衡态的特征指数进行重排, 使得 $\mathrm{Re}\ \lambda_1 \geqslant \mathrm{Re}\ \lambda_2 \geqslant \cdots \geqslant \mathrm{Re}\ \lambda_n$. 并且假设前面 m 个指数有相同的实部 $\mathrm{Re}\,\lambda_i = \mathrm{Re}\,\lambda_1$ $(i = 1, \cdots, m)$ 和 $\mathrm{Re}\,\lambda_i < \mathrm{Re}\,\lambda_1(i =$

$m+1,\cdots,n$). 以 $\mathcal{E}^L$ 和 $\mathcal{E}^{ss}$ 记矩阵 A 的 m 维和 $(n-m)$ 维特征子空间, 它们分别对应于特征指数 $(\lambda_1,\cdots,\lambda_m)$ 和 $(\lambda_{m+1},\cdots,\lambda_n)$. 子空间 $\mathcal{E}^L$ 称为**主不变子空间**, $\mathcal{E}^{ss}$ 称为**非主或者强稳定不变子空间**.

这些名字来自这样的事实, 当 $t\to+\infty$ 时所有轨线除了位于 $\mathcal{E}^{ss}$ 中的以外都在趋于平衡态 O 时与子空间 $\mathcal{E}^L$ 相切. 此外, 从 $\mathcal{E}^{ss}$ 中趋于 O 的轨线快于 $e^{(\mathrm{Re}\ \lambda_{m+1}+\varepsilon)t}$, 但其它轨线的收敛速度不超过 $e^{(\mathrm{Re}\ \lambda_1-\varepsilon)t}$, 其中常数 $\varepsilon>0$ 可以选择任意小.

为了证明这个论断, 我们指出, 每一个向量 $y\in\mathbb{R}^n$ 可唯一表示为形式 $y=u+v$, 其中 $u\in\mathcal{E}^L$, $v\in\mathcal{E}^{ss}$. 在 (u,v) 坐标下将系统 (2.3.1) 写为

$$\dot{u}=A_1u,$$
$$\dot{v}=A_2v,$$

其中谱 $A_1=\{\lambda_1,\cdots,\lambda_m\}$, 谱 $A_2=\{\lambda_{m+1},\cdots,\lambda_n\}$. 系统的通解是

$$u(t)=e^{A_1t}u_0,\quad v(t)=e^{A_2t}v_0. \tag{2.3.25}$$

按照引理 2.1 (见 (2.3.18), (2.3.17)), 对正数 t 由 (2.3.25) 有

$$\|u(t)\|\geqslant e^{(\mathrm{Re}\ \lambda_1-\varepsilon)t}\|u_0\|,$$
$$\|v(t)\|\leqslant e^{(\mathrm{Re}\ \lambda_{m+1}+\varepsilon)t}\|v_0\|,$$

其中 ε 可通过在 $\mathcal{E}^L$ 和 $\mathcal{E}^{ss}$ 中适当选取基而任意小. 因此我们可以得到下面的不等式

$$\|v(t)\|\|u_0\|^\nu\leqslant\|v_0\|\|u(t)\|^\nu, \tag{2.3.26}$$

其中 $\nu>1$. 从 (2.3.26) 看出, 如果 $\|u_0\|\neq0$, 则任何轨线趋于 O 时切于主子空间 $v=0$.

当 $m=1$ 时, 即 λ_1 是实数且 $\mathrm{Re}\ \lambda_i<\lambda_1$ $(i=2,\cdots,n)$, 主子空间是直线. 这样的平衡态称为**稳定结点**(见图 2.2.8, 图2.2.9).

当 $m=2$ 且 $\lambda_{1,2}=-\rho\pm i\omega,\rho>0,\omega\neq0$ 时, 对应的平衡态称为**稳定焦点**. 这里主子空间是二维的, 所有不属于 $\mathcal{E}^{ss}$ 的轨线围绕 O 呈盘旋形状, 见图 2.2.10.

对于不稳定的情形, 此时 $\mathrm{Re}\ \lambda_i>0$ $(i=1,\cdots,n)$, 通过改变时间方向 $t\to-t$ 就化为前一情形. 因此对解有估计:

$$\|y(t)\|\leqslant e^{-\lambda|t|}\|y_0\|\quad 对\quad t\leqslant0, \tag{2.3.27}$$

其中 λ 是满足 $\mathrm{Re}\ \lambda_i>\lambda$ 的任意正常数. 由 (2.3.27), 当 $t\to-\infty$ 时所有轨线都指数式趋于 O. 这样的平衡态称为**指数式完全不稳定平衡态**.

这里主子空间和非主子空间的定义方式与稳定平衡态的情形相同 (但对 $t\to-\infty$). 当主子空间是一维时, 平衡态称为**不稳定结点**. 当主子空间是二维且一对共轭复指数最靠近虚轴时, 这样的平衡态称为**不稳定焦点**.

现在, 令 k 个特征指数位于虚轴的左边, $(n-k)$ 个特征指数位于虚轴的右边, 即 $\text{Re } \lambda_i < 0\ (i=1,\cdots,k)$ 以及 $\text{Re } \lambda_j > 0\ (j=k+1,\cdots,n)$, 其中 $k \neq 0, n$. 这样的平衡态是**鞍点型平衡态**.

变量的非奇异线性变换将系统 (2.3.1) 化为

$$\begin{aligned} \dot{u} &= A^- u, \\ \dot{v} &= A^+ v, \end{aligned} \tag{2.3.28}$$

其中谱 $A^- = \{\lambda_1, \cdots, \lambda_k\}$, 谱 $A^+ = \{\lambda_{k+1}, \cdots, \lambda_n\}$, $u \in \mathbb{R}^k, v \in \mathbb{R}^{n-k}$. 系统的通解是

$$u(t) = e^{A^- t} u_0, \quad v(t) = e^{A^+ t} v_0. \tag{2.3.29}$$

按照引理 2.1, 对变量 u 和 v 分别有类似于 (2.3.24) 和 (2.3.27) 的估计成立, 即从**稳定不变子空间** $\mathcal{E}^s : v = 0$ 出发的所有轨线当 $t \to +\infty$ 时指数式趋于 O, 从**不稳定不变子空间** $\mathcal{E}^u : u = 0$ 出发的任何轨线当 $t \to -\infty$ 时都指数式地趋于 O. 在鞍点邻近的轨线在接近鞍点之后离开鞍点.

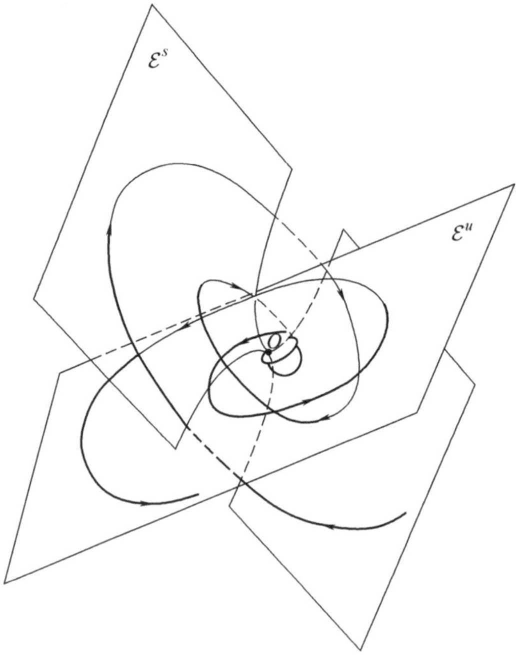

图 2.3.1 鞍 – 焦点 (2,2) 在 $\mathbb{R}^3$ 中的伪投影. 稳定和不稳定不变子空间都是二维的.

因此, 在 $\mathcal{E}^s$ 上系统的鞍点是稳定平衡态, 而在 $\mathcal{E}^u$ 上的是完全不稳定平衡态. 此外, **稳定主子空间**, **不稳定主子空间** $\mathcal{E}^{sL}, \mathcal{E}^{uL}$ 以及相应的非主子空间 $\mathcal{E}^{ss}$ 和 $\mathcal{E}^{uu}$ 分别可在子空间 $\mathcal{E}^s$ 和 $\mathcal{E}^u$ 内定义. 我们称直和 $\mathcal{E}^{sE} = \mathcal{E}^s \oplus \mathcal{E}^{uL}$ 为**扩展稳定不变子空**

间, $\mathcal{E}^{uE} = \mathcal{E}^u \oplus \mathcal{E}^{sL}$ **为扩展不稳定不变子空间**. 不变子空间 $\mathcal{E}^L = \mathcal{E}^{sE} \bigcap \mathcal{E}^{uE}$ **称为主鞍点子空间**.

如果点 O 在 $\mathcal{E}^s$ 和 $\mathcal{E}^u$ 中都是结点, 这样的平衡态称为**鞍点**. 因此, $\mathcal{E}^{sL}$ 和 $\mathcal{E}^{uL}$ 的维数都等于 1.

当点 O 在至少两个子空间 $\mathcal{E}^s$ 和 $\mathcal{E}^u$ 的一个是焦点时, 称 O 为**鞍 – 焦点**. 按照稳定和不稳定主子空间的维数, 我们可以定义三类鞍 – 焦点, 即:

- 鞍 – 焦点 (2,1) —— 在 $\mathcal{E}^s$ 上是焦点, 在 $\mathcal{E}^u$ 上是结点.
- 鞍 – 焦点 (1,2) —— 在 $\mathcal{E}^s$ 上是结点, 在 $\mathcal{E}^u$ 上是焦点.
- 鞍 – 焦点 (2,2) —— 在 $\mathcal{E}^s$ 和 $\mathcal{E}^u$ 上都是焦点.

三维鞍点以及鞍 – 焦点 (2,1) 和 (1,2) 的两个类型的相图如图 2.2.11—图 2.2.14 所示, 四维鞍 – 焦点 (2,2) 的相图表示在图 2.3.1 中.

2.4 鞍点平衡态附近线性系统的轨线性态

上几节考虑的理论足够解决下面的重要问题. 设线性系统有鞍点型结构稳定平衡态 O. 在 O 的稳定不变子空间 $\mathcal{E}^s$ 内选取一点 M^+, 在它的不稳定子空间 $\mathcal{E}^u$ 内选取一点 M^-. 围绕点 M^+ 取小邻域 V^+, 点 M^- 取的小邻域 V^-. 我们问在 V^+ 内是否存在点, 其轨线能到达 V^-, 这样的点集是如何组成的以及由连接 V^+ 和 V^- 的轨线定义的映射具有什么性质?

这个问题纯粹是线性化系统的几何问题. 但是, 我们指出, 这个问题几乎与在混沌系统中鞍点平衡态附近轨线性态的问题等同.

我们首先考虑三维的例子. 设点 O 是鞍点, 即它的两个主特征指数都是实数. 为确定起见, 假设稳定子空间是二维的, 不稳定子空间是一维的. 于是系统可以写为

$$
\begin{aligned}
\dot{x} &= -\lambda_1 x, \\
\dot{u} &= -\lambda_2 u, \\
\dot{y} &= \gamma y,
\end{aligned}
$$

其中 $0 < \lambda_1 < \lambda_2, \gamma > 0$. 现在不稳定子空间 $\mathcal{E}^u$ 与 y 轴重合, 稳定子空间 $\mathcal{E}^s$ 是 (x, u) – 平面. u 轴是非主子空间 $\mathcal{E}^{ss}$, x 轴是主子空间 $\mathcal{E}^{sL}$. 扩展不稳定子空间 $\mathcal{E}^{uE}$ 是 (x, y) – 平面, 扩展稳定子空间 $\mathcal{E}^{sE}$ 是整个空间 $\mathbb{R}^3$.

系统的通解是

$$
\begin{aligned}
x(t) &= e^{-\lambda_1 t} x_0, \\
u(t) &= e^{-\lambda_2 t} u_0, \\
y(t) &= e^{\gamma t} y_0.
\end{aligned}
$$

在 $\mathcal{E}^s$ 内我们选择不在 $\mathcal{E}^{ss}$ 中的点 $M^+(x^+, u^+, y=0)$, 即有 $x^+ \neq 0$. 不失一般性, 假设 $x^+ > 0$. 选择小 $\mathcal{E} > 0$, 并在点 M^+ 处构造一个小长方形 $\prod^+ = \{x = x^+, |u - u^+| < \varepsilon, |y| < \varepsilon\}$. 在 $\prod^+$ 上的坐标是 (u, y). 稳定子空间与 $\prod^+$ 的交 $y = 0$ 把 $\prod^+$ 划分成两个子部分. 选择 $y > 0$ 这部分 (图 2.4.1 中阴影区域), 并跟随从其上每一点开始的轨线.

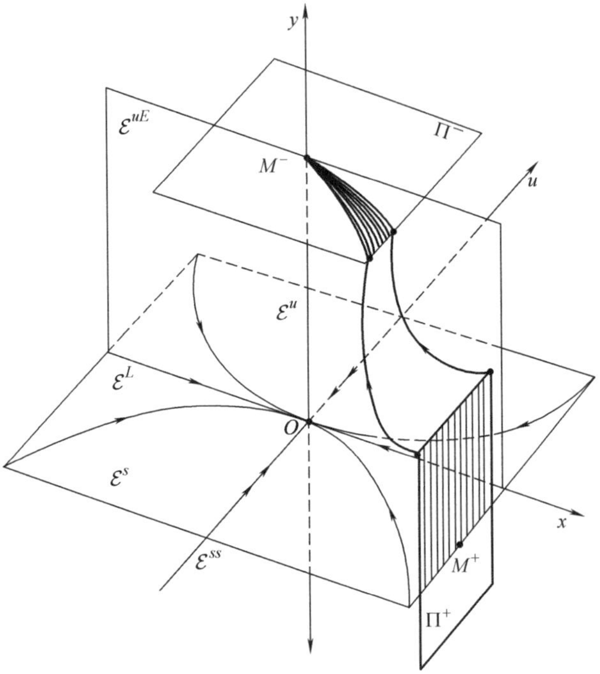

图 2.4.1 鞍点附近的轨线. 长方形 $\prod^+$ 的像是 $\prod^-$ 上的曲线三角形, 它切于扩展不稳定子空间 $\mathcal{E}^{uE}$. 稳定子空间 $\mathcal{E}^s$ 在 $\prod^+$ 上的交映为点 M^-.

对某个 $\delta > 0$ 考虑鞍点的邻域 $U_\delta : \{|x| \leqslant \delta, |u| \leqslant \delta, |y| \leqslant \delta\}$. 从任何点 $M(x = x^+, u, y > 0) \in \prod^+$ 出发的轨线当 $t \to +\infty$ 时都离开 U_δ, 在点 $\bar{M}(\bar{x}, \bar{u}, y = \delta)$ 处穿过 $\prod^- : \{y = \delta\}$, 它的坐标由下面公式给出

$$\bar{x} = e^{-\lambda_1 t} x^+, \quad \bar{u} = e^{-\lambda_2 t} u, \tag{2.4.1}$$

$$\delta = e^{\gamma t} y. \tag{2.4.2}$$

求解 (2.4.2), 我们得到从 $\prod^+$ 到 $\prod^-$ 的飞行时间

$$t = \frac{1}{\gamma} \ln \frac{\delta}{y}.$$

将后者代入 (2.4.1) 得到用点 M 的坐标表达点 $\bar{M}$ 的坐标的表达式

$$\begin{aligned} \bar{x} &= x^+ \left(\frac{y}{\delta}\right)^{\nu}, \\ \bar{u} &= u \left(\frac{y}{\delta}\right)^{\alpha\nu}, \end{aligned} \tag{2.4.3}$$

其中 $\nu=\dfrac{\lambda_1}{\gamma},\alpha=\dfrac{\lambda_2}{\lambda_1}>1$. 显然, 可从这个公式得知映射 $M\mapsto\bar{M}$ 关于非主坐标 u 压缩, 只要 y 足够小. 此外, 当 $y\to+0$ (即点 M 趋于 $\mathcal{E}^s$) 时压缩变得无穷强.

沿着系统的轨线, 映射 (2.4.3) 将长方形 $\prod^+$ 的上面部分映为 $\prod^-$ 上的曲线楔:

$$C_2\bar{x}^\alpha\leqslant\bar{u}\leqslant C_1\bar{x}^\alpha,\quad C_{1,2}=\frac{u^+\pm\varepsilon}{(x^+)^\alpha}. \tag{2.4.4}$$

这个楔与点 $M^-(\bar{x}=0,\bar{u}=0,\bar{y}=\delta)=\prod^-\bigcap\mathcal{E}^u$ 相连接. 由于 $\alpha>1$, $C_{1,2}\neq\infty$ (因为 $x^+\neq0$), 楔与扩展不稳定子空间 $\mathcal{E}^{uE}:\bar{u}=0$ 在点 M^- 处相接触, 如图 2.4.1 所示.

$\mathcal{E}^s$ 是一维而 $\mathcal{E}^u$ 是二维的情况可以由时间反向化为上面考虑过的情形. 因此, 如果我们选择点 $M^+\in\mathcal{E}^s$ 和 $M^-\in\mathcal{E}^u\backslash\mathcal{E}^{uu}$, 并构造两个横截长方形 $\prod^+$ 和 $\prod^-$, $\prod^+$ 上的其轨线到达 $\prod^-$ 的点的集合也构成如 (2.4.4) 的曲线楔, 它在 $\prod^-$ 上的像是 $\prod^-\backslash\mathcal{E}^u$ 的两个分枝之一, 如图 2.4.2 所示.

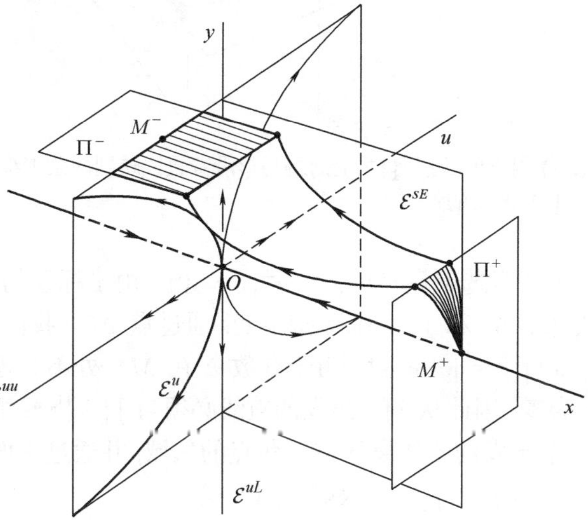

图 2.4.2 这个鞍点附近轨线的性态是与图 2.4.1 的描述相反的情形.

当 O 是鞍 – 焦点 (2,1) 时 (见图 2.4.3), 系统可以表示为

$$\begin{aligned}\dot{x}&=-\rho x-\omega u,\\ \dot{u}&=\omega x-\rho u,\\ \dot{y}&=\gamma y,\end{aligned} \tag{2.4.5}$$

其中 $\rho>0,\omega>0,\gamma>0$. 这里通解是

$$\begin{aligned}x(t)&=e^{-\rho t}(x_0\cos(\omega t)-u_0\sin(\omega t)),\\ u(t)&=e^{-\rho t}(x_0\sin(\omega t)+u_0\cos(\omega t)),\\ y(t)&=e^{\gamma t}y_0.\end{aligned} \tag{2.4.6}$$

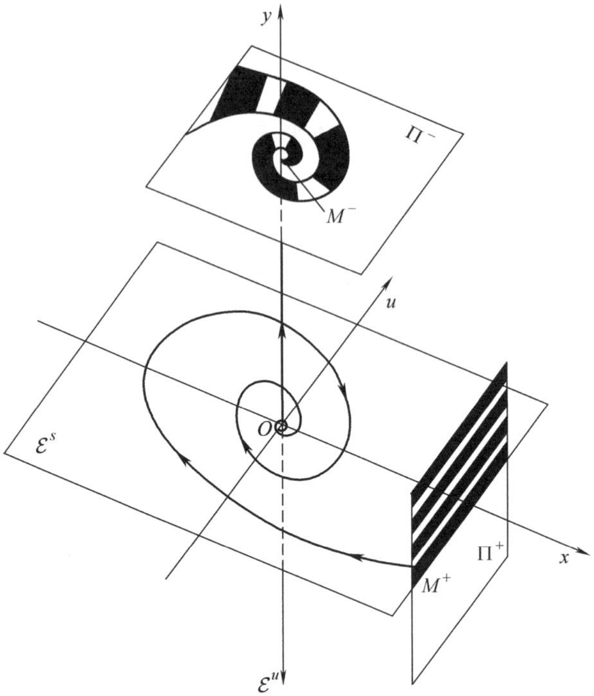

图 2.4.3　鞍 – 焦点 (2,1) 附近的映射. $\prod^+$ 上的斑马形沿着轨线映到两条围绕点 M^- 的螺线的内部, 其中 M^- 是 $\mathcal{E}^s$ 和 $\prod^+$ 的交的像.[2]

我们在 $\mathcal{E}^s\backslash O$ 上任意选取点 $M^+(x^+,u^+,y=0)$. 由坐标系的旋转总可以假设 $u^+=0$, 因此公式 (2.4.5) 和 (2.4.6) 保持不变. 通过点 M^+ 我们构造一个长方形 $\prod^+=\{u=0,|x-x^+|<\varepsilon,|y|<\varepsilon\}$. 由于导数 $\dot{u}$ 在 M^+ 处不为零, 由连续性它在 M^+ 的小邻域内不为零. 因此从 $\prod^+$ 出发的轨线必须与 $\prod^+$ 横截相交.

从 $\prod^+\bigcap\{y>0\}$ 出发的轨线离开鞍 – 焦点的邻域, 并通过平面 $\prod^-:y=\delta$. 在这一情形从 $\prod^+\bigcap\{y>0\}$ 到 $\prod^-$ 的映射可用公式

$$
\begin{aligned}
\bar{x}&=xe^{-\rho t}\cos(\omega t),\\
\bar{u}&=xe^{-\rho t}\sin(\omega t),\\
\delta&=ye^{\gamma t},
\end{aligned}
$$

或者

$$
\begin{aligned}
\bar{x}&=x\left(\frac{y}{\delta}\right)^{\nu}\cos\left(\frac{\omega}{\gamma}\ln\frac{y}{\delta}\right),\\
\bar{u}&=-x\left(\frac{y}{\delta}\right)^{\nu}\sin\left(\frac{\omega}{\gamma}\ln\frac{y}{\delta}\right),
\end{aligned}
$$

[2] 注. 我们必须指出, 公式 (2.4.5) 是对截面 $\prod^+$ 沿着 x 轴但不与它横截是定向的情形下推导的.

表示, 其中 $\nu = \rho/\gamma$. 在 $\prod^-$ 上引入极坐标 $\bar{x} = \bar{r}\cos(\bar{\varphi})$ 和 $\bar{u} = \bar{r}\sin(\bar{\varphi})$, 这个映射可以写为

$$\bar{r} = |x|\left(\frac{y}{\delta}\right)^{\nu},$$

$$\bar{\varphi} = -\frac{\omega}{\gamma}\ln\left(\frac{y}{\delta}\right) + \varphi_0,$$

其中

$$\varphi_0 = \begin{cases} 0, & \text{如果 } x^+ > 0, \\ \pi, & \text{如果 } x^+ < 0. \end{cases}$$

长方形 $\prod^+$ 是由直线段 $x = x^+ + \varepsilon$ 和 $x = x^+ - \varepsilon$ 所围. 于是 $\prod^+$ 在 $\prod^-$ 上的像是由一对对数螺线

$$(|x^+| - \varepsilon)e^{\frac{\rho}{\omega}(\varphi_0 - \bar{\varphi})} \leqslant \bar{r} \leqslant (|x^+| + \varepsilon)e^{\frac{\rho}{\omega}(\varphi_0 - \bar{\varphi})}$$

所围, 这对螺线围绕点 $M^- = \prod^- \bigcap \mathcal{E}^u$ 旋转, 如图 2.4.3 所示.

通过逆转时间方向可容易地将上面的结果转换到鞍 – 焦点 (1,2) 的情况.

接下来我们考虑鞍 – 焦点 (2,2). 系统这时可写为下面的形式:

$$\begin{aligned} \dot{x}_1 &= -\rho_1 x_1 - \omega_1 x_2, \\ \dot{x}_2 &= -\rho_1 x_2 + \omega_1 x_1, \\ \dot{y}_1 &= \rho_2 y_1 - \omega_2 y_2, \\ \dot{y}_2 &= \rho_2 y_2 + \omega_2 y_1, \end{aligned}$$

其中 $\rho_1 > 0, \omega_1 > 0, \rho_2 > 0, \omega_2 > 0$. 通解是

$$\begin{aligned} x_1 &= e^{-\rho_1 t}(x_{10}\cos(\omega_1 t) - x_{20}\sin(\omega_1 t)), \\ x_2 &= e^{-\rho_1 t}(x_{10}\sin(\omega_1 t) + x_{20}\cos(\omega_1 t)), \\ y_1 &= e^{\rho_2 t}(y_{10}\cos(\omega_2 t) - y_{20}\sin(\omega_2 t)), \\ y_2 &= e^{\rho_2 t}(y_{10}\sin(\omega_2 t) + y_{20}\cos(\omega_2 t)). \end{aligned} \tag{2.4.7}$$

沿着系统的轨线由 $\prod^+ = \{x_2 = 0, |x_1 - x_1^+| < \varepsilon,\ |y_1| < \varepsilon,\ |y_2| < \varepsilon\}$ 到 $\prod^- = \{\bar{y}_2 = 0,\ |\bar{y}_1 - y_1^-| < \varepsilon,\ |\bar{x}_1| < \varepsilon,\ |\bar{x}_2| < \varepsilon\}$ 的映射 T 由下面公式给出:

$$\begin{aligned} \bar{x}_1 &= x_1 e^{-\rho_1 t}\cos(\omega_1 t), \\ \bar{x}_2 &= x_1 e^{-\rho_1 t}\sin(\omega_1 t), \end{aligned} \tag{2.4.8}$$

$$\begin{aligned} y_1 &= \bar{y}_1 e^{-\rho_2 t}\cos(\omega_2 t), \\ y_2 &= -\bar{y}_1 e^{-\rho_2 t}\sin(\omega_2 t). \end{aligned} \tag{2.4.9}$$

为了寻找映射 T 的定义域 D, 直接利用 (2.4.8) 和 (2.4.9) 比通过 (y_1, y_2) 表示飞行时间 t 更方便. 如果我们任意选择满足 $|x_1 - x_1^+| < \varepsilon$ 的 x_1 和满足 $|\bar{y}_1 - y_1^-| < \varepsilon$

的 $\bar{y}_1$ 以及充分大的 t, 则公式 (2.4.8) 和 (2.4.9) 给出值 $\bar{x}_1, \bar{x}_2, y_1, y_2$, 使得从 $\prod^+$ 的点 $M = (x_1, 0, y_1, y_2)$ 出发的轨线与 $\prod^-$ 相交于点 $\bar{M} = (\bar{x}_1, \bar{x}_2, \bar{y}_1, 0)$. 区域 D 是由所有这样的点 M 组成, 其 x_1 – 坐标位于区间 $|x_1 - x_1^+| < \varepsilon$ 内, 而 $y_{1,2}$ – 坐标可通过适当选取 $\bar{y}_1$ 和 t 后由 (2.4.9) 确定.

由 (2.4.9), 当 t 变化而 x_1 和 $\bar{y}_1$ 保持固定时, 点 (y_1, y_2) 描绘出一条对数螺线. 这意味着集合 D 沿着 x_1 – 方向以旋轮线形状伸展, 并沿着 (y_1, y_2) – 坐标盘旋. D 在 $\prod^-$ 中的像有类似的形状, 见图 2.4.4.

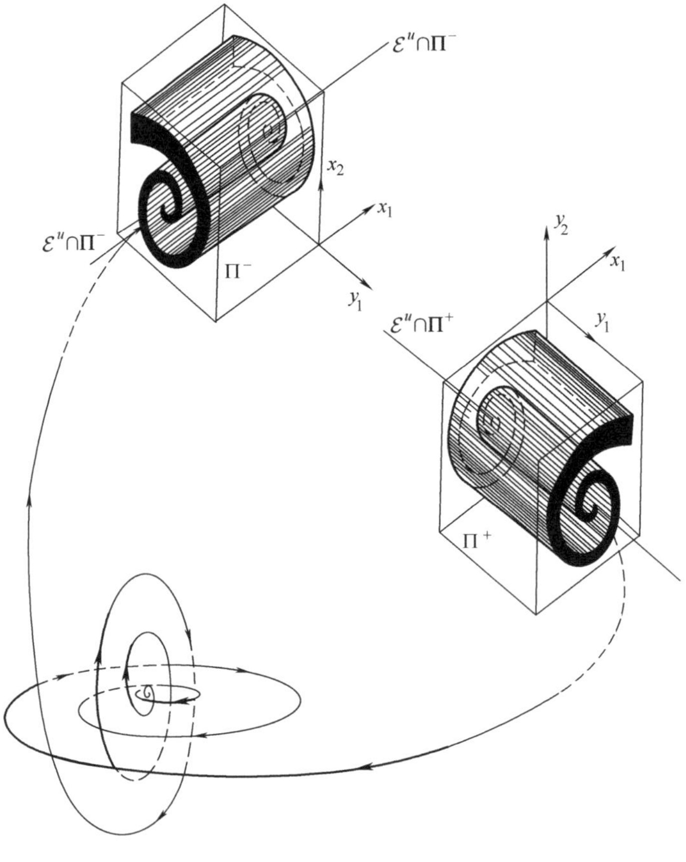

图 2.4.4　鞍 – 焦点 (2,2) 附近的映射. 内容见正文.

在高维情形, 系统在鞍点附近表示为下面形式:

$$\dot{x} = A^- x, \quad \dot{y} = A^+ y,$$

$$\dot{u} = B^- u, \quad \dot{v} = B^+ v,$$

其中 x 和 y 是主变量, u 和 v 是非主变量. 矩阵 A^- 的谱位于复平面的直线 $\operatorname{Re} z = -\lambda < 0$ 上, 矩阵 A^+ 的谱位于直线 $\operatorname{Re} z = \gamma > 0$ 上. 矩阵 B^- 的特征值的实部严格小于某个 $-\hat{\lambda} < -\lambda$, 而矩阵 B^+ 的特征值的实部严格大于某个 $\hat{\gamma} > \gamma$.

因此, $\mathcal{E}^s$ 是子空间 $(y=0,v=0)$;

$\mathcal{E}^u:(x=0,u=0)$,

$\mathcal{E}^{ss}:(x=0,y=0,v=0)$,

$\mathcal{E}^{sL}:(u=0,y=0,v=0)$,

$\mathcal{E}^{uu}:(x=0,u=0,y=0)$,

$\mathcal{E}^{uL}:(x=0,u=0,v=0)$,

$\mathcal{E}^{sE}:(v=0)$,

$\mathcal{E}^{uE}:(u=0)$,

$\mathcal{E}^{L}:(u=0,v=0)$.

我们选取某个点 $M^+(x=x^+,u=u^+,y=0,v=0)\in\mathcal{E}^s\backslash\mathcal{E}^{ss}$ 和点 $M^-(x=0,u=0,y=y^-,v=v^-)\in\mathcal{E}^u\backslash\mathcal{E}^{uu},\|x^+\|\neq 0,\|y^-\|\neq 0$. 沿着系统的轨线从 M^+ 的 ε 邻域到 M^- 的 ε 邻域的映射是

$$\bar{x}=e^{A^-t}x,\quad \bar{y}=e^{A^+t}y, \tag{2.4.10}$$

$$\bar{u}=e^{B^-t}u,\quad \bar{v}=e^{B^+t}v, \tag{2.4.11}$$

其中 t 是飞行时间.

因为主坐标方程 (2.4.10) 和非主坐标方程 (2.4.11) 互相独立, 这个映射对主坐标的作用与上面的例子相同. 由引理 2.1, 从 (2.4.10) 得

$$\|y\|=\|e^{-A^+t}\bar{y}\|\geqslant e^{-(\gamma+\cdots)t}(\|y^-\|-\cdots),$$

只要

$$t\geqslant\frac{1}{\gamma+\cdots}\ln\frac{(\|y^-\|-\cdots)}{\|y\|}.$$

我们观察到 (通过固定两个邻域的大小) 当 $y\to 0$ 时, 与 $\ln\|y\|$ 成比例的飞行时间 t 趋于无穷. 此外, 由引理 2.1, 下面的估计成立

$$\|\bar{u}\|\leqslant\|e^{B^+t}\|\|u\|\leqslant e^{-\hat{\lambda}t}\|u\|,$$

$$\|v\|\leqslant\|e^{-B^-t}\|\|\bar{v}\|\leqslant e^{-\hat{\gamma}t}\|\bar{v}\|,$$

由此得知, 这个映射沿着非主稳定方向是强压缩, 沿着非主不稳定方向是强伸长, 只要 $\|y\|$ 充分小. 事实上, 从公式 (2.4.10) 以及 (2.4.11) 得

$$\|\bar{u}\|\leqslant C_1\|\bar{x}\|^{\alpha_1},\quad C_1=\frac{(\|u^+\|+\varepsilon)}{(\|x^+\|-\varepsilon)^{\alpha_1}},\quad \alpha_1=\frac{\hat{\lambda}}{\lambda}>1,$$

$$\|v\|\leqslant C_2\|y\|^{\alpha_2},\quad C_2=\frac{(\|v^-\|+\varepsilon)}{(\|y^-\|-\varepsilon)^{\alpha_2}},\quad \alpha_2=\frac{\hat{\gamma}}{\gamma}>1.$$

由于 $\|x^+\| \neq 0$, $\|y^-\| \neq 0$, 可得 $C_{1,2} \neq \infty$, 因此映射 $(x, y, u, v) \mapsto (\bar{x}, \bar{y}, \bar{u}, \bar{v})$ 的定义域位于与扩展稳定子空间 $\mathcal{E}^{sE}$ 相切于点 M^+ 的楔内, 映射的值域位于与扩展不稳定子空间 $\mathcal{E}^{uE}$ 相切于点 M^- 的楔内. 图 2.4.5—图 2.4.8 显示了这个映射对于四维鞍点和鞍 - 焦点 (2,1) 的作用.

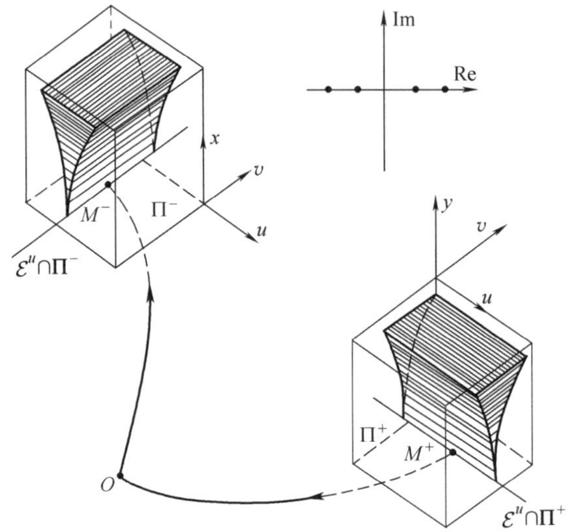

图 2.4.5　$\mathbb{R}^4$ 中鞍点附近的映射. 点 O 有两个特征值具有正实部, 两个特征值具有负实部, 即鞍点有一个二维稳定子空间和一个二维不稳定子空间.

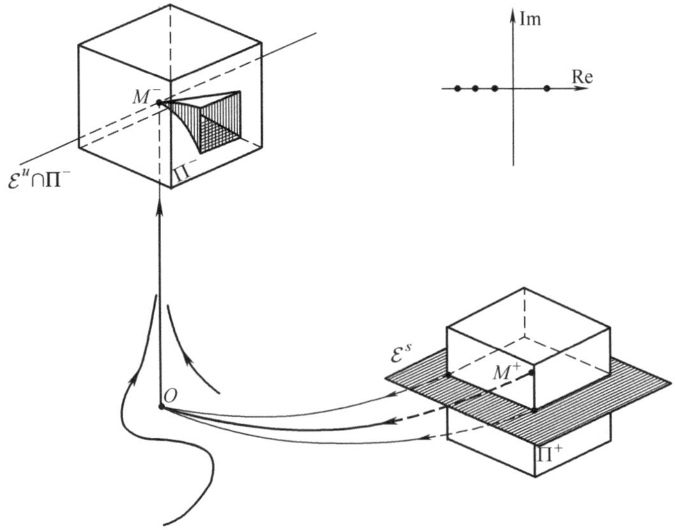

图 2.4.6　$\mathbb{R}^4$ 中鞍点附近的映射. 点 O 是鞍点, 它有一个三维稳定子空间 $\mathcal{E}^s$ 和一个一维不稳定子空间 $\mathcal{E}^u$.

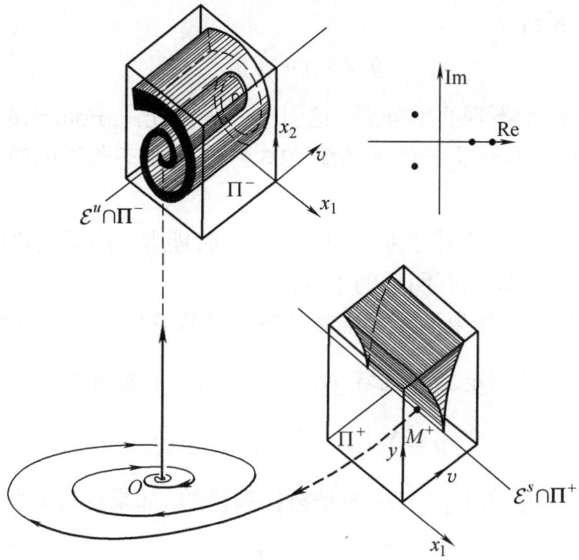

图 2.4.7 沿着经过鞍 – 焦点 (2,1) 的轨线的映射. 映射之间的区别在于稳定和不稳定子空间的维数. 参见特征值的位置.

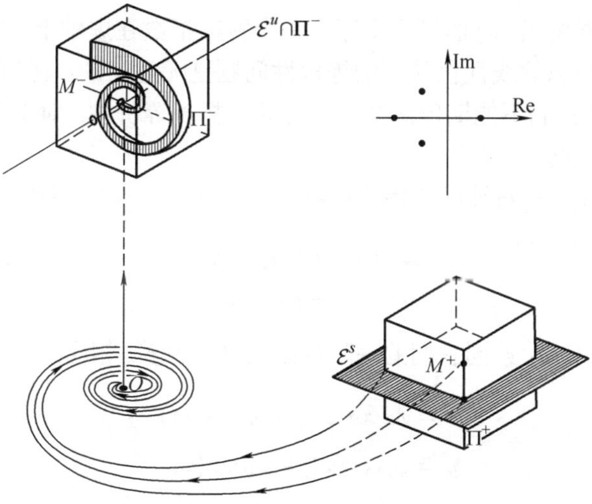

图 2.4.8 沿着经过鞍 – 焦点 (2,1) 的轨线的映射. 映射之间的区别在于稳定和不稳定子空间的维数. 参见特征值的位置.

2.5 结构稳定平衡态的拓扑分类

对比线性化系统

$$\dot{y} = Ay \tag{2.5.1}$$

和它原来的非线性系统

$$\dot{y} = Ay + g(y), \tag{2.5.2}$$

积分后者一般来说是个不现实的问题. 这引出一个首先由 Poincaré 和 Lyapunov 提出的非常自然的问题: 在什么条件下系统 (2.5.2) 在平衡态附近的轨线相似于线性化系统 (2.5.1) 的轨线?

回答这个问题估计要依赖于对 "相似性态" 的理解. 读者应该明白对这个问题的古典理解与现代人的观点有明显的不同.

按照现代人的术语, 如果两个系统**拓扑等价**就称它们有等同的性态.

定义 2.2 两个分别定义在区域 D_1 和 D_2 内的 n 维系统

$$\dot{y} = Y_1(y) \quad 和 \quad \dot{y} = Y_2(y)$$

称为在子区域 $U_1 \subseteq D_1$ 和 $U_2 \subseteq D_2$ 内是**拓扑等价**的, 如果存在同胚

$$\eta : U_1 \to U_2,$$

将第一个系统的轨线 (半轨线, 一段轨线) 映为第二个系统的轨线 (半轨线, 一段轨线), 且保持定向 (运动方向).

我们也必须强调指出, 如果至少存在一个特征指数在虚轴上, 那么原来的非线性系统与它在平衡态的线性化系统的等价性问题是无意义的. 就是说, 若平衡态是结构不稳定的, 则我们不能期望两个系统之间的拓扑等价性. 对平面情形下面的两个例子就说明这一点.

第一个例子处理一对纯虚的特征指数 $\lambda_{1,2} = \pm i\omega, \omega > 0$. 考虑非线性系统

$$\begin{aligned} \dot{x} &= -\omega y + g_1(x, y), \\ \dot{y} &= \omega x + g_2(x, y), \end{aligned} \tag{2.5.3}$$

其中假定函数 g_1 和 g_2 连同它们的一阶导数在原点为零. 相应线性化系统的通解为

$$x = x_0 \cos(\omega t) - y_0 \sin(\omega t),$$
$$y = y_0 \cos(\omega t) + x_0 \sin(\omega t).$$

这里, 相轨线是围绕原点的闭曲线 (同心圆) (图 2.5.1). 这样的平衡态称为**中心**.

非线性系统的相轨线一般很不同. 例如, 如果我们假设 $g_1 = -x(x^2 + y^2)$ 和 $g_2 = -y(x^2 + y^2)$, 则方程 (2.5.3) 的下面的通解可容易地写为极坐标形式

$$r^2 = \frac{1}{2t + r_0^{-2}}, \quad \varphi = \omega t + \varphi_0.$$

这时, 所有的轨线都是围绕原点的螺线, 如图 2.5.2 所示. 显然, 在两个平衡态的任何小邻域内不存在同胚, 将这个系统的轨线映为线性化系统的轨线 (因为同胚映闭曲线为闭曲线). 因此, 我们的系统不拓扑等价于它的线性化系统.

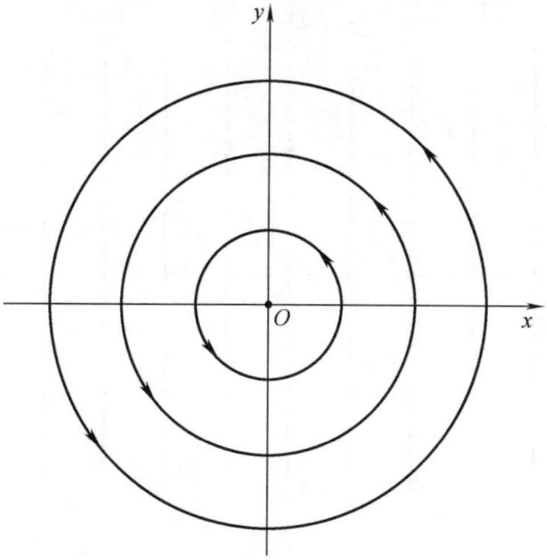

图 2.5.1 中心. 这里的每一条轨线是“逆时针方向”的同心圆.

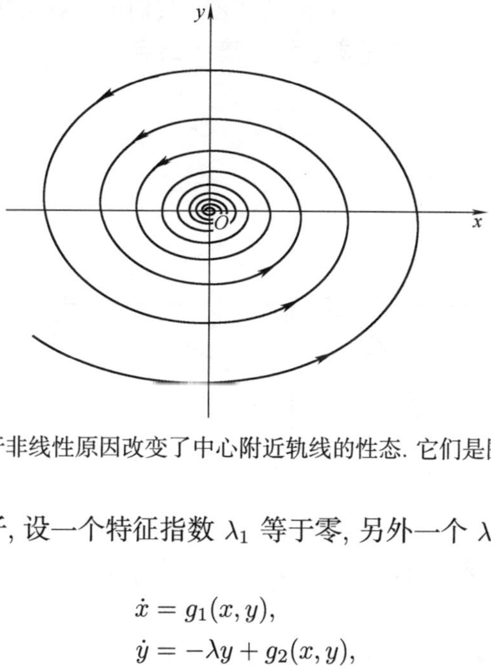

图 2.5.2 由于非线性原因改变了中心附近轨线的性态. 它们是围绕 O 的螺线.

关于第二个例子, 设一个特征指数 λ_1 等于零, 另外一个 $\lambda_2 = -\lambda < 0$. 这个系统可以写为

$$\begin{aligned}\dot{x} &= g_1(x, y),\\ \dot{y} &= -\lambda y + g_2(x, y),\end{aligned} \tag{2.5.4}$$

其中函数 g_1 和 g_2 及其一阶导数在原点为零. 线性化系统的解是

$$x = x_0, \quad y = e^{-\lambda t} y_0.$$

相图如图 2.5.3 所示. 整个 x 轴由线性化系统的平衡态所组成, 每个平衡态只吸引一对轨线. 显然非线性系统仅对非常特殊的函数 g_1 和 g_2 才可能保持平衡态的连续统, 因此原系统与线性化系统之间的拓扑等价性在这里简直没有指望.

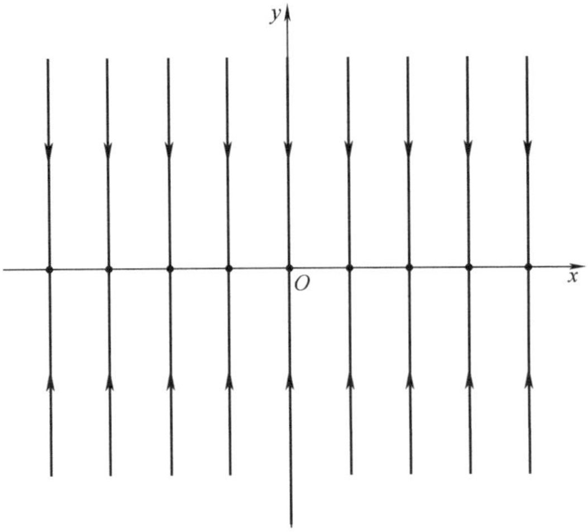

图 2.5.3　x 轴上的每一点都是稳定平衡态. 每一个平衡态都吸引一对轨线.

图 2.5.4 显示当 $g_1 = x^2, g_2 = 0$ 时的相图. 我们可以看出这两个局部的相图没有一点共同之处. 图 2.5.4 中的平衡态称为**鞍 – 结点**.

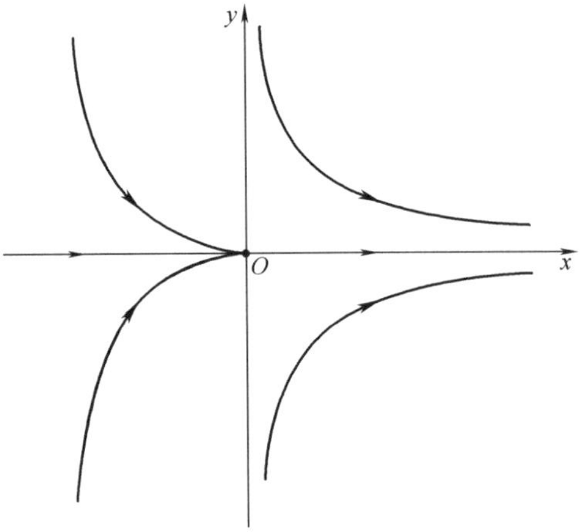

图 2.5.4　鞍 – 结点型的结构不稳定点. 点 O 在 "结点" 区域 $(x < 0)$ 稳定, 但在 "鞍点" 区域 $(x > 0)$ 不稳定.

结构稳定平衡态的拓扑分类问题由下面的定理解决:

定理 2.1 (Grobman-Hartman)　设 O 是结构稳定平衡态. 则存在 O 的邻域 U_1 和 U_2, 在其中原系统和线性化系统拓扑等价.

注意, 这时非线性系统 (2.5.2) 的平衡态称为是**局部拓扑等价**于它的线性部分 (2.5.1) 的平衡态.

进一步我们提出线性系统之间的拓扑等价性问题. 当 k 个特征指数位于虚轴

的左边, $(n-k)$ 个特征指数位于虚轴右边时, 赋予结构稳定平衡态的拓扑类型为 $(k,n-k)$.

定理 2.2 具有相同类型平衡态的线性系统是拓扑等价的.

这个定理的证明可通过构造一个同胚 $\eta:\mathbb{R}^n\mapsto\mathbb{R}^n$ 来得到, 而同胚可能是明显的. 例如, 考虑两个线性系统, 第一个的原点是焦点

$$\begin{aligned}\dot{x}&=-x+y,\\ \dot{y}&=-x-y,\end{aligned}\tag{2.5.5}$$

第二个的原点是结点

$$\begin{aligned}\dot{x}&=-x,\\ \dot{y}&=-\frac{1}{3}y.\end{aligned}\tag{2.5.6}$$

两个系统拓扑等价, 因为同胚

$$(x,y)\mapsto(x\cos(\tau)+y^3\sin(\tau),\quad y^3\cos(\tau)-x\sin(\tau))$$

映 (2.5.6) 的轨线为 (2.5.5) 的轨线, 其中 $\tau(x,y)=-\dfrac{\ln(x^2+y^6)}{2}$.

从定理 2.1 和定理 2.2 可直接得知一个非常重要的结论, 即 **n 维系统只能有 $(n+1)$ 个不同拓扑类型的结构稳定平衡态**.

特别, 任何具有类型 $(k,n-k)$ 的结构稳定平衡态的系统都局部拓扑等价于系统

$$\dot{x}=A_kx,\tag{2.5.7}$$

其中矩阵

$$A_k=\begin{pmatrix}-I_k & 0\\ 0 & I_{n-k}\end{pmatrix},$$

这里 I_i 表示 i 维恒同矩阵. 如果我们假设 $x=\begin{pmatrix}u\\ v\end{pmatrix}$, 其中 $u\in\mathbb{R}^k, v\in\mathbb{R}^{n-k}$, 那么系统 (2.5.7) 可表示为

$$\begin{aligned}\dot{u}&=-u,\\ \dot{v}&=v.\end{aligned}\tag{2.5.8}$$

(2.5.8) 的解是

$$u(t)=e^{-I_kt}u_0,\quad v(t)=e^{I_{n-k}t}v_0.\tag{2.5.9}$$

在 $k=n$ 的情形, 系统 (2.5.9) 的所有轨线当 $t\to+\infty$ 时趋于在原点的平衡态. 因此, 由定理 2.1 和定理 2.2, 从非线性系统 $(n,0)$ 类型的平衡态的充分小邻域内出发的任何轨线, 当 $t\to+\infty$ 时也趋于平衡态. 这样的平衡态称为**稳定拓扑结点**或者**汇**. 注意, 由定理 2.2, 上一节我们考虑的 n 维稳定焦点和稳定结点是拓扑等价的, 因此它们都是稳定汇.

对类型为 $(0,n)$ 的平衡态 O, 从 O 的小邻域内出发的任何轨线当 $t\to-\infty$ 时都趋于 O. 当 $t\to+\infty$ 时任何轨线除了 O 都离开这个邻域. 这样的平衡态称为**不稳定拓扑结点**或者**源**.

我们称余下的结构稳定平衡态为**拓扑鞍点**. 由 Grobman-Hartman 定理, 原来的非线性系统的拓扑鞍点有 k 维和 $(n-k)$ 维的**局部稳定流形** $W^s_{\rm loc}$ 和**局部不稳定流形** $W^u_{\rm loc}$. 就是说, 如果 h 是局部同胚, 它将线性化系统的轨线映为非线性系统的轨线 (由定理 2.1, 这样的同胚是存在的), 于是线性化系统的稳定和不稳定不变子空间的像 $h\mathcal{E}^s$ 和 $h\mathcal{E}^u$ 刚好是稳定和不稳定流形. 如同在线性情形, 从 $W^s_{\rm loc}$ 中任何点出发的正半轨线整个地位于 $W^s_{\rm loc}$ 内, 且当 $t\to+\infty$ 时趋于 O. 类似地, 从 $W^u_{\rm loc}$ 的任何点出发的负半轨线整个地位于 $W^u_{\rm loc}$ 内, 且当 $t\to-\infty$ 时趋于 O. 从 $W^s_{\rm loc}\bigcup W^u_{\rm loc}$ 外面的点出发的轨线当 $t\to\pm\infty$ 时离开鞍点的任何邻域. 流形 $W^s_{\rm loc}$ 和 $W^u_{\rm loc}$ 都是**不变流形**, 即它们是由整条轨线组成 (直到它们离开拓扑鞍点的某个邻域).

显然, 如果两个系统 X_1 和 X_2 拓扑等价, 建立这个拓扑等价性的同胚映系统 X_1 的平衡态为系统 X_2 的平衡态. 如果 O_1 是系统 X_1 的平衡态, O_2 是 O_1 在同胚下的像, 则当 $t\to+\infty$ 时 (或者 $t\to-\infty$) 渐近于 O_1 的轨线映为 $t\to+\infty(t\to-\infty)$ 时渐近于 O_2 的轨线. 因此, 局部拓扑等价的鞍点的稳定 (不稳定) 流形的维数是相同的. 由此我们得到下面的定理.

定理 2.3 两个结构稳定平衡态是局部拓扑等价的, 当且仅当它们有相同的拓扑类型.

用拓扑方法很好地解决了结构稳定平衡态的分类问题. 但是, 它没有提供许多重要问题的答案, 例如平衡态收敛性的指数速率问题, 收敛性的特征 (单调或者振动) 问题以及不变流形的光滑性问题等. 在平衡态附近轨线性态的这些详细细节 (即由局部同胚不可区分的细节) 在各种不同的同宿分支的研究中相当重要, 它们在具有复杂动力学的动力系统中起着主要作用.

2.6 稳定平衡态. 主流形与非主流形

设 $\mathbb{C}^r$ $(r\geqslant 1)$ 类光滑的 n 维系统在原点有结构稳定平衡态 O. 在 O 附近系统写为形式

$$\dot{y}=Ay+h(y),\tag{2.6.1}$$

其中 A 是 $(n\times n)$ 常数矩阵, 它的谱 (即 A 的所有特征值的集合) 位于复平面的虚轴之外, $h:\mathbb{R}^n\to\mathbb{R}^n$ 是 $\mathbb{C}^r$ 函数, 满足

$$h(0)=0,\quad h'_y(0)=0.\tag{2.6.2}$$

设 O 是稳定平衡点, 即所有 n 个特征指数 $(\lambda_1,\cdots,\lambda_n)$ 有负实部. 对于线性化系统

$$\dot{y}=Ay\tag{2.6.3}$$

的解, 估计 (2.3.22) 成立 (按照引理 2.1), 由此得知, 任何轨线都指数式趋于原点. 轨线按指数式收敛于平衡态的这个性质对原来的非线性系统是否保持? 下面的定理对这个问题给予了肯定的回答.

定理 2.4 对充分小的 $\delta > 0$ 以及任何满足 $\|y_0\| < \delta$ 的 y_0, 非线性系统 (2.6.1) 的从 y_0 开始的轨线 $y(t)$ 对所有的 $t \geqslant 0$ 满足下面不等式:

$$\|y(t)\| \leqslant Ce^{(\max \operatorname{Re} \lambda_i + \varepsilon)t}\|y_0\|, \tag{2.6.4}$$

其中正常数 ε 可通过减少 δ 而选择为无穷小, $C > 0$ 是依赖于 $\mathbb{R}^n$ 的基的选择的某个因子.

证明 由 (2.6.1), 给出范数的平方

$$\|y(t)\|^2 = \langle y(t), y(t)\rangle,$$

其中 $\langle\cdot,\cdot\rangle$ 表示 $\mathbb{R}^n$ 中的数量积, 我们有

$$\frac{d}{dt}\|y(t)\|^2 = 2\langle y(t), \dot{y}(t)\rangle = 2\langle y, Ay\rangle + 2\langle y, h(y)\rangle. \tag{2.6.5}$$

将函数 $h(y)$ 在 O 附近展成 Taylor 级数, 我们有

$$h(y) = h(0) + h'_y(0)y + o(\|y\|). \tag{2.6.6}$$

由 (2.6.2) 得到

$$h(y) = o(\|y\|),$$

即给定 $\varepsilon > 0$, 我们可以选择 $\delta > 0$, 使得对所有满足 $\|y\| \leqslant \delta$ 的 y 有

$$\|h(y)\| \leqslant \frac{1}{2}\varepsilon\|y\|. \tag{2.6.7}$$

对 (2.6.5) 的第二项, 我们从 (2.6.7) 得估计

$$|2\langle y, h(y)\rangle| \leqslant \varepsilon\|y\|^2. \tag{2.6.8}$$

为了得到 (2.6.5) 中右端的第一项 $2\langle y, Ay\rangle$ 的估计, 类似于线性系统解的估计 (引理 2.1), 我们选择 Jordan 基. 在给定的基下矩阵 A 由公式 (2.3.5)—(2.3.7), (2.3.10) 和 (2.3.11) 给定. 此外, 我们将选择基使得 (2.3.11) 中的非零值 δ_j 等于 $\varepsilon/2$. 当 λ_i 为实数且是单的时, 向量 $z = Ay$ 的分量有

$$z_i = \lambda_i y_i, \tag{2.6.9}$$

或者当 λ_i, λ_{i+1} 是一对复共轭特征指数时有

$$\begin{aligned} z_i &= y_i \operatorname{Re} \lambda_i - y_{i+1} \operatorname{Im} \lambda_i, \\ z_{i+1} &= y_{i+1} \operatorname{Re} \lambda_i + y_i \operatorname{Im} \lambda_i, \end{aligned} \tag{2.6.10}$$

或者当 $\lambda_{i+1} = \cdots = \lambda_{i+k}$ 是 k 重指数 (其中 $\delta_k \equiv 0$) 时, 有

$$z_{i+j} = \lambda_{i+j} y_{i+j} + \delta_j y_{i+j+1}, j = 1, \cdots, k, \tag{2.6.11}$$

或者当 $\lambda_{i+1} = \lambda_{i+3} = \cdots = \lambda_{i+2k-1}$, $\lambda_{i+2} = \lambda_{i+4} = \cdots = \lambda_{i+2k}$ 是 k 重复共轭特征指数时, 有

$$\begin{aligned} z_{i+2j-1} &= y_{i+2j-1} \operatorname{Re} \lambda_{i+1} - y_{i+2j} \operatorname{Im} \lambda_{i+1} + \delta_j y_{i+2j+1} \\ z_{i+2j} &= y_{i+2j} \operatorname{Re} \lambda_{i+1} - y_{i+2j-1} \operatorname{Im} \lambda_{i+1} + \delta_j y_{i+2j+2} \\ &(j = 1, \cdots, k; \delta_k \equiv 0). \end{aligned} \tag{2.6.12}$$

回忆 (2.6.11) 和 (2.6.12) 中的量 δ_j 可以是 0 或者 $\dfrac{\varepsilon}{2}$.

从公式 (2.6.9) 和 (2.6.10) 得知, 如果特征指数是单的, 则

$$\langle y, z \rangle = \sum_{i=1}^{n} y_i^2 \operatorname{Re} \lambda_i. \tag{2.6.13}$$

在重特征指数的情况下, 由 (2.6.9)—(2.6.12) 我们得到估计

$$|\langle y, z \rangle - \sum_{i=1}^{n} y_i^2 \operatorname{Re} \lambda_i| \leqslant \frac{\varepsilon}{2} \left(\sum_{\text{实数 } \lambda_i = \lambda_{i+1}} |y_i y_{i+1}| + \sum_{\text{复数 } \lambda_i = \lambda_{i+2}} |y_i y_{i+2}| \right),$$

又由于 $|y_i y_j| \leqslant \dfrac{1}{2}(y_i^2 + y_j^2)$, 我们得到

$$|\langle y, z \rangle - \sum_{i=1}^{n} y_i^2 \operatorname{Re} \lambda_i| \leqslant \frac{\varepsilon}{2} \|y\|^2. \tag{2.6.14}$$

由公式 (2.6.5), (2.6.8) 和 (2.6.13)—(2.6.14), 对任何轨线 $y(t)$ 有估计

$$\frac{d}{dt} \|y(t)\|^2 \leqslant 2(\max \operatorname{Re} \lambda_i + \varepsilon) \|y(t)\|^2,$$

或者

$$\frac{d}{dt} \|y(t)\| \leqslant (\max \operatorname{Re} \lambda_i + \varepsilon) \|y(t)\|, \tag{2.6.15}$$

除非 $y(t)$ 离开点 O 的 δ 邻域. 由 (2.6.15), 当 t 增加时 $y(t)$ 的范数单调减少, 因此, 如果 $\|y_0\| \leqslant \delta$, 则对 $t \geqslant 0$ 有 $\|y(t)\| \leqslant \delta$. 从而, 不等式 (2.6.15) 对从点 O 的 δ 邻域内出发的任何正半轨线都成立.

为了积分这个不等式, 注意 (2.6.15) 等价于

$$\frac{d}{dt}\left(\|y(t)\|e^{-(\max \mathrm{Re}\ \lambda_i+\varepsilon)t}\right) \leqslant 0.$$

由此得知, 当 t 增加时 $\|y(t)\|e^{-(\max \mathrm{Re}\ \lambda_i+\varepsilon)t}$ 单调减少, 故得知

$$\|y(t)\|e^{-(\max \mathrm{Re}\ \lambda_i+\varepsilon)t} \leqslant \|y_0\|,$$

当 $C=1$ 时这即是 (2.6.4). 转换到任意基时得知 (2.6.4) 中出现的系数 $C \neq 1$(见 (2.3.23)).

注 如果系统的光滑性是 $\mathbb{C}^2$ 或更高, 且如果最靠近虚轴的特征指数是单的, 则可在不等式 (2.6.4) 中令 $\varepsilon=0$.

事实上, 这时 (2.6.5) 的右端的第一项有估计

$$2\langle y, Ay\rangle \leqslant \max(\mathrm{Re}\ \lambda_i)\sum_{i=1}^{n} y_i^2.$$

因此, (2.6.15) 中的 ε 值仅由不等式 (2.6.7) 确定. 如果 $h \in \mathbb{C}^r$ $(r \geqslant 2)$, 则 Taylor 级数 (2.6.6) 的余项有估计

$$\|y\|^2(\max h''),$$

其中最大值是在 O 的 δ 邻域内取. 由此可以选取 (2.6.7) 中的常数 ε 使得满足

$$\varepsilon \leqslant K\|y\|.$$

由于 y 指数式递减, (2.6.15) 中的常数 ε 可用依赖于时间的函数 $\varepsilon(t)$ 代替, 当 $t \to +\infty$ 时它至少指数式衰减, 特别, 积分 $\int_0^\infty \varepsilon(s)ds$ 有限.

从 (2.6.15) 得知

$$\frac{d}{dt}\ln\|y(t)\| \leqslant \max \mathrm{Re}\ \lambda_i + \varepsilon(t),$$

由此得

$$\ln\|y(t)\| \leqslant \ln\|y_0\| + t\max \mathrm{Re}\ \lambda_i + \int_0^t \varepsilon(s)ds,$$

或者, 由积分的收敛性得

$$\ln\|y(t)\| \leqslant \ln\|y_0\| + t\max \mathrm{Re}\ \lambda_i + \ln C,$$

因此我们得到不等式 (2.6.4), 其中 $\varepsilon=0$.

我们注意到对 $h \in \mathbb{C}^1$, 积分 $\int_0^\infty \varepsilon(s)ds$ 一般可能是发散的. 例如, 在 $y \in \mathbb{R}^1$ 的情形且

$$h(y) = \int_0^y \frac{ds}{\ln|s|},$$

如果 y 以指数式衰减到零, 则 $\varepsilon(t) \sim \dfrac{|h(y(t))|}{|y(t)|} \sim \dfrac{1}{t}$ 渐近趋于零.

上面的定理断言, 拓扑稳定结点是**指数式**稳定平衡态. 如同我们已经在 2.3 节中看到的, 在线性情形, 大部分轨线趋于平衡态的收敛性特征和速度是由主坐标确定的. 这个特性对非线性情形也保持. 这里, 非主子空间的作用是由不变**非主流形**确定, 不变非主流形在高维非线性系统中的存在性是由 Petrovsky 发现的.

我们重排特征指数的次序, 使得

$$0 \geqslant \text{Re } \lambda_1 \geqslant \text{Re } \lambda_2 \geqslant \cdots \geqslant \text{Re } \lambda_n.$$

设前面 m $(m>0)$ 个指数有相同的实部

$$\text{Re } \lambda_i = \text{Re } \lambda_1 \quad (i=1,\cdots,m)$$

且

$$\text{Re } \lambda_i < \text{Re } \lambda_1 \quad (i=m+1,\cdots,n).$$

假设 $m<n$. 每一个向量 y 可唯一分解为

$$y = u + v,$$

其中 $u=(u_1,\cdots,u_m)$ 和 $v=(v_1,\cdots,v_{n-m})$ 分别是它在矩阵 A 的主特征子空间 $\mathcal{E}^L$ 和非主特征子空间 $\mathcal{E}^{ss}$ 上的投影. 在这些新变量下系统取形式

$$\begin{aligned} \dot{u} &= A_1 u + f(u,v), \\ \dot{v} &= A_2 v + g(u,v), \end{aligned} \tag{2.6.16}$$

其中谱 $A_1 = \{\lambda_1,\cdots,\lambda_m\}$, 谱 $A_2 = \{\lambda_{m+1},\cdots,\lambda_n\}$, 函数 $f,g \in \mathbb{C}^r$ 且

$$f(0)=0, \quad g(0)=0, \quad f'(0)=0, \quad g'(0)=0. \tag{2.6.17}$$

定义 2.3 设 U 是点 O 的邻域. 集合 $W \subseteq U$ 称为局部不变集, 如果从任何点 $M \in W$ 出发的轨线整个地位于 W 内直到它离开 U.

定理 2.5 (关于非主流形) 在平衡态 O 的邻域 U 内, 存在 $(n-m)$ 维 $\mathbb{C}^r$ - 光滑不变流形 W^{ss}_{loc} (非主流形或强稳定流形), 它通过 O 且在 O 处与非主子空间 $\mathcal{E}^{ss}: u=0$ 相切. 从 W^{ss}_{loc} 之外的任何一点 y_0 出发的轨线 $y(t)$ 与主子空间 $v=0$ 相切地趋于 O. 此外, 对 $t \geqslant 0$ 有

$$\|y(t)\| \geqslant Ce^{(\text{Re } \lambda_1 - \varepsilon)t} \rho(y_0, W^{ss}_{\text{loc}}), \tag{2.6.18}$$

其中 $\rho(y_0, W^{ss}_{\text{loc}})$ 表示 y_0 与 W^{ss}_{loc} 之间的距离.

反之, 所有从 W_{loc}^{ss} 出发的轨线较快地趋于 O , 即

$$\|y(t)\| \leqslant Ce^{(\text{Re } \lambda_{m+1}+\varepsilon)t}\|y_0\|. \tag{2.6.19}$$

非主流形的存在性和光滑性的证明将在第 5 章中给出. 现在我们证明定理的第二部分, 即不等式 (2.6.18) 和 (2.6.19).

由于 W_{loc}^{ss} 切于子空间 $u=0$, 它由形如

$$u=\varphi(v) \tag{2.6.20}$$

的方程定义, 其中 $\varphi \in \mathbb{C}^r$ 且

$$\varphi(0)=0, \quad \varphi'(0)=0. \tag{2.6.21}$$

由于 W_{loc}^{ss} 是不变集, 得知如果 $u_0=\varphi(v_0)$, 则对 $t \geqslant 0$ 有 $u(t)=\varphi(v(t))$, 因此

$$\dot{u}=\varphi'(v)\dot{v} \quad \text{对 } u=\varphi(v),$$

或者, 由于 (2.6.16),

$$A_1\varphi(v)+f(\varphi,v)=\varphi'(v)(A_2v+g(\varphi,v)). \tag{2.6.22}$$

引入新变量

$$w=u-\varphi(v),$$

在这一新坐标下 W_{loc}^{ss} 的方程是 $w=0$. 这样的变量变换称为**流形的直化**. 系统 (2.6.16) 现在化为

$$\begin{aligned}
\dot{v} &= A_2v+g(w+\varphi(v),v),\\
\dot{w} &= A_1w+A_1\varphi(v)+f(w+\varphi(v),v)-\varphi'(v)\dot{v}\\
&= A_1w+A_1\varphi(v)+f(w+\varphi(v),v)-\varphi'(v)(A_2v+g(w+\varphi(v),v)).
\end{aligned} \tag{2.6.23}$$

利用 (2.6.22), 最后一个方程可以重新写为

$$\dot{w}=A_1w+[f(w+\varphi,v)-f(\varphi,v)]-\varphi'(v)[g(w+\varphi,v)-g(\varphi,v)],$$

或者, 由于方括号内的项当 $w=0$ 时为零, 于是

$$\dot{w}=(A_1+\tilde{g}(w,v))w, \tag{2.6.24}$$

其中

$$\tilde{g} \equiv \left[\int_0^1 f'_u(\varphi(v)+sw,v)ds-\varphi'(v)\int_0^1 g'_u(\varphi(v)+sw,v)ds\right] \in \mathbb{C}^{r-1}.$$

此外, 由 (2.6.17) 和 (2.6.21) 有

$$\tilde{g}(0,0)=0.$$

对向量 $w(t)$ 的范数, 由 (2.6.24) 有

$$\|w(t)\|\frac{d}{dt}\|w(t)\|=\langle w(t),(A_1+\tilde{g}(w,v))w(t)\rangle.$$

因为 $\tilde{g}(0,0)=0$, 只要 $\|y_0\|$ 充分地小, 有

$$|\langle w(t),\tilde{g}(w,v)w(t)\rangle|\leqslant\frac{\varepsilon}{2}\|w(t)\|^2.$$

因此

$$\frac{d}{dt}\|w\|\geqslant\frac{\langle w,A_1w\rangle}{\|w\|}-\frac{\varepsilon}{2}\|w\|.$$

现在按照与定理 2.4 的证明相同的步骤, 得到

$$\frac{d}{dt}\|w\|\geqslant(\text{Re }\lambda_1-\varepsilon)\|w\|. \tag{2.6.25}$$

最后, 我们得到

$$\|w(t)\|\geqslant e^{(\text{Re }\lambda_1-\varepsilon)t}\|w_0\|,$$

即 (2.6.18) 成立.

现在我们证明, 如果初始点在 W_{loc}^{ss} 的外面, 相应的轨线与主子空间 $v=0$ 相切地趋于 O. 为此, 我们考虑值 $z(t)=\dfrac{\|v(t)\|}{\|w(t)\|}$, $w\neq0$, 并证明当 $t\to+\infty$ 时 $z(t)\to0$. 对 $d\|w(t)\|/dt$ 我们有估计 (2.6.25). 类似地, 从 (2.6.23) 可以得到

$$\frac{d}{dt}\|v\|\leqslant(\text{Re }\lambda_{m+1}+\varepsilon)\|v\|+\|w\|\max\|g_u'\|, \tag{2.6.26}$$

其中最大值是在点 O 的直径为 $\|y(t)\|$ 的邻域内取. 由此以及 (2.6.25) 得

$$\frac{d}{dt}z=\frac{1}{\|w\|}\frac{d}{dt}\|v\|-z\frac{1}{\|w\|}\frac{d}{dt}\|w\|\leqslant\kappa(t)-\mu z, \tag{2.6.27}$$

其中 $\mu=\text{Re }\lambda_{m+1}-\text{Re }\lambda_1+2\varepsilon>0$ 且

$$\kappa(t)\to0\quad\text{当}\quad t\to+\infty. \tag{2.6.28}$$

由 (2.6.27) 我们得到 $\dfrac{d}{dt}e^{\mu t}z(t)\leqslant e^{\mu t}\kappa(t)$, 或者

$$z(t)\leqslant z_0e^{-\mu t}+\int_0^t e^{-\mu(t-s)}\kappa(s)ds.$$

为了证明 $z(t)\to0$, 我们必须证明

$$I(t)=\int_0^t e^{-\mu(t-s)}\kappa(s)ds\to0\quad\text{当 }t\to\infty.$$

对任意 $T>0$, 我们可以写为

$$I(t)=\int_0^T e^{-\mu(t-s)}\kappa(s)ds+\int_T^t e^{-\mu(t-s)}\kappa(s)ds,$$

因此

$$\begin{aligned}I(t)&\leqslant e^{-\mu t}\left(\int_0^T e^{\mu s}ds\right)\max_{s\geqslant 0}\kappa(s)+\left(\int_0^t e^{-\mu(t-s)}ds\right)\max_{s\geqslant T}\kappa(s)\\&\leqslant e^{-\mu t}\frac{1}{\mu}e^{\mu T}\max_{s\geqslant 0}\kappa(s)+\frac{1}{\mu}\max_{s\geqslant T}\kappa(s).\end{aligned}\tag{2.6.29}$$

由 (2.6.28), 当我们选取充分大的 T 时 (2.6.29) 中的第二个被加项变得无穷小. 选择充分大的 t, (2.6.29) 中的第一项也可以变得无穷小. 因此, 当 $t\to+\infty$ 时 $I(t)\to 0$.

由此, 如果 $w_0\neq 0$, 则 $\dfrac{\|v(t)\|}{\|w(t)\|}\to 0$, 即不在 $W^{ss}_{\rm loc}$ 内的任意轨线当 $t\to+\infty$ 时与主子空间相切地接触. 特别的, 这导致 $W^{ss}_{\rm loc}$ 是唯一的在点 O 与非主子空间相切的 m 维光滑不变流形.

为了对从 $W^{ss}_{\rm loc}$ 出发的轨线证明估计 (2.6.19), 我们注意系统 (2.6.23)—(2.6.24) 在非主流形上的限制为

$$\dot v=A_2v+g(\varphi(v),v),\tag{2.6.30}$$

点 O 是具有特征指数 $(\lambda_{m+1},\cdots,\lambda_n)$ 的稳定平衡态. 因此, 由定理 2.4, 对系统 (2.6.30) 的指数估计 (2.6.19) 成立. 定理证毕.

还应该指出, 这个关于非主流形的定理对系统 (2.6.30) 也成立. 这导致从 $W^{ss}_{\rm loc}$ 出发的大部分轨线以速率 $e^{{\rm Re}\ \lambda_{m+1}t}$ 趋于 O. 其余较快趋于 O 的轨线组成 $\mathbb{C}^r$ – 光滑流形 $W^{sss}_{\rm loc}$, 这个流形在 O 处切于对应于 A 的满足 ${\rm Re}\ \lambda_i<{\rm Re}\ \lambda_{m+1}$ 的特征指数 λ_i 的特征子空间. 非主流形定理也适用于在 $W^{sss}_{\rm loc}$ 上的系统, 等等. 因此, 我们得到非主流形的分层 $W^{ss},W^{sss},W^{ssss},\cdots$, 它们由趋于平衡点的速度不断增加的轨线所组成.

如同在线性的情形, 按照主坐标上系统的性态存在两类基本的稳定平衡态: **稳定结点**和**稳定焦点**. 如果 $m=1$, 点 O 称为**结点**, 即主特征指数 λ_1 是单的实数:

$$0>-\lambda=\lambda_1>{\rm Re}\ \lambda_i\quad(i=2,\cdots,n).\tag{2.6.31}$$

如果 $m=2$, 点 O 称为**焦点**, 主特征指数由一对共轭复数组成:

$$0>{\rm Re}\ \lambda_1={\rm Re}\ \lambda_2>{\rm Re}\ \lambda_i\quad(i=3,\cdots,n).\tag{2.6.32}$$

显然, 如果点 O 是结点或焦点, 则对任何与 A 接近的矩阵仍分别保持结点或焦点. 反之, 当 (2.6.31) 和 (2.6.32) 都不成立时, 对矩阵 A 的小扰动总是确保这些关系至少有一个成立.

在平衡态是**结点**的情形, 非主流形是 $(n-1)$ 维的, 它将点 O 的邻域划分为两个部分. W^{ss}_{loc} 外的轨线沿着两个相反方向与 w 轴相切地趋于 O, 对于第一个部分是从 $w>0$ 这边, 而对于第二个部分是从 $w<0$ 这边. 对主坐标 w, 方程 (2.6.24) 有形式

$$\dot{w} = -\lambda w + o(w). \tag{2.6.33}$$

显然从每一个部分出发的轨线都单调地趋于 O (见图 2.6.1 和图 2.6.2).

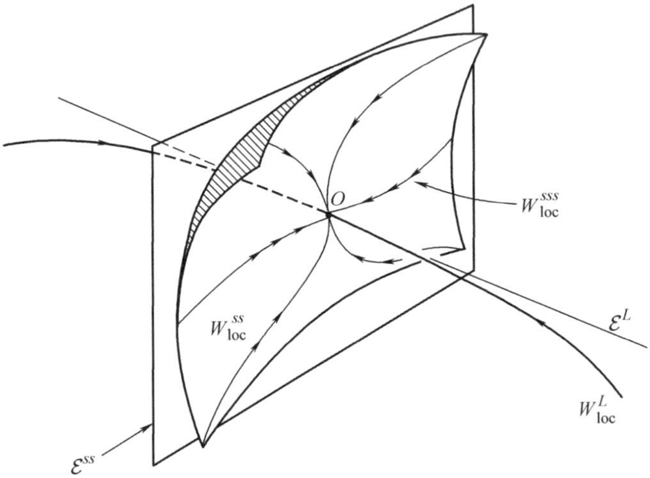

图 2.6.1　稳定结点. 存在强稳定局部流形的某个分层. 任何轨线单调地收敛于结点 O.

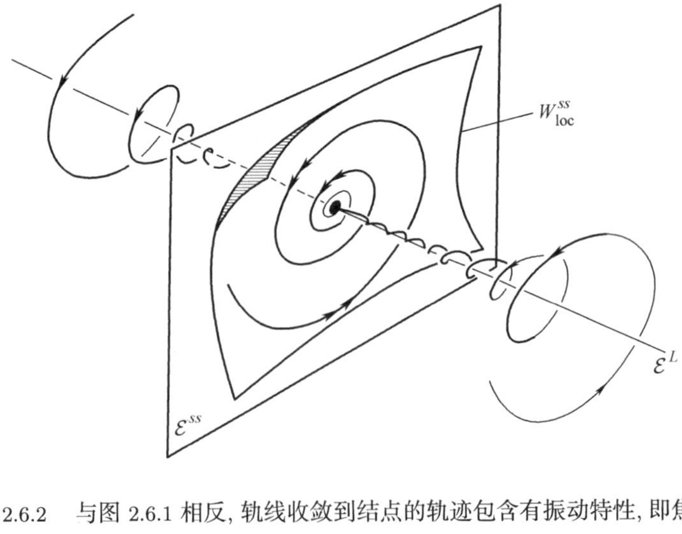

图 2.6.2　与图 2.6.1 相反, 轨线收敛到结点的轨迹包含有振动特性, 即焦点.

当平衡态是**焦点**时, 非主流形是 $(n-2)$ 维的, 它不将 O 的邻域划分. 如果

$\lambda_{1,2} = -\rho \pm i\omega$, 则主坐标方程 (2.6.24) 可以写为

$$\begin{aligned} \dot{w}_1 &= (-\rho + \cdots)w_1 - (w + \cdots)w_2, \\ \dot{w}_2 &= (-\rho + \cdots)w_2 + (w + \cdots)w_1, \end{aligned} \tag{2.6.34}$$

或者在极坐标下写为

$$\begin{aligned} \dot{r} &= (-\rho + \cdots)r, \\ \dot{\varphi} &= \omega + \cdots, \end{aligned} \tag{2.6.35}$$

这里省略号表示高阶项.

从 (2.6.35) 可看出趋于 O 的轨线的运动具有振动特性. 不在 W^{ss}_{loc} 内的轨线螺线式趋于 O, 没有任何固定方向, 但与主平面 $v = 0$ 相切, 如图 2.6.3 所示.

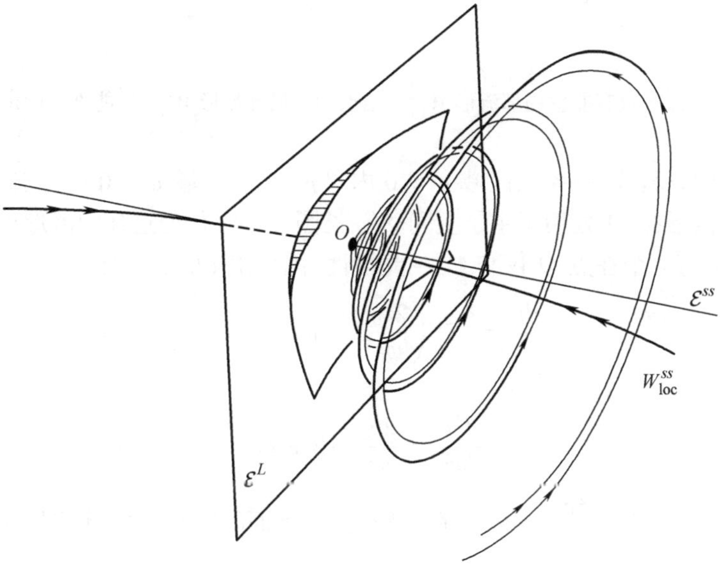

图 2.6.3 稳定焦点.

对非线性系统的稳定平衡态, 非主流形起着类似于线性情形时非主不变子空间的作用. 回忆在线性情形平衡点也有主不变子空间, 但它与非线性情形就没有足够的类似. 其区别在于, 一般非线性系统的主流形可能只有有限的光滑性.

例子. 二维系统

$$\begin{aligned} \dot{w} &= -w, \\ \dot{v} &= -2v + w^2, \end{aligned} \tag{2.6.36}$$

在原点 O 有稳定结点. 其通解是

$$w = w_0 e^{-t}, \quad v = v_0 e^{-2t} + w_0^2 t e^{-2t}. \tag{2.6.37}$$

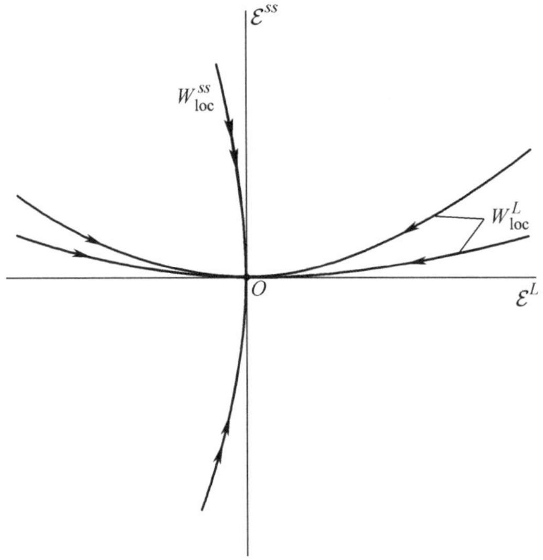

图 2.6.4 只有非主局部流形 $W_{\rm loc}^{ss}$. 结点的主局部流形 $W_{\rm loc}^{L}$ 不能唯一确定.

如果我们取两条轨线, 一条在区域 $w>0$ 内, 另一条在区域 $w<0$ 内, 它们的并和 O 组成的不变流形在 O 处切于主子空间 $\mathcal{E}^L$, 见图 2.6.4. 任何这样的流形可以被认为是主流形, 但每一个在点 O 仅有 $\mathbb{C}^1$ – 光滑性, 因为由 (2.6.37) 有

$$\frac{dv}{dw}=e^{-t}\left(\frac{2v_0}{w_0}-w_0+2w_0t\right),$$

故

$$\frac{d^2v}{dw^2}=\frac{2v_0}{w_0^2}-2+2t,$$

因此, 当 $t\to+\infty$ 时 $\dfrac{d^2v}{dw^2}\to+\infty$. 在一般情形, 下面的定理成立 (证明见第 5 章).

定理 2.6 系统 (2.6.16) 有 m 维不变主流形 $W_{\rm loc}^L$, 它在平衡态 O 与子空间 $v=0$ 相切, 且它的光滑性等于 $\min(r,r_L)\geqslant 1$, 其中

$$r_L=\left[\frac{\text{Re }\lambda_{m+1}}{\text{Re }\lambda_1}\right]. \tag{2.6.38}$$

这里 $[x]$ 表示严格小于 x 的最大整数.

注 1 一般来说, 主流形不唯一 (见上面的例子).

注 2 由 (2.6.38) 得知, 当 Re λ_1 趋于零时, 主流形的光滑性增加到 ∞.

将时间改向 $t\to -t$ 就可将 Re $\lambda_i>0$ $(i=1,\cdots,n)$ 的情形化为上面考虑过的情况. 因此下面的估计成立:

$$\|y(t)\|\leqslant Ce^{(\min\text{Re }\lambda_i-\varepsilon)|t|}y_0 \quad 对 \quad t\leqslant 0. \tag{2.6.39}$$

这意味着这样的平衡态是指数式完全不稳定的. 与稳定平衡态完全类似 (但对 $t \to -\infty$), 可定义非主流形 W^{uu}_{loc} 和主流形 W^{L}_{loc}. 按照轨线在主坐标下的性态我们选入两类基本的平衡态:

—— 当最靠近虚轴的特征指数是实的且单时 (即重数 $m=1$), 不在 W^{uu}_{loc} 中的轨线当 $t \to +\infty$ 时沿着与主轴相切的两个相反方向之一离开 O. 这样的平衡态称为**不稳定结点**.

—— 当一对单的共轭复特征指数最靠近虚轴时, 所有不在 W^{uu}_{loc} 中的轨线当 $t \to +\infty$ 时不以任何固定方向螺线式离开 O, 但与主平面相切. 这样的平衡态称为**不稳定焦点**.

2.7 鞍点平衡态. 不变流形

设结构稳定平衡态 O 的 k 个特征指数位于虚轴的左边, $(n-k)$ 个位于虚轴的右边, 即 $\text{Re}\ \lambda_i < 0, i=1,\cdots,k$ 和 $\text{Re}\ \lambda_j > 0$, $j=k+1,\cdots,n$, 其中 $k \neq 0, n$.

我们已经在 2.5 节看到, 这样的平衡态有分别局部同胚于 k 维和 $(n-k)$ 维圆盘的稳定不变集 W^s_{loc} 和不稳定不变集 W^u_{loc}. 不变集 W^s_{loc} 和 W^u_{loc} 仅在一点即平衡态 O 相交. 如果我们抛开 O, 两个集都由半轨线组成: W^s_{loc} 由正半轨线组成, W^u_{loc} 由负半轨线组成.

W^s_{loc} 和 W^u_{loc} 沿着鞍点邻域外的轨线延拓, 使我们得到平衡态 O 的**大范围稳定不变流形** W^s 和**大范围不稳定不变流形** W^u. 在线性情形它们刚好是矩阵 A 的 k 维和 $(n-k)$ 维不变子空间. 在非线性情形, 流形 W^s 和 W^u 可能是以非常复杂的方式嵌入 $\mathbb{R}^n$. 我们将在下面看到, W^s 和 W^u 在相空间中的相对位置是如何极大地影响着系统的大范围动力学. 这就是这些流形的计算 (如果可能就分析计算, 或者数值计算) 是特殊系统定性研究的关键因素的一个理由.

我们必须强调, 从 Grobman-Hartman 定理得到的结果还不能允许我们确定 W^s 或者 W^u, 或者对它们的光滑性进行估计. 同时, 局部流形 W^s_{loc} 和 W^u_{loc} 是有定义的光滑对象. 解析系统中鞍点的解析不变流形的存在性被 Poincaré 以及 Lyapunov (借助于所谓条件稳定性) 用不同方法证明. 对光滑系统 Perron 和 Hadamard 得到了类似的结果.

线性非奇异的变量变换将鞍点平衡态附近的非线性系统化为下面的形式:

$$\begin{aligned} \dot{u} &= A^- u + f(u,v), \\ \dot{v} &= A^+ v + g(u,v), \end{aligned} \tag{2.7.1}$$

其中 $u \in \mathbb{R}^k, v \in \mathbb{R}^{n-k}$, 谱 $A^- = \{\lambda_1,\cdots,\lambda_k\}$, 谱 $A^+ = \{\lambda_{k+1},\cdots,\lambda_n\}$, f 和 g 是某个 $\mathbb{C}^r$ – 光滑 $(r \geqslant 1)$ 函数, 它们和它们的一阶导数在原点为零.

定理 2.7 结构稳定鞍点 O 有 $\mathbb{C}^r$ – 光滑不变流形 W^s_{loc} 和 W^u_{loc} (见图 2.7.1 和

图 2.7.2), 它们的方程是

$$W^s_{\rm loc}: \quad v = \psi(u), \tag{2.7.2}$$

$$W^u_{\rm loc}: \quad u = \varphi(v), \tag{2.7.3}$$

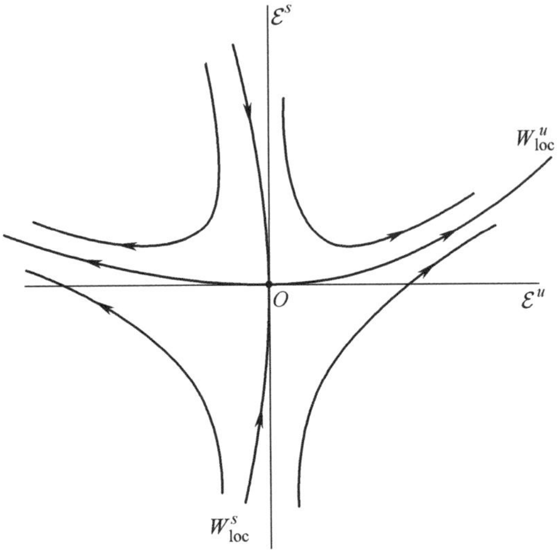

图 2.7.1　平面上鞍点的局部稳定流形 $W^s_{\rm loc}$ 和局部不稳定流形 $W^u_{\rm loc}$.

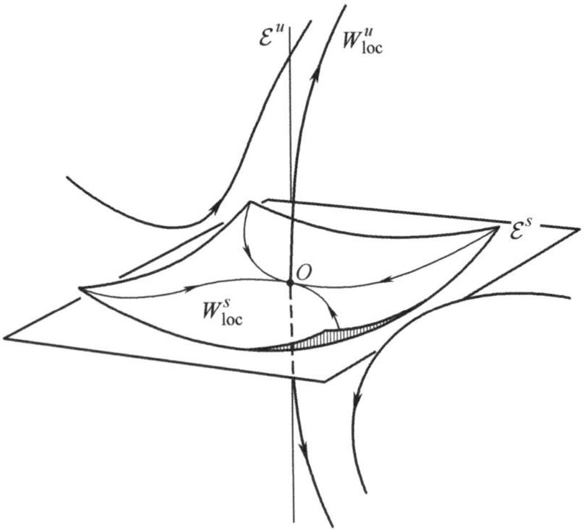

图 2.7.2　$\mathbb{R}^3$ 中鞍点的局部稳定流形 $W^s_{\rm loc}$ 和局部不稳定流形 $W^u_{\rm loc}$.

其中

$$\psi(0) = 0, \quad \psi'(0) = 0, \tag{2.7.4}$$

$$\varphi(0) = 0, \quad \varphi'(0) = 0. \tag{2.7.5}$$

我们在下一节中证明这个定理.

流形 W^s_{loc} 和 W^u_{loc} 的不变性条件可表示为

$$\dot v = \psi'(u)\dot u \quad 当\ v = \psi(u),$$
$$\dot u = \varphi'(v)\dot v \quad 当\ u = \varphi(v),$$

或者

$$A^+\psi(u) + g(u,\psi) = \psi'(u)(A^-u + f(u,\psi)), \tag{2.7.6}$$
$$A^-\varphi(v) + f(\varphi,v) = \varphi'(v)(A^+v + g(\varphi,v)). \tag{2.7.7}$$

关系式 (2.7.6) 和 (2.7.7) 给出了计算鞍点附近不变流形的算法. 首先, 我们将 φ 和 ψ 展开为具有符号系数的 Taylor 级数, 然后把它们代入 (2.7.6) 和 (2.7.7) 再合并同类项. 所得公式允许我们通过函数 f 和 g 的 Taylor 系数逐个地确定函数 φ 和 ψ 的展开式中的任何项.

例如, 对二维解析系统

$$\dot u = -\lambda u + \sum_{i+j\geqslant 2}\alpha_{ij}u^iv^j,$$
$$\dot v = \gamma v + \sum_{i+j\geqslant 2}\beta_{ij}u^iv^j,$$

方程 (2.7.6) 有形式

$$\gamma\psi + \sum_{i+j\geqslant 2}\beta_{ij}u^i\psi^j = \psi'(u)(-\lambda u + \sum_{i+j\geqslant 2}\alpha_{ij}u^i\psi^j).$$

如果我们将具有未定系数 ψ_i 的表达式

$$\psi(u) = \psi_2u^2 + \psi_3u^3 + \cdots$$

代入这个方程并令 u^2 的系数相等, 得到

$$\gamma\psi_2 + \beta_{20} = -2\lambda\psi_2,$$

由此得到

$$\psi_2 = -\frac{\beta_{20}}{2\lambda+\gamma}.$$

令 u^3 的系数相等, 得到

$$\gamma\psi_3 + \beta_{30} + \beta_{11}\psi_2 = -3\lambda\psi_3 + 2\psi_2\alpha_{20},$$

由此得

$$\psi_3 = -\frac{\beta_{30} + \beta_{11}\psi_2 - 2\psi_2\alpha_{20}}{3\lambda+\gamma}.$$

重复这个步骤, 逐步求得函数 ψ 的 Taylor 展开的所有系数. 计算第 m 项的系数的公式如下:

$$(m\lambda+\gamma)\psi_m=\mathcal{F}_m(\beta_{ij},\alpha_{ij},\psi_2,\cdots,\psi_{m-1}),$$

其中 $\mathcal{F}_m$ 仅依赖于有限个系数 α 和 β 以及 ψ 表达式中的前面 $(m-1)$ 个系数. 可以证明当 m 增加时系数 ψ_m 迅速地衰减, 故级数收敛.

按照前面对非主流形使用的方法, 可以用变量变换

$$\xi=u-\psi(v),$$
$$\eta=v-\varphi(u),$$

在 O 附近将 W^s 和 W^u 局部直化. 在新坐标下不变流形的方程变成

$$W^s_{\rm loc}:\eta=0,\quad W^u_{\rm loc}:\xi=0,$$

由不变性得当 $\eta=0$ 时 $\dot\eta=0$ 以及当 $\xi=0$ 时 $\dot\xi=0$.

系统可以写为

$$\begin{aligned}\dot\xi&=(A^-+h_1(\xi,\eta))\xi,\\ \dot\eta&=(A^++h_2(\xi,\eta))\eta,\end{aligned}\tag{2.7.8}$$

其中 $h_i\in\mathbb{C}^{r-1}$ 且

$$h_i(0,0)=0,\quad i=1,2.\tag{2.7.9}$$

为方便起见, 我们记具有正实部的特征指数为 $\gamma_1,\cdots,\gamma_{n-k}$. 还假定特征指数按次序满足

$$\text{Re }\lambda_k\leqslant\cdots\leqslant\text{Re }\lambda_2\leqslant\text{Re }\lambda_1<0<\text{Re }\gamma_1\leqslant\text{Re }\gamma_2\leqslant\cdots\leqslant\text{Re }\gamma_{n-k}.$$

函数 $h_{1,2}$ 在鞍点附近很小, 因此, 只要轨线留在鞍点的邻域内, 不等式

$$\frac{d}{dt}\|\xi(t)\|\leqslant(\text{Re }\lambda_1+\varepsilon)\|\xi(t)\|\quad 对\quad t\geqslant0,$$
$$\frac{d}{dt}\|\eta(t)\|\leqslant(\text{Re }\gamma_1-\varepsilon)\|\eta(t)\|\quad 对\quad t\leqslant0$$

在 Jordan 基下成立 (见定理 2.4 的证明). 积分得

$$\|\xi(t)\|\leqslant e^{(\text{Re }\lambda_1+\varepsilon)t}\|\xi_0\|\quad 对\quad t\geqslant0,\tag{2.7.10}$$
$$\|\eta(t)\|\leqslant e^{(\text{Re }\gamma_1-\varepsilon)t}\|\eta_0\|\quad 对\quad t\leqslant0.\tag{2.7.11}$$

由这些估计得知, 不在 $W^s_{\rm loc}$ 和 $W^u_{\rm loc}$ 中的轨线当 $t\to\pm\infty$ 时必须跑出鞍点的任一小邻域. 此外, 正半轨线在鞍点附近停留的时间正比于 $\ln\|\eta_0\|$, 负半轨线停留的时间正比于 $\ln\|\xi_0\|$.

系统 (2.7.1) 在它的稳定流形 $W^s_{\text{loc}}: v=\psi(u)$ 上的限制是由方程

$$\dot{u}=A^{-}u+h_1(u,\psi(u)) \tag{2.7.12}$$

定义的, 因此点 O 是 W^s_{loc} 上的稳定平衡态. 对于一般情形, 它或者是结点 (只要仅有一个主坐标), 或者是焦点 (只要存在对应于一对共轭复特征指数的两个主坐标).

系统在 W^u_{loc} 上的限制变成

$$\dot{v}=A^{+}v+h_2(\varphi(v),v). \tag{2.7.13}$$

点 O 在这里是完全不稳定平衡态, 一般地, 它是结点或者焦点.

现在, 完全类似于线性情形, 按照它们在主坐标下的性态, 我们可以选择四个鞍点基本类型:

- 鞍点: 在 W^s_{loc} 和 W^u_{loc} 上的结点.
- 鞍 – 焦点 (2,1): 在 W^s_{loc} 上的焦点和在 W^u_{loc} 上的结点.
- 鞍 – 焦点 (1,2) : 在 W^s_{loc} 上的结点和在 W^u_{loc} 上的焦点.
- 鞍 – 焦点 (2,2) : 在 W^s_{loc} 上和在 W^u_{loc} 上的焦点.

定理 2.5 和定理 2.6 对系统 (2.7.12) 和 (2.7.13) 成立. 由此得知 W^s_{loc} 中存在非主和主稳定不变子流形 $W^{ss}_{\text{loc}}, W^{sL}_{\text{loc}}$, 以及 W^u_{loc} 中的不稳定不变子流形 $W^{uu}_{\text{loc}}, W^{uL}_{\text{loc}}$. 另外, 我们将以描述鞍点平衡态的三类更光滑的不变流形的存在性作为本节的结束. 引入记号

$$r_{sL}=\left[\frac{\hat{\lambda}}{\operatorname{Re}\lambda_1}\right], \tag{2.7.14}$$

$$r_{uL}=\left[\frac{\hat{\gamma}}{\operatorname{Re}\gamma_1}\right], \tag{2.7.15}$$

其中 $\hat{\lambda}$ 和 $\hat{\gamma}$ 分别是最靠近虚轴的非主稳定和非主不稳定特征指数的实部, $[x]$ 如前表示严格小于 x 的最大整数.

定理 2.8 在鞍点型结构稳定平衡态的小邻域内存在以下光滑不变流形:

- $\mathbb{C}^{\min(r,r_{uL})}$ – 光滑扩展稳定流形 W^{sE}_{loc}, 它包含 W^s_{loc}, 并在点 O 切于线性化矩阵的稳定与主不稳定特征空间的直和 (因此, W^{sE}_{loc} 与 W^{uu}_{loc} 横截相交).
- $\mathbb{C}^{\min(r,r_{sL})}$ – 光滑扩展不稳定流形 W^{uE}_{loc}, 它包含 W^u_{loc}, 并在点 O 切于线性化矩阵的不稳定与主稳定特征空间的直和 (W^{uE}_{loc} 与 W^{ss}_{loc} 横截相交).
- $\mathbb{C}^{\min(r,r_{sL},r_{uL})}$ – 光滑主鞍点流形 $W^L_{\text{loc}}=W^{uE}_{\text{loc}}\bigcap W^{sE}_{\text{loc}}$.

这个定理的证明将在第 5 章给出. 我们仅指出, 一般地, 流形 W^{sE}_{loc} 不唯一, 但是任何两个这样的流形在 W^s_{loc} 的每一点处有公共的切线. 类似地, 任何两个流形 W^{uE}_{loc} 切于 W^u_{loc} 的每一点.

2.8　鞍点附近的解. 边值问题

这一节我们讨论非线性系统在鞍点平衡态附近构造解的方法. 整本书中我们都将用到这个方法, 特别地, 用它来证明鞍点平衡点的稳定和不稳定流形的存在性以及光滑性.

考虑 n 维系统

$$\begin{aligned}\dot{u} &= A^{-}u + f(u,v),\\ \dot{v} &= A^{+}v + g(u,v),\end{aligned} \tag{2.8.1}$$

其中 $u\in\mathbb{R}^k, v\in\mathbb{R}^m$ $(k+m=n)$, f 和 g 是 $\mathbb{C}^r$ - 函数 $(r\geqslant 1)$, 它们以及它们的一阶导数在原点为零. 假设谱 $A^{-}=\{\lambda_1,\cdots,\lambda_k\}$ 严格位于虚轴的左边, 谱 $A^{+}=\{\gamma_1,\cdots,\gamma_m\}$ 严格位于虚轴的右边.

当构造系统 (2.8.1) 在鞍点 O 附近的解时, 考虑到其非线性性, 我们会有许多困难. 首先, 系统的轨线可在点 O 附近停留非常长的时间; 初始点越接近于 W^s_{loc}, 停留的时间就越长. 此外, 如果初始点在 W^s_{loc} 上, 这个时间等于无穷. 因此, 我们需要能在无穷时间区间上起作用的式子. 显然, 这里的主要障碍是在鞍点附近的初值问题的不稳定性. 例如, 考虑线性化系统初值问题的解

$$u(t)=e^{A^{-}t}u_0,\quad v(t)=e^{A^{+}t}v_0.$$

当我们加入小扰动 Δv 到 v_0 时, 我们可以估计 $v(t)$ 的相应增量, 它由

$$\|\Delta v(t)\| = \|e^{A^{+}t}\Delta v\| \gg \|\Delta v\|$$

给出. 这个不等式表明初始数据的任意小扰动可能引起解的有限改变, 只要积分时间充分地长. 这一类不稳定性不仅出现在计算机模拟中, 也出现在解析表达式的递归构造中. 因此, 如果我们从线性系统的解开始, 用逐次逼近法找系统 (2.8.1) 的解, 我们将在第 m 步出现 $(e^{A^{+}t}v_0)^m$ 类型的项, 即具有任意大指数的项.

当然, 在完全不稳定平衡点附近也会产生同样的问题. 但是, 在这种情形初值问题的解关于时间反向变得稳定. 但在鞍点的情形, 作变换 $t\to -t$ 以后, 解关于变量 v 变成稳定的, 但关于变量 u 就变成不稳定的.

克服这些障碍的主要思想是关于变量 u 按将来时间积分这个系统, 对变量 v 按过去时间积分. 更明确地说, 代替求解初值问题, 我们必须求解下面的**边值问题**:

任给 u_0 和 v_1, 其中 $\|u_0\|\leqslant\varepsilon$, $\|v_1\|\leqslant\varepsilon$ 以及任何 $\tau>0$, 在区间 $t\in[0,\tau]$ 上求系统 (2.8.1) 的解, 使得

$$u(0)=u_0,\quad v(\tau)=v_1. \tag{2.8.2}$$

对线性系统这个边值问题的解有形式

$$u(t)=e^{A^{-}t}u_0,\quad v(t)=e^{-A^{+}(\tau-t)}v_1. \tag{2.8.3}$$

由于对所有的 $t \in [0,\tau]$, $\|e^{A^- t}\|$ 和 $\|e^{-A^+(\tau-t)}\|$ 都有界 (见不等式 (2.3.17)), 这个解关于初始值 (u_0, v_1, τ) 的扰动稳定. 这个方法可应用到非线性的情形. 我们将看到, 非线性系统边值问题的解可以从线性问题的解 (2.8.3) 开始用逐次逼近法得到.

定理 2.9 对充分小的 $\varepsilon > 0$ 和任何 $\tau \geqslant 0$, 以及满足 $\|u_0\| \leqslant \varepsilon$, $\|v_1\| \leqslant \varepsilon$ 的 u_0 和 v_1 , 边值问题 (2.8.2) 的解存在唯一且连续依赖于 (u_0, v_1, τ).

对二维系统, 这样的解的存在性在几何上是显然的, 见图 2.8.1. 在点 O 的小邻域内存在无穷多条轨线从直线 $u = u_0$ 开始, 终止于直线 $v = v_1$. 飞行时间可从零到无穷.

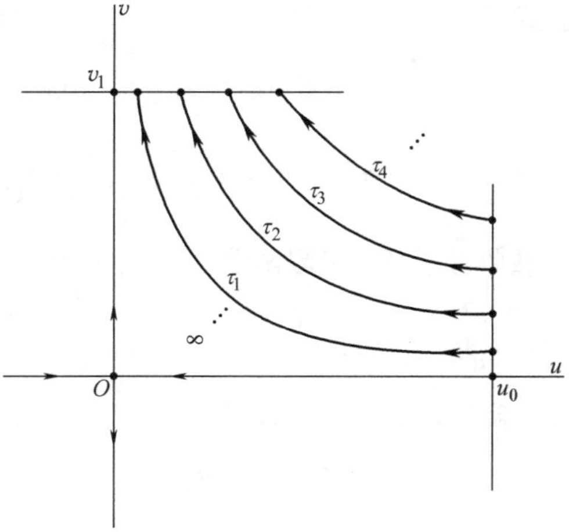

图 2.8.1 鞍点附近的边值问题. 当在 $u = u_0$ 附近的初始点趋于稳定流形 $v = 0$ 时飞行时间 $\tau \to +\infty$.

对于一般情形, 定理 2.9 的证明是解析的. 考虑在区间 $t \in [0,\tau]$ 上关于函数 $u(t)$ 和 $v(t)$ 的积分方程系统

$$
\begin{aligned}
u(t) &= e^{A^- t} u_0 + \int_0^t e^{A^-(t-s)} f(u(s), v(s)) ds \\
v(t) &= e^{-A^+(\tau-t)} v_1 - \int_t^\tau e^{-A^+(s-t)} g(u(s), v(s)) ds.
\end{aligned}
\tag{2.8.4}
$$

对公式 (2.8.4) 的右端关于 t 微分, 我们可以容易地验证这个系统的任何连续解 $\{u(t), v(t)\}$ 是系统 (2.8.1) 的解. 此外, 由 $u(0) = u_0$ 和 $v(\tau) = v_1$, 系统 (2.8.4) 的解就是我们期望的边值问题 (2.8.2) 的解.

其逆也真. 设 $\{u(t), v(t)\}_{t\in[0,\tau]}$ 是边值问题的解. 由 (2.8.1) 得到

$$
\begin{aligned}
\frac{d}{dt}(e^{-A^- t} u(t)) &= e^{-A^- t} f(u(t), v(t)), \\
\frac{d}{dt}(e^{-A^+ t} v(t)) &= e^{-A^+ t} g(u(t), v(t)),
\end{aligned}
$$

由此

$$e^{-A^- t}u(t) = u_0 + \int_0^t e^{-A^- s} f(u(s), v(s))ds,$$

$$e^{-A^+ t}v(t) + \int_t^\tau e^{-A^+ s} g(u(s), v(s))ds = e^{-A^+ \tau} v_1,$$

因此, (2.8.4) 成立. 所以边值问题的解等同于积分方程系统 (2.8.4) 的解.

我们将用逐次逼近法构造系统 (2.8.4) 的解. 作为第一个近似, 选择

$$u^{(1)}(t) = e^{A^- t}u_0, v^{(1)}(t) = e^{-A^+(\tau - t)}v_1,$$

对每一次逼近将使用公式

$$\begin{aligned} u^{(n+1)}(t) &= e^{A^- t}u_0 + \int_0^t e^{A^-(t-s)} f(u^{(n)}(s), v^{(n)}(s))ds, \\ v^{(n+1)}(t) &= e^{-A^+(\tau-t)}v_1 - \int_t^\tau e^{-A^+(s-t)} g(u^{(n)}(s), v^{(n)}(s))ds. \end{aligned} \tag{2.8.5}$$

我们将证明这个序列一致收敛于某个极限函数 $\{u^*(t), v^*(t)\}$. 首先, 证明对一切 n 和 $t \in [0, \tau]$ 有

$$\|u^{(n)}(t)\| \leqslant 2\varepsilon, \quad \|v^{(n)}(t)\| \leqslant 2\varepsilon. \tag{2.8.6}$$

当 $n = 1$ 时, 由 $\|u_0\| \leqslant \varepsilon$ 和 $\|v_1\| \leqslant \varepsilon$ 以及不等式

$$\begin{aligned} \|e^{A^- t}\| &\leqslant e^{-\lambda t}, \\ \|e^{-A^+(\tau-t)}\| &\leqslant e^{-\gamma(\tau-t)}, \end{aligned} \tag{2.8.7}$$

可知结论成立, 其中 $\lambda > 0$ 和 $\gamma > 0$ 是使得矩阵 A^- 的谱严格位于复平面中直线 $\mathrm{Re}\ z = -\lambda$ 的左边, 以及矩阵 A^+ 的谱严格位于直线 $\mathrm{Re}\ z = \gamma$ 的右边.

利用数学归纳法对一切 n 证明不等式 (2.8.6). 首先, 由于 f 和 g 以及它们的一阶导数在点 O 为零, 得知

$$\left\| \frac{\partial(f, g)}{\partial(u, v)} \right\| \leqslant \delta, \tag{2.8.8}$$

$$\|f, g\| \leqslant \delta \|u, v\|, \tag{2.8.9}$$

其中 $\|u, v\|$ 表示 $\max\{\|u\|, \|v\|\}$. 在这个方程中常数 δ 可通过缩小点 O 的邻域而变得任意小. 选择足够小的 ε, 使得对鞍点的 2ε 邻域中所有的 u 和 v, 不等式

$$2\delta \max(\lambda^{-1}, \gamma^{-1}) \leqslant 1 \tag{2.8.10}$$

满足. 从 (2.8.5) 和 (2.8.9) 我们得到

$$\|u^{(n+1)}(t)\| \leqslant \|u_0\| + \delta \int_0^t e^{-\lambda(t-s)} \|u^{(n)}(s), v^{(n)}(s)\| ds,$$

$$\|v^{(n+1)}(t)\| \leqslant \|v_1\| + \delta \int_t^\tau e^{-\gamma(s-t)} \|u^{(n)}(s), v^{(n)}(s)\| ds,$$

由此

$$\|u^{(n+1)}(t), v^{(n+1)}(t)\| \leqslant \varepsilon + \delta \max(\lambda^{-1}, \gamma^{-1}) \max_{0\leqslant s\leqslant\tau} \|u^{(n)}(s), v^{(n)}(s)\|.$$

利用 (2.8.10), 如果

$$\|u^{(n)}(t), v^{(n)}(t)\| \leqslant 2\varepsilon,$$

那么

$$\|u^{(n+1)}(t), v^{(n+1)}(t)\| \leqslant 2\varepsilon,$$

即 (2.8.6) 对一切 n 成立. 我们现在证明

$$\begin{aligned}&\max_{0\leqslant t\leqslant\tau} \|u^{(n+1)}(t) - u^{(n)}(t), v^{(n+1)}(t) - v^{(n)}(t)\| \\ &\leqslant \frac{1}{2} \max_{0\leqslant s\leqslant\tau} \|u^{(n)}(s) - u^{(n-1)}(s), v^{(n)}(s) - v^{(n-1)}(s)\|.\end{aligned} \tag{2.8.11}$$

事实上, 由 (2.8.5) 有

$$\begin{aligned}&\|u^{(n+1)}(t) - u^{(n)}(t)\| \\ &\leqslant \int_0^t \|e^{A^-(t-s)}\| \|f(u^{(n)}(s), v^{(n)}(s)) - f(u^{(n-1)}(s), v^{(n-1)}(s))\| ds.\end{aligned}$$

因此, 考虑到不等式

$$\begin{aligned}&\|f(u^{(n)}(s), v^{(n)}(s)) - f(u^{(n-1)}(s), v^{(n-1)}(s))\| \\ &\leqslant \max_{(u,v)} \left\| \frac{\partial(f,g)}{\partial(u,v)} \right\| \|u^{(n)}(s) - u^{(n-1)}(s), v^{(n)}(s) - v^{(n-1)}(s)\|,\end{aligned}$$

从 (2.8.7) 和 (2.8.8) 我们得到

$$\begin{aligned}&\|u^{(n+1)}(t) - u^{(n)}(t)\| \\ &\leqslant \delta\lambda^{-1} \max_{0\leqslant s\leqslant\tau} \|u^{(n)}(s) - u^{(n-1)}(s), v^{(n)}(s) - v^{(n-1)}(s)\|.\end{aligned}$$

类似地,

$$\begin{aligned}&\|v^{(n+1)}(t) - v^{(n)}(t)\| \\ &\leqslant \delta\gamma^{-1} \max_{0\leqslant s\leqslant\tau} \|u^{(n)}(s) - u^{(n-1)}(s), v^{(n)}(s) - v^{(n-1)}(s)\|.\end{aligned}$$

由于对所有 n 值 $u^{(n)}$ 和 $v^{(n)}$ 位于鞍点的 2ε 邻域内, 在最后两个不等式中的 δ 满足 (2.8.10), 因此得到不等式 (2.8.11).

由 (2.8.11), 级数

$$\sum_{n=1}^{\infty} (u^{(n+1)}(t) - u^{(n)}(t), v^{(n+1)}(t) - v^{(n)}(t))$$

以系数为 1/2 的几何级数为优级数. 因此这个级数一致收敛于某个连续函数 $\{u^*(t), v^*(t)\}$. 由构造, $\{u^*(t), v^*(t)\}$ 是逐次逼近 (2.8.5) 的极限. 在 (2.8.5) 中令 $n \to \infty$ 取极限, 我们得到 $\{u^*(t), v^*(t)\}$ 满足关系式 (2.8.4), 即我们有边值问题的解. 由于一致收敛性, $\{u^*(t), v^*(t)\}$ 连续地依赖于初始值 (u_0, v_1, τ).

为了证明唯一性, 假设方程 (2.8.4) 有第二个解 $\{u^{**}(t), v^{**}(t)\}_{t\in[0,\tau]}$. 于是利用证明不等式 (2.8.11) 的相同算法, 可以证明对一切 $t \in [0,\tau]$ 有

$$\begin{aligned}&\|u^{**}(t) - u^*(t), v^{**}(t) - v^*(t)\|\\ \leqslant\ &\frac{1}{2}\max_{0\leqslant s\leqslant\tau}\|u^{**}(s) - u^*(s), v^{**}(s) - v^*(s)\|,\end{aligned}$$

即 $u^{**} \equiv u^*$ 和 $v^{**} \equiv v^*$. 证明完毕.

注　从证明可明显得知, 当系统 (2.8.1) 右端的函数 f, g 明显依赖于时间 t 时, 关于边值问题解的存在性和连续性的结论成立. 这里要求对所有 t, 函数 f 和 g 在 $u = 0, v = 0$ 处必须为零, 且它们关于 u 和 v 的导数的范数关于 t 一致有界, 上界为小常数 δ (见不等式 (2.8.8)—(2.8.10)). 我们强调, 函数 f 和 g 关于 t 的光滑性没有要求.

定理 2.10　边值问题的解 $\mathbb{C}^r$ – 光滑地依赖于 (u_0, v_1, t, τ).

证明　设 $\{u^*(t), v^*(t)\}_{t\in[0,\tau]}$ 是边值问题对应于 (u_0, v_1, τ) 的解. 记 $v_0 = v^*(0)$. 轨线 $\{u^*, v^*\}$ 作为初值问题的解是 $\mathbb{C}^r$ – 光滑地依赖于 (u_0, v_0, t, τ) 的. 因此为了证明这个定理, 我们必须证明 v_0 光滑地依赖于 (u_0, v_1, t, τ). 由于 $v_1 = v^*(t = \tau)$ 是关于 (u_0, v_0, t, τ) 的光滑函数, 只需验证 (按照隐函数定理) 导数 $\partial v_1/\partial v_0 = \partial v^*/\partial v_0|_{t=\tau}$ 是非奇异的.

导数 $\partial u^*/\partial v_0$ 和 $\partial v^*/\partial v_0$ 可以作为变分方程系统

$$\begin{aligned}\dot{U} &= A^-U + f'_u(u^*(t), v^*(t))U + f'_v(u^*(t), v^*(t))V,\\ \dot{V} &= A^+V + g'_u(u^*(t), v^*(t))U + g'_v(u^*(t), v^*(t))V\end{aligned} \tag{2.8.12}$$

满足初始条件

$$U(0) = 0, \quad V(0) = I_m \tag{2.8.13}$$

的解来求得, 其中 $U \equiv \dfrac{\partial u^*}{\partial v_0}, V \equiv \dfrac{\partial v^*}{\partial v_0}$, I_m 是 $(m\times m)$ 恒同矩阵. 导数矩阵 $\dfrac{\partial v_1}{\partial v_0} \equiv V(\tau)$ 非奇异的事实意味着存在矩阵 Q, 使得

$$V(\tau)Q = I_m. \tag{2.8.14}$$

此外, 我们指出, 如果这样的矩阵 Q 存在, 则

$$Q = \left(\frac{\partial v_1}{\partial v_0}\right)^{-1}. \tag{2.8.15}$$

方程 (2.8.12) 关于变量 U 和 V 是线性的, 因此, 如果对 (2.8.12) 的左右两端乘 Q, 容易看出 $\tilde{U}\equiv UQ$ 和 $\tilde{V}\equiv VQ$ 也满足方程 (2.8.12). 再有, 为了使得 (2.8.13) 和 (2.8.14) 都满足, 下面的条件必须成立:

$$\tilde{U}(0)\equiv 0,\quad \tilde{V}(\tau)\equiv I_m. \tag{2.8.16}$$

因此, 导数矩阵 $\partial v_1/\partial v_0$ 非奇异, 当且仅当变分方程系统的边值问题 (2.8.16) 有解.

为了完成这个定理的证明, 我们指出, 变分方程系统 (2.8.12) 的边值问题 (2.8.16) 的解的存在性和唯一性由上一个定理的注可得知. 此外, 系统 (2.8.12) 的右端关于 U 和 V 的导数分别是 (没有常数矩阵 A^+ 和 A^-) $f'(u^*(t),v^*(t))$ 和 $g'(u^*(t),v^*(t))$, 由此得知, 它们可以如同系统 (2.8.1) 的右端的非线性部分关于 u 和 v 的导数一样用同一个常数 δ 来估计. 因此, 变分方程系统的边值问题对 $\|u_0,v_1\|\leqslant\varepsilon$ 可解, 其中 ε 可以取得如原系统边值问题中的一样.

由证明看出, 系统 (2.8.1) 的边值问题的解 $(u^*(t),v^*(t))$ 关于 v_1 的导数是

$$\begin{aligned}\frac{\partial(u^*(t),v^*(t))}{\partial v_1}&=\frac{\partial(u^*(t),v^*(t))}{\partial v_0}\left(\frac{\partial v_1}{\partial v_0}\right)^{-1}\\&=(U(t),V(t))V(\tau)^{-1}=(\tilde{U}(t),\tilde{V}(t)),\end{aligned}$$

其中 (U,V) 是初值问题 (2.8.12),(2.8.13) 的解, $(\tilde{U},\tilde{V})$ 是边值问题 (2.8.12), (2.8.16) 的解.

类似地, 我们可以证明关于 u_0 的导数可作为边值问题

$$U(0)=I_n,\quad V(\tau)=0 \tag{2.8.17}$$

的解求得.

综上所述: **系统 (2.8.1) 的边值问题的解关于 u_0 和 v_1 的导数, 可作为对方程形式微分和边值条件所得的边值问题的解求得.**

用同样的方法可以证明, 如果系统 (2.8.1) 光滑地依赖于参数 μ 的某个集合, 则 $\{u^*,v^*\}$ 关于 μ 的导数可以作为由系统 (2.8.1) 关于 μ 形式微分得到的非齐次变分方程系统的边值问题

$$U(0)=0,\quad V(\tau)=0, \tag{2.8.18}$$

$$\begin{aligned}\dot{U}&=A^-U+f'_u(u^*(t),v^*(t),\mu)U\\&\quad+f'_v(u^*(t),v^*(t),\mu)V+f'_\mu(u^*(t),v^*(t),\mu),\\\dot{V}&=A^+V+g'_u(u^*(t),v^*(t),\mu)U\\&\quad+g'_v(u^*(t),v^*(t),\mu)V+g'_\mu(u^*(t),v^*(t),\mu)\end{aligned} \tag{2.8.19}$$

的解求得.

如同齐次方程边值问题的解, 问题 (2.8.18), (2.8.19) 的解可作为积分方程系统

$$
\begin{aligned}
U(t) &= \int_0^t e^{A^-(t-s)}[f'_u(s)U(s) + f'_v(s)V(s) + f'_\mu(s)]ds, \\
V(t) &= -\int_t^\tau e^{A^-(s-t)}[g'_u(s)U(s) + g'_v(s)V(s) + g'_\mu(s)]ds
\end{aligned}
\tag{2.8.20}
$$

的逐次逼近的极限得到.

逐次逼近的一致收敛性的证明类似于定理 2.9 的证明. 收敛性的关键不等式 (2.8.11) 在与定理 2.9 相同的条件

$$
\left\| \frac{\partial(f,g)}{\partial(u,v)} \right\| \leqslant \delta
$$

下成立, 即对于 ε 边值问题 (2.8.18), (2.8.19) 的唯一解存在, 其中 ε 与原来系统边值问题的解的相同.

关于变量 (u_0, v_1) 的高阶导数也可以作为一阶变分方程 (2.8.12) 的变分方程的边值问题的解求得. 由于变量 (u_0, v_1) 不再是 $\dfrac{\partial(u^*, v^*)}{\partial(u_0, v_1)}$ 的边界条件 (见 (2.8.16) 和 (2.8.17)), 它们出现在方程 (2.8.12) 中时仅作为参数 (这是因为系统 (2.8.12) 的右端依赖于 $\{u^*(t), v^*(t)\}$, 而 $\{u^*(t), v^*(t)\}$ 依赖于 (u_0, v_1)), 由此得知二阶导数和更高阶导数可用类似的方法作为类似于 (2.8.18) 和 (2.8.19) 的非齐次边值问题的解得到.

例如, 对 $\dfrac{\partial^2(u^*, v^*)}{\partial(v_1)^2}$ 的边值问题由变分方程 (2.8.12) 关于 v_1 的形式微分以及边值条件 (2.8.16) 得到, 即由

$$
\begin{aligned}
\dot{Z} &= A^- Z + f'_u Z + f'_v W \\
&\quad + f''_{uu} U^* U^* + f''_{uv} V^* U^* + f''_{vu} U^* V^* + f''_{vv} V^* V^*, \\
\dot{W} &= A^+ W + g'_u Z + g'_v W \\
&\quad + g''_{uu} U^* U^* + g''_{uv} V^* U^* + g''_{vu} U^* V^* + g''_{vv} V^* V^*, \\
&\qquad Z(0) = 0, \quad W(\tau) = 0
\end{aligned}
$$

得到. 其中我们引入了记号

$$
U^*(t) \equiv \frac{\partial u^*(t)}{\partial v_1}, \quad V^*(t) \equiv \frac{\partial v^*(t)}{\partial v_1}
$$

和

$$
Z \equiv \frac{\partial^2(u^*)}{\partial(v_1)^2}, \quad W \equiv \frac{\partial^2(v^*)}{\partial(v_1)^2}.
$$

我们说明如何用这个理论来证明稳定和不稳定流形的存在性以及光滑性 (上一节的定理 2.7). 我们将仅考虑稳定流形 W^s 的情形; 对不稳定流形 W^u, 改变 (2.8.1) 中的时间方向对所得系统重复这个方法.

注意, 关于逐次逼近 (2.8.5) 的一致收敛性以及因此的变分方程 (2.8.12) 的边值问题的逐次逼近, 和关于非齐次变分方程 (2.8.19) 以及变分方程的变分方程等等的结论, 对所有的 $\tau \geqslant 0$ 包括 $\tau = +\infty$ 仍成立. 因此, 满足 $\tau = +\infty$ 时从 (2.8.4) 得到的系统

$$
\begin{aligned}
u(t) &= e^{A^- t} u_0 + \int_0^t e^{A^-(t-s)} f(u(s), v(s)) ds, \\
v(t) &= -\int_t^\infty e^{-A^+(s-t)} g(u(s), v(s)) ds
\end{aligned}
\tag{2.8.21}
$$

对所有 $\|u_0\| \leqslant \varepsilon$ 有唯一解, 该解对 $t \geqslant 0$ 位于点 O 的 2ε 邻域内. 此外, 这个解 $\mathbb{C}^r$ – 光滑地依赖于 u_0.

直接微分容易验证系统 (2.8.21) 的解也是系统 (2.8.1) 的解.

反之, 由定理 2.9 的证明, 关于系统 (2.8.1) 的任何解 $\{u(t), v(t)\}$, 其对所有的 $t \geqslant 0$ 都停留在 O 的小邻域内, 我们有满足 $u_0 = u(0)$ 和 $v_1 = v(\tau)$ 的关系式 (2.8.4) 对任何 $\tau \geqslant 0$ 成立. 因此, 在关系式 (2.8.4) 中取极限, 我们看到, 系统 (2.8.1) 的任何有界解满足积分方程系统 (2.8.21).

从而, 对任何满足 $\|u_0\| \leqslant \varepsilon$ 的 u_0, 存在唯一的 v_0, 使得从 (u_0, v_0) 开始的轨线当 $t \to +\infty$ 时不离开鞍点的邻域. 记 $v_0 = \psi(u_0)$. 由定义, 所有点 $(u_0, \psi(u_0))$ 的并是系统 (2.8.1) 的不变集: 它是由对一切 $t \geqslant 0$ 仍停留在平衡态 O 的邻域内的所有轨线组成. 特别的, 这个集包含点 O 自己; 即 $\psi(0) = 0$. 由于 $\psi \in \mathbb{C}^r$, 这个集合是光滑不变流形. 在这个流形上系统写为

$$\dot{u} = A^- u + f(u, \psi(u)).$$

由于导数 f'_u 和 f'_v 在原点为零, 线性化方程是

$$\dot{u} = A^- u.$$

A^- 的谱位于虚轴的左边, 因此 O 在所考虑的不变流形上是指数式渐近稳定的. 这意味着在这个流形上的所有轨线当 $t \to +\infty$ 时趋于 O. 即这个光滑不变流形是 O 的稳定不变流形 W^s. 现在我们已经证明了 W^s 的存在性和光滑性, 这就完成了定理 2.7 的证明.

最后, 我们指出, 将不变流形的存在性问题化为求解积分方程的这个方法是 Lyapunov 提出的, 特别它对研究非自治系统相当有用.

2.9 光滑线性化问题. 共振

我们先前讨论过 (见 2.5 节的 Grobman-Hartman 定理) 在结构稳定平衡态的邻域内的系统

$$\dot{x} = Ax + f(x) \tag{2.9.1}$$

拓扑等价于线性化系统

$$\dot{y} = Ay, \tag{2.9.2}$$

其中

$$f(0) = 0, \quad f'(0) = 0.$$

现在我们要问一个很自然的问题: 能不能用某个光滑的变量变换

$$y = x + \varphi(x), \tag{2.9.3}$$

将系统 (2.9.1) 化为系统 (2.9.2)? 其中 $\varphi(0) = 0$, $\varphi'(0) = 0$. Poincaré 第一个提出这个问题并考虑了解析的情形. 我们注意, 变量的光滑变换保持矩阵 A 的特征值 $(\lambda_1, \cdots, \lambda_n)$ 不变, 此外, 当它如 (2.9.3) 那样局部接近于恒同时, 矩阵 A 自己也得到保持. 注意到这样的变量变换是局部的, 即光滑等价性仅在平衡态 O 的小邻域内成立.

当将原来的非线性系统化为线性系统时我们遇到了许多困难, 其中一个主要困难的原因是出现了共振.

矩阵 A 的特征值 $(\lambda_1, \cdots, \lambda_n)$ 的集合 $\{\lambda_1, \cdots, \lambda_n\}$ 称为**共振集**, 如果存在线性关系

$$\lambda_k = (m, \lambda) = \sum_{j=1}^{n} m_j \lambda_j, \tag{2.9.4}$$

其中 $m = (m_1, \cdots, m_n)$ 是使得 $|m| = \sum\limits_{j=1}^{n} m_j \geqslant 2$ 的非负整数组. 这个关系本身称为**共振**, $|m|$ 称为**共振阶**.

设函数 $f(x)$ 是 $\mathbb{C}^N$ – 光滑的, 则它的展开式

$$f(x) = f_2(x) + \cdots + f_N(x) + o_N(x) \tag{2.9.5}$$

成立, 其中 $f_l(x)$ $(l = 2, \cdots, N)$ 是 l 次齐次多项式, 后面的 $o_N(\cdot)$ 表示在原点处连同它的前 N 阶导数都等于零的项.

下面的引理是我们熟知的.

引理 2.2　设 $f(x) \in \mathbb{C}^N$, 且假设不存在 $|m| \leqslant N$ 阶共振, 则存在变量的多项式变换

$$y = x + \varphi_2(x) + \cdots + \varphi_N(x) \tag{2.9.6}$$

(其中 $\varphi_l(x)$ $(l = 2, \cdots, N)$ 是 l 次齐次多项式), 将系统 (2.9.1) 变换成

$$\dot{y} = Ay + o_N(y). \tag{2.9.7}$$

证明 将 (2.9.6) 代入 (2.9.1), 我们得到

$$
\begin{aligned}
\dot{y} &= \dot{x} + \sum_{l=2}^{N} \frac{\partial \varphi_l(x)}{\partial x}\dot{x} \\
&= Ax + f_2(x) + \cdots + f_N(x) + o_N(x) \\
&\quad + \sum_{l=2}^{N} \frac{\partial \varphi_l(x)}{\partial x}[Ax + f_2(x) + \cdots + f_N(x) + o_N(x)] \\
&= Ay - A\varphi_2(x) - \cdots - A\varphi_N(x) + f_2(x) + \cdots + f_N(x) \\
&\quad + \sum_{l=2}^{N} \frac{\partial \varphi_l(x)}{\partial x}[Ax + f_2(x) + \cdots + f_N(x)] + \cdots,
\end{aligned} \tag{2.9.8}
$$

其中最后的由省略号表示的被加项包含 $N+1$ 次和更高次的项. 剩余的项 (除了 Ay) 必须互相消除, 因此我们必须假设 $\varphi_2(x)$ 满足方程

$$
-A\varphi_2(x) + f_2(x) + \frac{\partial \varphi_2(x)}{\partial x}Ax = 0, \tag{2.9.9}
$$

$\varphi_3(x)$ 满足

$$
-A\varphi_3(x) + f_3(x) + \frac{\partial \varphi_3(x)}{\partial x}Ax + \frac{\partial \varphi_2(x)}{\partial x}f_2(x) = 0, \tag{2.9.10}
$$

$$\cdots\cdots\cdots\cdots$$

$\varphi_N(x)$ 满足

$$
-A\varphi_N(x) + f_N(x) + \frac{\partial \varphi_N(x)}{\partial x}Ax + \sum_{p+q=N+1} \frac{\partial \varphi_p(x)}{\partial x}f_q(x) = 0. \tag{2.9.11}
$$

现在我们对矩阵 A 是对角矩阵

$$
A = \begin{pmatrix} \lambda_1 & & 0 \\ & \ddots & \\ 0 & & \lambda_n \end{pmatrix}
$$

的情形证明这条引理.

回忆 $\varphi_l(x)$ 和 $f_l(x)$ 是齐次向量多项式, 即

$$
\begin{gathered}
\varphi_l(x) = (\varphi_{l1}(x), \cdots, \varphi_{lk}(x), \cdots, \varphi_{ln}(x)), \\
f_l(x) = (f_{l1}(x), \cdots, f_{lk}(x), \cdots, f_{ln}(x)), \\
k = 1, \cdots, n.
\end{gathered}
$$

将多项式 $\varphi_{lk}(x)$ 和 $f_{lk}(x)$ 表示为

$$
\begin{aligned}
\varphi_{lk}(x) &= \sum_{m_1+\cdots+m_n=l} c_{mk}x^m, \\
f_{lk}(x) &= \sum_{m_1+\cdots+m_n=l} d_{mk}x^m.
\end{aligned}
$$

方程 (2.9.9)—(2.9.11) 现在可以重写为逐个分量的形式

$$-\lambda_k\varphi_{2k}(x)+\sum_{j=1}^{n}\lambda_j\frac{\partial\varphi_{2k}(x)}{\partial x_j}x_j+f_{2k}(x)=0, \tag{2.9.12}$$

$$-\lambda_k\varphi_{3k}(x)+\sum_{j=1}^{n}\lambda_j\frac{\partial\varphi_{3k}(x)}{\partial x_j}x_j+f_{3k}(x)+\sum_{j=1}^{n}\frac{\partial\varphi_{2k}(x)}{\partial x_j}f_{2j}(x)=0, \tag{2.9.13}$$

$$\cdots\cdots\cdots\cdots$$

$$-\lambda_k\varphi_{Nk}(x)+\sum_{j=1}^{n}\lambda_j\frac{\partial\varphi_{Nk}(x)}{\partial x_j}x_j+f_{Nk}(x)+\sum_{j=1}^{n}\sum_{p+q=N+1}\frac{\partial\varphi_{pk}(x)}{\partial x_j}f_{qj}(x)=0, \tag{2.9.14}$$

其中 $k=1,\cdots,n$.

首先解 (2.9.12). 令同类项的系数相等可得方程

$$[(m,\lambda)-\lambda_k]c_{mk}+d_{mk}=0. \tag{2.9.15}$$

显然这个方程可解, 因为没有共振, 即我们可以求得

$$c_{mk}=\frac{d_{mk}}{\lambda_k-(m,\lambda)}, \tag{2.9.16}$$

由此得到 $\varphi_2(x)$ 的表达式.

将 $\varphi_2(x)$ 代入方程 (2.9.13), 得到 $\varphi_3(x)$ 的未知系数的方程

$$[(m,\lambda)-\lambda_k]c_{mk}+\tilde{d}_{mk}=0, \tag{2.9.17}$$

其中 $\tilde{d}_{mk}=d_{mk}+d'_{mk}$,$d'_{mk}$ 是 (2.9.13) 中第二个和式中的 x^m 的系数. 用类似的方法我们得到满足方程 (2.9.9)—(2.9.11) 的所有的 φ_l $(l=2,\cdots,N)$.

这就证明了当 A 的所有特征值是相异实数时的引理 (因为由变量的线性变换将 A 化为对角形). 如果存在单的复特征值, 则将 A 化为对角块形:

$$A_{kk}=\lambda_k \quad \text{如果 } \lambda_k \text{ 为实数},$$

$$A_{kk}=A_{k+1,k+1}=\mathrm{Re}\ \lambda_k, A_{k,k+1}=-A_{k+1,k}=\mathrm{Im}\,\lambda_k \quad \text{如果} \quad \lambda_k=\lambda_{k+1}^*,$$

这里 $*$ 表示复共轭. 这个矩阵可用复坐标变换

$$x'_k=x_k \quad \text{如果 } \lambda_k \text{ 为实数},$$

$$x'_k=x_k+ix_{k+1}, x'_{k+1}=x_k-ix_{k+1} \quad \text{如果} \quad \lambda_k=\lambda_{k+1}^*$$

化为对角形. 由于 $x'_{k+1}=x'_{k^*}$, 得知对这样的 k, 它满足 $\lambda_k=\lambda_{k+1}^*$ 是复数, 有新函数 f 满足

$$f_{l,k+1}(x')=f_{lk}(x')^*.$$

现在通过 (2.9.12)—(2.9.14) 定义的坐标变换 φ, 对那些 k 满足

$$\varphi_{l,k+1}(x') = \varphi_{lk}(x')^*.$$

于是, 显然**实**坐标变换

$$y_k = x_k + \sum_{l=2}^{N} \text{Re } \varphi_{lk}(x')$$

$$y_{k+1} = x_{k+1} + \sum_{l=2}^{N} \text{Im } \varphi_{lk}(x')$$

将系统变为所要求的形式 (2.9.7).

在重特征值的情形, 矩阵 A 可以写为 Jordan 形 (实或复的): 特征值 λ_k 填满主对角线, 加上一些不为零的上对角元:

$$A_{k,k+1} = \delta_k.$$

因此, 另外的项

$$\delta_k \varphi_{l,k+1}(x) \quad 和 \quad \delta_j \frac{\partial \varphi_{lk}}{\partial x_j} x_{j+1}$$

可以出现在 (2.9.12)—(2.9.14) 中. 显然, 这并不改变引理的结论: 所求的归纳定义的系数 c_{mk} 的关系式 (2.9.17) 保持相同, 唯一不同的是, 现在 d'_{mk} 是由更宽范围的系数 $c_{m'k'}$ 表示. 就是说, d'_{mk} 是这样的 $c_{m'k'}$ 的函数:

$$\begin{aligned} &(1)\ |m'| < |m|, \quad 或者 \quad (2)\ m' = m \quad 和 \quad k' > k, \\ &或者 \quad (3)\ |m|' = |m| \quad 和 \quad \sum_{j-1}^{n} j \cdot m'_j < \sum_{j=1}^{n} j \cdot m_j \end{aligned} \tag{2.9.18}$$

(当特征值是单的时只有情形 (1) 有可能). 因此, 我们可以按下面的方法在向量单项式 $x^m e_k$ (其中 $e_k = (\underbrace{0, 0, \cdots, 1}_{k}, 0, \cdots, 0)$) 之间引入**偏序**:

$x^m e_k$ 的次数高于 $x^{m'} e_{k'}$ 的次数, 如果 (2.9.18)
中的三个选择之一成立

于是公式 (2.9.17) 允许我们对高次和更高次单项式来逐个确定系数 c_{mk}. 证毕.

从 (2.9.15) 立即可以看出, 在共振情形 $\lambda_k = (m, \lambda)$, 不可能消除单项式 $d_{mk} x^m e_k$. 因此, **在共振情形下, 充分光滑线性化是不可能的**. 用与引理 2.2 相同的方法, 可以证明下面的结果.

引理 2.3 设 $f(x) \in \mathbb{C}^N$. 则存在变量的多项式变换将系统 (2.9.1) 变成

$$\dot{y} = Ay + R(y) + o_N(y), \tag{2.9.19}$$

其中

$$R(y)=\sum_{(m,\lambda)=\lambda_k}^{2\leqslant|m|\leqslant N} b_{mk}y^m e_k, \tag{2.9.20}$$

这里 e_k 是第 k 个基向量, 共振单项式 $y^m e_k$ 的系数 b_{mk} 可借助于满足 $l\leqslant|m|$ 的多项式 $f_l(x)$ 的系数求得.

现在设 $f(x)$ 是 Taylor 级数. 当 N 增加时, 使得变量变换成立的点 O 的邻域将缩小. 此外, 当 $N\to\infty$ 时这个邻域可收缩到平衡态. 因此, 下面的两条定理仅考虑形式级数的情形.

定理 2.11 (Poincaré) 如果矩阵 A 的特征值是非共振的, 则形式变换

$$y=x+\varphi_2(x)+\cdots+\varphi_l(x)+\cdots \tag{2.9.21}$$

将系统 (2.9.1) 化为线性形式 (2.9.2).

定理 2.12 (Dulac) 变量的形式变换将系统 (2.9.1) 变成

$$\dot{y}=Ay+R(y), \tag{2.9.22}$$

其中 $R(y)$ 是形式级数

$$R(y)=\sum_{(m,\lambda)=\lambda_k}^{\infty} b_{mk}y^m e_k. \tag{2.9.23}$$

下面我们讨论这些级数的收敛性问题. 按照 Arnold [10], 我们引入一些有用的预备概念.

考虑 n 维复空间 $\mathbb{C}^n$. 集合

$$\lambda_k=(m,\lambda),\quad \sum_{j=1}^{n} m_j\geqslant 2,\quad m_j\geqslant 0,$$

称为**共振 (超) 平面**, 其中 m_j 是整数. 固定 $(\lambda_1,\cdots,\lambda_n)$, 令 k 和 m 变化我们可以得到这种平面的一个可数集.

定义 2.4 集合 $\lambda=\{\lambda_1,\cdots,\lambda_n\}$ 属于 Poincaré 区域, 如果复平面内的 n 个点 $\lambda_1,\cdots,\lambda_n$ 的凸壳不包含零. 反之, 集合 $\lambda=\{\lambda_1,\cdots,\lambda_n\}$ 属于 Siegel 区域.

Poincaré 区域内的每一点至多满足有有限多个共振, 且位于与其它共振平面不相交的邻域内. 反之, 共振平面在 Siegel 区域内是稠密的.

定理 2.13 (Poincaré) 如果矩阵 A 的特征值是非共振的, 且属于 Poincaré 区域, 则具有解析右端的系统 (2.9.1) 可通过解析的变量变换变为线性系统.

Poincaré 用优级数证明了这条定理, 在他的叙述中主要要求通过复平面原点的直线的存在性条件, 该直线使得所有的 n 个特征值 $(\lambda_1, \cdots, \lambda_n)$ 都位于它的一边.

对于 Poincaré 区域中存在共振的情形, 定理 2.12 中定义的变量变换的形式级数收敛, 因此下面的结果成立.

定理 2.14 (Dulac) 如果矩阵 A 的特征值属于 Poincaré区域, 则解析的坐标变换将具有解析右端的系统 (2.9.1) 变为形式

$$\dot{y} = Ay + R(y),$$

其中 $R(y)$ 是由共振单项式组成的有限次多项式.

在 Poincaré 区域以外的情况比较复杂. Siegel 找到了关于特征值的一些特殊条件, 使得在这些条件下线性化级数收敛且系统 (2.9.1) 仍可化为线性形式. 指出下面这点是重要的, 满足这些条件的特征值组成正测度的稠密集.

Poincaré 和 Dulac 考虑过复解析系统. 我们的兴趣在实的情形, 对于实的情形, Poincaré 区域由条件 $\mathrm{Re}\ \lambda_i < 0$ 或者 $\mathrm{Re}\ \lambda_i > 0\ \ (i = 1, \cdots, n)$ 确定, 即其中的平衡态分别是稳定或完全不稳定的. 如果存在特征值位于虚轴上, 或者在左右两个半平面内, 则系统落在 Siegel 区域内. 例如, 假设二维系统有鞍点平衡态, 其特征值满足 $\lambda_1 < 0 < \lambda_2$. 如果鞍点指标 $\nu = -\lambda_1\lambda_2^{-1}$ 为有理数 $\left(\nu = \dfrac{p}{q}\right)$, 则存在类型为

$$\begin{aligned} \lambda_1 &= (rq+1)\lambda_1 + pr\lambda_2, \\ \lambda_2 &= qr\lambda_1 + (pr+1)\lambda_2, \quad r = 1, 2, \cdots \end{aligned}$$

的共振无限集.

如果平衡态是鞍点型的, 则即使集合 $\{\lambda_1, \cdots, \lambda_n\}$ 不共振, 零也是集合

$$\{(m, \lambda) - \lambda_k\}_{|m|=2}^{\infty}, \quad k = 1, \cdots, n$$

的一个极限点. 对于这种情形, 在由公式 (2.9.17) 确定坐标变换的系数时, 我们就遇到了"小分母"问题. 这就是即使不存在共振, 线性化级数还是可以不收敛 (见 Bruno [18]) 的原因.

如果我们不要求系统解析而要求是 $\mathbb{C}^\infty$ – 光滑的, 情况变得不那么困难. 这时下面的命题成立.

引理 2.4 (Borel (见 Hartman)) 对任何形式幂级数 $R(y)$, 存在 $\mathbb{C}^\infty$ – 光滑函数, 它的形式 Taylor 级数与 $R(y)$ 相同.

因此, 下面的定理直觉上是可以理解的.

定理 2.15 (Sternberg) 设系统 (2.9.1) 是 $\mathbb{C}^\infty$ – 光滑的且没有共振, 则存在 $\mathbb{C}^\infty$ – 光滑的变量变换将 (2.9.1) 化为线性系统.

也存在类似于 Dulac 定理 2.12 的定理.

定理 2.16 对于 $\mathbb{C}^\infty$ – 光滑的情形, 存在 $\mathbb{C}^\infty$ – 光滑的变量变换将系统 (2.9.1) 变为

$$\dot{y} = Ay + R(y),$$

其中 $R(y) \in \mathbb{C}^\infty$, 且它的形式 Taylor 级数与形式级数 (2.9.23) 相同.

因此, 我们可以看出, 独立的 $\mathbb{C}^\infty$ – 光滑系统在平衡态邻域内, 可以或者化为 Poincaré 形式

$$\dot{y} = Ay$$

或者化为 Dulac 形式

$$\dot{y} = Ay + R(y).$$

这两个形式都称为**规范形**. 由定理 2.15 和定理 2.16 得知规范形关于集合 $\lambda = \{\lambda_1, \cdots, \lambda_n\}$ 的依赖性在 Siegel 区域内有不连续的特性. 后者导致这样一个问题: 在结构稳定 (鞍点) 平衡态的邻域内能不能用具有**有限**光滑的变量变换将微分方程系统化为线性系统? 这个问题是由 Sternberg [64,65] 提出的, 他证明了存在依赖于矩阵 A 的谱的数 $K(k)$, 使得任何一个 $\mathbb{C}^\infty$ – 系统

$$\dot{x} = Ax + o_K(x)$$

可以用 $\mathbb{C}^k$ – 光滑变换化为线性形式. 只要 $N \geqslant K$, 对 $\mathbb{C}^N$ – 光滑的情形也成立. 后来, Chen [20] 证明了任何 $\mathbb{C}^N$ – 光滑系统 ($N \geqslant K(k; A)$) 在结构稳定平衡态附近是 $\mathbb{C}^k$ – 等价于多项式向量场

$$\dot{y} = Ay + \sum_{l=2}^{K(k;A)} f_l(y). \tag{2.9.24}$$

此外, 我们可以假设这里的 $f(x)$ 是共振多项式. 至于数 K 的确切估计至今仍是一个没有完全解决的问题.

上面的共振多项式规范形 (2.9.24) 可用 $\mathbb{C}^k$ – 光滑的变量变换进一步简化. 我们不准备进一步讨论这个课题, 建议读者参考 Bronstein 和 Kopanskii [16] 的书, 该书包含这个课题的最新成果和相关的参考文献. 在这个理论中必须特别注意所谓的“**弱**”共振. 用 $(\theta_1, \cdots, \theta_p)$ 表示 Re λ_i $(i = 1, \cdots, n)$ 的不同值. 显然, $p \leqslant n$. 值 $(\theta_1, \cdots, \theta_p)$ 称为 **Lyapunov 指数**. 我们称关系

$$\theta_s = l_1\theta_1 + \cdots + l_p\theta_p = (l, \theta), \quad 其中 \quad \sum_{i=1}^{p} l_p \geqslant 2$$

为**弱共振**. 我们看到, 弱共振概念不适用于复平面分析, 因此线性部分化为 Jordan 形. 与共振的古典概念妨碍用多项式变换进行线性化的情形相反, 当我们用更宽一类变量变换将具有有限光滑的系统化为线性形式时就出现弱共振概念.

从非线性动力学观点看, 我们的主要兴趣是鞍点. 理由是鞍点可有两条属于稳定和不稳定流形的双向渐近轨线. 这样的轨线称为**同宿回路**. 当平衡态是鞍 – 焦点时, 在某些条件下从同宿回路中可出现无穷多条周期轨线. 对这个现象的研究始于将鞍点附近的系统化为较简单的形式. 显然能将系统化为线性形式是比较理想的. 但是, 大范围分支的研究要求考虑系统的有限参数族而不是个别系统. 将系统族化为线性形式是困难的, 因为共振在 Siegel 区域内稠密. 同时, 大部分共振, 除了少数例外, 在同宿分支的研究中并不起本质作用.

我们详细讨论一个被 Andronov 和 Leontovich 研究过的平面系统例子. 考虑单参数系统族

$$\dot{x} = \lambda_1(\mu)x + P(x, y, \mu),$$
$$\dot{y} = \lambda_2(\mu)y + Q(x, y, \mu),$$

其中 P 和 Q 是 $\mathbb{C}^N(N \geqslant 1)$ – 光滑函数, 它们和它们关于 x 和 y 的一阶导数在原点为零, 且 $\lambda_1(0) < 0 < \lambda_2(0)$. 假设当 $\mu = 0$ 时这个系统有分界线回路, 见图 2.9.1. 并假设当 $\mu = 0$ 时鞍点指标 $\nu = -\dfrac{\lambda_1(\mu)}{\lambda_2(\mu)}$ 异于 1, 即所谓鞍点量 σ 非零:

$$\sigma(0) = \lambda_1(0) + \lambda_2(0) \neq 0.$$

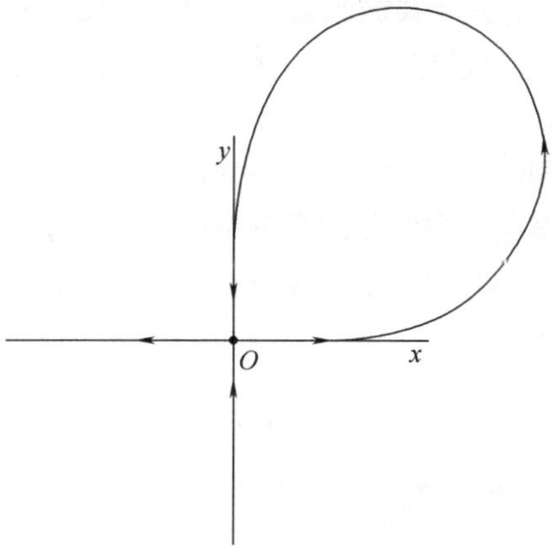

图 2.9.1 平面上鞍点的同宿回路.

Andronov 和 Leontovich 证明在这些条件下, 从分界线回路可以产生至多一条周期轨线. 条件

$$\sigma(0) = \lambda_1(0) + \lambda_2(0) = 0$$

导致出现共振无限集

$$\lambda_1(0) = (p+1)\lambda_1(0) + p\lambda_2(0), \lambda_2(0) = q\lambda_1(0) + (q+1)\lambda_2(0),$$

其中 p 和 q 是正整数.

对有限参数族, Leontovich [40] 研究了在 $\sigma(0)=0$ 的情形, 从同宿回路出现的多条周期轨线的问题. 这里的主要困难是对有限参数族构造 Dulac 规范形. 在 $\mu=0$ 时这可由以下形式给出,

$$\dot{x}=\lambda_1(0)x+\sum_{p=1}^{\infty}a_p x^{p+1}y^p,$$

$$\dot{y}=\lambda_2(0)y+\sum_{p=1}^{\infty}b_p x^p y^{p+1}.$$

或者, 消去 t 得到

$$\frac{dy}{dx}=\frac{y}{x}\left(1+\sum_{p=1}^{\infty}c_p(xy)^p\right).$$

当 $\mu\neq 0$ 时应用规范形理论是没有意义的, 因为关于参数的依赖性在稠密集上不连续, 这是由于鞍点指标 $\nu(\mu)$ 可以是有理数或者无理数. 尽管如此, Leontovich [40] 还是能将这个族变换成

$$\frac{dy}{dx}=\frac{y}{x}\left[1+\sum_{p=1}^{K-1}c_p(\mu)(xy)^p+(xy)^K\Phi(x,y,\mu)\right]. \tag{2.9.25}$$

她使用的主要方法是相继消去**非共振函数**, 即在形式 Taylor 展开中消去所有非共振的项. 只要 $N\geqslant 4K+1$, 这个过程对 $\mathbb{C}^N$ – 光滑族可进行. 于是方程 (2.9.25) 中的函数 $\Phi(x,y,\mu)$ 是 $\mathbb{C}^K$ – 光滑的.

在 Ovsyannikov 和 Shilnikov 的文章 [48,49][3]中, 消去右端非共振函数的概念在具鞍点同宿回路和鞍 – 焦点同宿回路的高维系统中得到了有效的发展.

考虑依赖于参数 μ 的动力系统族 $X(\mu)$. 假设 $X(\mu)$ 关于所有变量和参数是 $\mathbb{C}^r$ – 类的. 我们就可将 $X(\mu)$ 表示为

$$\begin{aligned}\dot{x}&=A_1(\mu)x+f_1(x,y,u,v,\mu),\\ \dot{u}&=A_2(\mu)u+f_2(x,y,u,v,\mu),\\ \dot{y}&=B_1(\mu)y+g_1(x,y,u,v,\mu),\\ \dot{v}&=B_2(\mu)v+g_2(x,y,u,v,\mu),\end{aligned} \tag{2.9.26}$$

其中矩阵

$$A(0)\equiv\begin{pmatrix}A_1(0) & 0\\ 0 & A_2(0)\end{pmatrix}$$

[3] Gonchenko 和 Shilnikov[27] 在鞍点周期轨道附近用了同样的方法, 其它应用见 Afraimovich 以及 Lerman 和 Umanskii 的文章, 这些文章收录于 Leontovich 编辑,Gorky 国立大学, Gorky, 1984 出版的《**微分方程定性理论方法**》中.

的特征值位于复平面虚轴的左边, 矩阵

$$B(0) \equiv \begin{pmatrix} B_1(0) & 0 \\ 0 & B_2(0) \end{pmatrix}$$

的特征值位于虚轴的右边.

我们也假设矩阵 $A_1(0)$ 的特征值 $(\lambda_1, \cdots, \lambda_{m_1})$ 的实部相等, 即

$$\mathrm{Re}\ \lambda_1 = \cdots = \mathrm{Re}\ \lambda_{m_1} = \lambda < 0,$$

矩阵 $B_1(0)$ 的特征值 $(\gamma_1, \cdots, \gamma_{n_1})$ 的实部也相等, 即

$$\mathrm{Re}\ \gamma_1 = \cdots = \mathrm{Re}\ \gamma_{n_1} = \gamma > 0.$$

对 $A_2(0)$ 和 $B_2(0)$ 的特征值, 我们假设 $A_2(0)$ 的特征值的实部严格小于 λ, $B_2(0)$ 的特征值的实部严格大于 γ. 在这种情形下 x 和 y 的坐标分别是主稳定和主不稳定的, 坐标 u 和 v 是非主的.

定理 2.17 (Ovsyannikov-Shilnikov) 对所有小 μ, 系统 (2.9.26) 局部地化为

$$\begin{aligned} \dot{x} &= A_1(\mu)x + f_{11}(x, y, v, \mu)x + f_{12}(x, u, y, v, \mu)u, \\ \dot{u} &= A_2(\mu)u + f_{21}(x, y, v, \mu)x + f_{22}(x, u, y, v, \mu)u, \\ \dot{y} &= B_1(\mu)y + g_{11}(x, u, y, \mu)y + g_{12}(x, u, y, v, \mu)v, \\ \dot{v} &= B_2(\mu)v + g_{21}(x, u, y, \mu)y + g_{22}(x, u, y, v, \mu)v, \end{aligned} \tag{2.9.27}$$

其中

$$\begin{aligned} f_{ij}|_{(x,u,y,v)=0} &= 0 \quad & g_{ij}|_{(x,u,y,v)=0} &= 0 \\ f_{1j}|_{(y,v)=0} &= 0 & g_{1j}|_{(x,u)=0} &= 0 \\ f_{i1}|_{x=0} &= 0 & g_{i1}|_{y=0} &= 0 \quad (i, j = 1, 2). \end{aligned} \tag{2.9.28}$$

由于我们在研究同宿分支时要经常用到这个定理, 它的完全证明在附录 A 中给出. 坐标变换以及函数 f_{ij}, g_{ij} 的光滑性定义如下: 关于 (x, u, y, v) 是 $\mathbb{C}^{r-1}$ 的, 关于 (x, u, y, v) 的一阶导数对 (x, u, y, v, μ) 是 $\mathbb{C}^{r-2}$ 的. 如果 $r = \infty$, 则变换关于 (x, u, y, v) 是 $\mathbb{C}^\infty$ 的 (或者在实解析情形甚至是解析的). 尽管如此, 即使 $r = \infty$, 变换关于参数 μ 的光滑性一般仅为有限的: 当 $\mu_0 \to 0$ 时它无限地增加 (其中 $||\mu|| \leqslant \mu_0$ 是所考虑的参数值的范围).

下面我们考虑 (2.9.1) 中矩阵 A 的某些特征值位于虚轴上的情形. 显然, 如果存在一个零特征值 $\lambda_1 = 0$, 则存在一类共振无限集:

$$\lambda_1 = m\lambda_1, \quad m \geqslant 2. \tag{2.9.29}$$

在一对纯虚数特征值 $\lambda_{1,2}=\pm i\omega,\ \omega\neq 0$ 的情形, 也存在一类共振无限集:

$$\begin{aligned}\lambda_1&=(s_1+1)\lambda_1+s_1\lambda_2,\\ \lambda_2&=s_2\lambda_1+(s_2+1)\lambda_2,\end{aligned}\tag{2.9.30}$$

其中 s_1 和 s_2 是正整数.

在这里, 规范形理论有着特别的意义, 因为这些共振确定稳定性条件以及在临界情形确定平衡态的局部分支类型.

由于所考虑的平衡点现在是结构不稳定的, 很自然地我们并不限制于考虑研究具体的系统, 而是考虑将后者纳入到下面的 q 维有限参数族的系统

$$\dot{x}=Ax+f(x)+h(x,\mu),\tag{2.9.31}$$

其中 $\mu=(\mu_1,\cdots,\mu_q)$, 函数 $f(x)$ 和 $h(x,\mu)$ 充分光滑, 且

$$f(0)=f'(0)=0,\quad h(x,0)\equiv 0.$$

假设矩阵 A 的特征值 $(\lambda_1,\cdots,\lambda_p)$ 位于复平面的虚轴上. 这个假设并不是难以接受的, 因为在该情形对一般的族我们可以通过中心流形定理 (见第 5 章) 化为系统 (2.9.31). 现在考虑下面的 $(p+q)$ 维系统的三角形形式

$$\begin{aligned}&\dot{x}=Ax+f(x)+h(x,\mu),\\ &\dot{\mu}=0.\end{aligned}\tag{2.9.32}$$

这个系统有不动点 $O(0,0)$, 其 Jacobi 为

$$\tilde{A}=\begin{pmatrix}A & h'_\mu(0,0)\\ 0 & 0\end{pmatrix}.$$

矩阵 $\tilde{A}$ 的特征值是 $\lambda_1,\cdots,\lambda_p$ 和 $\gamma_1=\cdots=\gamma_q=0$. 系统 (2.9.32) 有共振型 (2.9.29), (2.9.30) 和下面的共振:

$$\lambda_k=\lambda_k+(l,\gamma),\tag{2.9.33}$$

$$\lambda_k=(m,\lambda)+(l,\gamma),\tag{2.9.34}$$

$$\gamma_j=(l,\gamma),\tag{2.9.35}$$

其中 $(l,\gamma)=\sum\limits_{j=1}^{q}l_j\gamma_j$ 以及 $\sum\limits_{j=1}^{q}l_j\geqslant 2$. 系统 (2.9.32) 可以用变量变换

$$\begin{aligned}&y=x+\varphi(x,\mu),\\ &\mu=\mu\end{aligned}\tag{2.9.36}$$

化为规范形, 这一变换使得 (2.9.32) 中的第二个方程不变. 因此, 我们不需要考虑如 (2.9.35) 的这类共振. 类似于引理 2.3, 系统 (2.9.32) 可以化为

$$\dot{y} = Ay + R_0(\mu) + R_1(\mu)y + R_N(y,\mu) + o_N(y,\mu), \tag{2.9.37}$$

其中 $R_1(\mu)$ 是次数不高于 $(N-1)$ 的多项式, $R_1(0)=0$ 以及

$$R_N(y,\mu) = \sum_{(m,\lambda)=\lambda_k}^{|m|\leqslant N} b_{mk}(\mu) y^m e_k, \tag{2.9.38}$$

这里 $b_{mk}(\mu)$ 是某些次数不超过 $(N-|m|)$ 的多项式.

如果矩阵 A 是非退化的, 那么 $R_0(\mu)\equiv 0$. 否则, 如果在特征值 $(\lambda_1,\cdots,\lambda_p)$ 中存在 $\lambda_k=0$, $R_0(\mu)$ 是次数为 N 的满足 $R_0(0)=0$ 的多项式. (2.9.37) 中出现项 $R_0(\mu)$ 是由于存在共振类型

$$0=\lambda_k=(l,\gamma).$$

方程族

$$\dot{y} = Ay + R_0(\mu) + R_1(\mu)y + \sum_{(m,\lambda)=\lambda_k}^{|m|\leqslant N} b_{mk}(\mu) y^m e_k \tag{2.9.39}$$

称为**截断规范形**或者**削短规范形**. 在许多情形下我们可以尝试将所考虑的轨线性态限制在平衡态的小的固定邻域内, 并通过考察适当选择的 N 和 q 的截断规范形对小值控制参数的分支开折进行研究. 当然, 从对截断系统分析得到的信息在应用到原来的方程族之前必须证明是合理的. 本书的第二卷我们将按照这个设计去研究平衡态的主要局部分支.

第 3 章　动力系统的结构稳定周期轨线

考虑 $\mathbb{R}^{n+1}$ $(n \geqslant 1)$ 中的自治微分方程系统

$$\dot{x} = X(x),$$

其中 $x = (x_1, \cdots, x_n, x_{n+1})$, $X \in \mathbb{C}^r$ $(r \geqslant 1)$. 本章的主题是**周期轨线**, 即形如 $x = \varphi(t)$ 的非平衡态周期解, 其中对某个 $\tau \neq 0$,

$$\varphi(t) \equiv \varphi(t + \tau).$$

注意到 $\varphi(t) \in \mathbb{C}^{r+1}$. 与周期运动相应的在相空间中的光滑闭曲线, 称为**极限环**、**周期轨线**或**周期轨道**. 由定义, 周期轨线上的每一点经过一段时间刚好等于 τ 时回到原来的位置. 同样经过 $2\tau, 3\tau$ 等时间也回到原来位置. 最小的回复时间称为**周期**.

周期运动是非线性动力学最重要的对象之一. 理由至少有两个. 第一, **稳定**周期轨线是自激振动这样的物理现象的数学反映. 第二, **鞍点**周期轨线是混沌动力学相应的奇怪吸引子的关键组成部分.

与平衡态相反, 在相空间中寻找周期运动目前是一门艺术, 特别是在高维系统的相空间. 例如, 具有多项式右端的系统的平衡态的数目可以精确估计, 但是, 即使平面系统周期轨线数目的估计, 也是著名的 Hilbert 第 16 问题的内容, 至今它都没有被解决. 也许一个例外是, 即在几乎可积的二维系统中寻找周期轨线的问题化为寻找某个特殊积分的零点问题, 在某些特殊情形它可明显地计算.

在这一章我们将研究结构稳定周期轨线附近轨线的性态. 研究的主要思想是以构造 Poincaré 回复映射为基础.

3.1 Poincaré 映射. 不动点. 乘子

假设 $\mathbb{R}^{n+1}$ $(n \geqslant 1)$ 中的微分方程系统

$$\dot{x} = X(x) \tag{3.1.1}$$

具有周期轨线 L, 其中 $x = (x_1, \cdots, x_n, x_{n+1})$, $X \in \mathbb{C}^r$ $(r \geqslant 1)$.

在 L 上取一点 M^* 并将原点移到 M^*, 见图 3.1.1. 不失一般性, 假设在点 M^* 速度向量的最后一个分量非零, 即

$$X_{n+1}(0) \neq 0. \tag{3.1.2}$$

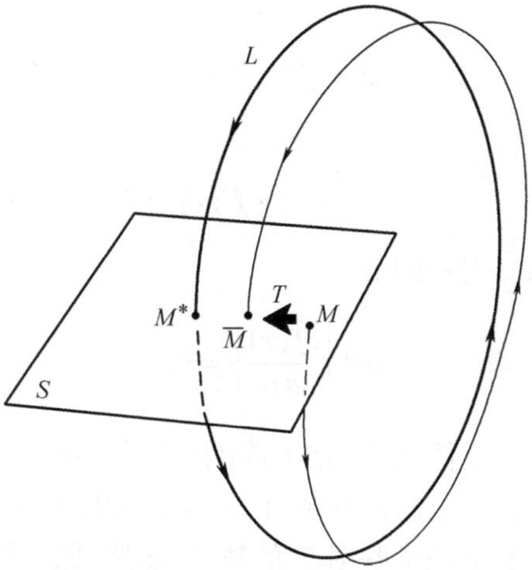

图 3.1.1 选择截面 S 使得周期轨线 L 以及接近于 L 的轨线与它横截相交.

这总可以用重排坐标来达到, 因为在周期轨线上没有一点的速度向量为零. 条件 (3.1.2) 允许我们在平面 $x_{n+1} = 0$ 上选取一个小**截面**S, 使得 $M^* \in S$. 按照构造, 系统 (3.1.1) 在周期轨线 L 附近的所有轨线都横截地通过截面 S.

由解对初始条件的连续依赖性定理得知, 从充分接近于 M^* 的点 $M \in S$ 开始的轨线在经过与周期轨线 L 的周期接近的时间区间 $t(M)$ 后回到 S 的某点 $\bar{M}$. 因此, 映射 $T: M \mapsto \bar{M}$, 可以沿着这样的轨线定义, 称它为 **Poincaré 映射**.

设 $x = \varphi(t, x_0)$ 是在 $t = 0$ 时通过点 $M(x_0) \in S$ 的轨线. 从 M 到 $\bar{M}$ 的回复时间 $t(x_0)$ 可以从方程

$$\varphi_{n+1}(t, x_0) = 0 \tag{3.1.3}$$

求得. 由于周期轨线 L 通过原点, 这个方程对 $x_0 = 0$ 有解 $t = \tau$, 其中 τ 是周期轨线的周期. 由 (3.1.2) 我们可以对方程 (3.1.3) 应用隐函数定理, 因此回复时间 $t(x_0)$ 是唯一确定的. 此外, 函数 $t(x_0)$ 与原系统有相同的光滑性.

映射 T 可以写为下面的形式

$$\bar{x}_k = \varphi_k(t(x), x),$$

或者

$$\bar{x} = f(x), \tag{3.1.4}$$

其中 x 是截面 S 上的 n 维坐标向量, $f(x) \in \mathbb{C}^r$.

如果在 $t = 0$, 我们让轨线按时间倒退离开在 S 上的点 $\bar{M}$, 则它必须经过时间区间 $t(M)$ 后在点 M 回到 S. 因此, Poincaré 映射的逆, 映射 T^{-1} 在截面 S 上也有定义. 因为回复时间关于初始点的光滑依赖性对倒回时间仍保持, 我们可以断言, 逆映射 T^{-1} 也属于 $\mathbb{C}^r$ 类. 由此得知 Poincaré映射是 $\mathbb{C}^r$ – **光滑微分同胚**.

如果我们写

$$x = f^{-1}(f(x)),$$

那么微分后我们得到

$$[f^{-1}(f(x))]' \cdot f'(x) = I.$$

其中 I 是恒同矩阵. 因此, 对小的 x,

$$\det\left|\frac{df(x)}{dx}\right| \neq 0.$$

系统 (3.1.1) 通过 S 上任意点 M 的轨线与 S 相继交于点 $(\cdots, M_{-1}, M_0 \equiv M, M_1, \cdots)$. 由构造, 点 $\{M_j\}$ 是点 M 在 Poincaré 映射作用下的像: $M_j \equiv T^j M$. 序列 $\{M_j\}$ 称为**点** M **关于** Poincaré **映射** T **的轨线**. 显然, 原系统 (3.1.1) 接近于周期轨线 L 的轨线的性态由映射 T 的接近于不动点 $M^* = L \bigcap S$(因为 $TM^* = M^*$, 点 M^* 称为不动点) 的轨线的性态所完全确定. 因此, 例如系统 (3.1.1) 的轨线当 $t \to +\infty$ 时趋于周期轨线 L, 当且仅当映射 T 的对应的轨线当 $j \to +\infty$ 时收敛于不动点 M^*.

在原点的不动点的邻域内映射 T 可以写为形式

$$\bar{x} = Ax + g(x), \tag{3.1.5}$$

其中

$$A \equiv \left.\frac{df}{dx}\right|_{x=0}$$

是非奇异 $(n \times n)$ 矩阵, $g(0) = g'(0) = 0$.

在研究非线性映射 (3.1.5) 之前, 研究**线性化映射**

$$\bar{x} = Ax \tag{3.1.6}$$

的轨线的性态是有用的.

我们将在下面看到, 与平衡态的特征指数一样, 在确定 Poincaré 映射在不动点附近的动力学中起关键作用的是属于矩阵 A 的特征值. 这些特征值称为**不动点乘子或相应周期轨线的乘子**.

不难看出, 乘子在光滑变量变换下不变. 事实上, 如果我们作下面的坐标变换

$$x = By + \psi(y),$$

其中 $\det B \neq 0$, $\psi(0) = 0, \psi'(0) = 0$, 故它并不移动原点, 于是在新坐标下映射 (3.1.5) 变成

$$B\bar{y} + \psi(\bar{y}) = ABy + A\psi(y) + g(By + \psi(y))$$

或者

$$\bar{y} = B^{-1}ABy + \cdots ,$$

其中省略号表示非线性项. 由于矩阵 $B^{-1}AB$ 与 A 相似, 它们有相同的特征值.

显然也有, Poincaré 映射的乘子既不依赖于点 M^* 在 L 上的选择, 又不依赖于 S 关于在周期轨线的特殊选择. 由于从一个横截面到另一个横截面的飞行时间光滑地依赖于初始点, 沿着系统的轨线从一个横截面到另一个横截面的映射是 $\mathbb{C}^r$ – 微分同胚, 因此, 截面的改变可简单地认为是坐标的改变.

在下面几节我们将研究动力系统在**结构稳定 (粗) 周期轨线**, 即乘子绝对值不等于 1 的周期轨线附近的轨线性态, 即那些没有乘子的绝对值等于 1 的周期轨线附近. 我们将从研究 Poincaré 映射的结构稳定不动点开始. 在这里要注意, 部分不动点理论, 虽然不是绝对的, 也是重复平衡态理论. 因此, 下面我们用与第 2 章相同的方法开展我们的研究, 即先考察线性情形, 再考虑非线性情形, 最后讨论它们之间的对应.

3.2 非退化的一维和二维线性映射

在这一节和下面几节我们将研究线性映射. 我们的兴趣在于 Poincaré 映射在周期轨线附近的线性化, 换句话说, 在于具有非奇异 Jacobi 矩阵的线性映射

$$\bar{x} = Ax, \quad \det A \neq 0.$$

我们从一维线性映射开始. 它写为形式

$$\bar{x} = \rho x, \tag{3.2.1}$$

其中 $\rho \neq 0, x \in \mathbb{R}^1$.

容易看出, 当 $|\rho| < 1$ 时在原点 O 的不动点稳定. 点 x_0 的迭代 x_j 由公式

$$x_j = \rho^j x_0$$

给出, 其中如果 $|\rho| < 1$, 则

$$\lim_{j\to+\infty} x_j = 0.$$

另一方面, 如果 $|\rho| > 1$ 则不动点不稳定.

一维情形点的迭代的性态可用 **Lamerey 图**来解释, 它的构造如下. 对映射

$$\bar{x} = f(x),$$

函数 $f(x)$ 的图像与分角线[1] $\bar{x} = x$ 画在 $(x, \bar{x})$ – 平面内. 轨线由折线表示: 设 $\{x_j\}$ 是轨线, 坐标为 (x_j, x_{j+1}) 的每一点位于图 $f(x)$ 上, 每一点 (x_j, x_j) 位于分角线 $\bar{x} = x$ 上. 每一点 (x_j, x_j) 与下一点 (x_j, x_{j+1}) 铅直地连接, 后者接下来与下一点 (x_{j+1}, x_{j+1}) 水平地连接, 等等. 这个过程是重复迭代, 图 3.2.1—图 3.2.4 显示了四个典型的 Lamerey 图.

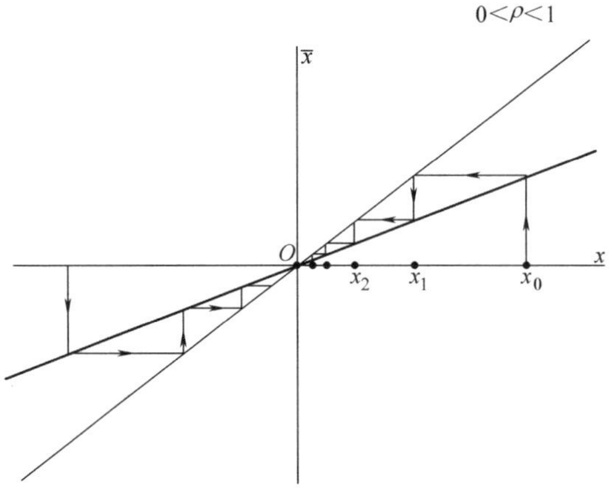

图 3.2.1　Lamerey 阶梯图. 原点是稳定不动点: O 的邻域内的所有点都收敛于 O.

当函数 $f(x)$ 单调增加时, 所得的图称为 **Lamerey 阶梯图** (图 3.2.1 和图 3.2.2). 当 $f(x)$ 单调减少时的图称为 **Lamerey 螺线**, 见图 3.2.3 和图 3.2.4.

在 $\rho = 1$ 的退化情形, 所有点都是不动点. 当 $\rho = -1$ 时, 所有点除了原点 O 都是**周期为 2 的周期点**, 即映射 T^2 的不动点, 其定义为

$$\bar{\bar{x}} = x \quad (\bar{\bar{x}} = -(\bar{x}) \Leftarrow \bar{x} = -x).$$

现在考虑二维 Poincaré 映射

$$\begin{pmatrix} \bar{u}_1 \\ \bar{u}_2 \end{pmatrix} = \begin{pmatrix} a_{11} & a_{12} \\ a_{21} & a_{22} \end{pmatrix} \begin{pmatrix} u_1 \\ u_2 \end{pmatrix}. \tag{3.2.2}$$

[1] **45°** 线.

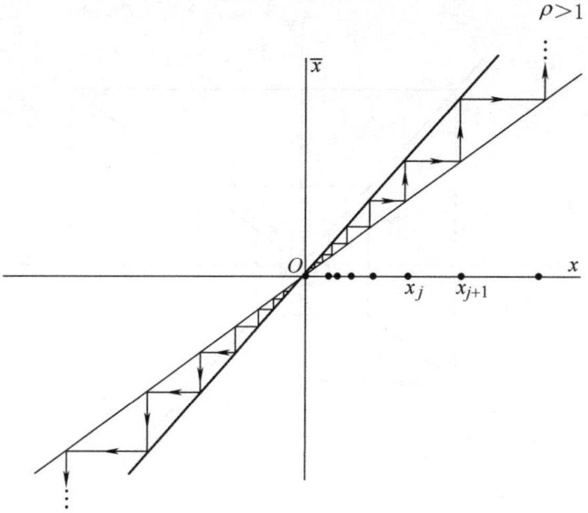

图 3.2.2 原点是不稳定不动点时的 Lamerey 阶梯图.

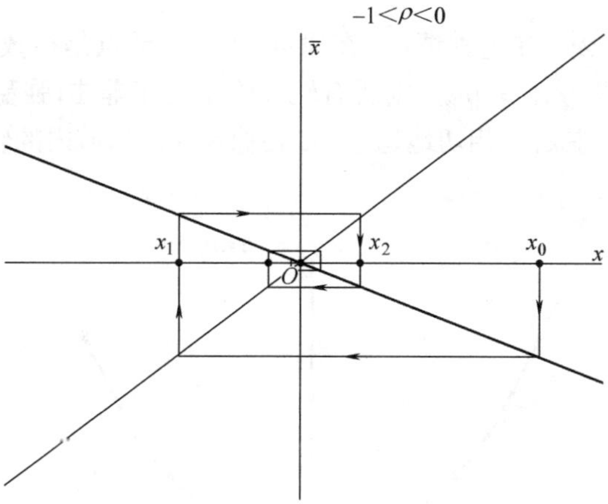

图 3.2.3 一个 Lamerey 螺线的例子; 从 x_0 开始的轨线如**顺时针直角螺线**.

如果矩阵 A 的两个特征值是相异实数, 则非退化的线性坐标变换将 Poincaré映射化为形式

$$\bar{x} = \rho_1 x, \quad \bar{y} = \rho_2 y. \tag{3.2.3}$$

初始点 (x_0, y_0) 的迭代由

$$x_j = \rho_1^j x_0, \quad y_j = \rho_2^j y_0 \tag{3.2.4}$$

给出.

存在四种情形待考虑:

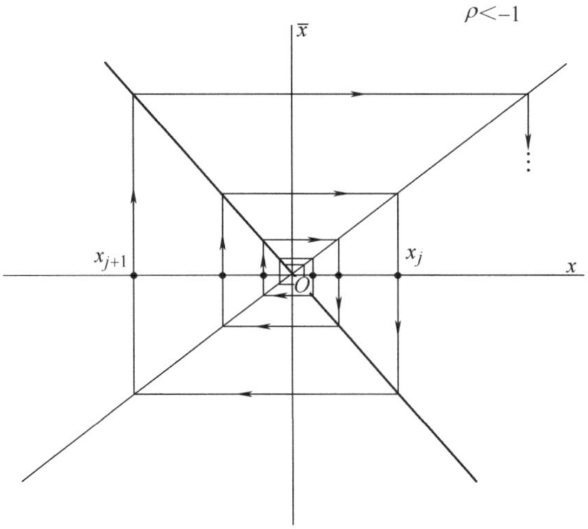

图 3.2.4　一个 "不稳定" Lamerey 螺线的例子. 轨线 $\{x_i\}$ 从在原点的不动点处发散.

(1) $|\rho_i| < 1$ $(i = 1, 2)$. 在这种情形, 在原点 O 的不动点是指数式稳定的, 称它为**稳定结点**. 假设 $|\rho_1| > |\rho_2|$, 则所有轨线除了位于**非主(强稳定)** y 轴上的, 当 $j \to +\infty$ 时都与**主轴** x 相切地趋于 O. 在稳定结点邻域内的轨线性态如图 3.2.5 和图 3.2.6 所示.

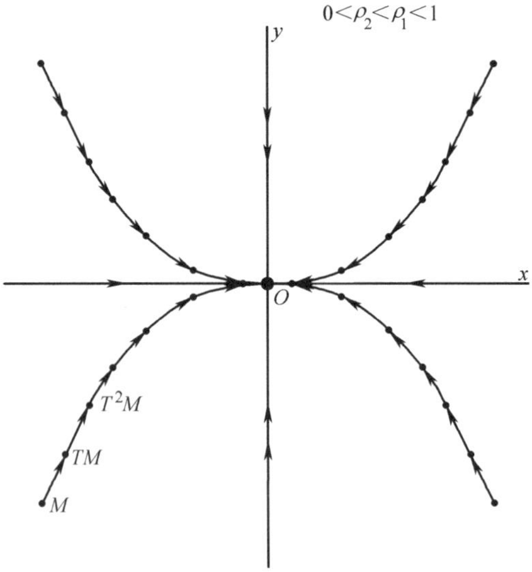

图 3.2.5　具有正乘子 $0 < \rho_2 < \rho_1 < 1$ 的稳定结点 (+). 点 M 的轨线 $\{T^iM\}$ 与主方向 x 相切地进入原点.

(2) $|\rho_i| > 1$ $(i = 1, 2)$. 如果我们考虑逆映射 T^{-1}, 这个情形就化为上一情形. 这个不动点称为**不稳定结点**.

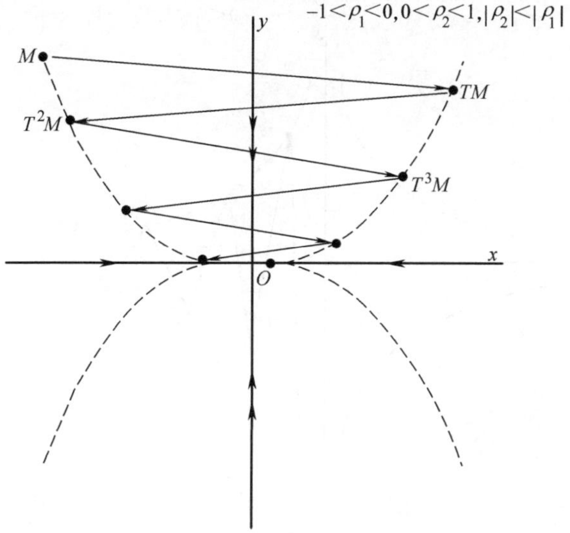

图 3.2.6 具有负主乘子 ρ_1 的稳定结点 (−). 因此, 每次迭代后 x 坐标改变它的符号.

(3) $|\rho_1| < 1$ 和 $|\rho_2| > 1$. 具有这个类型乘子的不动点称为**鞍点**. 从 (3.2.4) 看出, x 轴和 y 轴关于映射 (3.2.3) 都是不变的. 当 $j \to +\infty$ 时 x 轴上的点都趋于 O, y 轴上的点当 $j \to -\infty$ 时趋于 O. 鉴于此, 我们分别称 x 轴和 y 轴为鞍点 O 的**稳定子空间**和**不稳定子空间**. 所有其它轨线都先靠近鞍点而后离开鞍点. 它们的轨迹依赖于乘子的符号. 四种不同的情况如图 3.2.7 (a)—3.2.7 (d) 所示.

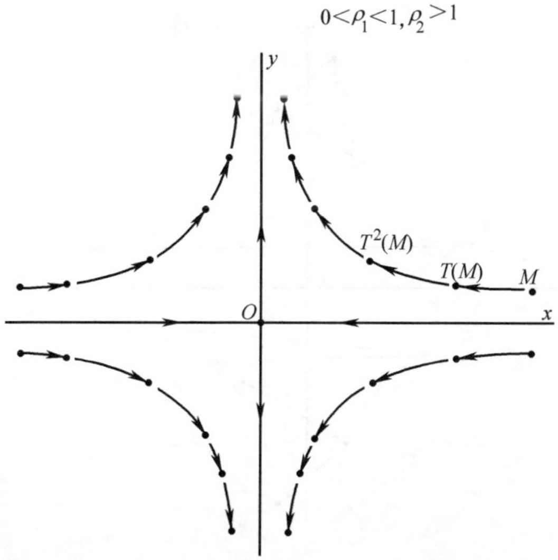

(a) 鞍点 (+,+). y 轴与不稳定方向重合, x 轴与稳定方向重合.

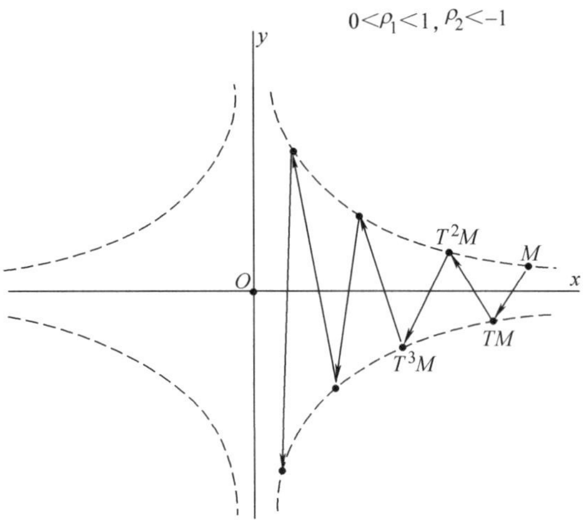

(b) 鞍点 (+,−). 在每次迭代后轨线 $\{T^iM\}$ 的 y 坐标改变符号.

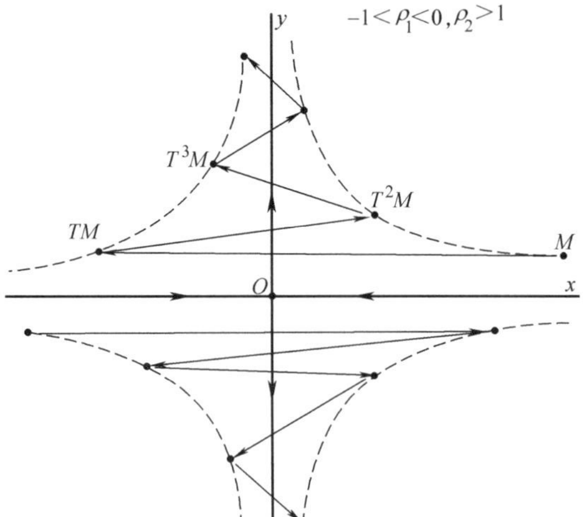

(c) 鞍点 (−,+). 因为对应的乘子 ρ_1 是负的, 这里“跳跃”的方向是 x 轴.

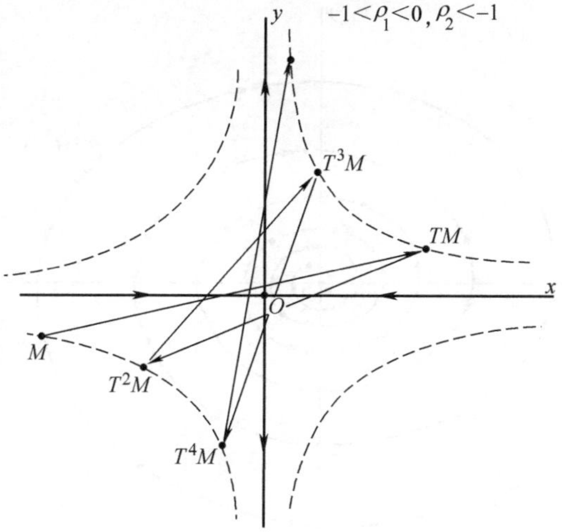

(d) 鞍点 (–, –). 初始点 M 的轨线沿着位于第一和第三象限的双曲线离开原点.

图 3.2.7

(4) 复共轭乘子 $\rho_{1,2} = \rho e^{\pm i\omega}$. 在该情形 Poincaré 映射可以写为形式

$$\bar{x} = \rho(x\cos\omega - y\sin\omega),$$
$$\bar{y} = \rho(y\cos\omega + x\sin\omega),$$

或者在极坐标 (r, φ) 下为形式

$$\begin{aligned}\bar{r} &= \rho r,\\ \bar{\varphi} &= \varphi + \omega.\end{aligned} \tag{3.2.5}$$

点 (r_0, φ_0) 的第 j 次迭代是

$$r_j = \rho^j r_0,$$
$$\varphi_j = \varphi_0 + \omega j.$$

当 $\rho < 1$ 时, 点 O 称为**稳定焦点**. 在这种情形, 所有位于对数螺线上的轨线盘旋进入原点, 如图 3.2.8 所示.

当 $\rho > 1$ 时, 不动点 O 称为**不稳定焦点**. 在这种情形, 当 $j \to +\infty$ 时所有轨线从点 O 的任何邻域内发散.

在 $\rho = 1$ 的退化情形, 我们指出从 (3.2.5) 得 $\bar{r} = r$, 即任何中心在原点 O 的圆周关于这个映射是不变的. 在这个不变圆周上映射的限制有形式

$$\bar{\varphi} = \varphi + \omega \pmod{2\pi}.$$

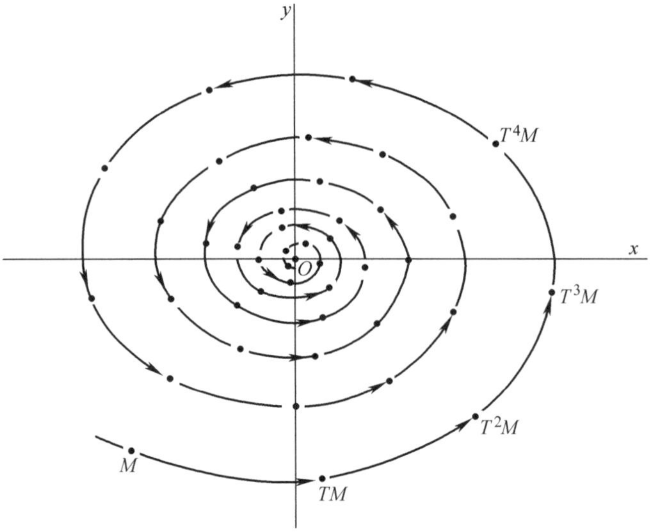

图 3.2.8　稳定焦点.

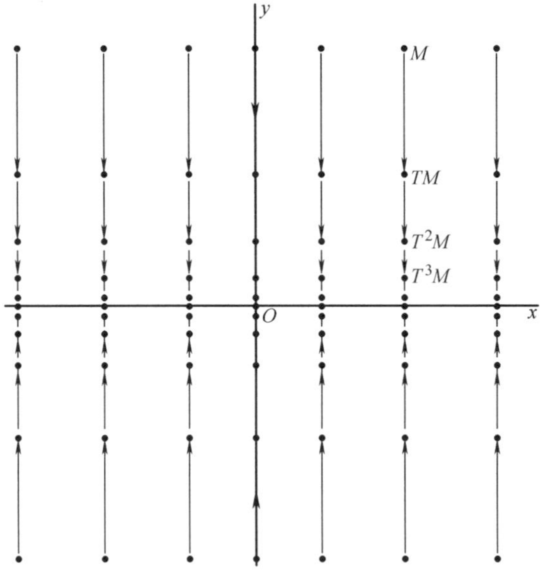

图 3.2.9　退化映射的轨线性态的一个例子. 整个 x 轴由不动点组成.

如果 ω 与 2π 可公度的, 即对某整数 M 和 N 有 $\omega = 2\pi M/N$, 则所有的点都是周期为 N 的周期点, 因为

$$\varphi_N = \varphi + N\omega = \varphi + 2\pi M = \varphi \pmod{2\pi}.$$

因此, 所有点都是映射 T 的第 N 次迭代的不动点. 由此得知 T^N 是**恒同映射**.

如果 ω 与 2π 不可公度的, 则任何点 φ_0 的轨线是非周期的. 此外, 我们可以证明点集

$$\{\varphi_j\}_{j=-\infty}^{j=+\infty}$$

在任何圆周上稠密.

图 3.2.9 显示了一个更退化的情形: $\rho_1 = 1$, $|\rho_2| < 1$. 这里 x 轴上的所有点都是不动点. 任何直线 $x =$ **常数**关于这个映射不变. 在每一条直线上的轨线都趋于对应的不动点.

3.3 高维线性映射的不动点

考虑 n 维映射

$$\bar{x} = Ax, \quad x \in \mathbb{R}^n. \tag{3.3.1}$$

如同我们在前面讨论的线性微分方程系统, 选择坐标系使得矩阵 A 表示为实 Jordan 形:

$$A = A^0 + \Delta A, \tag{3.3.2}$$

其中 A^0 是分块对角矩阵

$$A^0 = \begin{pmatrix} A_1 & & & 0 \\ & A_2 & & \\ & & \ddots & \\ 0 & & & A_n \end{pmatrix}. \tag{3.3.3}$$

Jordan 块

$$A_i = (\rho), \tag{3.3.4}$$

对应矩阵 A 的每个实特征值 (乘子) ρ. 块

$$A_i = \rho \begin{pmatrix} \cos\omega & -\sin\omega \\ \sin\omega & \cos\omega \end{pmatrix} \tag{3.3.5}$$

对应每一对共轭复乘子 $\rho e^{\pm i\omega}$. 仅当矩阵 A 有重特征值时矩阵 ΔA 非零. 在这种情形下, 可在 $\mathbb{R}^n$ 中选择基, 使得对无穷小常数 $\varepsilon > 0$ 有

$$\|\Delta A\| \leqslant \varepsilon \tag{3.3.6}$$

(见 2.3 节).

显然

$$\|A^0\| \leqslant \rho',$$

其中 ρ' 是矩阵 A 的所有特征值的绝对值的最大值. 因此

$$\|A\| \leqslant \rho' + \varepsilon. \tag{3.3.7}$$

映射 (3.3.1) 的轨线由方程

$$x_j = A^j x_0 \tag{3.3.8}$$

给出. 当**矩阵 A 的所有特征值严格位于单位圆内**时, 由 (3.3.7) 得知

$$\|x_j\| \leqslant \|A\|^j \|x_0\| \leqslant (\rho' + \varepsilon)^j \|x_0\|, \quad 对 \quad j \geqslant 0, \tag{3.3.9}$$

即当 $j \to +\infty$ 时所有轨线都指数式地收敛于在原点的不动点.

当转移到任意基时改变了估计 (3.3.9), 这时出现在右端的某个常数一般来说大于 1 (见 2.3 节中的公式 (2.3.17) 和 (2.3.18)).

在稳定平衡态情形, 我们可以引入稳定不动点的主**乘子**与非主乘子的概念.

按绝对值递减次序对乘子进行排列, 令前面 m 个乘子其绝对值相等, 即

$$|\rho_1| = \cdots = |\rho_m| = \rho', \quad |\rho_i| < \rho' < 1 \quad 对 \quad i \geqslant m+1.$$

用 $\mathcal{E}^L$ 表示矩阵 A 对应于乘子 $(\rho_1, \cdots, \rho_m)$ 的 m 维特征子空间, $\mathcal{E}^{ss}$ 表示对应于乘子 $(\rho_{m+1}, \cdots, \rho_n)$ 的 $(n-m)$ 维的特征子空间. 子空间 $\mathcal{E}^L$ 称为**主**不变子空间, $\mathcal{E}^{ss}$ 称为**非主不变子空间**或者**强稳定不变子空间**.

每一个向量 $x \in \mathbb{R}^n$ 可唯一表示为形式

$$x = u + v,$$

其中 $u \in \mathcal{E}^L$, $v \in \mathcal{E}^{ss}$. 在坐标系 (u, v) 下, 映射 (3.3.1) 可以写为

$$\begin{aligned} \bar{u} &= A_L u, \\ \bar{v} &= A_{ss} v, \end{aligned}$$

其中谱 $A_L = \{\rho_1, \cdots, \rho_m\}$, 谱 $A_{ss} = \{\rho_{m+1}, \cdots, \rho_n\}$. 映射的轨线由公式

$$\begin{aligned} u_j &= A_L^j u_0, \\ v_j &= A_{ss}^j v_0 \end{aligned} \tag{3.3.10}$$

给出.

如在 (3.3.7) 中, 我们有

$$\begin{aligned} \|u_j\| &\geqslant (\rho' - \varepsilon)^j \|u_0\|, \\ \|v_j\| &\leqslant (|\rho_{m+1}| + \varepsilon)^j \|v_0\|, \end{aligned} \tag{3.3.11}$$

对 $\mathcal{E}^L$ 和 $\mathcal{E}^{ss}$ 适当选取基, 可使得其中的 ε 任意小. 故对某个常数 $\nu > 1$, 我们得到下面的不等式

$$\|v_j\| \cdot \|u_0\|^\nu \leqslant \|v_0\| \cdot \|u_j\|^\nu. \tag{3.3.12}$$

因此, 所有 $u_0 \neq 0$ (即在 $\mathcal{E}^{ss}$ 外) 的轨线, 当 $j \to +\infty$ 时都与子空间 $\mathcal{E}^L$ 相切地趋于 O. 此外, 任何这样的轨线其收敛于 O 的速度不快于 $(\rho' - \varepsilon)^j$, 但是, 在 $\mathcal{E}^{ss}$ 中的轨线收敛于 O 的速度快于 $(|\rho_{m+1}| + \varepsilon)^j$, 其中常数 $\varepsilon > 0$ 可选任意小.

至于在主坐标 u 上的轨线的性态, 可以指出三类主要的稳定不动点:

(1) 在 $m = 1$ 的情形, 即当 ρ_1 是实数且 $|\rho_i| < \rho_1$ $(i = 2, \cdots, n)$ 时, 主子空间是直线. 当$\rho_1 > 0$ 时所有在 $\mathcal{E}^{ss}$ 外的轨线从 $u > 0$ 或者 $u < 0$ 沿着某个方向收敛于 O, 如图3.2.5 所示. 这样的不动点称为**稳定结点** (+).

(2) 当 $m = 1$ 且 $\rho_1 < 0$ 时, 所有除了在 $\mathcal{E}^{ss}$ 内的轨线都沿着 u 轴收敛于 O, 但是每次相继迭代后都改变 u 坐标的符号, 如图 3.2.6 所示. 这样的不动点称为**稳定结点** (−).

(3) 当 $m = 2$ 且 $\rho_{1,2} = \rho' e^{\pm i\omega}, \omega \notin \{0, \pi\}$ 时, 不动点称为**稳定焦点**. 不动点的主子空间是二维的, $\mathcal{E}^{ss}$ 以外的所有轨线都沿着螺线趋于 O 时与平面 u 相切.

对**完全不稳定不动点**的情形, 其所有乘子 ρ_i 的绝对值都大于 1,可通过它的逆映射 (因为矩阵 A^{-1} 的特征值刚好等于 ρ_i^{-1}) 化为前一情形. 因此类似于 (3.3.9) 的估计

$$\|x_j\| \leqslant \|A^{-1}\|^j \|x_0\| \leqslant (\rho' - \varepsilon)^j \|x_0\| \quad 对 \quad j \leqslant 0, \tag{3.3.13}$$

成立, 其中 ρ' 是乘子 ρ_i $(i = 1, \cdots, n)$ 绝对值的最小者. 当 $j \to -\infty$ 时所有轨线都指数式地趋于 O.

如在稳定不动点的情形, 我们现在可以定义主不变子空间与非主不变子空间, 并按照乘子的符号选择三类完全不稳定不动点: **不稳定结点 (+), 不稳定结点** (−) 以及**不稳定焦点**.

当不动点的某些乘子严格位于单位圆 $|\rho_i| < 1$ $(i = 1, \cdots, k)$ 内, 而所有其它乘子位于单位圆外: $|\rho_j| > 1$ $(j = k+1, \cdots, n)$ 时, 这样的不动点称为**鞍点不动点**. 这时线性非退化的坐标变换将映射变为形式

$$\begin{aligned} \bar{u} &= A^- u, \\ \bar{v} &= A^+ v, \end{aligned} \tag{3.3.14}$$

其中谱 $A^- = \{\rho_1, \cdots, \rho_k\}$, 谱 $A^+ = \{\rho_{k+1}, \cdots, \rho_n\}$, $u \in \mathbb{R}^k, v \in \mathbb{R}^{n-k}$. 对 u 和 v 我们分别有类似于 (3.3.9) 和 (3.3.13) 的估计. 这意味着从**稳定不变子空间** $\mathcal{E}^s : v = 0$ 和**不稳定不变子空间** $\mathcal{E}^u : u = 0$ 出发的轨线分别当 $j \to +\infty$ 和 $j \to -\infty$ 时指数式地趋于鞍点 O. 所有其它轨线从 O 的小邻域内离开.

因此, 在稳定子空间 $\mathcal{E}^s$, 鞍点是稳定不动点, 在不稳定子空间 $\mathcal{E}^u$, 它是完全不稳定不动点. 进一步, 在 $\mathcal{E}^s$ 和 $\mathcal{E}^u$ 中可以选取**稳定**和**不稳定**、**主**和**非主流形**$\mathcal{E}^{sL}, \mathcal{E}^{uL}, \mathcal{E}^{ss}$

和 $\mathcal{E}^{uu}$. 我们称直和 $\mathcal{E}^{sE}=\mathcal{E}^{s}\oplus\mathcal{E}^{uL}$ 为**扩展稳定不变子空间**, $\mathcal{E}^{uE}=\mathcal{E}^{u}\oplus\mathcal{E}^{sL}$ 为**扩展不稳定不变子空间**. 不变子空间$\mathcal{E}^{L}=\mathcal{E}^{uE}\bigcap\mathcal{E}^{sE}$ 称为**主鞍点不变子空间**.

当点 O 在 $\mathcal{E}^{s}$ 和 $\mathcal{E}^{u}$ 中都是结点时, O 称为**鞍点**. 当 O 至少在子空间 $\mathcal{E}^{s}$ 和 $\mathcal{E}^{u}$ 之一中是焦点时, 称它为**鞍 – 焦点**.

3.4 不动点的拓扑分类

在第 2 章我们已经看到, 微分方程系统在结构稳定平衡态附近拓扑等价于它的线性化系统. 类似的阐述适合于结构稳定不动点. 这允许我们在结构稳定周期轨线附近叙述对微分方程系统的完全分类.

与拓扑等价恰当类似的是**拓扑共轭**.

定义 3.1 分别定义在区域 D_1 和 D_2 内的两个微分同胚 T_1 和 T_2 称为在区域 $U_1\subseteq D_1$ 和 $U_2\subseteq D_2$ 内**拓扑共轭**, 如果存在同胚 $\eta: U_1\to U_2$, 将第一个微分同胚的轨线 (半轨线, 轨线的一段) 映为第二个微分同胚的轨线 (半轨线, 轨线的一段).

换句话说, 对任何点 $x\in D_1$, 下面的等式成立 (见图 3.4.1)

$$\eta(T_1(x))=T_2(\eta(x)). \tag{3.4.1}$$

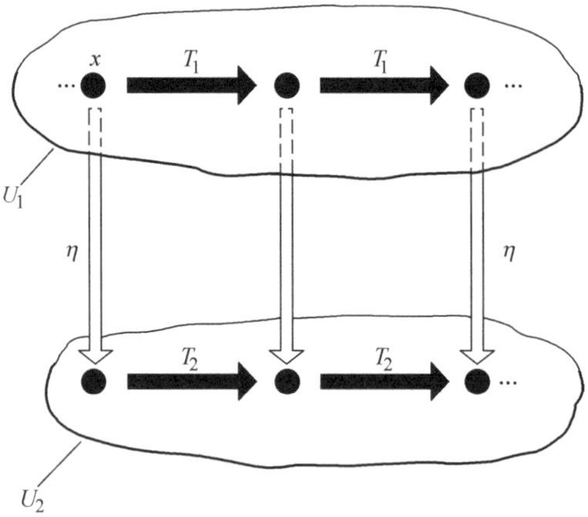

图 3.4.1 实现分别定义在子区域 U_1 和 U_2 上的两个映射 T_1 和 T_2 之间的拓扑共轭的同胚 $\eta(T_1(x))=T_2(\eta(x))$ 的图像表示.

定理 3.1 (Grobman-Hartman) 设 O 是微分同胚 T 的结构稳定不动点. 则存在点 O 的邻域 U_1 和 U_2, 其上的微分同胚 T 和它的线性部分拓扑共轭.

在结构不稳定 (非粗) 情形类似的结论并不成立. 容易证明当线性映射

$$\bar{x}=Ax \tag{3.4.2}$$

的矩阵 A 有某些乘子的绝对值等于 1 时, 我们可以加入非线性项 $g(x)$ 使得映射

$$\bar{x} = Ax + g(x) \tag{3.4.3}$$

不拓扑共轭于它的线性部分 (3.4.2). 例如, 一维映射

$$\bar{x} = x + x^2$$

只有一个不动点 O (见图 3.4.2), 而在分角线上的所有点都是相应线性化映射

$$\bar{x} = x$$

的不动点.

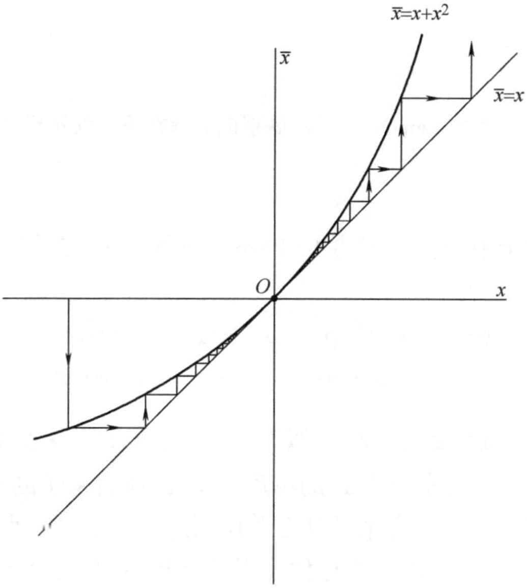

图 3.4.2 Lamerey 阶梯图. 函数 $f(x) = x + x^2$ 的图像与分角线相切于鞍 – 结点型的不动点.

考虑另一个例子: 具有稳定不动点 O 的映射 (见图 3.4.3)

$$\bar{x} = -x + x^3$$

不拓扑共轭于它的线性部分

$$\bar{x} = -x,$$

对后者, 所有点 (除了 O) 都是周期 2 的周期轨线.

下面我们考虑不动点具有一对复共轭乘子 $e^{\pm i\omega}$ 的线性映射

$$\begin{aligned} \bar{x} &= x\cos\omega - y\sin\omega, \\ \bar{y} &= x\sin\omega + y\cos\omega \end{aligned} \tag{3.4.4}$$

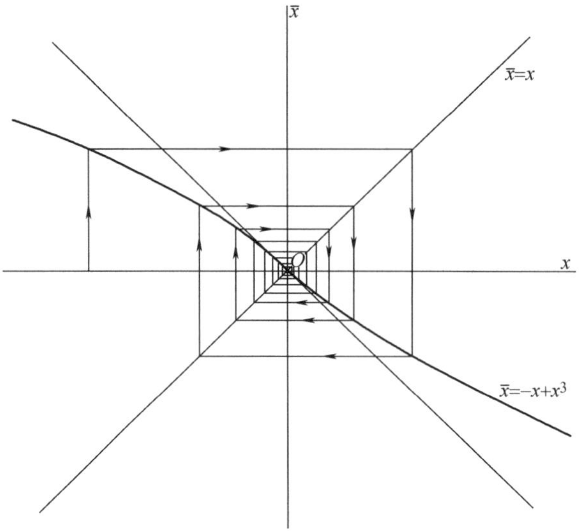

图 3.4.3 映射 $\bar{x} = -x + x^3$ 的 Lamerey 螺线. 映射的导数在原点以外其绝对值小于 1: 不动点是稳定的.

的例子, 所有轨线位于中心在点 $O(0,0)$ 的不变圆周 (见 3.2 节) 上. 这个映射不与映射

$$
\begin{aligned}
\bar{x} &= x\cos\omega - y\sin\omega - x(x^2+y^2)\cos\omega,\\
\bar{y} &= x\sin\omega + y\cos\omega - y(x^2+y^2)\cos\omega
\end{aligned} \tag{3.4.5}
$$

共轭, 后者的轨线沿着螺线趋于 O (类似于 2.5 节给出的平衡态例子).

由定理 3.1 得知, 当微分同胚 T 的不动点 O 的所有乘子的绝对值都小于 1 时, 所有向前轨线都趋于 O. 当所有乘子都在单位圆外时, 从点 O 小邻域内出发的向后轨线都趋于不动点. 映射 T 的向前迭代使得所有轨线 (除了不动点) 都从不动点的邻域离开.

在鞍点情形, 即存在单位圆内和单位圆外的乘子, 不动点有 (局部) 稳定不变流形 W^s_{loc} 和不稳定不变流形 W^u_{loc},它们是通过建立拓扑共轭的同胚 η 之后相应的线性化系统的不变子空间 $\mathcal{E}^s$ 和 $\mathcal{E}^u$ 的像. 因此, W^s_{loc} 内任何点的向前半轨线整个地位于 W^s_{loc} 内并趋于鞍点 O. 另一方面, W^u_{loc} 中任给一点的向后半轨线整个地位于 W^u_{loc} 内并趋于 O. 稳定流形的维数等于单位圆内乘子的个数, 不稳定流形的维数等于单位圆外乘子的个数. 不在 $W^s_{\text{loc}}\bigcup W^u_{\text{loc}}$ 内的点的轨线从鞍点的任何邻域内发散.

显然, 如果鞍点不动点附近的一个微分同胚拓扑共轭于另一个不动点附近的另一个微分同胚, 则两个鞍点的稳定 (不稳定) 流形的维数必须相等 (一般在稳定不动点情形我们可以假设 $W^u=\{\varnothing\}$, 因此 $\dim W^u = 0$; 对完全不稳定点, 假设 $W^s = \{\varnothing\}$, 因此 $\dim W^s = 0$). 但是, 与结构稳定平衡态情形相对照的是, 稳定和不稳定流形的维数不是不动点附近拓扑共轭**仅有**的不变量.

为了寻找新的不变量，我们注意到，Grobman-Hartman 定理可以推广如下：

在原点邻域内，没有乘子在单位圆上的线性非奇异映射，拓扑共轭于任何充分接近的映射.

特别地，由此得知，任何两个接近的线性映射拓扑共轭. 故对任意两个矩阵 A_0 和 A_1，映射

$$\bar{x} = A_0 x \quad 和 \quad \bar{x} = A_1 x$$

拓扑共轭，如果我们可以构造一个连续依赖于参数 $s \in [0,1]$ 的矩阵族 $A(s)$，使得 $A(0) = A_0$ 和 $A(1) = A_1$，只要所有的矩阵 $A(s)$ 是非奇异的且没有特征值在单位圆上.

不难验证这样的族存在，当且仅当两个矩阵 A_0 和 A_1 的单位圆内和单位圆外的乘子个数对应相同，且有相同的值 δ_s 和 δ_u，其中 $\delta_s = \operatorname{sign}\prod\limits_{i=1}^{k}\rho_i$，$\delta_u = \operatorname{sign}\prod\limits_{i=k+1}^{n}\rho_i$，这里 $(\rho_1, \cdots, \rho_k)$ 是单位圆内的乘子，$(\rho_{k+1}, \cdots, \rho_n)$ 是单位圆外的乘子. 当 A_0 连续改变到 A_1 时值 δ_s 和 δ_u 保持不变，因为乘子的积只有当至少有一个乘子为零时才可改变它的符号，而这只有对退化映射才有可能.

因此，当某些不动点有相同的**拓扑类型**时，即四个数的集 $(k, \delta_s, n-k, \delta_u)$ 相同时，它们才**拓扑共轭**，即在这些不动点附近定义的微分同胚之间存在建立拓扑共轭的同胚. 特别地，在不动点附近，任何一个微分同胚拓扑共轭于映射

$$\bar{x} = A^s x, \quad \bar{y} = A^u y, \tag{3.4.6}$$

其中 A^s 和 A^u 分别代表 $(k \times k)$ 矩阵和 $(n-k)\times(n-k)$ 矩阵：

$$A^s = \begin{pmatrix} 1/2 & & & 0 \\ & 1/2 & & \\ & & \ddots & \\ 0 & & & \delta_s/2 \end{pmatrix}, \quad A^u = \begin{pmatrix} 2 & & & 0 \\ & 2 & & \\ & & \ddots & \\ 0 & & & 2\delta_u \end{pmatrix}.$$

我们应该强调，具有不同 δ_s 值的 (3.4.6) 类型的映射不能拓扑共轭，因为映射 (3.4.6) 在稳定不变子空间 $y=0$ 上的限制 $\bar{x} = A^s x$ 在 $\mathbb{R}^k$ 保持定向，只要 $\delta_s = 1$，但是如果 $\delta_s = -1$ 就不保持. 这个断言也适用于 δ_u. 总之，我们有下面的定理：

定理 3.2 两个结构稳定不动点拓扑共轭，当且仅当它们的拓扑类型相同.

因此，n 维映射的结构稳定不动点的拓扑类型的个数，超过 $\mathbb{R}^n$ 中微分方程的结构稳定平衡态的拓扑类型的个数. 故二维微分同胚可以有两类稳定和不稳定不动点以及四类鞍点不动点. 例如，两个线性映射

$$\begin{cases} \bar{x} = \dfrac{x}{2} \\ \bar{y} = \dfrac{y}{2} \end{cases} \quad 和 \quad \begin{cases} \bar{x} = \dfrac{x}{2} \\ \bar{y} = \dfrac{-y}{2} \end{cases}$$

都有结点型不动点, 但第一个可定向, 第二个则不可定向.

(注: 具有一对共轭复乘子的不动点也有可定向结点的拓扑类型.)

观察下面的映射

$$\begin{cases} \bar{x} = 2x \\ \bar{y} = 2y \end{cases} \quad \text{和} \quad \begin{cases} \bar{x} = 2x \\ \bar{y} = -2y \end{cases}$$

它们在原点分别有可定向和不可定向的不稳定拓扑结点.

拓扑鞍点 $(\delta_s = (+), \delta_u = (+))$ 和 $(\delta_s = (-), \delta_u = (-))$ 的例子分别由

$$\begin{cases} \bar{x} = \dfrac{x}{2} \\ \bar{y} = 2y \end{cases} \quad \text{和} \quad \begin{cases} \bar{x} = \dfrac{-x}{2} \\ \bar{y} = -2y \end{cases}$$

给出.

拓扑鞍点 $(+, -)$ 和 $(-, +)$ 的例子分别由

$$\begin{cases} \bar{x} = \dfrac{x}{2} \\ \bar{y} = -2y \end{cases} \quad \text{和} \quad \begin{cases} \bar{x} = \dfrac{-x}{2} \\ \bar{y} = 2y \end{cases}$$

给出.

显然, 在 $\delta_s > 0$ 的情形, 鞍点的稳定不变流形 (这里是 x 轴) 被点 O 划分为两个部分, 即射线 $x > 0$ 和 $x < 0$, 每一个关于映射是不变的. 在 $\delta_s < 0$ 的情形, 这两条射线在将一个映为另一个的意义下不再是分开不变的. 类似地, 值 δ_u 确定鞍点 O 的不稳定流形的结构.

我们必须强调, Poincaré 映射在 $\mathbb{R}^n$ 中总是保持定向, 即周期轨线的所有乘子的积是正的. 由此得知, Poincaré 映射的不动点的 δ_s 和 δ_u 值必须有相同的符号. 但是 Poincaré 映射在不变 (稳定或不稳定) 流形上的限制就**可不**继续保持定向 (例如当 δ_s 和 δ_u 都是负时). 因此, 对不可定向映射的不动点的研究是有意义的.

我们在 3.1 节已经指出, Poincaré 映射不动点的乘子的值 (因此, 它的拓扑类型) 与截面的选择无关, 即我们总可以确切地定义周期轨线的拓扑类型 $(k, \delta_s, n-k, \delta_u)$. 为了完成我们的分类, 我们参照下面的简单论述.

引理 3.1　假设微分方程系统 X_1 有周期轨线 L_1, 系统 X_2 有周期轨线 L_2. 则在轨线 L_1 邻域内的系统 X_1 与在轨线 L_2 邻域内的系统 X_2 拓扑等价, 当且仅当它们各自的 Poincaré 映射在对应的不动点附近拓扑共轭 (与截面的选择无关).

由这个引理和定理 3.2 我们有下面的定理.

定理 3.3　两个结构稳定周期轨线局部拓扑等价, 当且仅当它们有相同的拓扑类型.

3.5 稳定不动点附近非线性映射的性质

上一节我们形式上对结构稳定周期轨线附近的动力系统作了完全的描述. 但是周期轨线以及平衡态的这种拓扑分类太粗糙. 例如, 结点和焦点的等价性断言从实用观点看有些奇怪. 我们将在下面考虑结构稳定不动点的更精细 (也更重要) 的特征.

假设映射

$$\bar{x} = Ax + h(x), \tag{3.5.1}$$

其中

$$h(0) = 0, \quad h'(0) = 0 \tag{3.5.2}$$

在原点有稳定不动点. 这意味着矩阵 A 的所有乘子 ρ_i $(i = 1, \cdots, n)$ 的绝对值都严格小于 1. 不难验证从原点小邻域内开始的所有轨线都**指数式**地趋于 O. 事实上, 如果我们选择 Jordan 基, 可以验证对矩阵 A 的范数, 估计 (3.3.9) 满足. 即

$$\|A\| \leqslant \rho' + \varepsilon,$$

其中 $\rho' = \max\limits_{i=1,\cdots,n} |\rho_i| < 1$. 从关系

$$h(x) = h(0) + x\int_0^1 h'(sx)ds$$

我们有

$$\|h(x)\| \leqslant \|x\| \max_{\|y\| \leqslant \|x\|} \|h'(y)\|.$$

因此

$$\|h(x)\| \leqslant \varepsilon\|x\|, \tag{3.5.3}$$

其中 $\varepsilon > 0$ 可选择任意小, 因为 x 假定是小的.

从而, 对映射 (3.5.1) 我们得到

$$\|\bar{x}\| \leqslant \|A\|\|x\| + \|h(x)\| \leqslant (\rho' + 2\varepsilon)\|x\|,$$

或者, 等价地, 对初始点 x_0 的第 j 次迭代有

$$\|x_j\| \leqslant (\rho' + 2\varepsilon)^j\|x_0\|, \tag{3.5.4}$$

其中当 $j \to +\infty$ 时 $x_j \to 0$, 因为 $\rho' < 1$ 以及 ε 可以使得任意小.

现在我们对矩阵 A 的特征值进行重排, 使得

$$|\rho_1| = \cdots = |\rho_m| = \rho', \quad |\rho_i| < \rho' \quad 对 \quad i = m+1, \cdots, n.$$

于是矩阵 A 可以表示为

$$A = \begin{pmatrix} A_1 & 0 \\ 0 & A_2 \end{pmatrix},$$

其中谱 $A_1 = \{\rho_1, \cdots, \rho_m\}$, 谱 $A_2 = \{\rho_{m+1}, \cdots, \rho_n\}$. 映射 (3.5.1) 现在取形式

$$\begin{aligned} \bar{u} &= A_1 u + f(u, v), \\ \bar{v} &= A_2 v + g(u, v), \end{aligned} \tag{3.5.5}$$

其中 $u = (u_1, \cdots, u_m)$ 和 $v = (v_1, \cdots, v_{n-m})$ 是 x 在矩阵 A 的主和非主子空间上的投影, 函数 $f, g \in \mathbb{C}^r$ 且

$$f(0) = 0, \quad g(0) = 0, \quad f'(0) = 0, \quad g'(0) = 0. \tag{3.5.6}$$

在第 5 章中我们将证明下面的定理:

定理 3.4 (关于非主流形) 在点 O 的邻域 U 内存在唯一的 $(n-m)$ 维 $\mathbb{C}^r$ – 光滑的非主 (强稳定) 不变流形 W^{ss}_{loc}

$$u = \varphi(v),$$

其中

$$\varphi(0) = \varphi'_v(0) = 0. \tag{3.5.7}$$

由定理 3.4 得到下面的结果.

定理 3.5 对任意不在 W^{ss}_{loc} 内的点 x_0, 相应的轨线 $\{x_j\}_{j \geqslant 0}$ 沿着主方向 $v = 0$ 趋于 O, 且

$$\|x_j\| \geqslant C(\rho' - \varepsilon)^j \operatorname{dist}(x_0, W^{ss}_{\text{loc}}), \tag{3.5.8}$$

其中 C 是某个正常数, 选择适当小的 x_0 可以使得 ε 任意小.

证明 首先, 我们用变量变换

$$w = u - \varphi(v) \tag{3.5.9}$$

将流形 W^{ss}_{loc} 直化.

在新变量下 W^{ss}_{loc} 的方程是 $w = 0$. 这个流形的不变性导致当 $w = 0$ 时 $\bar{w} = 0$. 由于函数 $\varphi(v)$ 不包含线性项 (见 (3.5.7)), 变换 (3.5.9) 不改变映射的线性部分. 因此在新变量下, 映射 (3.5.5) 变为

$$\bar{w} = (A_1 + \tilde{f}(w, v))w, \tag{3.5.10}$$

$$\bar{v} = A_2 v + g(w + \varphi(v), v), \tag{3.5.11}$$

其中

$$\tilde{f}(0,0)=0. \tag{3.5.12}$$

在 Jordan 基下 (见 3.3 节), 对矩阵 A_1 的范数我们有

$$\|A_1^{-1}\|^{-1}\geqslant \rho'-\frac{\varepsilon}{2}.$$

由此以及 (3.5.10) 和 (3.5.12) 得

$$\|\bar{w}\|\geqslant(\rho'-\varepsilon)\|w\|, \tag{3.5.13}$$

只要 $\|w,v\|$ 充分小. 如我们已经指出的, 当初始点的范数 $\|w_0,v_0\|$ 充分小时, 范数 $\|w_j,v_j\|$ 对所有 $j\geqslant 0$ 也小. 因此, 不等式 (3.5.13) 对任何偶 $(w_j,w_{j+1}=\bar{w}_j)$ 成立. 从而, 我们得到估计

$$\|w_j\|\geqslant(\rho'-\varepsilon)^j\|w_0\|,$$

即不等式 (3.5.8) 得证.

现在我们验证当初始点不属于 W^{ss}_{loc} 时, 它的轨线沿着主子空间 $v=0$ 趋于 O. 当 $w\neq 0$ 时考虑值 $z=\dfrac{\|v\|}{\|w\|}$. 我们证明沿着映射 (3.5.10)—(3.5.11) 的轨线 $(w_j,v_j)_{j\geqslant 0}$ 有 $z_j\to 0$.

对 $\|\bar{w}\|$ 我们有估计 (3.5.13). 类似地, 从 (3.5.11) 我们得到

$$\|\bar{v}\|\leqslant(|\rho_{m+1}|+\varepsilon)\|v\|+\|w\|\max\|f'_u\|,$$

其中最大值是在直径等于 $\|w,v\|$ 的 O 的整个邻域内取的. 由 (3.5.13), 得

$$\begin{aligned} z_{j+1}\leqslant{}&\frac{(|\rho_{m+1}|+\varepsilon)\|v_j\|}{(\rho'-\varepsilon)\|w_j\|}\\ &+\frac{\max\|f'_u\|}{(\rho'-\varepsilon)}\equiv\mu z_j+\kappa_j, \end{aligned} \tag{3.5.14}$$

其中 $\mu=\dfrac{(|\rho_{m+1}|+\varepsilon)}{(\rho'-\varepsilon)}<1$, 且

$$\kappa_j\to 0,\ 当\ j\to+\infty. \tag{3.5.15}$$

从 (3.5.14) 我们得到

$$\mu^{-(j+1)}z_{j+1}\leqslant\mu^{-j}z_j+\mu^{-(j+1)}\kappa_j,$$

$$\mu^{-(j+1)}z_{j+1}\leqslant z_0+\sum_{i=0}^{j}\mu^{-(i+1)}\kappa_i,$$

$$z_j\leqslant z_0\mu^j+\sum_{i=0}^{j-1}\mu^{j-(i+1)}\kappa_i.$$

由于 $\mu<1$, 第一个和式当 $j\to\infty$ 时衰减到零. 因此, 为了证明 $z_j\to 0$, 我们需要证明和式

$$I_j=\sum_{i=0}^{j-1}\mu^{j-(i+1)}\kappa_i\to 0.$$

如果令 $\kappa_j\to 0$, 这个表达式已经成立. 选择自然数 J 并将这个和式分为两部分:

$$I_j=\sum_{i=0}^{J-1}\mu^{j-(i+1)}\kappa_i+\sum_{i=J}^{j-1}\mu^{j-(i+1)}\kappa_i.$$

观察得到

$$\begin{aligned}I_j&\leqslant\mu^{j-J}\sum_{i=0}^{J-1}\kappa_i+\left(\sum_{i=J}^{j-1}\mu^{j-(i+1)}\right)\max_{i\leqslant J}\kappa_i\\&\leqslant\mu^{j-J}\sum_{i=0}^{J-1}\kappa_i+(1-\mu)^{-1}\max_{i\leqslant J}\kappa_i.\end{aligned}\tag{3.5.16}$$

由于 (3.5.15), (3.5.16) 中的第二项当 J 增加时可使得任意小. 选择 J 充分大也可使得 (3.5.16) 中的第一项任意小, 因此若令 $j\to+\infty$, I_j 为任意小.

因此, 当 $w_0\neq 0$ 时, $\|v_j\|/\|w_j\|\to 0$, 即当 $j\to+\infty$ 时不在 $W^{ss}_{\rm loc}$ 中的任何轨线都收敛于主流形. 由此, 我们证明了定理 3.5.

在非主流形 $w=0$ 上映射 (3.5.10)—(3.5.11) 写为形式

$$\bar{v}=A_2v+g(\varphi(v),v).\tag{3.5.17}$$

在这个流形上点 O 是具有乘子 $(\rho_{m+1},\cdots,\rho_n)$ 的稳定不动点. 上面所得的结果可应用到这个映射. 特别地, 类似于 (3.5.4), 下面的指数估计成立:

$$\|v_j\|\leqslant C(|\rho_{m+1}|+\varepsilon)^j\|v_0\|,\tag{3.5.18}$$

即从 $W^{ss}_{\rm loc}$ 出发的任何轨线非常快地趋于 O. 由于定理 3.4 和定理 3.5 对映射 (3.5.17) 成立, 故在 $W^{ss}_{\rm loc}$ 中的几乎所有的轨线以渐近等于 $|\rho_{m+1}|$ 的指数率趋于 O. 那些更快地趋于 O 的特殊轨线组成 $\mathbb{C}^r$ – 光滑流形 $W^{sss}_{\rm loc}$, 它在 O 处切于矩阵 A 对应于绝对值小于 $|\rho_{m+1}|$ 的乘子的特征子空间. 对映射在 $W^{sss}_{\rm loc}$ 上的限制, 这个关于非主流形的定理也可应用, 等等. 这样我们又得到非主流形的分层: $W^{ss}_{\rm loc},W^{sss}_{\rm loc},W^{ssss}_{\rm loc},\cdots$, 它们由以越来越快的收敛速度收敛于不动点的轨线组成.

如同在线性的情形, 我们可以按照映射在主坐标上的性态选取三个主要类型的稳定不动点: **结点 (+), 结点 (−) 和焦点**.

当 $m=1$ 时点 O 称为**结点**, 即当主乘子 ρ_1 是唯一的且是实数时:

$$1>|\rho_1|>|\rho_i|\quad(i=2,\cdots,n).\tag{3.5.19}$$

此外, 当 $0<\rho_1<1$ 时这点称为**结点 (+)**, 当 $-1<\rho_1<0$ 时称它为**结点 (−)**.

当 $m=2$ 时点 O 称为**焦点**, 主乘子是复数:

$$1>|\rho_1|=|\rho_2|>|\rho_i| \quad (i=3,\cdots,n). \tag{3.5.20}$$

在结点情形, $(n-1)$ 维非主流形将不动点的邻域划分为 $w>0$ 和 $w<0$ 两部分. 这里对主坐标 w, 方程 (3.5.10) 可以写为形式

$$\bar{w}=\rho_1 w+o(w). \tag{3.5.21}$$

可以看到, 当 $\rho_1>0$ 时每一部分关于映射是不变的. 不在 $W_{\rm loc}^{ss}$ 上的轨线沿着两个方向之一, 从区域 $w>0$, 或者从另一边 $w<0$ 严格单调地趋于 O.

当 $\rho_1<0$ 时, 这两部分在这个映射作用下循环, 即每次迭代都改变主坐标的符号.

在焦点情形, 非主流形是 $(n-2)$ 维的, 它不再将 O 的邻域划分. 引入 $\rho_{1,2}=\rho e^{\pm i\omega}$, 主坐标方程 (3.5.10) 变为

$$\begin{aligned}\bar{w}_1&=\rho(\cos\omega+\cdots)w_1-\rho(\sin\omega+\cdots)w_2,\\ \bar{w}_2&=\rho(\sin\omega+\cdots)w_1+\rho(\cos\omega+\cdots)w_2,\end{aligned} \tag{3.5.22}$$

或者在极坐标下为

$$\bar{r}=(\rho+\cdots)r, \tag{3.5.23}$$

$$\bar{\varphi}=\varphi+\omega+\cdots, \tag{3.5.24}$$

其中省略号表示高阶项. 由 (3.5.23) 和 (3.5.24) 得知不属于 $W_{\rm loc}^{ss}$ 的所有轨线必须盘旋趋于 O(切于主平面 $v=0$).

利用逆映射就可把 $|\rho_i|>1$ $(i=1,\cdots,n)$ 的情形化为上面的情形. 在该情形轨线有估计

$$\|x_j\|\leqslant\left(\min_{i=1,\cdots,n}\rho_i-2\varepsilon\right)^j\|x_0\| \quad 对 \quad j\leqslant 0. \tag{3.5.25}$$

相应的不动点是指数式完全不稳定的. 光滑非主流形 $W_{\rm loc}^{uu}$ 的存在性可以按稳定不动点的 $W_{\rm loc}^{ss}$ 的相同方法建立, 但在这个情形要假设 $j\to-\infty$. 按轨线在主坐标下的性态, 存在下面几个类型的不动点: **结点 (+), 结点 (−) 和焦点**.

我们用**主不变流形**定理结束这一节 (它的证明见第 5 章).

定理 3.6 (主不变流形) 稳定不动点 O 有一个 m 维 $\mathbb{C}^{\min(r,r_L)}$ – 光滑不变流形 $W_{\rm loc}^{L}$ (一般不唯一), 它在点 O 切于子空间 $v=0$, 这里

$$r_L=\left[\frac{\ln\,\rho_{m+1}}{\ln\,\rho_1}\right]\geqslant 1, \tag{3.5.26}$$

其中 $[x]$ 表示严格小于 x 的最大整数, m 是主乘子的个数.

3.6 鞍点不动点. 不变流形

下面我们考虑具有鞍点型结构稳定不动点 O 的映射 T, 它的前面 k 个乘子位于单位圆内, 其余 $(n-k)$ 个乘子位于单位圆外, 即 $|\rho_i|<1$ $(i=1,\cdots,k)$, $|\rho_j|>1$ $(j=k+1,\cdots,n)$, 其中 $k\neq 0,n$. 为了方便起见, 我们用 $(\lambda_1,\cdots,\lambda_k)$ 记在单位圆内的乘子, $(\gamma_1,\cdots,\gamma_{n-k})$ 记在单位圆外的乘子. 还假设乘子按下面方式排序

$$|\lambda_k|\leqslant\cdots\leqslant|\lambda_2|\leqslant|\lambda_1|<1<|\gamma_1|\leqslant|\gamma_2|\leqslant\cdots\leqslant|\gamma_{n-k}|.$$

在点 O 附近用变量的非退化线性变换将映射 T 化为形式

$$\begin{aligned}\bar{u}&=A^-u+f(u,v),\\ \bar{v}&=A^+v+g(u,v),\end{aligned}\tag{3.6.1}$$

其中 $u\in\mathbb{R}^k$, $v\in\mathbb{R}^{n-k}$,**谱** $A^-=\{\lambda_1,\cdots,\lambda_k\}$, **谱**$A^+=\{\gamma_1,\cdots,\gamma_{n-k}\}$, f,g 是 $\mathbb{C}^r$ – 光滑 $(r\geqslant 1)$ 函数, 它们及其一阶导数在原点为零.

对在鞍点不动点附近映射 T 的研究类似于在鞍点平衡点附近对微分方程系统的研究. 它可化为点 O 的稳定和不稳定不变流形的存在性问题. 我们在下面将详细研究这个问题. Poincaré 证明了解析映射的解析不变流形的存在性. 后来 Hadamard [31] 考虑光滑情形, 他证明了满足 Lipschitz 条件的不变流形的存在性.

定理 3.7 (Hadamard 定理) 鞍点不动点 O 有两个不变流形: 稳定流形 $W^s_{\rm loc}$: $v=\psi^*(u)$ 和不稳定流形 $W^u_{\rm loc}: u=\varphi^*(v)$, 其中 $\psi^*(u)$ 和 $\varphi^*(v)$ 对某常数 $N>0$ 和 $L>0$ 满足下面的 Lipschitz 条件:

$$\|\psi^*(u_2)-\psi^*(u_1)\|\leqslant N\|u_2-u_1\|,\tag{3.6.2}$$

$$\|\varphi^*(v_2)-\varphi^*(v_1)\|\leqslant L\|v_2-v_1\|.\tag{3.6.3}$$

证明 我们仅证明 $W^u_{\rm loc}$ 的存在性, 因为逆映射 T^{-1} 也可以表示为形式 (3.6.1), 唯一的区别是变量 u 和 v 的角色对调. 因此, 证明了映射 T 有形如 $u=\varphi^*(v)$ 的不变流形 $W^u_{\rm loc}$, 对映射 T^{-1} 重复相同的论述, 就可证明存在形如 $v=\psi^*(u)$ 的不变流形, 即所求的流形 $W^s_{\rm loc}$.

选择小 $\delta>0$ 和 $\mathbb{R}^n$ 中围绕点 O 的邻域 $D_1\otimes D_2$, 其中 D_1 和 D_2 分别是 $\mathbb{R}^k$ 和 $\mathbb{R}^{n-k}$ 中直径等于 δ 的球. 对某个 $L>0$ 任意选取形如 $u=\varphi(v)$ 的曲面 $\mathcal{W}$, 使得

$$\|\varphi\|\leqslant\delta,\tag{3.6.4}$$

$$\|\varphi'\|\leqslant L.\tag{3.6.5}$$

我们将在下面证明, 当 δ 充分小时, 交 $T(\mathcal{W})\bigcap(D_1\otimes D_2)$ 是与 $\bar{u}=\tilde{\varphi}(\bar{v})$ 有相同形式的曲面, 其中 $\tilde{\varphi}$ 满足具有相同常数 L 的条件 (3.6.4)—(3.6.5). 这允许我们考虑曲面

序列 $\{\mathcal{W}_j : u = \varphi_j(v)\}_{j=0}^{j=\infty}$, 它是初始曲面 $\mathcal{W}$ 在映射 $T : \varphi_j = T^j\varphi$ 下的相继像. 进一步我们将证明这个序列一致收敛于满足 Lipschitz 条件的某个曲面 $u = \varphi^*(v)$. 此外 φ^* 不依赖于初始函数 φ. 由构造, $\varphi^* = \tilde{\varphi}^*$, 即它的图像关于映射 T 不变. 由此, 曲面 $u = \varphi^*(v)$ 是所求的不变流形 $W^u_{\text{loc}} : T(W^u_{\text{loc}}) \bigcap (D_1 \otimes D_2) = W^u_{\text{loc}}$.

第一步. 对某常数 L, 选取满足条件 (3.6.4) 和 (3.6.5) 的形如 $u = \varphi(v)$ 的任意曲面 $\mathcal{W}$. 将 $u = \varphi(v)$ 代入 (3.6.1) 中, 得到曲面 $\mathcal{W}$ 在映射 T 下的像的参数表示

$$\bar{u} = A^- \varphi(v) + f(\varphi(v), v), \tag{3.6.6}$$

$$\bar{v} = A^+ v + g(\varphi(v), v), \tag{3.6.7}$$

其中 v 可在 D_2 中取任意值.

现在证明对范数不超过 δ 的任何 $\bar{v}$, 值 $\bar{u}$ 由 (3.6.6) 和 (3.6.7) 唯一确定. 为此我们将 (3.6.7) 写为形式

$$v = (A^+)^{-1}(\bar{v} - g(\varphi(v), v)). \tag{3.6.8}$$

当 δ 充分小时, 范数 $\|\partial(g, f)/\partial(u, v)\|$ 也小. 由此得知[2]

$$\left\| \frac{dg(\varphi(v), v)}{dv} \right\| \leqslant \|g'_u\|_\circ \cdot \|\varphi'\|_\circ + \|g'_v\|_\circ$$

是小的, 因此由隐函数定理, 由 (3.6.8), v 可用 $\bar{v}$ 唯一表示. 也应该指出, $\|v\|$ 也不超过 δ. 事实上, 由 (3.6.8) 得知

$$\|v\| \leqslant \|(A^+)^{-1}\|(\|\bar{v}\| + \|g'_u\|_\circ \cdot \|\varphi(v)\|_\circ + \|g'_v\|_\circ \|v\|),$$

从而

$$\|v\| \leqslant \|(A^+)^{-1}\| \frac{(\|\bar{v}\| + \|g'_u\|_\circ \cdot \|\varphi(v)\|_\circ)}{1 - \|(A^+)^{-1}\| \|g'_v\|_\circ}.$$

由此, 若 $\|\bar{v}\| \leqslant \delta$, 则 $\|v\| \leqslant \delta$, 因为 $\|(A^+)^{-1}\| < 1$, $\|\varphi(v)\|_\circ \leqslant \delta$ 而且 $\|g'_{(u,v)}\|_\circ$ 很小.

因此, 由 (3.6.8) 用 $\bar{v}$ 表示 v 并将所得的表达式代入 (3.6.6), 我们确定, 对每一个满足 $\|\bar{v}\| \leqslant \delta$ 的 $\bar{v}$, 存在唯一确定的 $\bar{u}$, 使得点 $(\bar{u}, \bar{v})$ 是某个点 $(u, v) \in \mathcal{W}$ 的像. 我们用 $\bar{u} = \tilde{\varphi}(\bar{v})$ 记这个 $\bar{u}$.

第二步. 我们证明曲面 $T\mathcal{W} : \bar{u} = \tilde{\varphi}(\bar{v})$ 满足条件 (3.6.4) 和 (3.6.5). 换句话说, 我们将证明 $T\mathcal{W}$ 整个位于点 O 的 δ 邻域 $(D_1 \otimes D_2)$ 内, 且函数 $\tilde{\varphi}$ 的导数的范数不超过 L. 由 (3.6.4) 和 (3.6.6) 得知

$$\begin{aligned} \|\bar{u}\| &\leqslant \|A^-\| \|\varphi(v)\| + \|f'_u\|_\circ \cdot \|\varphi(v)\| + \|f'_v\|_\circ \cdot \|u\| \\ &\leqslant (\|A^-\| + \|f'_u\|_\circ + \|f'_v\|_\circ)\delta. \end{aligned}$$

[2] 这里 $\|\cdot\|_\circ = \sup \|\cdot\|$.

由此得知, 当 $\|A^-\|<1$ 而范数 $\|f'_{(u,v)}\|_\circ$ 比较小时有

$$\|\tilde{\varphi}(\bar{v})\| \equiv \|\bar{u}\| \leqslant \delta,$$

即对 $\tilde{\varphi}$ 条件 (3.6.4) 事实上成立.

此外, 从 (3.6.6) 和 (3.6.7) 我们有

$$\begin{aligned}\frac{d\bar{u}}{dv} &= A^-\varphi' + f'_u(\varphi(v),v)\varphi' + f'_v(\varphi(v),v),\\ \frac{d\bar{v}}{dv} &= A^+ + g'_u(\varphi(v),v)\varphi' + g'_v(\varphi(v),v),\end{aligned}$$

从而

$$\begin{aligned}\tilde{\varphi}'(\bar{v}) &\equiv \frac{d\bar{u}}{d\bar{v}}\\ &= (A^-\varphi' + f'_u(\varphi(v),v)\varphi' + f'_v(\varphi(v),v))\cdot[A^+ + g'_u(\varphi(v),v)\varphi' + g'_v(\varphi(v),v)]^{-1}.\end{aligned}$$

最后

$$\tilde{\varphi}'(\bar{v}) = A^-\varphi'(v)(A^+)^{-1} + \cdots,$$

其中省略号表示 $\|(f,g)'_{(u,v)}\|_\circ$ 阶项, 当 $\delta\to 0$ 时它趋于零. 容易看出, 由于 $\|A^-\|<1$ 和 $\|(A^+)^{-1}\|<1$, 只要 $\|\varphi'\|_\circ \leqslant L$ 且 δ 充分小, 就有 $\|\tilde{\varphi}'\|_\circ \leqslant L$.

第三步. 我们已经证明映射 T 将满足条件 (3.6.4) 和 (3.6.5) 的曲面 $\mathcal{W}$ 映为满足同样条件的曲面. 因此, 曲面 $\mathcal{W}$ 在映射 T 的作用下的所有迭代有定义. 现在来证明这些迭代的序列 $\mathcal{W}_j: u=\varphi_j(v)$ 一致收敛于某个曲面 $\mathcal{W}^*$:$u=\varphi^*(v)$. 由于 $\mathcal{W}_{j+1}=T(\mathcal{W}_j)\bigcap(D_1\otimes D_2)$, 由连续性得知 $\mathcal{W}^*=T(\mathcal{W}^*)\bigcap(D_1\otimes D_2)$, 即这个曲面关于映射 T 是不变的.

为了证明这点, 我们将指出存在 $K<1$, 使得

$$\sup_{\bar{v}\in D_2}\|\varphi_{j+2}(\bar{v})-\varphi_{j+1}(\bar{v})\| \leqslant K\sup_{v\in D_2}\|\varphi_{j+1}(v)-\varphi_j(v)\|. \tag{3.6.9}$$

选择任何 $\bar{v}\in D_2$ 并考虑一对点 $\bar{M}_1(\varphi_{j+1}(\bar{v}),\bar{v})$ 和 $\bar{M}_2(\varphi_{j+2}(\bar{v}),\bar{v})$. 由构造, 每一点 $\bar{M}_i$ 在曲面 $u=\varphi_{j+i-1}(v)$ 上有原像 M_i. 假设 $M_1(u_1=\varphi_j(v_1),v_1)$ 和 $M_2(u_2=\varphi_{j+1}(v_2),v_2)$. 因为 $\bar{M}_1=TM_1$ 和 $\bar{M}_2=TM_2$, 由 (3.6.1) 我们有

$$\begin{aligned}\bar{u}_1 = A^-u_1 + f(u_1,v_1), \bar{u}_2 = A^-u_2 + f(u_2,v_2),\\ \bar{v} = A^+v_1 + g(u_1,v_1), \bar{v} = A^+v_2 + g(u_2,v_2).\end{aligned}$$

因此得到

$$\|\bar{u}_2-\bar{u}_1\| \leqslant (\|A^-\| + \|f'_u\|_\circ)\|u_2-u_1\| + \|f'_v\|_\circ\|v_2-v_1\| \tag{3.6.10}$$

和

$$\|v_2 - v_1\| \leqslant \|(A^+)^{-1}\|(\|g'_u\|_\circ \|u_2 - u_1\| + \|g'_v\|_\circ \|v_2 - v_1\|),$$

从而

$$\|v_2 - v_1\| \leqslant \frac{\|(A^+)^{-1}\| \|g'_u\|_\circ \|u_2 - u_1\|}{1 - \|(A^+)^{-1}\| \|g'_v\|_\circ}. \tag{3.6.11}$$

对 $\|u_2 - u_1\| = \|\varphi_{j+1}(v_2) - \varphi_j(v_1)\|$, 我们有下面的估计

$$\|\varphi_{j+1}(v_2) - \varphi_j(v_1)\| \leqslant \|\varphi_{j+1}(v_2) - \varphi_{j+1}(v_1)\| + \|\varphi_{j+1}(v_1) - \varphi_j(v_1)\|.$$

和式中的第一项有估计

$$\|\varphi_{j+1}(v_2) - \varphi_{j+1}(v_1)\| \leqslant \|\varphi'_{j+1}\|_\circ \|v_2 - v_1\| \leqslant L\|v_2 - v_1\|,$$

第二项有估计

$$\|\varphi_{j+1}(v_1) - \varphi_j(v_1)\| \leqslant \rho,$$

其中 $\rho = \sup\limits_{v \in D_2} \|\varphi_{j+1}(v) - \varphi_j(v)\|$. 因此, 我们得到

$$\|u_2 - u_1\| \leqslant \rho + L\|v_2 - v_1\|. \tag{3.6.12}$$

由此从 (3.6.11) 得

$$\|v_2 - v_1\| \leqslant \frac{\rho \|(A^+)^{-1}\| \|g'_u\|_\circ}{1 - \|(A^+)^{-1}\|(\|g'_v\|_\circ + L\|g'_u\|_\circ)},$$

将 (3.6.12) 代入 (3.6.10) 后, 给出

$$\|\bar{u}_2 - \bar{u}_1\| \leqslant \rho(\|A^-\| + \cdots),$$

这里省略号表示 $\|(f,g)'_{(u,v)}\|_\circ$ 阶项. 由于 $\|A^-\| < 1$, 我们有

$$\|\bar{u}_2 - \bar{u}_1\| = \|\varphi_{j+2}(\bar{v}) - \varphi_{j+1}(\bar{v})\| \leqslant K \sup \|\varphi_{j+1}(v) - \varphi_j(v)\|,$$

其中某 $K < 1$ 不依赖于 $\bar{v}$(只要 $\|\bar{v}\| \leqslant \delta$). 如果我们对这个不等式的左端关于所有的 $\bar{v}$ 取上确界, 则得到所求的不等式 (3.6.9).

由 (3.6.9) 我们得到

$$\|\varphi_{j+2}(v) - \varphi_{j+1}(v)\| \leqslant K^j \sup \|\varphi_2(v) - \varphi_1(v)\|,$$

即级数

$$\sum_{j=1}^{\infty} (\varphi_{j+1}(v) - \varphi_j(v))$$

是以 $K < 1$ 为系数的几何级数为优级数的, 因此, 它一致收敛. 由于这个级数的部分和是 $(\varphi_{j+1}(v) - \varphi_1(v))$, 它的一致收敛性导致序列 $\{\varphi_j\}$ 一致收敛于某极限函数 φ^*.

第四步. 我们用 W^u_{loc} 表示函数 φ^* 的图像 $u=\varphi^*(v)$. 由构造, 这个图像关于映射 T 是不变的. 注意, 由于 $\varphi^*(v)$ 是连续函数序列的一致收敛的极限, 它也连续. 一般来讲, 函数 φ^* 的光滑性不能从我们的论述中得到 (光滑函数级数的极限可能不光滑). 尽管如此, 我们指出所有函数 φ_j 的导数都以同一个常数 L 为它们的上界:

$$\|\varphi_j'(v)\| \leqslant L.$$

由不等式

$$\|\varphi_j(v_1)-\varphi_j(v_2)\| \leqslant \|\varphi_j'\|_\circ\|v_1-v_2\|$$

得知, 所有函数 φ_j 对 D_2 中任何的 (v_1,v_2) 满足 Lipschitz 条件

$$\|\varphi_j(v_1)-\varphi_j(v_2)\| \leqslant L\|v_1-v_2\|.$$

如果我们令 $j\to\infty$ 对这个不等式取极限, 得到

$$\|\varphi^*(v_1)-\varphi^*(v_2)\| \leqslant L\|v_1-v_2\|.$$

因此, 我们建立了满足 Lipschitz 条件的不变流形 W^u_{loc} 的存在性. 必须指出, 可以选择初始曲面 $\mathcal{W}$ 使得它通过点 O. 于是显然曲面 $\mathcal{W}$ 的所有迭代也包含点 O, 从而极限曲面 W^u_{loc} 也包含 O.

在证明不变流形的光滑性之前, 先确定映射在 W^u_{loc} 和 W^s_{loc} 上的限制的性态. 映射在 W^s_{loc} 上的限制由公式

$$\bar{u}=A^-u+f(u,\psi^*(u)) \tag{3.6.13}$$

给出. 故由 (3.6.2) 得

$$\|\bar{u}\| \leqslant \|A^-\|\|u\|+\|f_u'\|\|u\|+N\|f_v'\|\|u\| \leqslant (\|A^-\|+\|f_u'\|+N\|f_v'\|)\|u\|.$$

因此, 由于 $\|A^-\|<1$ 以及 $\|f_u'\|$ 很小, 在 W^s_{loc} 上的任何点的迭代在映射 T 的作用下指数式收敛于点 O.

由对称性, 对映射 (3.6.1) 在 W^u_{loc} 上的限制

$$\bar{v}=A^+v+g(\varphi^*(v),v), \tag{3.6.14}$$

可得到类似的结果, 即对 W^u_{loc} 上的任何点 $\bar{v}$, 存在唯一确定的像 $v=T^{-1}\bar{v}$, 它在映射 T^{-1} 的迭代下一致并指数式地趋于点 O.

定理 3.8　不变流形 W^s_{loc} 和 W^u_{loc} 具有 $\mathbb{C}^r$ – 类光滑性, 且它们在点 O 分别与稳定特征子空间 $v=0$ 和不稳定特征子空间 $u=0$ 相切, 即

$$\varphi^{*\prime}_v(0)=0, \quad \psi^{*\prime}_u(0)=0.$$

证明 如上我们仅证明这个定理关于 W^u_{loc} 的部分. 流形 W^s_{loc} 的光滑性由该问题的对称性得知. 流形 W^u_{loc} 的不变性导致如果某点 $M(u,v)$ 属于 W^u_{loc}, 即 $u=\varphi^*(v)$ 以及如果它的像 $\bar{M}(\bar{u},\bar{v})$ 停留在点 O 的 δ 领域内, 则点 $\bar{M}$ 也属于 W^u_{loc}, 即它的坐标满足 $\bar{u}=\varphi^*(\bar{v})$.

由 (3.6.1) 我们有

$$A^-\varphi^*(v)+f(\varphi^*(v),v)=\varphi^*(A^+v+g(\varphi^*(v),v)). \tag{3.6.15}$$

如果函数 φ^* 可微, 由这个等式的形式微分, 我们确定它的导数 $\eta^*\equiv d\varphi^*/dv$ 满足等式

$$\begin{aligned}&A^-\eta^*(v)+f'_u(\varphi^*(v),v)\eta^*(v)+f'_v(\varphi^*(v),v)\\&=\eta^*(\bar{v})[I+(g'_u(\varphi^*(v),v)\eta^*(v)+g'_v(\varphi^*(v),v))(A^+)^{-1}]A^+,\end{aligned} \tag{3.6.16}$$

其中 I 是 $(n-k)\times(n-k)$ 恒同矩阵, $\bar{v}$ 的值由公式 (3.6.14) 给出.

下面我们证明存在满足 (3.6.16) 的连续函数 $\eta^*(v)$ 使得 $\eta^*(0)=0$, 且这个函数就是 $\varphi^*(v)$ 的导数, 因此建立了流形 W^u_{loc} 的 $\mathbb{C}^1$ – 光滑性. 稍后, 由归纳法我们证明 W^u_{loc} 是 $\mathbb{C}^r$ – 光滑的.

第一步. 由公式 (3.6.16) 得知定义不变流形的函数的导数的图像 $\eta=\eta^*(v)$ 自身就是映射 $T^*:(v,\eta)\mapsto(\bar{v},\bar{\eta})$ 的不变流形, 其中 $\bar{v}$ 由方程 (3.6.14) 给出, $\bar{\eta}$ 是由下面的方程

$$\begin{aligned}\bar{\eta}=&[A^-\eta(A^+)^{-1}+(f'_u(\varphi^*(v),v)\eta+f'_v(\varphi^*(v),v))(A^+)^{-1}]\\&\times[I+(g'_u(\varphi^*(v),v)\eta+g'_v(\varphi^*(v),v))(A^+)^{-1}]^{-1}\end{aligned} \tag{3.6.17}$$

给出.

映射 T^* 可形象地表示为形式

$$\begin{aligned}\bar{\eta}&=A^-\eta(A^+)^{-1}+F(v,\eta),\\\bar{v}&=A^+v+G(v),\end{aligned} \tag{3.6.18}$$

其中 F 和 G 是某连续函数

$$F(0,0)=0,\quad G(0)=0. \tag{3.6.19}$$

此外, F 光滑地依赖于 η, 且

$$F'_\eta(0,0)=0. \tag{3.6.20}$$

函数 G 满足 Lipschitz 常数为 ε 的 Lipschitz 条件, 缩小点 O 的 δ 邻域的大小可使 ε 任意小:

$$\begin{aligned}\|G(v_2)-G(v_1)\|&\equiv\|g(\varphi^*(v_2),v_2)-g(\varphi^*(v_1),v_1)\|\\&\leqslant\|g'_u\|_\circ\|\varphi^*(v_2)-\varphi^*(v_1)\|+\|g'_v\|_\circ\|v_2-v_1\|\\&\leqslant(\|g'_u\|_\circ L+\|g'_v\|_\circ)\|v_2-v_1\|\leqslant\varepsilon\|v_2-v_1\|\end{aligned} \tag{3.6.21}$$

(见 (3.6.14),(3.6.3)).

点 $(v=0,\eta=0)$ 是映射 (3.6.18) 的不动点. 通过这一点的映射 T^* 的不变流形 $\eta=\eta^*(v)$ 的存在性可容易地通过重复证明映射 (3.6.1) 的不变流形的存在性的论述来证明. 事实上, 利用事实 $\|A^-\|<1$ 和 $\|(A^+)^{-1}\|<1$ 以及关系 (3.6.19)—(3.6.21), 我们可以直接验证, 利用选取满足 $\|\eta_1(v)\|\leqslant L$ 的形如 $\eta=\eta_1(v)$ 的任意连续曲面, 这个曲面在映射 T^* 作用下的像是同一类型的曲面. 因此可以考虑由初始曲面经映射 T^* 逐次迭代得的曲面序列 $\{\eta=\eta_j(v)\}$. 可以验证这个序列满足 (3.6.9) 类型的不等式, 由此得知它收敛于连续曲面 $\eta=\eta^*(v)$, 对此

$$\|\eta^*(v)\|\leqslant L. \tag{3.6.22}$$

由构造, 这个曲面关于映射 T^* 不变, 即 (3.6.16) 满足. [3]

第二步. 我们已经建立了泛函方程 (3.6.18) 连续有界解 η^* 的存在性, 它是函数 φ^* 的形式导数. 现在我们证明 η^* 是 φ^* 的实际导数. 考虑值

$$z(v)=\varlimsup_{\|\Delta v\|\to 0}\frac{\|\varphi^*(v+\Delta v)-\varphi^*(v)-\eta^*(v)\|\Delta v\|\|}{\|\Delta v\|}. \tag{3.6.23}$$

由导数定义, $\eta^*\equiv d\varphi^*/dv$ 当且仅当 $z(v)\equiv 0$. 我们证明这个恒等式. 首先注意到 z 的值有界: 由 (3.6.3) 和 (3.6.22)

$$\|\varphi^*(v+\Delta v)-\varphi^*(v)-\eta^*(v)\Delta v\|\leqslant 2L\|\Delta v\|. \tag{3.6.24}$$

我们来确定 $z(v)$ 和 $z(\bar v)$ 值之间的关系, 其中 $\bar v$ 由 (3.6.14) 给出. 由 (3.6.14) 有

$$\begin{aligned}\Delta\bar v=&(A^++g_v'(\varphi^*(v),v)+g_u'(\varphi^*(v),v)\eta^*(v))\Delta v\\&+g_u'(\varphi^*(v),v)(\Delta\varphi-\eta^*(v)\Delta v)+o(\Delta v),\end{aligned} \tag{3.6.25}$$

其中 $\Delta\varphi\equiv\varphi^*(v+\Delta v)-\varphi^*(v)$.

由 (3.6.25) 和 (3.6.16) 我们得

$$\begin{aligned}\eta^*(\bar v)\Delta\bar v=&(A^-+f_u'(\varphi^*(v),v))\eta^*(v)\Delta v+f_v'(\varphi^*(v),v)\Delta v\\&+\eta^*(\bar v)g_u'(\varphi^*(v),v)(\Delta\varphi-\eta^*(v)\Delta v)+o(\Delta v).\end{aligned} \tag{3.6.26}$$

由 (3.6.15) 我们求得

$$\varphi^*(\bar v+\Delta\bar v)-\varphi^*(\bar v)=(A^-+f_u'(\varphi^*(v),v))\Delta\varphi+f_v'(\varphi^*(v),v)\Delta v+o(\Delta v).$$

[3] 这里, 对照映射 (3.6.1), 为了证明不等式 (3.6.9), 它对逐次逼近的收敛性是至关重要的, 函数 η_j 不再要求是光滑的和有有界导数. 理由是映射 T^* 是三角形映射, 且 (3.6.18) 中的第二个方程不依赖于变量 η.

现在, 由此得

$$\begin{aligned}&\Delta\bar{\varphi}-\eta^*(\bar{v})\Delta\bar{v}\\&=(A^-+f'_u(\varphi^*(v),v)-\eta^*(\bar{v})f'_u(\varphi^*(v),v))(\Delta\varphi-\eta^*(v)\Delta v)+o(\Delta v),\end{aligned}$$

因此

$$\|\Delta\bar{\varphi}-\eta^*(\bar{v})\Delta\bar{v}\|\leqslant(\|A^-\|+\cdots)\|\Delta\varphi-\eta^*(v)\Delta v\|+o(\Delta v),\tag{3.6.27}$$

其中省略号表示 $\|(f,g)'_{(u,v)}\|$ 阶项.

由 (3.6.24) 和 (3.6.25), 对 $\|\Delta v\|$ 我们有下面估计:

$$\|\Delta v\|\leqslant(\|(A^+)^{-1}\|+\cdots)\|\Delta\bar{v}\|.$$

由此以及 (3.6.27), 再由函数 z 的定义, 我们得到

$$z(\bar{v})\leqslant(\|A^-\|\|(A^+)^{-1}\|+\cdots)z(v).\tag{3.6.28}$$

我们已经指出, 对任何按范数不超过 δ 的点 $\bar{v}$, 存在原像 v 使得 $\|v\|\leqslant\delta$. 因此, 对任何点 v_0, 满足 $v_j=\bar{v}_{j+1}$ 的无穷序列 $\{v_j\}$ 有定义. 由 (3.6.28)

$$z(v_0)\leqslant(\|A^-\|\|(A^+)^{-1}\|+\cdots)^j z(v_j),$$

因为 $z(v_j)$ 有界且 $\|A^-\|<1$, $\|(A^+)^{-1}\|<1$, 得知 $z(v_0)=0$. 由于 v_0 是任意选取的, 得知 $z(v)\equiv 0$, 即函数 φ^* 的光滑性被建立.

应该指出, 有关映射 (3.6.18) 的不变流形 $\{\eta=\eta^*(v)\}$ 的存在性论述, 一般来讲, 仅对于充分小的 $v:\|v\|\leqslant\delta_1,\delta_1>0$ 成立. 我们忽视了这样的事实, δ_1 可小于原点邻域的直径 δ, 在此邻域内函数 φ^* 有定义. 尽管如此, 我们可以证明函数 φ^* 在原点的 δ 邻域内对所有的 v 都光滑. 为此我们首先指出, 因为在原点的 δ 邻域内, W^u_{loc} 中的任何点 $\bar{v}$ 的向后迭代一致收敛于 O, 原点的 δ_1 邻域在 W^u_{loc} 上的像经映射 T 的数次向前迭代将覆盖 δ 邻域. 由此得知, 由于映射 T 光滑, 又由于在点 O 的 δ_1 邻域内流形 W^u_{loc} 也光滑, 故 W^u_{loc} 在原点的 δ 邻域内光滑.

第三步. 我们已经建立了映射 T 有形如 $u=\varphi^*(v)$ 的光滑不变流形. 此外, 导数 $\eta^*=d\varphi^*/dv$ 的图像自身是由公式 (3.6.17) 和 (3.6.18) 给出的映射 T^* 的不变流形. 如果映射 T 的右端的光滑次数大于 1, 则映射 T^* 的右端属于 $\mathbb{C}^1$ – 类 (因为它由 φ^* 和 g 表示). 由于映射 T^* 的不动点 $(v=0,\eta=0)$ 是鞍点, 用于对映射 T 的所有论述可以重复, 这导致映射 T^* 的不变流形 $\eta=\eta^*(v)$ 是光滑的结论, 从而函数 φ^* 属于 $\mathbb{C}^2$ – 类.[4]

---

4 唯一的区别是映射 T^* 的线性部分不是分块对角型, 因此, 一般地有 $\dfrac{d\eta^*}{dv}(0)\neq 0$.

因此, 当映射 T 的右端的光滑性大于 2 时, 映射 T^* 的右端是已经是 $\mathbb{C}^2$ – 光滑的. 由此, 由前面的论述, 分别地有函数 η^* 是 $\mathbb{C}^2$ – 类的, 函数 φ^* 是 $\mathbb{C}^3$ – 类的等等. 由归纳法我们得知 $\mathbb{C}^r$ – 光滑不变流形 W^u_{loc} 的存在性. 证明完毕.

如同在平衡态情形, 不变流形 W^s_{loc} 和 W^u_{loc} 可以通过变量变换

$$\xi = u - \varphi^*(v),$$
$$\eta = v - \psi^*(u)$$

局部直化. 在新变量下不变流形取形式

$$W^s_{\text{loc}} : \eta = 0 \quad \text{和} \quad W^u_{\text{loc}} : \xi = 0.$$

流形的不变性导致 $\eta = 0$ 时 $\bar{\eta} = 0$, $\xi = 0$ 时 $\bar{\xi} = 0$. 借助于变量 ξ 和 η, 原来的系统化为形式

$$\begin{aligned} \bar{\eta} &= (A^- + h_1(\xi, \eta))\xi, \\ \bar{\xi} &= (A^+ + h_2(\xi, \eta))\eta, \end{aligned} \tag{3.6.29}$$

其中 $h_i \in \mathbb{C}^{r-1}$ 且

$$h_i(0, 0) = 0, \quad i = 1, 2. \tag{3.6.30}$$

在鞍点的小邻域内函数 $h_{1,2}$ 按范数很小, 并且只要轨线停留在鞍点的邻域内, 不等式

$$\|\bar{\xi}\| \leqslant (|\lambda_1| + \varepsilon)\|\xi\|$$

和

$$\|\bar{\eta}\| \geqslant (|\gamma_1| - \varepsilon)\|\eta\|$$

在 Jordan 基下成立. 因此我们得到

$$\|\xi_j\| \leqslant (|\lambda_1| + \varepsilon)^j \|\xi_0\| \quad \text{对} \quad j \geqslant 0, \tag{3.6.31}$$

$$\|\eta_j\| \leqslant (|\gamma_1| - \varepsilon)^{|j|} \|\eta_0\| \quad \text{对} \quad j \leqslant 0 \tag{3.6.32}$$

(见上一节类似的公式 (3.5.4) 和 (3.5.25) 的证明). 因此, 既不位于 W^s_{loc} 也不位于 W^u_{loc} 内的轨线当 $j \to \pm\infty$ 时离开鞍点的邻域. 此外, 向前轨线离开鞍点邻域所需的迭代次数是 $\ln \|\eta_0\|$ 阶的, 向后轨线所需的迭代次数为 $\ln \|\xi_0\|$ 阶的.

在稳定流形 $W^s_{\text{loc}} : v = \psi^*(u)$ 上的映射 (3.6.1) 由

$$\bar{u} = A^- u + f(u, \psi^*(u)) \tag{3.6.33}$$

给出. 在 W^s_{loc} 上点 O 是稳定不动点. 一般地, 这个点或者是结点 (如果仅有一个坐标为主坐标), 或者是焦点 (如果存在两个对应于一对复共轭乘子的主坐标).

在 W^u_{loc} 上的映射 (3.6.1) 由

$$\bar{v} = A^+ v + g(\varphi^*(v), v) \tag{3.6.34}$$

给出. 这里, 点 O 是完全不稳定不动点, 并且一般地它是结点或焦点.

现在我们可以按轨线在主坐标下的性态指定 9 个鞍点不动点的主要类型:

(1) **鞍点** $(+,+)$: 在 W^s_{loc} 和 W^u_{loc} 上都是结点 $(+)$.
(2) **鞍点** $(-,-)$: 在 W^s_{loc} 和 W^u_{loc} 上都是结点 $(-)$.
(3) **鞍点** $(+,-)$: 在 W^s_{loc} 上是结点 $(+)$, 在 W^u_{loc} 上是结点 $(-)$.
(4) **鞍点** $(-,+)$: 在 W^s_{loc} 上是结点 $(-)$, 在 W^u_{loc} 上是结点 $(+)$.
(5) **鞍 – 焦点** $(2, 1+)$: 在 W^s_{loc} 上是焦点, 在 W^u_{loc} 上是结点 $(+)$.
(6) **鞍 – 焦点** $(2, 1-)$: 在 W^s_{loc} 上是焦点, 在 W^u_{loc} 上是结点 $(-)$.
(7) **鞍 – 焦点** $(1+, 2)$: 在 W^s_{loc} 上是结点 $(+)$, 在 W^u_{loc} 上是焦点.
(8) **鞍 – 焦点** $(1-, 2)$: 在 W^s_{loc} 上是结点 $(-)$, 在 W^u_{loc} 上是焦点.
(9) **鞍 – 焦点** $(2, 2)$: 在 W^s_{loc} 和 W^u_{loc} 上都是焦点.

定理 3.4 和定理 3.5 对系统 (3.6.33) 和 (3.6.34) 都成立. 因此在 W^s_{loc} 和 W^u_{loc} 中存在**非主稳定不变子流形**W^{ss}_{loc}, **主稳定不变子流形**W^{sL}_{loc}, **非主不稳定不变子流形**W^{uu}_{loc} 以及**主不稳定不变子流形**W^{uL}_{loc}. 进一步我们选择鞍点不动点的另外三个光滑不变流形. 为此引入记号:

$$r_{sL} = \left[\frac{\ln\ \hat{\lambda}}{\ln\ |\lambda_1|}\right], \tag{3.6.35}$$

$$r_{uL} = \left[\frac{\ln\ \hat{\gamma}}{\ln\ |\gamma_1|}\right], \tag{3.6.36}$$

其中 $\hat{\lambda}$ 和 $\hat{\gamma}$ 分别表示最靠近单位圆的非主稳定和不稳定乘子的绝对值, $[x]$ 表示严格小于 x 的最大整数.

定理 3.9 在 $\mathbb{C}^r$ – 光滑映射的鞍点型结构稳定不动点的邻域内存在下面的不变流形:

1. $\mathbb{C}^{\min(r, r_{uL})}$ – 光滑扩展稳定流形 W^{sE}_{loc}, 它包含 W^s_{loc}, 并在点 O 处切于线性化系统的扩展稳定特征子空间且与 W^{uu}_{loc} 横截相交.
2. $\mathbb{C}^{\min(r, r_{sL})}$ – 光滑扩展不稳定流形 W^{uE}_{loc}, 它包含 W^u_{loc}, 并在点 O 处切于线性化系统的扩展不稳定特征子空间且与 W^{ss}_{loc} 横截相交.
3. $\mathbb{C}^{\min(r, r_{sL}, r_{uL})}$ – 光滑主鞍点流形 $W^L_{\text{loc}} = W^{uE}_{\text{loc}} \bigcap W^{sE}_{\text{loc}}$.

证明见第 5 章. 我们指出, 一般来讲流形 W^{sE}_{loc} 不唯一, 但是任何两个这样的流形在 W^s_{loc} 的每一处都彼此相切. 类似地, 任何两个流形 W^{uE}_{loc} 在 W^u_{loc} 上彼此相切.

3.7 鞍点不动点附近的边值问题

考虑 $\mathbb{C}^r$ – 类 $(r \geqslant 1)$ 映射 T

$$\begin{aligned}\bar{u} &= A^- u + f(u,v),\\ \bar{v} &= A^+ v + g(u,v),\end{aligned} \tag{3.7.1}$$

其中 $u \in \mathbb{R}^{m_1}, v \in \mathbb{R}^{m_2}$. 设 $O(0,0)$ 是映射 T 的鞍点不动点, 即谱 $A^- = \{\lambda_1, \cdots, \lambda_{m_1}\}$ 严格位于单位圆内, 谱 $A^+ = \{\gamma_1, \cdots, \gamma_{m_2}\}$ 严格位于单位圆外. 假设函数 f 和 g 连同它们的一阶导数在原点为零.

如同我们在 2.8 节研究过的鞍点平衡态情形, 在鞍点不动点附近的指数式不稳定性是映射 (3.7.1) 的轨线的典型性态. 因此, 在该情形下, 代替初值问题而按下面方法考虑**边值问题**是十分合理的.

对任何 u^0, v^1, 以及任何常数 $k > 0$, 在点 $O(0,0)$ 的邻域内求映射 (3.7.1) 的轨线

$$\{(u_0, v_0), (u_1, v_1), \cdots, (u_k, v_k)\},$$

使得

$$u_0 \equiv u^0, \quad v_k \equiv v^1, \tag{3.7.2}$$

其中对某个充分小的 $\varepsilon > 0$, 我们假设 $\|u^0\| \leqslant \varepsilon$ 和 $\|v^1\| \leqslant \varepsilon$.

映射 (3.7.1) 的轨线 $\{(u_j, v_j)\}_{j=0}^k$ 由

$$\begin{aligned}u_{j+1} &= A^- u_j + f(u_j, v_j),\\ v_{j+1} &= A^+ v_j + g(u_j, v_j)\end{aligned} \tag{3.7.3}$$

给出.

在线性情形下, 这个边值问题的解可平凡地求得:

$$u_j = (A^-)^j u^0, \quad v_j = (A^+)^{-(k-j)} v^1. \tag{3.7.4}$$

由于 $\|(A^-)^j\|$ 和 $\|(A^+)^{-(k-j)}\|$ 对一切 $0 \leqslant j \leqslant k$ 有界, 线性问题的解关于初始条件 u^0 和 v^1 的扰动稳定. 在非线性情形这个论述的正确性由下面的定理建立.

定理 3.10　对充分小的 $\varepsilon > 0$ 以及满足 $\|u^0\| \leqslant \varepsilon$ 和 $\|v^1\| \leqslant \varepsilon$ 的 u^0 和 v^1, 映射 (3.7.1) 的边值问题 (3.7.2) 的解对任何正整数 k 存在. 这个解唯一且连续依赖于 (u^0, v^1).

证明　我们将视边值问题 (3.7.2) 和 (3.7.3) 的解

$$\{(u_0, v_0), (u_1, v_1), \cdots, (u_k, v_k)\}$$

为关于变量 $\{(u_j, v_j)\}$ $(j = 0, 1, \cdots, k)$ 的下面方程系统 (见 2.8 节中鞍点平衡态附近类似的关于边值问题的积分方程)

$$
\begin{aligned}
u_j &= (A^-)^j u^0 + \sum_{s=0}^{j-1} (A^-)^{j-s-1} f(u_s, v_s),\\
v_j &= (A^+)^{-(k-j)} v^1 - \sum_{s=j}^{k-1} (A^+)^{-(s+1-j)} g(u_s, v_s)
\end{aligned}
\tag{3.7.5}
$$

的解. 注意到这个系统是由关系式 (3.7.3) 直接推导出来的, 就是说, 对 u_j 我们有

$$
\begin{aligned}
u_j &= A^- u_{j-1} + f(u_{j-1}, v_{j-1})\\
&= (A^-)^2 u_{j-2} + A^- f(u_{j-2}, v_{j-2}) + f(u_{j-1}, v_{j-1})\\
&= \cdots\\
&= (A^-)^j u_0 + (A^-)^{j-1} f(u_0, v_0) + \cdots + f(u_{j-1}, v_{j-1}),
\end{aligned}
$$

对 v_j 有

$$
\begin{aligned}
v_j &= (A^+)^{-1} v_{j+1} - (A^+)^{-1} g(u_j, v_j)\\
&= (A^+)^{-2} v_{j+2} - (A^+)^{-2} g(u_{j+1}, v_{j+1}) - (A^+)^{-1} g(u_j, v_j)\\
&= \cdots\\
&= (A^+)^{j-k} v_k - (A^+)^{j-k} g(u_{k-1}, v_{k-1}) - \cdots - (A^+)^{-1} g(u_j, v_j).
\end{aligned}
$$

显然对任何解 (3.7.4) 有 $u_0 \equiv u^0$ 和 $v_k \equiv v^1$. 因此, 序列 $\{(u_0, v_0), (u_1, v_1), \cdots, (u_k, v_k)\}$ 是边值问题的解当且仅当它满足 (3.7.5).

我们用逐次逼近法来构造系统 (3.7.5) 的解. 第一次近似选取线性边值问题的解 (3.7.4). 逐次近似按公式

$$
\begin{aligned}
u_j^{(n+1)} &= (A^-)^j u^0 + \sum_{s=0}^{j-1} (A^-)^{j-s-1} f(u_s^{(n)}, v_s^{(n)}),\\
v_j^{(n+1)} &= (A^+)^{j-k} v^1 - \sum_{s=j}^{k-1} (A^+)^{j-s-1} g(u_s^{(n)}, v_s^{(n)})\\
&\qquad (j = 0, 1, \cdots, k)
\end{aligned}
\tag{3.7.6}
$$

计算.

现在我们证明所得序列一致收敛于某个极限向量

$$
z_0^* = \{(u_i^*, v_i^*)\}_{i=0}^{i=k}.
$$

先证明对所有 n 和 $0 \leqslant j \leqslant k$ 有

$$
\|u_j^{(n)}\| \leqslant 2\varepsilon, \quad \|v_j^{(n)}\| \leqslant 2\varepsilon. \tag{3.7.7}
$$

当 $n=1$ 时, 它由事实 $\|u^0\|\leqslant\varepsilon$, $\|v^1\|\leqslant\varepsilon$ 和不等式

$$\|(A^-)^j\|\leqslant\lambda^j,\quad \|(A^+)^{j-k}\|\leqslant\gamma^{j-k}\tag{3.7.8}$$

直接得到, 其中 $0<\lambda<1$ 和 $\gamma>1$ 是 A^- 的谱严格位于直径为 λ 的圆内和 A^+ 的谱严格位于直径为 γ 的圆外的个数.

用归纳法对所有的 n 证明不等式 (3.7.7). 由于函数 f 和 g 以及它们的一阶导数在点 O 为零, 不等式[5]

$$\left\|\frac{\partial(f,g)}{\partial(u,v)}\right\|\leqslant\delta,\quad \|f,g\|\leqslant\delta\|u,v\|\tag{3.7.9}$$

满足, 其中 δ 可通过缩小点 O 的邻域而变得任意小. 选择 ε 充分小使得对任何在鞍点的 2ε 邻域内的 u 和 v, 不等式

$$2\delta\max\left(\frac{1}{1-\lambda},\frac{1}{1-\gamma^{-1}}\right)\leqslant 1\tag{3.7.10}$$

成立. 由 (3.7.6),(3.7.8) 和 (3.7.9) 我们得到

$$\begin{aligned}
\|u_j^{(n+1)}\|&\leqslant\lambda^j\|u^0\|+\delta\sum_{s=0}^{j-1}\lambda^{j-s-1}\|u_s^{(n)},v_s^{(n)}\|,\\
\|v_j^{(n+1)}\|&\leqslant\gamma^{j-k}\|v^1\|+\delta\sum_{s=j}^{k-1}\gamma^{j-s-1}\|u_s^{(n)},v_s^{(n)}\|.
\end{aligned}$$

由此得知

$$\|u_j^{(n+1)},v_j^{(n+1)}\|\leqslant\varepsilon+\delta\max\left(\frac{1}{1-\lambda},\frac{1}{1-\gamma^{-1}}\right)\max_{0\leqslant s\leqslant j}\|u_s^{(n)},v_s^{(n)}\|.$$

由 (3.7.10) 我们有, 若 $\|u_s^{(n)},v_s^{(n)}\|\leqslant 2\varepsilon$, 则 $\|u_j^{(n+1)},v_j^{(n+1)}\|\leqslant 2\varepsilon$, 故对所有 n 不等式 (3.7.7) 成立.

现在我们证明

$$\begin{aligned}
&\max_{0\leqslant j\leqslant k}\|u_j^{(n+1)}-u_j^{(n)},v_j^{(n+1)}-v_j^{(n)}\|\\
&\leqslant\frac{1}{2}\max_{0\leqslant s\leqslant k}\|u_s^{(n)}-u_s^{(n-1)},v_s^{(n)}-v_s^{(n-1)}\|.
\end{aligned}\tag{3.7.11}$$

由于对所有 n 变量 $\left(u_j^{(n)},v_j^{(n)}\right)$ 位于鞍点的 2ε 邻域内, 故估计 (3.7.9) 对 $f(u_j^{(n)},v_j^{(n)})$

---

[5] 此后 $\|u,v\|$ 表示 $\max\{\|u\|,\|v\|\}$.

和 $g\left(u_j^{(n)}, v_j^{(n)}\right)$ 成立. 现在由 (3.7.6) 和 (3.7.10) 我们得到

$$\begin{aligned}
&\|u_j^{(n+1)} - u_j^{(n)}\| \\
&\leqslant \sum_{s=0}^{j-1} \lambda^{j-s-1} \|f(u_s^{(n)}, v_s^{(n)}) - f(u_s^{(n-1)}, v_s^{(n-1)})\| \\
&\leqslant \frac{\delta}{1-\lambda} \max_{0 \leqslant s \leqslant j} \|u_s^{(n)} - u_s^{(n-1)}, v_s^{(n)} - v_s^{(n-1)}\| \\
&\leqslant \frac{1}{2} \max_{0 \leqslant s \leqslant j} \|u_s^{(n)} - u_s^{(n-1)}, v_s^{(n)} - v_s^{(n-1)}\|.
\end{aligned}$$

类似的估计应用于 $\|v_j^{(n+1)} - v_j^{(n)}\|$.

由 (3.7.11) 得知差的范数 $\|u_j^{(n+1)} - u_j^{(n)}\|$ 和 $\|v_j^{(n+1)} - v_j^{(n)}\|$ 按几何级数衰减. 因此级数

$$\sum_{n=1}^{\infty} \left(u_j^{(n+1)} - u_j^{(n)}, v_j^{(n+1)} - v_j^{(n)}\right) \tag{3.7.12}$$

关于 j 以及 u^0, v^1 和 k 一致收敛, 由于有明显的关系式

$$\left(u_j^{(p)}, v_j^{(p)}\right) = \left(u_j^{(1)}, v_j^{(1)}\right) + \sum_{n=1}^{p-1} \left(u_j^{(n+1)} - u_j^{(n)}, v_j^{(n+1)} - v_j^{(n)}\right).$$

当 $n \to \infty$ 时序列 $\left(u_j^{(n)}, v_j^{(n)}\right)$ 收敛于某个向量 $\{(u_j^*, v_j^*)\}_{j=0}^k$, 它为系统 (3.7.5) 同时也是边值问题的解. 由于逐次逼近收敛的一致性, 解 (u_j^*, v_j^*) 连续依赖于 u^0 和 v^1.

为了证明解的唯一性, 假定系统 (3.7.5) 还有另外一个解 $\{(u_j^{**}, v_j^{**})\}_{j=0}^k$. 于是按照与证明不等式 (3.7.11) 相同的方法, 我们可以证明, 对一切 $j \in \{0, \cdots, k\}$ 有

$$\|u_j^{**} - u_j^*, v_j^{**} - v_j^*\| \leqslant \frac{1}{2} \max_{0 \leqslant s \leqslant k} \|u_s^{**} - u_s^*, v_s^{**} - v_s^*\|.$$

因此, 恒等式 $u_j^{**} \equiv u_j^*$ 和 $v_j^{**} \equiv v_j^*$ 成立. 证明完毕.

与 2.8 节证明鞍点平衡态附近边值问题的解的光滑性类似, 可以证明, 在鞍点不动点附近边值问题 (3.7.2) 和 (3.7.3) 的解关于初始条件 (u^0, v^1) 是 $\mathbb{C}^r$ – 光滑的. 关于 u^0 和 v^1 的导数由形式微分 (3.7.2) 和 (3.7.3) 得到的边值问题的解 (唯一) 确定. 因此导数 $\partial u_j^*/\partial u^0$ 和 $\partial v_j^*/\partial u^0$ 是下面系统

$$\begin{aligned}
U_{j+1} &= A^- U_j + f_u'(u_j^*, v_j^*) U_j + f_v'(u_j^*, v_j^*) V_j, \\
V_{j+1} &= A^+ V_j + g_u'(u_j^*, v_j^*) U_j + g_v'(u_j^*, v_j^*) V_j \\
&\quad (j = 0, \cdots, k)
\end{aligned} \tag{3.7.13}$$

满足边界条件

$$U_0 = I_{m_1}, \quad V_k = 0 \tag{3.7.14}$$

的解, 其中 $U_j \equiv \partial u_j^*/\partial u^0$, $V_j \equiv \partial v_j^*/\partial u^0$.

如同我们将边值问题 (3.7.2), (3.7.3) 的解视作为系统 (3.7.5) 的解, 我们将边值问题 (3.7.13), (3.7.14) 的解作为系统

$$\begin{aligned} U_j &= (A^-)^j + \sum_{s=0}^{j-1} (A^-)^{j-s-1}(f'_u(u_s^*, v_s^*)U_s + f'_v(u_s^*, v_s^*)V_s), \\ V_j &= -\sum_{s=j}^{k-1} (A^+)^{j-s-1}(g'_u(u_s^*, v_s^*)U_s + g'_v(u_s^*, v_s^*)V_s) \end{aligned} \tag{3.7.15}$$

的解. 逐次逼近的收敛性可以用与定理 3.10 相同的方法证明, 即可以证明 $\|U_j^{(n+1)} - U_j^{(n)}\|$ 和 $\|V_j^{(n+1)} - V_j^{(n)}\|$ 的范数按几何级数衰减.

导数 $\partial u_j^*/\partial v_1$ 和 $\partial v_j^*/\partial v_1$ 也可作为系统 (3.7.13) 但满足其它的边值条件

$$V_k = I_{m_2} \quad 和 \quad U_0 = 0 \tag{3.7.16}$$

的解求得.

用边值问题的方法可使我们对鞍点映射的性质建立一个非常重要的几何结果, 称之为 λ – **引理**. 为方便起见, 我们作 $\mathbb{C}^r$ – 光滑的坐标变换, 将鞍点不动点的某 ε 邻域 D_ε 内的稳定和不稳定流形直化 (见 3.6 节). 借助于新坐标, (3.7.1) 中的函数 f 和 g 以及它们的一阶导数在原点为零. 此外, 在 D_ε 中的每一点

$$f(0, v) \equiv 0, \quad g(u, 0) \equiv 0. \tag{3.7.17}$$

因此, W^s_{loc} 的方程变成 $v = 0$, W^u_{loc} 的方程变成 $u = 0$.

在邻域 D_ε 内我们考虑任意的 m_2 维 $\mathbb{C}^r$ – 光滑曲面 $H_0 : u = h_0(v)$, 它与 W^s_{loc} 横截相交于某点 M.

我们证明当 $k \to +\infty$ 时点列 $\{M, T(M), \cdots, T^k(M), \cdots\}$ 收敛于 O. m_2 维曲面 $T^k(H_0)$ 通过这个序列中对应的点. 以 H_k 表示包含点 $T^k(M)$ 的 $T^k(H_0) \bigcap D_\varepsilon$ 的连通分支.

引理 3.2 (λ – **引理**) 对所有充分大的 k, 曲面 H_k 表示为形式 $u = h_k(v)$, 其中函数 h_k 以及所有它们的导数当 $k \to +\infty$ 时都一致趋于零 (见图 3.7.1). [6]

证明 由曲面 H_0 与曲面 W^s_{loc}:$v = 0$ 在点 $M(h_0(0), 0)$ 的横截性, 得知 $\|h'_0(0)\|$ 有界. 因此对所有充分小的 v, 范数 $\|h'_0(v)\|$ 有界. 考虑曲面 H_k 并在其上任意选择点 (u_k, v_k). 由构造, 在 H_0 上总存在点 (u_0, v_0) 使得 $T^k(u_0, v_0) = (u_k, v_k)$.

由定理 3.10, 对任何正数 k, 映射 $T^k : (u_0, v_0) \mapsto (u_k, v_k)$ 可写为隐式形式

$$u_k = \xi_k(u_0, v_k), \quad v_0 = \eta_k(u_0, v_k), \tag{3.7.18}$$

[6] 换句话说, 序列 H_k 在 $\mathbb{C}^r$ – 拓扑下收敛于 W^u_{loc}.

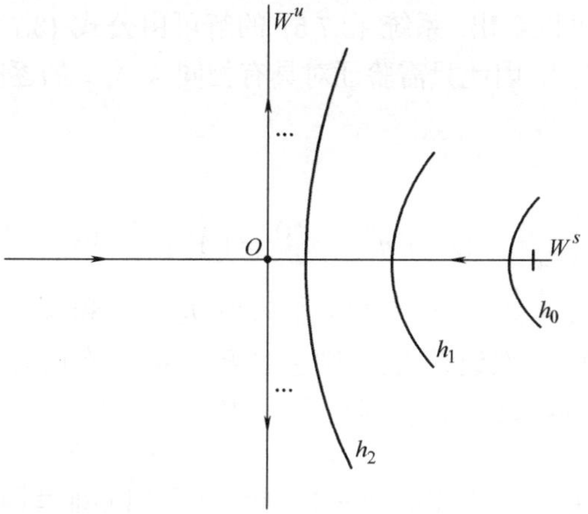

图 3.7.1 λ – 引理的几何解释. 曲面 $u = h_k(v)$ 的图像的逐次迭代在沿着稳定流形 W^s 趋于不稳定流形 W^u 时变得越来越平坦.

其中 ξ_k 和 η_k 是 $\mathbb{C}^r$ – 光滑函数. 下面我们证明当 $k \to +\infty$ 时, 函数 ξ_k, η_k 以及它们直到 γ 阶导数的范数一致趋于零.

将 $u_0 = h_0(v_0)$ 代入 (3.7.18) 给出点 $(u_k, v_k) \in H_k$ 和点 $(u_0, v_0) \in H_0$ 由关系式

$$u_k = \xi_k(h_0(v_0), v_k), \quad v_0 = \eta_k(h_0(v_0), v_k) \tag{3.7.19}$$

建立的联系.

我们已经指出, η_k 以及它们直到 γ 阶的导数当 $k \to +\infty$ 时趋于零, 但是对小的 v_0,$\|h_0'\|$ 保持有界. 因此由隐函数定理, 对充分大的 k 和任何其范数不超过 ε 的 v_k, (3.7.19) 中的第二个方程可关于 $v_0 : v_0 = \varphi_k(v_k)$ 唯一求解, 其中函数 φ_k 和它们所有直到 γ 阶的导数当 $k \to +\infty$ 时一致地趋于零.

曲面 H_k 的方程现在可以写为显式形式 $u_k = \xi_k(h_0(\varphi_k(v_k)), v_k)$, 这就给出了引理, 因为函数 ξ_k 和 φ_k 的范数当 $k \to +\infty$ 时一致地趋于零.

由此, λ – 引理的证明化为验证范数 $\|\xi_k\|$ 和 $\|\eta_k\|$ 以及它们的导数的范数趋于零. 让我们来证明这一点.

引理 3.3 在将稳定和不稳定流形直化的坐标系下, 当 $k \to \infty$ 时函数的范数 $\|\xi_k\|$ 和 $\|\eta_k\|$ 一致地趋于零.

证明 考虑得出映射 T 的边值问题解的系统 (3.7.5). 我们有 $u_k \equiv \xi_k(u_0, v_k)$ 和 $v_0 \equiv \eta_k(u_0, v_k)$. 下面将证明对某个 K 和某 $\bar{\lambda} < 1$, $\bar{\gamma} > 1$, 系统 (3.7.5) 的解满足不等式

$$\|u_j\| \leqslant K\bar{\lambda}^j, \quad \|v_j\| \leqslant K\bar{\gamma}^{j-k}. \tag{3.7.20}$$

由定理 3.10 的证明可以看出, 系统 (3.7.5) 的解可由公式 (3.7.6) 计算的逐次逼近 $\left(u_j^{(n)}, v_j^{(n)}\right)$ 的极限得到. 因此只需验证对具有相同 $k, \bar{\lambda}, \bar{\gamma}$ 的逐次逼近的每一步, 不等式 (3.7.20) 成立.

对第一次近似

$$\left(u_j^{(1)} = (A^-)^j u^0, \quad v_j^{(1)} = (A^+)^{-(k-j)} v^1\right),$$

(3.7.20) 的准确性由 (3.7.8) 得到, 只要我们选取 $K > \varepsilon$ 和 $\bar{\lambda} > \lambda, \bar{\gamma} < \gamma$. 现在我们证明如果 (3.7.20) 对第 n 次逼近成立, 则它对第 $(n+1)$ 次逼近成立. 首先观察到由 (3.7.17) 和 (3.7.9) 得到函数 f 和 g 满足下面的估计

$$\|f(u,v)\| \leqslant \|f(0,v)\| + \left(\sup_{\|u,v\|\leqslant\varepsilon} \|f'_u\|\right) \|u\| \equiv \delta\|u\| \tag{3.7.21}$$

和

$$\|g(u,v)\| \leqslant \|g(u,0)\| + \left(\sup_{\|u,v\|\leqslant\varepsilon} \|g'_v\|\right) \|v\| \equiv \delta\|v\|. \tag{3.7.22}$$

现在由 (3.7.7), (3.7.9) 和 (3.7.21), (3.7.22) 我们得到

$$\|u_j^{(n+1)}\| \leqslant \lambda^j \varepsilon + \delta \sum_{s=0}^{j-1} \lambda^{j-s-1} \|u_s^{(n)}\|,$$

$$\|v_j^{(n+1)}\| \leqslant \gamma^{j-k} \varepsilon + \delta \sum_{s=j}^{k-1} \gamma^{j-s-1} \|v_s^{(n)}\|.$$

因此, 如果 $\left(u_s^{(n)}, v_s^{(n)}\right)$ 满足 (3.7.20), 则对 $u_j^{(n+1)}, v_j^{(n+1)}$ 我们有

$$\|u_j^{(n+1)}\| \leqslant \lambda^j \varepsilon + \delta \sum_{s=0}^{j-1} \lambda^{j-s-1} K \bar{\lambda}^s \leqslant \bar{\lambda}^j \left(\varepsilon + \frac{\delta K}{\bar{\lambda} - \lambda}\right),$$

$$\|v_j^{(n+1)}\| \leqslant \gamma^{j-k} \varepsilon + \delta \sum_{s=j}^{k-1} \gamma^{j-s-1} K \bar{\gamma}^{s-k} \leqslant \bar{\gamma}^{j-k} \left(\varepsilon + \frac{\delta K}{\gamma - \bar{\gamma}}\right).$$

不等式 (3.7.20) 对 $\left(u_j^{(n+1)}, v_j^{(n+1)}\right)$ 成立, 只要

$$K > \left(\varepsilon + \delta K \max\left(\frac{1}{\bar{\lambda} - \lambda}, \frac{1}{\gamma - \bar{\gamma}}\right)\right).$$

由于对充分小 ε 可以使得 δ 任意小, 这样的常数 K 存在. 因此我们可以选取 $K, \bar{\lambda}$ 和 $\bar{\gamma}$ 使得不等式 (3.7.20) 对所有逼近都成立, 从而, 对边值问题的解本身也成立.

对函数 ξ_k 和 η_k 我们得到

$$\|\xi_k\| \leqslant K\bar{\lambda}^k, \quad \|\eta_k\| \leqslant K\bar{\gamma}^{-k},$$

即当 $k \to +\infty$ 时这些函数的范数一致指数式地趋于零. 证明完毕.

引理 3.4 当 $k\to\infty$ 时导数 $\dfrac{\partial(\xi_k,\eta_k)}{\partial(u_0,v_k)}$ 的范数一致地趋于零.

证明 我们考虑导数 $\dfrac{\partial\xi_k}{\partial u_0}$ 和 $\dfrac{\partial\eta_k}{\partial u_0}$. 它们由边值问题 (3.7.13),(3.7.14) 的解给出: $\dfrac{\partial\xi_k}{\partial u_0}\equiv U_k$, $\dfrac{\partial\eta_k}{\partial u_0}\equiv V_k$. 在证明当 $k\to+\infty$ 时 $U_k(u_0,v_k)$ 和 $V_0(u_0,v_k)$ 都趋于零之前, 我们将证明所有 U_j 和 V_j 有界, 上界常数既不依赖于 k 又不依赖于 j.

由系统 (3.7.15) 求得的 U_j 和 V_j 为逐次逼近

$$
\begin{aligned}
U_j^{(n+1)}&=(A^-)^j+\sum_{s=0}^{j-1}(A^-)^{j-s-1}(f'_u(u_s^*,v_s^*)U_s^{(n)}+f'_v(u_s^*,v_s^*)V_s^{(n)}),\\
V_j^{(n+1)}&=-\sum_{s=j}^{k-1}(A^+)^{j-s-1}(g'_u(u_s^*,v_s^*)U_s^{(n)}+g'_v(u_s^*,v_s^*)V_s^{(n)})
\end{aligned}
\tag{3.7.23}
$$

的极限, 其中 u_s^* 和 v_s^* 是边值问题 (3.7.2) 和 (3.7.3) 的解. 如果我们证明所有的逐次逼近 $U_j^{(n)},V_j^{(n)}$ 都有界, 上界常数不依赖于 k,j 和 n, 我们就可证明 U_j 和 V_j 一致有界. 为了验证这一点, 假设对所有的 j 有

$$\|U_j^{(n)},V_j^{(n)}\|\leqslant 2. \tag{3.7.24}$$

由 (3.7.23), (3.7.9) 和 (3.7.10) 得

$$
\begin{aligned}
\|U_j^{(n+1)}\|&\leqslant\lambda^j+\sum_{s=0}^{j-1}\lambda^{j-s-1}(\|f'_u(u_s,v_s)\|\|U_s^{(n)}\|+\|f'_v(u_s,v_s)\|\|V_s^{(n)}\|)\\
&\leqslant 1+2\delta\sum_{s=0}^{j-1}\lambda^{j-s-1}\leqslant 1+2\delta/(1-\lambda)\leqslant 2,\\
\|V_j^{(n+1)}\|&\leqslant\sum_{s=j}^{k-1}\gamma^{j-s-1}(\|g'_u(u_s,v_s)\|\|U_s^{(n)}\|+\|g'_v(u_s,v_s)\|\|V_s^{(n)}\|)\\
&\leqslant 2\delta\sum_{s=j}^{k-1}\gamma^{j-s-1}\leqslant 2\delta/(\gamma-1)\leqslant 1.
\end{aligned}
$$

这就证明了我们的论断.

现在证明当 $k\to+\infty$ 时 U_k 趋于零. 由于 U_j 满足 (3.7.15), 我们得到

$$\|U_j\|\leqslant\lambda^j+\sum_{s=0}^{j-1}\lambda^{j-s-1}(\delta\|U_s\|+\|f'_{1v}(u_s^*,v_s^*)\|\|V_s\|). \tag{3.7.25}$$

由于 $f(0,v)\equiv 0$, 故 $f'_v(0,v)\equiv 0$, 因此当 $u\to 0$ 时 $f'_v(u,v)\to 0$. 从而, 由于 (3.7.20), 当 $s\to+\infty$ 时 $f'_v(u_s^*,v_s^*)\to 0$. 现在由于 V_s 对所有 s 保持有界, (3.7.25) 给

出

$$\|U_j\| \leqslant \lambda^j + \sum_{s=0}^{j-1} \lambda^{j-s-1}(\delta\|U_s\| + \rho_s), \tag{3.7.26}$$

其中 ρ_s 是某个当 $s \to +\infty$ 趋于零的正数序列. 考虑由递归公式

$$Z_j = \lambda^j + \sum_{s=0}^{j-1} \lambda^{j-s-1}(\delta Z_s + \rho_s) \tag{3.7.27}$$

定义的序列 Z_j. 由归纳法从 (3.7.26) 得到 $\|U_k\| \leqslant Z_k$. 因此, 为了证明 $\dfrac{\partial \xi_k}{\partial u_0} \equiv U_k \to 0$, 只需证明 $Z_k \to 0$.

为此, 我们首先指出, 由 (3.7.27) 有

$$Z_{j+1} - \lambda Z_j = \delta Z_j + \rho_j, \tag{3.7.28}$$

因此

$$Z_{j+1} = (\lambda + \delta) Z_j + \rho_j. \tag{3.7.29}$$

由于 δ 可取得充分小, 我们有 $\lambda + \delta < 1$. 现在, 如同对序列 (3.5.14) 所作的 (考虑到 $\rho_j \to 0$), Z_j 收敛于零的证明可用相同方法进行. 因此, $k \to +\infty$ 时 $U_k = \dfrac{\partial \xi_k}{\partial u_0}$ 趋于零. 余下的导数 $\partial\xi_k/\partial v_k$,$\partial\eta_k/\partial u_0$ 和 $\partial\eta_k/\partial v_k$, 可用相似的方法证明, 当 $k \to +\infty$ 时它们都趋于零.

引理 3.5　函数 ξ_k 和 η_k 的前 r 阶导数的范数当 $k \to \infty$ 时一致地趋于零.

证明　引入记号

$$U^i_{j(p,q)} \equiv \frac{\partial^i u_j}{\partial u_0^p \partial v_k^q}, \quad V^i_{j(p,q)} \equiv \frac{\partial^i v_j}{\partial u_0^p \partial v_k^q},$$

其中 $p + q = i \leqslant r$. U^i_j 和 V^i_j 可以作为 (3.7.5) 关于 u_0 微分 p 次以及关于 v_k 微分 q 次得到的系统的解, 它们可按逐次逼近法求得:

$$\begin{aligned} U^i_j &= \sum_{s=0}^{j-1} (A^-)^{j-s-1} \Big(f'_u(u_s, v_s) U^i_s + f'_v(u_s, v_s) V^i_s \\ &\quad + P_i(u_s, v_s, \cdots, U^{i-1}_s, V^{i-1}_s) \Big), \\ V^i_j &= -\sum_{s=j}^{k-1} (A^+)^{j-s-1} \Big(g'_u(u_s, v_s) U^i_s + g'_v(u_s, v_s) V^i_s \\ &\quad + Q_i(u_s, v_s, \cdots, U^{i-1}_s, V^{i-1}_s) \Big), \end{aligned} \tag{3.7.30}$$

其中 P_i 和 Q_i 是变量 $(U^1_s, V^1_s, \cdots, U^{i-1}_s, V^{i-1}_s)$ 的多项式, 函数 f 与 g 的导数是在 $u = u_s$ 和 $v = v_s$ 计算的.

例如, 对导数

$$\left(U_{j(2,0)}^2, V_{j(2,0)}^2\right) \equiv \left(\frac{\partial^2 u_j}{\partial u_0^2}, \frac{\partial^2 v_j}{\partial u_0^2}\right),$$

我们有

$$\begin{aligned} U_{j(2,0)}^2 = \sum_{s=0}^{j-1} (A^-)^{j-s-1} \Big(& f_u'(u_s, v_s) U_{s(2,0)} + f_v'(u_s, v_s) V_{s(2,0)} \\ & + f_{uu}''(u_s, v_s)(U_{s(1,0)})^2 + 2 f_{uv}''(u_s, v_s) U_{s(1,0)} V_{s(1,0)} \\ & + f_{vv}''(u_s, v_s)(V_{s(1,0)})^2 \Big) \end{aligned}$$

和

$$\begin{aligned} V_{j(2,0)}^2 = -\sum_{s=j}^{k-1} (A^+)^{j-s-1} \Big(& g_u'(u_s, v_s) U_{s(2,0)} + g_v'(u_s, v_s) V_{s(2,0)} \\ & + g_{uu}''(u_s, v_s)(U_{s(1,0)})^2 + 2 g_{uv}''(u_s, v_s) U_{s(1,0)} V_{s(1,0)} \\ & + g_{vv}''(u_s, v_s)(V_{s(1,0)})^2 \Big). \end{aligned}$$

利用上面对一阶导数使用的方法可以证明任何 i 阶导数 U_j^i 和 V_j^i 有界, 上界常数既不依赖 j 又不依赖 k(但可能依赖导数的阶数 i).

为了验证 $k \to +\infty$ 时范数 $\|U_k^i\| \to 0$, 我们证明 $\|U_j^i\|$ 囿于一个与 k 无关且当 $j \to \infty$ 时趋于零的序列. 对 $i = 1$ 这个论断我们已经证明. 用归纳法我们证明它对一切 i 成立.

假设对所有小于某个 i_0 的 i, 当 $j \to \infty$ 时 $\|U_j^i\| \to 0$. 对 $U_j^{i_0}$ 考虑方程 (3.7.30). 由归纳法假设, P_{i_0} 中那些至少包含一个值 U_s^i $(i < i_0)$ 的项当 $s \to +\infty$ 时趋于零. 剩余的项是某些值 V_s^i 和 $f(u_s, v_s)$ 关于变量 v_s 的某些导数的积. 由于所有的 V_s^i 一致有界, 且 $f(u_s, v_s)$ 关于变量 v_s 的导数当 $u_s \to 0$ 时一致趋于零 (因为 $f(0, v) \equiv 0$), 由此得知, 所有这些项以及 $f(u_s, v_s) V_s^i$ 当 $s \to +\infty$ 时趋于零.

因此, 完全类似于对一阶导数的讨论, 我们有估计

$$\|U_j^i\| \leqslant \lambda^j + \sum_{s=0}^{j-1} \lambda^{j-s-1} (\delta \|U_s^i\| + \rho_s^i),$$

其中 ρ_s^i 是当 $s \to +\infty$ 时收敛于零的正数序列. 因此, 类似于对 U_j^1 的估计 (3.7.26), 我们得到 U_j^i 被某个不依赖于 k 且当 $j \to +\infty$ 时趋于零的序列 Z_j^i 所优控. 从而我们现在可以得出 ξ_k 的所有导数当 $k \to +\infty$ 时都趋于零的结论.

对 V_j^i 我们得到估计

$$\|V_j^i\| \leqslant \sum_{s=j}^{k-1} \gamma^{j-s-1} (\delta \|V_s^i\| + \sigma_{k-s}^i),$$

其中当 $(k-s)\to+\infty$ 时 $\sigma^i_{k-s}\to 0$. 重复对 U^i_j 应用过的相同论述, 我们可以证明当 $(k-j)\to+\infty$ 时 $\|V^i_{k-j}\|\to 0$. 假设 $j=k$, 我们得到当 $k\to+\infty$ 时 η_k 的所有导数都趋于零. 证明完毕.

3.8 鞍点不动点附近线性映射的性态. 例子

在这一节我们将研究线性鞍点映射的某些几何性质. 适当选取坐标系使得具有鞍点型的结构稳定不动点 O 的线性映射 T 可以写为形式

$$\begin{aligned}\bar{x}&=A^{sL}x, \quad \bar{u}=A^{ss}u,\\ \bar{y}&=A^{uL}y, \quad \bar{v}=A^{uu}v,\end{aligned}\tag{3.8.1}$$

其中矩阵 A^{sL} 的特征值的绝对值等于 λ, $0<\lambda<1$, 矩阵 A^{ss} 的特征值的绝对值小于 λ. 矩阵 A^{uL} 的特征值的绝对值等于 γ, $\gamma>1$, 矩阵 A^{uu} 的特征值的绝对值大于 γ. 于是, 稳定不变流形 W^s 的方程是 $(y=0,v=0)$, 非主 (强) 稳定流形 W^{ss} 的方程是 $(x=0,y=0,v=0)$. 不稳定流形 W^u 的方程是 $(x=0,u=0)$, 非主 (强) 不稳定流形 W^{uu} 的方程是 $(x=0,u=0,y=0)$.

在稳定和不稳定流形上选择两点 $M^+(x^+,u^+,0,0)\in W^s/O$ 和 $M^-(0,0,y^-,v^-)\in W^u/O$, 以及围绕它们取某小长方形邻域

$$\begin{aligned}\Pi^+&=\{\|x-x^+\|\leqslant\varepsilon_0,\|u-u^+\|\leqslant\varepsilon_0,\|y\|\leqslant\varepsilon_0,\|v\|\leqslant\varepsilon_0\},\\ \Pi^-&=\{\|x\|\leqslant\varepsilon_1,\|u\|\leqslant\varepsilon_1,\|y-y^-\|\leqslant\varepsilon_1,\|v-v^-\|\leqslant\varepsilon_1\},\end{aligned}$$

使得 $T(\Pi^+)\bigcap\Pi^+=\varnothing$, $T(\Pi^-)\bigcap\Pi^-=\varnothing$. 我们也假设鞍点不动点 O 的主特征值是单的, 即仅存在一个主特征值假如它是实数. 反之, 存在一对主特征值假如它们是共轭复数. 由此得知在第一个情形向量 x (或者 y) 是一维的, A^{sL} (或者 A^{uL}) 是数量. 在主特征值是共轭复数情形, 向量 x 或 y 是二维的, 矩阵 A^{sL} 或 A^{uL} 有形式

$$A^{sL}=\lambda\begin{pmatrix}\cos\varphi & -\sin\varphi\\ \sin\varphi & \cos\varphi\end{pmatrix},\quad A^{uL}=\gamma\begin{pmatrix}\cos\psi & -\sin\psi\\ \sin\psi & \cos\psi\end{pmatrix},$$

其中 $0<\lambda<1$, $\gamma>1$, $(\varphi,\psi)\notin\{0,\pi\}$.

考虑下面的问题: $\prod^+$ 中是否存在其轨线到达 $\prod^-$ 的点? $\prod^-$ 中这种点是什么样的集合? 以及它们在 $\prod^+$ 中的像是什么集合?

我们首先考虑鞍点不动点仅具有主特征值的情形. 由 3.6 节建立的这种鞍点映射存在 9 类主要类型: 四类二维鞍点 (所有特征值是实数), 四类三维的: 两类鞍 – 焦点 (2,1) 和两类鞍 – 焦点 (1,2), 以及一类四维情形: 鞍 – 焦点 (2,2).

我们先从二维映射开始. 按照鞍点特征值的符号可存在四种 (在拓扑共轭意义

下) 不同情况. 相应映射可取下面的形式之一:

$$
\begin{aligned}
&(1)\quad \bar{x} = \lambda x, \qquad && \bar{y} = \gamma y.\\
&(2)\quad \bar{x} = -\lambda x, \qquad && \bar{y} = \gamma y.\\
&(3)\quad \bar{x} = \lambda x, \qquad && \bar{y} = -\gamma y.\\
&(4)\quad \bar{x} = -\lambda x, \qquad && \bar{y} = -\gamma y.
\end{aligned}
$$

不失一般性可以假设 $\|x^+\| > 0, \|y^-\| > 0$.

对情形 (1) 映射 T 使点 $(x^+,0)$ 跳到点 $(\lambda x^+,0)$, 然后到 $(\lambda^2 x^+,0)$ 等等. 由于 $0 < \lambda < 1$, 点列 $T^k(M^+) = (\lambda^k x^+,0)$ 单调地收敛于鞍点 O. 同时映射 T 将长方形 Π^+ 沿着 y 坐标以因子 γ 伸长, 沿着 x 坐标以因子 λ 压缩. 显然, 我们可以选择大的 $\bar{k}$ (当 $\varepsilon_0, \varepsilon_1 \to 0$ 时 $\bar{k} \to +\infty$) 使得对所有的 $k \geqslant \bar{k}$ 下面条件成立

$$
T^k(\Pi^+) \cap \Pi^- \neq \varnothing, \quad (\gamma^{\bar{k}}\xi_0 > y^- + \varepsilon_1, \quad \lambda^{\bar{k}}(x^+ + \varepsilon_0) < \varepsilon_1),
$$

见图 3.8.1.[7]

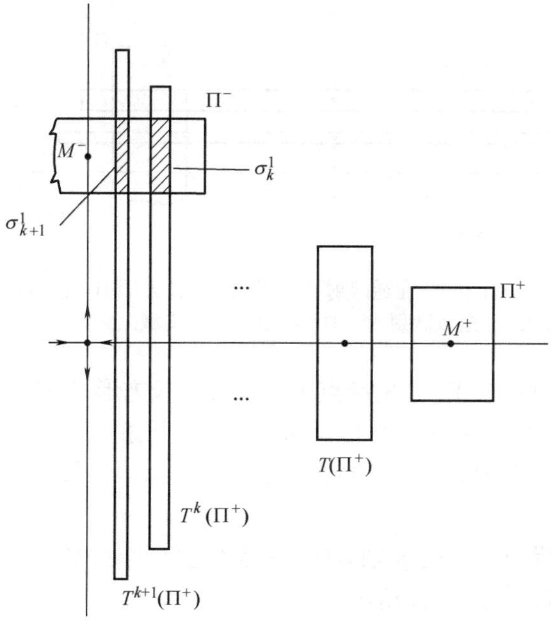

图 3.8.1 鞍点不动点附近的映射 T. 初始长方形 Π^+ 沿着不稳定方向 y 伸长, 沿着稳定方向 x 压缩. 映射 T':$\Pi^+ \to \Pi^-$ 的值域由位于像 $T^k\Pi^+$ 和长方形 Π^- 之间的交中的长条 σ_k^1 组成.

记 $\sigma_k^1 = T^k(\Pi^+) \bigcap \Pi^-$, 其中 $k \geqslant \bar{k}$. 在所考虑的情形, σ_k^1 是 Π^- 上的一长条, 它由条件

$$
\sigma_k^1 = \{(x,y) : |x - \lambda^k x^+| \leqslant \lambda^k \varepsilon_0, |y - y^-| \leqslant \varepsilon_1\}
$$

[7] 在非线性情形, 这种 $\bar{k}$ 的存在性由 λ – 引理得知.

定义. 当 $k\to+\infty$ 时长条 σ_k^1 单调地凝聚到区间 $W^u\bigcap\Pi^-=\{(x,y):x=0,|y-y^-|\leqslant\varepsilon_1\}$. 对任何充分大的 k, 映射 $T^k:\Pi^+\to\Pi^-$ 有定义. 它的定义域是由条件

$$\sigma_k^0=\{(x,y):|x-x^+|\leqslant\varepsilon_0,|y-\gamma^{-k}y^-|\leqslant\gamma^{-k}\varepsilon_1\}$$

定义的在 Π^+ 上的长条 $\sigma_k^0=T^{-k}(\Pi^-)\bigcap\Pi^+$.

当 $k\to+\infty$ 时长条 σ_k^0 单调地凝聚于区间 $W^s\bigcap\Pi^+=\{(x,y):|x-x^+|\leqslant\varepsilon_0,y=0\}$(见图 3.8.2). 长条 σ_k^0 和 σ_k^1 的位置如图 3.8.3(a) 所示.

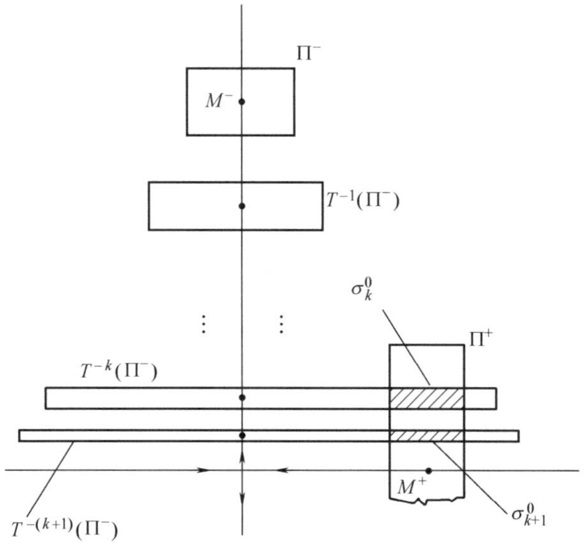

图 3.8.2　鞍点附近的逆映射 T^{-1}. 在逆映射 T^{-1} 作用下, 长方形 Π^- 沿着稳定方向 x 伸长, 沿着不稳定方向 y 压缩. 长条 σ_k^0 组成映射 $T':\Pi^+\to\Pi^-$ 的定义域.

对情形 (2), 点 O 是 W^s 上的结点 (–). 因此, 长方形 $T^k(\Pi^+)$ 和 $T^{k+1}(\Pi^+)$ 位于 W^u 的两边. 因此, 当 k 是偶数且 $k\to+\infty$ 时, 长条 σ_k^1 从右边 (从 x 的正值一边) 收敛于区间 $W^u\bigcap\Pi^-$, 当 k 为奇数时从左边收敛. 长条 σ_k^0 和 σ_k^1 的位置如图 3.8.3(b) 所示.

对情形 (3),"跳跃方向" 是 y 轴方向, 它是不稳定流形 W^u. 长条 σ_k^0 从两边凝聚到区间 $W^s\bigcap\Pi^+$, 如图 3.8.3(c) 所示.

对情形 (4) , 点 O 是 W^s 上的稳定结点 (–), W^u 上的不稳定结点 (–). 因此, 长条 σ_k^0 从两边收敛于 $W^s\bigcap\Pi^+$. 长条 σ_k^1 从两边收敛于 $W^u\bigcap\Pi^-$, 如图 3.8.3(d) 所示.

现在我们考虑主特征值是一对共轭复数的情形.

在三维情形, 点 O 是鞍 – 焦点 (2,1), 线性映射可以写为形式

$$\begin{aligned}\bar{x}_1&=\lambda(\cos\varphi\cdot x_1-\sin\varphi\cdot x_2),\\ \bar{x}_2&=\lambda(\sin\varphi\cdot x_1+\cos\varphi\cdot x_2),\\ \bar{y}&=\gamma y,\end{aligned}\tag{3.8.2}$$

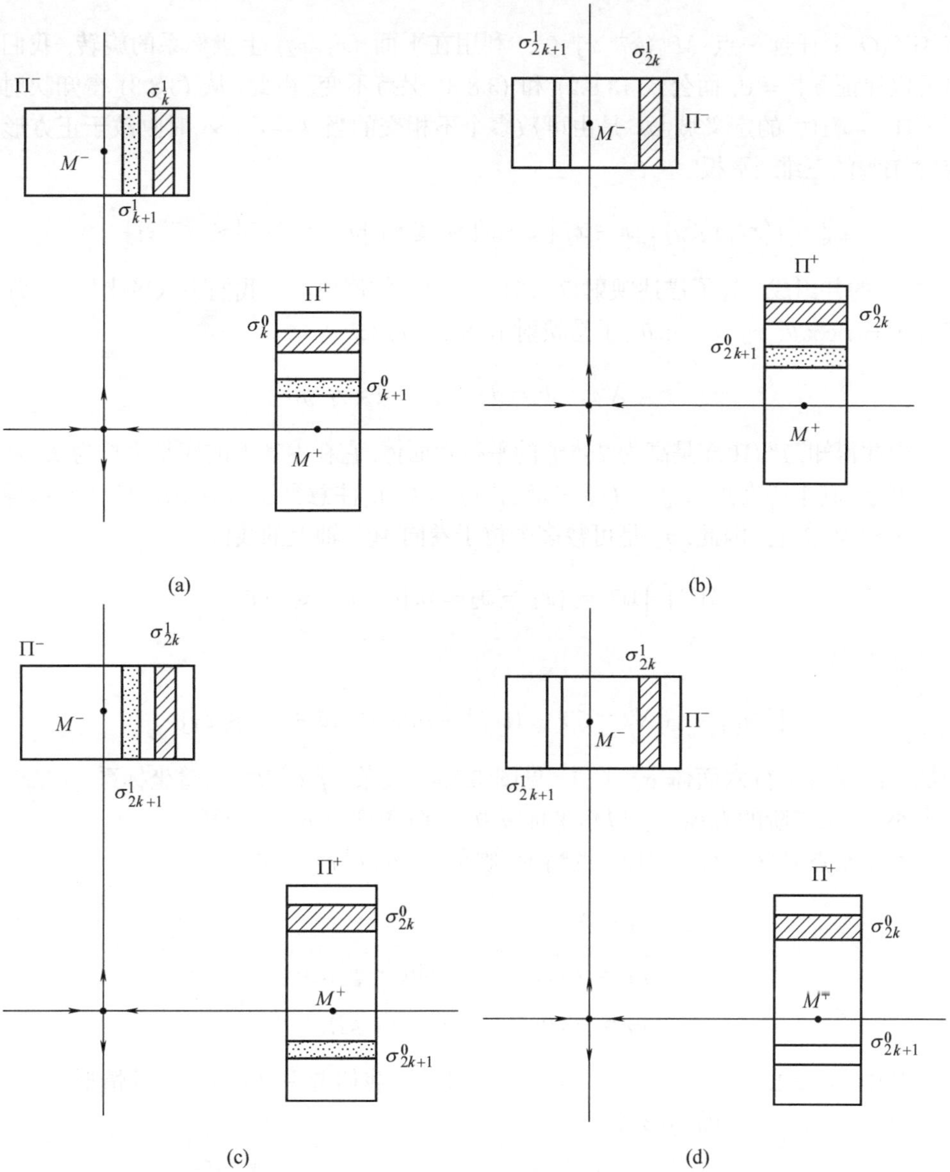

图 3.8.3 不同类型的鞍点不动点附近的 Poincaré 映射. 见图 3.8.1 和图 3.8.2 的说明. (a) 鞍点 $(+,+)$ 附近, (b) 鞍点 $(-,+)$ 附近. Π^+ 的偶次和奇次迭代位于不稳定流形 $y(x)$ 的两边, (c) 鞍点 $(-,+)$ 附近, (d) 鞍点 $(-,-)$ 附近.

其中 $\lambda_{1,2} = \lambda e^{\pm i\varphi}$ 和 γ 是鞍点 O 的特征值, $\varphi \notin \{0, \pi\}, 0 < \lambda < 1, |\gamma| > 1$. 为确定起见, 考虑正 γ 的情形. 映射 T^k 取形式

$$\begin{aligned}\bar{x}_1 &= \lambda^k(\cos(k\varphi)\cdot x_1 - \sin(k\varphi)\cdot x_2),\\ \bar{x}_2 &= \lambda^k(\sin(k\varphi)\cdot x_1 + \cos(k\varphi)\cdot x_2),\\ \bar{y} &= \gamma^k y.\end{aligned} \tag{3.8.3}$$

在 $W^s\backslash O$ 上任选一点 $M^+(x_1^+, x_2^+, 0)$. 利用在平面 (x_1, x_2) 上坐标系的旋转, 我们总可以保证 $x_2^+ = 0$, 而公式 (3.8.2) 和 (3.8.3) 保持不变. 由此, 从 (3.8.3) 得知映射 $T' : \Pi^+ \to \Pi^-$ 的定义域 σ_0 是由可数多个不相交的当 $k \to +\infty$ 时收敛于正方形 $W^s \cap \Pi^+$ 的三维 "平板"

$$\sigma_k^0 = \{(x_1, x_2, y) : |x - x_1^+| \leqslant \varepsilon_0, |x_2| \leqslant \varepsilon_0, |y - \gamma^{-k}y^-| \leqslant \gamma^{-k}\varepsilon_1\}$$

$(k \leqslant \bar{k})$ 的并组成. 为了描述映射 $T' : \Pi^+ \to \Pi^-$ 的值域 σ_1, 我们引入极坐标 (r, θ), 使得$x_1 = r\cos\theta$, $x_2 = r\sin\theta$. 于是映射 (3.8.3) 取形式

$$\bar{r} = \lambda^k r, \quad \bar{\theta} = \theta + k\varphi, \quad \bar{y} = \gamma^k y.$$

由此得知, $T^k(\Pi^+)$ 是高为 $2\gamma^k\varepsilon_0$ 的平行六面体. 它在 W^s 上的底是边长为 $2\varepsilon_0\lambda^k$ 的正方形, 其中心在点 $M_k^+ = (r_k = \lambda^k x_1^+, \theta_k = k\varphi)$. 注意到所有点 M_k^+ 位于对数螺线 $\bar{r} = x_1^+\lambda^{\bar{\theta}/\varphi}$ 上. 因此, σ_1 是可数多个位于卷向 W^u 轴上的线段

$$W^u \bigcap \Pi^- = \{x_1 = x_2 = 0, |y - y^-| \leqslant \varepsilon_1\}$$

的 "卷盘" R^-

$$\{(|x_1^+| - \varepsilon_0)\lambda^{\bar{\theta}/\varphi} \leqslant \bar{r} \leqslant (|x_1^+| + \varepsilon_0)\lambda^{\bar{\theta}/\varphi}, |\bar{y} - y^-| \leqslant \varepsilon_1\}$$

内的三维铅直平行六面体 σ_k^1 的并, 见图 3.8.4. 长条 $\sigma_k^1 \subset R^-$ 沿着坐标系 (x_1, x_2) 有大小为 $\varepsilon_0\lambda^k$ 阶的直径, σ_k^1 以角坐标 θ 按 φ 阶角度与 σ_{k+1}^1 分开.

在不动点是鞍 – 焦点 (1,2) 的情形, 映射 T 可以写为形式

$$\begin{aligned}
\bar{x} &= \lambda x, \\
\bar{y}_1 &= \gamma(\cos\psi \cdot y_1 - \sin\psi \cdot y_2), \\
\bar{y}_2 &= \gamma(\sin\psi \cdot y_1 + \cos\psi \cdot y_2),
\end{aligned}$$

其中 $|\lambda| < 1$, $\gamma > 1$, $\psi \neq \{0, \pi\}$. 为确定起见, 我们考虑 $0 < \lambda < 1$ 的情形. 映射 $T^{-k} : \Pi^- \to \Pi^+$ 有下面的形式

$$\begin{aligned}
y_2 &= \gamma^{-k}(\cos(k\psi) \cdot \bar{y}_2 - \sin(k\psi) \cdot \bar{y}_1), \\
y_1 &= \gamma^{-k}(\sin(k\psi) \cdot \bar{y}_2 + \cos(k\psi) \cdot \bar{y}_1), \\
x &= \lambda^{-k} \cdot \bar{x}.
\end{aligned}$$

这个公式类似于 (3.8.3). 因此, 由对称性, 如果我们选取点 $M^+ \in W^s\backslash O$ 和 $M^-(0, 0, y_2^-) \in W^u\backslash O$ 以及它们的邻域 Π^+ 和 Π^-, 映射 $T' : \Pi^+ \to \Pi^-$ 的值域由可数多个不相交的收敛于正方形 $W^u \cap \Pi^-$ 的三维平板 σ_k^1 的并组成. 映射 $T' : \Pi^+ \to \Pi^-$ 的定义域是可数多个位于卷盘 R^+(见图 3.8.5)

$$\{(|y_2^-| - \varepsilon_1) \cdot \gamma^{-\theta/\psi} \leqslant r \leqslant (|y_2^-| + \varepsilon_1) \cdot \gamma^{-\theta/\psi}, |x - x^+| \leqslant \varepsilon_0\}$$

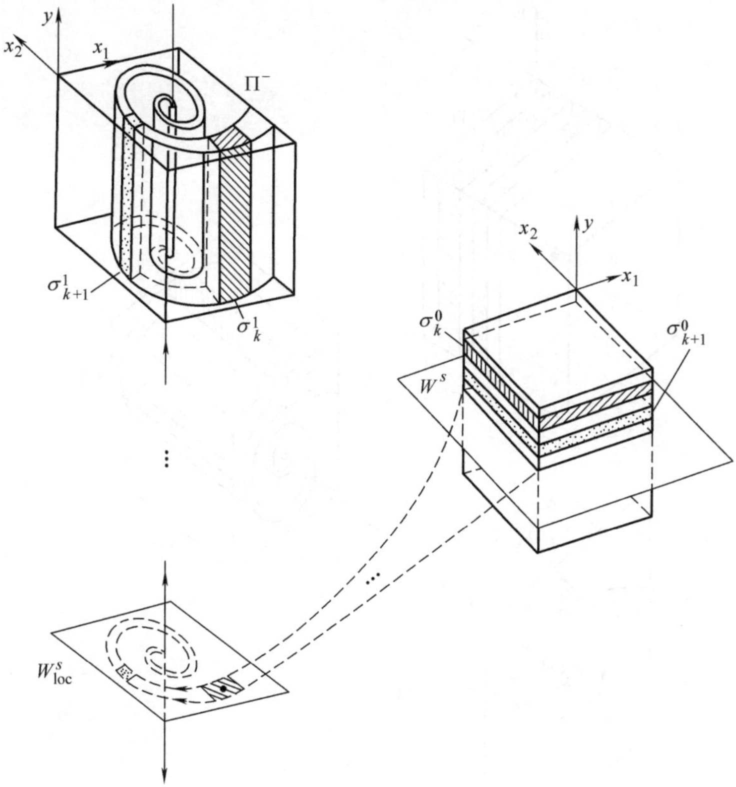

图 3.8.4 鞍 – 焦点 (2,1+) 附近 Poincaré 映射的几何.

内的三维水平平行六面体 σ^0_k 的并, R^+ 卷向 W^s 轴上的线段

$$W^s\bigcap\Pi^+=\{|x-x^+|\leqslant\varepsilon_0,y_1=y_2=0\}.$$

长条 σ^0_k 沿着在坐标 (y_1,y_2) 有 $\varepsilon_1\cdot\gamma^{-k}$ 阶直径. 此外, σ^0_k 和 σ^0_{k+1} 之间以角坐标 θ 按 φ 阶角度分开.

接下来我们考虑不动点 O 是鞍 – 焦点 (2,2) 的情形. 对应的线性映射 T 可以写为

$$\begin{aligned}\bar{x}_1&=\lambda(\cos\varphi\cdot x_1-\sin\varphi\cdot x_2),\\ \bar{x}_2&=\lambda(\sin\varphi\cdot x_1+\cos\varphi\cdot x_2),\\ \bar{y}_1&=\gamma(\cos\psi\cdot y_1-\sin\psi\cdot y_2),\\ \bar{y}_2&=\gamma(\sin\psi\cdot y_1+\cos\psi\cdot y_2),\end{aligned}\tag{3.8.4}$$

其中 $\varphi,\psi\notin\{0,\pi\},0<\lambda<1<\gamma$. 任选两点 $M^+(x_1^+,x_2^+,0,0)\in W^s\backslash O$ 和 $M^-(0,0,y_1^-,y_2^-)\in W^u\backslash O$. 用平面 (x_1,x_2) 和 (y_1,y_2) 上坐标系的直角旋转, 不影响公式 (3.8.4) 并总可以保证 $x_1^+=0$ 和 $y_1^-=0$. 在 (x_1,x_2) 平面引入极坐标 (r,θ),

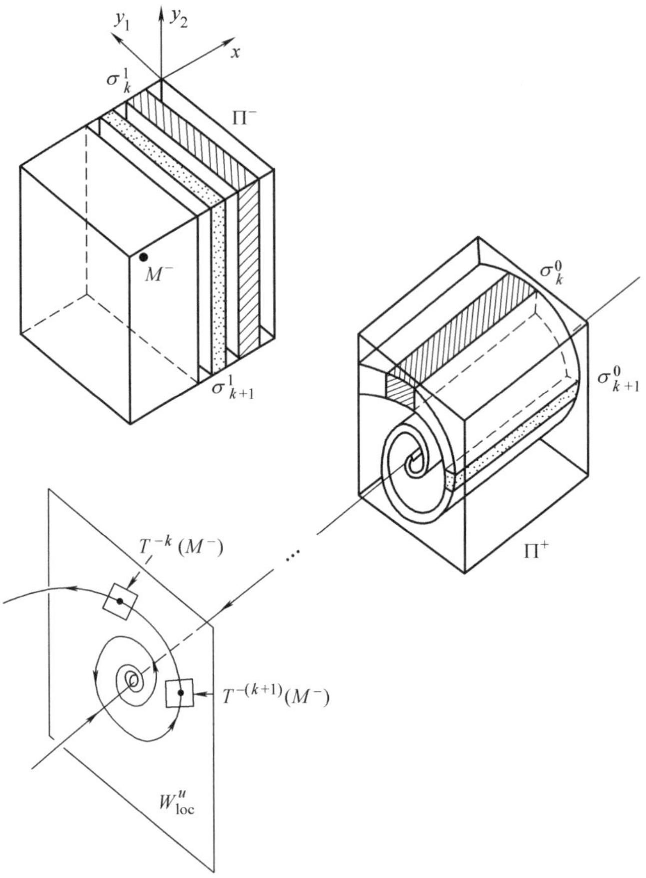

图 3.8.5 鞍 – 焦点 (1+,2) 附近的 Poincaré映射. 这是图 3.8.4 中映射的逆.

在 (y_1, y_2) 平面引入极坐标 (ρ, α), 将映射 (3.8.4) 写为下面的简单形式:

$$\bar{r} = \lambda r, \quad \bar{\theta} = \theta + \varphi, \quad \bar{\rho} = \gamma\rho, \quad \bar{\alpha} = \alpha + \psi.$$

因此, 映射 T^k 取形式

$$\bar{r} = \lambda^k r, \quad \bar{\theta} = \theta + k\varphi, \quad \bar{\rho} = \gamma^k \rho, \quad \bar{\alpha} = \alpha + k\psi. \tag{3.8.5}$$

由于 $0 < \lambda < 1 < \gamma$, 由 (3.8.5) 得知, 对充分大的 k 有 $\gamma^k \varepsilon_0 > y_2^- + \varepsilon_1$, $\lambda^k (x_1^+ + \varepsilon_0) < \varepsilon_1$, 因此 $T^k(\Pi^+) \bigcap \Pi^- \neq \varnothing$. 当 $k \to +\infty$ 时, 四维长条 $\sigma_k^1 \equiv T^k(\Pi^+) \bigcap \Pi^-$ 收敛于二维正方形

$$W^u \bigcap \Pi^- = \{0, 0, |y_1| \leqslant \varepsilon_1, |y_2 - y_2^-| \leqslant \varepsilon_1\}.$$

平面 $W^s : (x_1, x_2, 0, 0)$ 中的点 $M_k^+ \equiv T^k(M^+) = (\lambda^k x_1^+, k\varphi)$ 位于对数螺线 $\bar{r} = x_1^+ \cdot \lambda^{\bar{\theta}/\varphi}$ 上. 因此, 映射 $T' : \Pi^+ \to \Pi^-$ 的值域 σ_1 是位于卷盘 R^-(图 3.8.6)

$$\{(|x_1^+| - \varepsilon_0) \cdot \lambda^{\bar{\theta}/\varphi} \leqslant \bar{r} \leqslant (|x_1^+| + \varepsilon_0) \cdot \lambda^{\bar{\theta}/\varphi}, |\bar{y}_1| \leqslant \varepsilon_1, |\bar{y}_2 - y_2^-| \leqslant \varepsilon_1\}$$

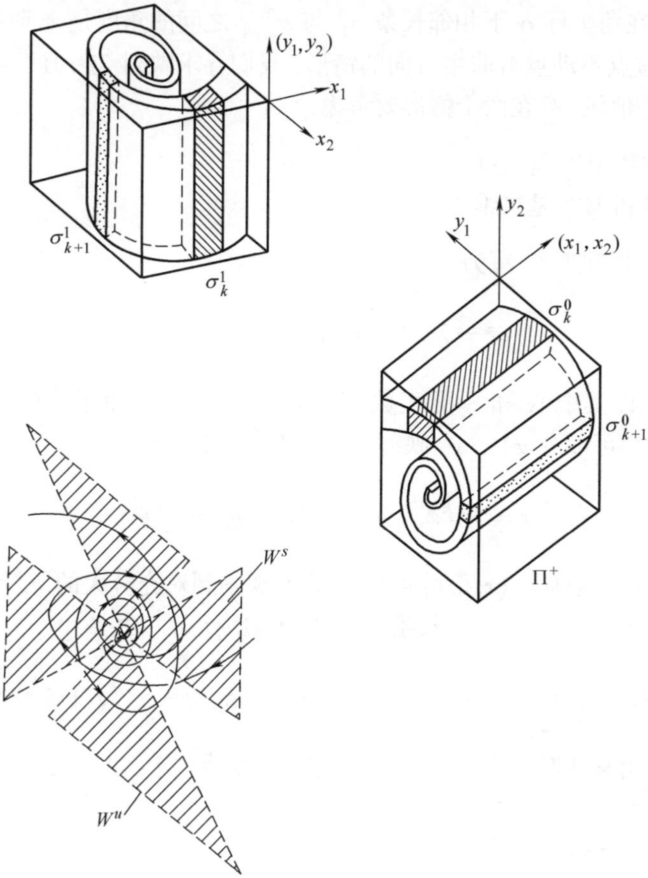

图 3.8.6　$\mathbb{R}^4$ 中鞍 – 焦点附近的 Poincaré 映射. 原来的三维平行六面体 Π^+ 被映射 T 映为平行六面体 Π^- 内的 "卷盘". 平行六面体 Π^+ 在逆映射 T^{-1} 作用下的像具有相同的形状.

内的可数多个长条 σ_k^1 的并, 卷盘卷向二维正方形 $W^u \bigcap \Pi^-$. 沿着变量 (x_1, x_2), 长条 σ_k^1 有 $\varepsilon_0 \lambda^k$ 阶直径, 沿着角坐标 θ, 长条 σ_k^1 和 σ_{k+1}^1 以 φ 阶角度分开.

现在求映射 $T' : \Pi^+ \to \Pi^-$ 的定义域 σ_0. 映射 $T^{-k} : \Pi^- \to \Pi^+$ 在极坐标 $(r, \theta, \rho, \alpha)$ 下可以写为

$$r = \lambda^{-k} \bar{r}, \quad \theta = \bar{\theta} - k\varphi, \quad \rho = \gamma^{-k} \bar{\rho}, \quad \alpha = \bar{\alpha} - k\psi. \tag{3.8.6}$$

因为 $0 < \lambda < 1, \gamma > 1$, 定义域 σ_0 是由位于卷盘 R^+

$$\{(|y_2^-| - \varepsilon_1) \cdot \gamma^{-\alpha/\psi} \leqslant \rho \leqslant (|y_2^-| + \varepsilon_1) \cdot \gamma^{-\alpha/\psi},$$
$$|x_1 - x_1^+| \leqslant \varepsilon_0, |x_2| \leqslant \varepsilon_0\}$$

内的可数多个四维长条 σ_k^0 组成 (见图 3.8.6), 卷盘卷绕地趋于二维正方形 $W^s \bigcap \Pi^+$. 当 $k \to +\infty$ 时四维长条 σ_k^0 收敛于正方形 $W^s \bigcap \Pi^+$. 在坐标 (y_1, y_2) 下长条 σ_k^0 有

$\varepsilon_1\gamma^{-k}$ 阶直径, 在角坐标 α 下相邻长条 σ_k^0 与 σ_{k+1}^0 之间的角度是 ψ 阶的.

现在考虑鞍点不动点有非主方向的情形. 我们寻求映射 $T' : \Pi^+ \to \Pi^-$ 在三维情形的定义域和值域. 存在两个情形要考虑:

1. W^s 是二维和 W^u 是一维.
2. W^s 是一维和 W^u 是二维.

在第一个情形线性映射 T 写为

$$\bar{x} = \lambda x, \quad \bar{u} = \lambda_2 u, \quad \bar{y} = \gamma y,$$

为确定起见, 假设其中 λ 和 γ 是正数, 且 $0 < |\lambda_2| < \lambda$. 由于 $M^+ \notin W^{ss}$, 得知 $x^+ \neq 0$, 因此我们可以令 $x^+ > 0$. 映射 $T^{-k} : \Pi^- \to \Pi^+$ 由

$$x = \lambda^{-k}\bar{x}, \quad u = \lambda_2^{-k}\bar{u}, \quad y = \gamma^{-k}\bar{y}$$

定义, 其中 $(x, u, y) \in \Pi^+$, $(\bar{x}, \bar{u}, \bar{y}) \in \Pi^-$. 我们观察到对充分大的 k, 使得 $\lambda^{-k}\varepsilon_1 > x^+ + \varepsilon_0$ 和 $|\lambda_2|^{-k}\varepsilon_1 > |u^+| + \varepsilon_0$, 长条 $\sigma_k^0 \equiv T^{-k}(\Pi^-) \cap \Pi^+$ 由

$$\sigma_k^0 = \{(x, u, y) : |x - x^+| \leqslant \varepsilon_0, |u - u^+| \leqslant \varepsilon_0, |y - \gamma^{-k}y^-| \leqslant \gamma^{-k}\varepsilon_1\}$$

给出, 即它们是由某些厚度为 $2\gamma^{-k}\varepsilon_1$ 的三维平板组成, 当 $k \to +\infty$ 时这些平板趋于正方形 $W^s \bigcap \Pi^+$, 见图 3.8.7.

映射 T^k 写为形式

$$\bar{x} = \lambda^k x, \quad \bar{u} = \lambda_2^k u, \quad \bar{y} = \gamma^k y.$$

长条 $\sigma_k^1 \equiv T^k(\Pi^+) \bigcap \Pi^-$ 由

$$\sigma_k^1 = \{(\bar{x}, \bar{u}, \bar{y}) :\ |\bar{x} - \lambda^k x^+| \leqslant \lambda^k\varepsilon_0,\ |\bar{u} - \lambda_2^k u^+| \leqslant \lambda_2^k\varepsilon_0,\ |\bar{y} - y^-| \leqslant \varepsilon_1\}$$

给出.

由此得知, 首先, 当 $k \to +\infty$ 时长条 σ_k^1 收敛于线段

$$W^u \bigcap \Pi^- = \{x = 0, u = 0,\ |y - y^-| \leqslant \varepsilon_1\},$$

且它们的形状是在三维楔

$$\left\{ \begin{aligned} &\bar{x} > 0, \quad C_2\bar{x}^\alpha \leqslant \bar{u} \leqslant C_1\bar{x}^\alpha, \quad |\bar{y} - y^-| \leqslant \varepsilon_1, \quad \alpha = \frac{\ln|\lambda_2|}{\ln\lambda}, \\ &C_{1,2} = \frac{(u^+ \pm \varepsilon_0)}{(x^+ \mp \varepsilon)^{-\alpha}} \end{aligned} \right\}$$

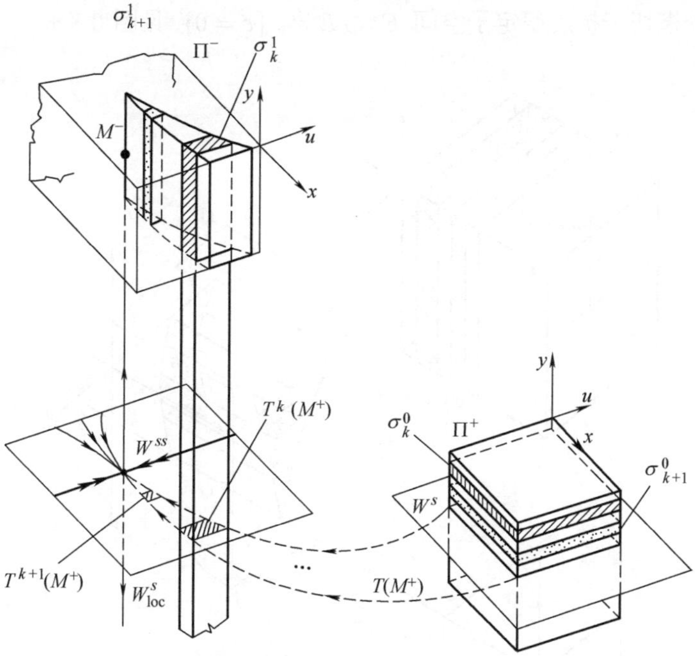

图 3.8.7　$\mathbb{R}^3$ 中鞍点邻域内的 Poincaré 映射. 位于二维稳定流形 W^s 和三维区域 Π^+ 的交中的点的像组成楔的棱. Π^+ 在 W^s 上面的部分变换到楔自身. Π^+ 的斜线区域越接近 W^s, 它在 Π^- 内的像越来越薄且越来越靠近 W^u.

内的铅直 “棒”. 这个楔连接线段

$$W^u \bigcap \Pi^- = \{x = 0, u = 0, |y - y^-| \leqslant \varepsilon_1\}.$$

由于 $\alpha > 1$ 且 $C_{1,2} \neq \infty$, 楔在 $W^u \bigcap \Pi^-$ 内的点处与扩展不稳定子空间 $E^u \otimes E^{sL}$: $\{u = 0\}$ 相切, 如图 3.8.7 所示.

在 W^s 是一维, W^u 是二维的情形, 映射 T 可以写为

$$\bar{x} = \lambda x, \quad \bar{y} = \gamma y, \quad \bar{v} = \gamma_2 v,$$

其中 $|\gamma_2| > |\gamma|$. 如果我们考虑逆映射 T^{-1}, 这个情形就化为上一情形. 如果我们选择点 $M^+ \in W^s$ 和 $M^- \in W^u/W^{uu}$ 以及分别选择它们的邻域 Π^+ 和 Π^-, 则映射 $T' : \Pi^+ \to \Pi^-$ 的值域是由收敛于正方形 $W^u \bigcap \Pi^-$ 的可数多个不相交的三维平板 σ^1_k 的并组成. 这时, 这个映射的定义域是在楔

$$\{y > 0, \quad \tilde{C}_2 y^\alpha < v < \tilde{C}_1 y^\alpha, \quad |x - x^+| \leqslant \varepsilon_0\}$$

内的可数多个三维水平棒 σ^0_k 之并, 其中 $\alpha = \dfrac{\ln|\gamma_2|}{\ln|\gamma|}$. 在

$$W^s \bigcap \Pi^+ = \{y = 0, v = 0, |x - x^+| \leqslant \varepsilon_0\}$$

上的点处这个楔切于扩展稳定子空间 $E^s \oplus E^{uL}: \{v=0\}$, 见图 3.8.8.

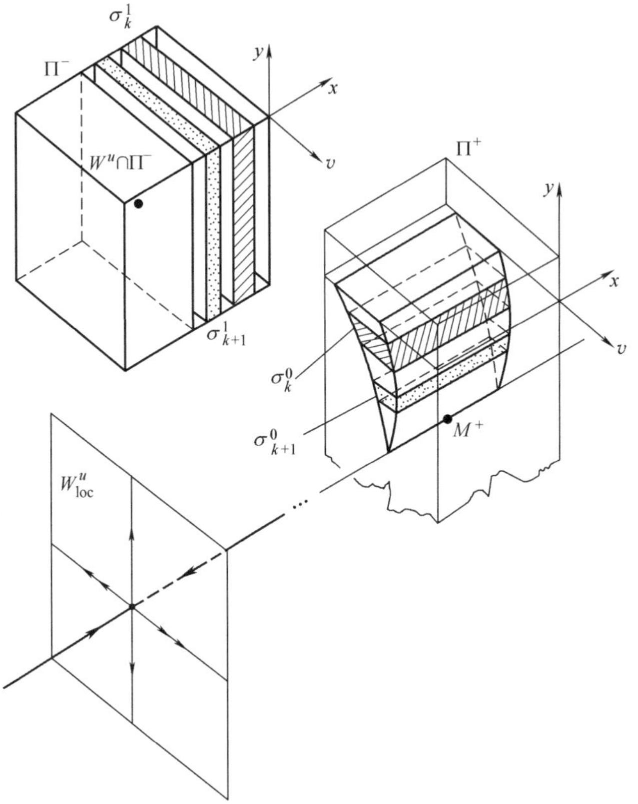

图 3.8.8　具有其它拓扑类型的鞍点附近的映射, 即鞍点具有一维稳定流形 W^s 和二维不稳定流形 W^u. 这个情况可考虑为图 3.8.7 中映射的逆.

现在考虑一般的线性情形, 即映射 (3.8.1), 这时 $1 > \|A^{sL}\| = \lambda > \|A^{ss}\|$ 和$1 < \|A^{uL}\| = \gamma < \|(A^{uu})^{-1}\|^{-1}$. 假设点 M^+ 和 M^- 都不在鞍点 O 的非主不变流形上, 即 $M^+ \in W^s/W^{ss}$ 和 $M^- \in W^u/W^{uu}$. 这个条件导致 $\|x^+\| \neq 0$ 和 $\|y^-\| \neq 0$. 不失一般性, 我们可以假设 $x^+ > 0$ 和 $y^- > 0$. 容易验证, 高维长条 σ_k^0 和 σ_k^1 在主方向 (x, y) 上的投影类似于上面考虑的情形. 至于考虑到非主方向时, 下面的关系成立: 如果 $(x, u, y, v) \in \sigma_k^0$, 那么当 $k \to +\infty$ 时 $\dfrac{\|v\|}{\|y\|} \to 0$; 以及如果 $(\bar{x}, \bar{u}, \bar{y}, \bar{v}) \in \sigma_k^1$, 那么当 $k \to +\infty$ 时 $\dfrac{\|\bar{u}\|}{\|\bar{x}\|} \to 0$.

3.9　非线性鞍点映射的几何性质

上一节的结果具有基本的直观特性. 因此, 在线性情形考虑的几何结构对一般非线性映射也得到保持, 这一点是重要的.

在鞍点不动点附近, 非线性映射 T 可写为

$$\begin{aligned}\bar{x} &= A^{sL}x + f_1(x,u,y,v),\\ \bar{u} &= A^{ss}u + f_2(x,u,y,v),\\ \bar{y} &= A^{uL}y + g_1(x,u,y,v),\\ \bar{v} &= A^{uu}v + g_2(x,u,y,v),\end{aligned} \tag{3.9.1}$$

其中 x 和 y 是主坐标, u 和 v 是非主坐标. 矩阵 A^{sL} 的特征值的绝对值等于 $\lambda\ (0<\lambda<1)$, 矩阵 A^{ss} 的特征值的绝对值小于 λ, 矩阵 A^{uL} 的特征值的绝对值等于 $\gamma\ (\gamma>1)$ 以及矩阵 A^{uu} 的特征值的绝对值大于 γ. 函数 f 和 g 以及它们的一阶导数在原点为零. 假设在鞍点 O 的某个充分小邻域 U 内稳定和不稳定不变流形已经被直化, 即 $f(0,0,y,v)\equiv 0$ 和 $g(x,u,0,0)\equiv 0$. 于是流形 W^s_{loc} 的方程为 $(y=0, v=0)$, W^u_{loc} 的方程是 $(x=0,u=0)$.

假设鞍点不动点 O 的稳定和不稳定主乘子是单的 (即一个实的主特征值, 或者一对共轭复的主特征值).

设 $M^+(x^+,u^+,0,0)$ 和 $M^-(0,0,y^-,v^-)$ 是鞍点的稳定和不稳定流形上的任意点, 使得它们没有点在对应的非主流形上. 令 Π^+ 和 Π^- 分别是点 M^+ 和 M^- 的充分小的长方形邻域:

$$\begin{aligned}\Pi^+ &= \{\|x-x^+\|\leqslant\varepsilon_0, \|u-u^+\|\leqslant\varepsilon_0,\quad \|y\|\leqslant\varepsilon_0,\quad \|v\|\leqslant\varepsilon_0\},\\ \Pi^- &= \{\|x\|\leqslant\varepsilon_1,\quad \|u\|\leqslant\varepsilon_1,\quad \|y-y^-\|\leqslant\varepsilon_1,\quad \|v-v^-\|\leqslant\varepsilon_1\},\end{aligned}$$

使得 $T(\Pi^+)\bigcap\Pi^+=\varnothing$ 和 $T(\Pi^-)\bigcap\Pi^-=\varnothing$.

在这个情形我们关于映射 $T':\Pi^+\to\Pi^-$ 能够说些什么? 如同在线性情形不难证明存在可数多个 “长条” $\sigma_k^0=T^{-k}(\Pi^-)\bigcap\Pi^+$ 和 $\sigma_k^1=T^k(\Pi^+)\bigcap\Pi^-$, 当 $k\to+\infty$ 时它们分别收敛于 $W^s_{\text{loc}}\bigcap\Pi^+$ 和 $W^u_{\text{loc}}\bigcap\Pi^-$, 且对这些长条有 $T^k(\sigma_k^0)\equiv\sigma_k^1$.

事实上, 由边值问题解的存在性 (见 3.7 节) 得

$$(x_k,u_k)=\{\xi_k^1(x_0,u_0,y_k,v_k),\quad \xi_k^2(x_0,u_0,y_k,v_k)\}, \tag{3.9.2}$$

$$(y_0,v_0)=\{\eta_k^1(x_0,u_0,y_k,v_k),\quad \eta_k^2(x_0,u_0,y_k,v_k)\}, \tag{3.9.3}$$

其中当 $k\to+\infty$ 时 $\|\xi_k\|\to 0$ 和 $\|\eta_k\|\to 0$ (引理 3.3). 因此, 对充分大的 k (即使得不等式 $\|\xi_k\|\leqslant\varepsilon_1$ 和 $\|\eta_k\|\leqslant\varepsilon_0$ 满足) 长条 σ_k^0 和 σ_k^1 由下面的条件定义:

—— σ_k^0 是在 Π^+ 上坐标 (x_0,u_0,y_0,v_0) 满足 (3.9.3) 以及 $\|y_k-y^-\|\leqslant\varepsilon_1$ 和 $\|v_k-v^-\|\leqslant\varepsilon_1$ 的所有点的集合.

—— σ_k^1 是在 Π^- 上坐标 (x_k,u_k,y_k,v_k) 满足 (3.9.2) 以及 $\|x_0-x^+\|\leqslant\varepsilon_0$ 和 $\|u_0-u^+\|\leqslant\varepsilon_0$ 的所有点的集合.

注意, 由于 $T(\Pi^+)\bigcap\Pi^+=\varnothing$, $T(\Pi^-)\bigcap\Pi^-=\varnothing$, 又由于映射 T 是微分同胚, 对不同的 k, 长条 σ_k^j $(j=0,1)$ 不相交.

为了在非线性情形描述映射 $T':\Pi^+\to\Pi^-$ 的定义域 $\bigcup\sigma_k^0$ 和值域 $\bigcup\sigma_k^1$ 的几何性质, 我们需要一些关于边值问题解 (3.9.2) 和 (3.9.3) 的另外的估计. 这可用下面的方法得到. 引入坐标 (x,u,y,v) 使得下面条件对系统 (3.9.1) 成立:

$$\begin{gathered} f_i=f_{i1}(x,y,v)x+f_{i2}(x,u,y,v)u,\\ g_i=g_{i1}(x,u,y)y+g_{i2}(x,u,y,v)v,\\ f_{1j}|_{y=0,v=0}\equiv 0,\quad g_{1j}|_{x=0,u=0}\equiv 0,\\ f_{i1}|_{x=0}\equiv 0,\quad g_{i1}|_{y=0}\equiv 0\quad (i,j=1,2). \end{gathered} \tag{3.9.4}$$

这样的 $\mathbb{C}^{r-1}$ – 坐标 $(r\geqslant 2)$ 的存在性是定理 3.22 的结果 (证明与附录 A 中定理 A.1 的证明类似). 在这些坐标下非主不变流形也已直化: $W^{ss}_{\rm loc}$ 的方程是 $(y=0,v=0,x=0)$, $W^{uu}_{\rm loc}$ 的方程是 $(x=0,u=0,y=0)$. 此外, 在 W^s 和 W^u 上的主坐标方程都是线性的. 我们也指出, 在 $\bar{x}$ 和 $\bar{u}$ 方程右端的所有 $x\cdot p(y,v)$ 类型的项都被消去, $\bar{y}$ 和 $\bar{v}$ 方程右端的 $y\cdot q(x,u)$ 类型的项也都被消去.

引理 3.6 如果 (3.9.4) 中的恒等式成立, 且主特征值是单的 (实数或者复数), 那么

$$\xi_k^1=(A^{sL})^k x_0+o(\lambda^k),\quad \eta_k^1=(A^{uL})^{-k}y_k+o(\gamma^{-k}), \tag{3.9.5}$$

$$\xi_k^2=o(\lambda^k),\quad \eta_k^2=o(\gamma^{-k}). \tag{3.9.6}$$

其中项 $o(\lambda^k)$ 和 $o(\gamma^{-k})$ 是 $\mathbb{C}^{r-1}$ – 光滑的, 且它们所有的导数分别也是 $o(\lambda^k)$ 和 $o(\gamma^{-k})$ 阶的.

证明见附录 B.

由引理 3.6 立刻看到, 长条集 σ_k^0 和 σ_k^1 的几何结构本质上与线性情形相同. 事实上, 由估计 (3.9.6) 得知, 这些长条沿着非主坐标位于楔内 (因为在非主坐标上的压缩和伸长渐近地强于在主坐标上的压缩和伸长). 由估计 (3.9.5) 得知, 主坐标上的几何结构主要由映射 T 的线性项确定: 如果主乘子是复数, 则长条属于卷盘; 如果稳定或不稳定主乘子是实数, 则对应的长条分别凝聚到 $W^u_{\rm loc}$ 或 $W^s_{\rm loc}$, 如果乘子是正的, 则长条从一边凝聚, 如果乘子是负的, 则长条从两边凝聚.

注意, 这里推得的这个图像基于引理 3.6, 它仅对 $\mathbb{C}^r$ 类映射 $(r\geqslant 2)$ 成立. 为了证明对 $\mathbb{C}^1$ 的情形相同的几何得到保持, 我们可以利用 5.2 节中介绍的修改过的边值问题.

必须指出, 如果我们不将映射 T 预先化为特殊形式, 那里函数 f 和 g 满足条件 (3.9.4), 引理 3.6 可以不成立. 我们用下面的例子说明这点.

考虑下面形式的三维映射 T_0

$$\bar{x} = \lambda x, \quad \bar{u} = \lambda_2 u + xy, \quad \bar{y} = \gamma y,$$

其中 $0 < \lambda_2 < \lambda < 1 < \gamma$. 这里 $O(0,0,0)$ 是鞍点不动点. 二维稳定不变流形 W^s 的方程是 $y = 0$, 一维不稳定不变流形 W^u 的方程是 $x = u = 0$. 非主稳定不变流形 $W^{ss} \in W^s$ 的方程是 $y = x = 0$.

映射 T_0 的边值问题是: **给定初始值** (x_0, u_0, y_k) **和** k, **求** (x_k, u_k, y_0) **使得** $T_0^k(x_0, u_0, y_0) = (x_k, u_k, y_k)$.

我们可将这个系统化为形式

$$\begin{aligned} x_j &= \lambda^j x_0, \\ u_j &= \lambda_2^j u_0 + \sum_{s=0}^{j-1} \lambda_2^{j-s-1} \cdot \lambda^s x_0 \cdot \gamma^{s-k} y_k, \\ y_j &= \gamma^{j-k} y_k \\ (j &= 0, 1, \cdots, k). \end{aligned} \tag{3.9.7}$$

由 (3.9.7) 看到 $x_k = \lambda^k x_0$, $y_0 = \gamma^{-k} y_k$. 同样

$$\begin{aligned} u_k &= \lambda_2^k u_0 + \sum_{s=0}^{k-1} \lambda_2^{k-s-1} \cdot \lambda^s x_0 \cdot \gamma^{s-k} y_k \\ &= \lambda_2^k u_0 + \lambda_2^{k-1} \gamma^{-k} x_0 y_k \sum_{s=0}^{k-1} \left(\frac{\lambda\gamma}{\lambda_2} \right)^s. \end{aligned}$$

由于

$$\delta = \frac{\lambda\gamma}{\lambda_2} > 1,$$

系数

$$\sum_{s=0}^{k-1} \left(\frac{\lambda\gamma}{\lambda_2} \right)^s = \frac{\delta^k - 1}{\delta - 1} \sim \frac{\lambda^{k-1}}{\lambda_2^{k-1}} \gamma^{k-1}.$$

我们看到, 如果 $x_0 y_k \neq 0$, 则对充分大的 k 有 $u_k \sim \lambda^k$. 因此, 虽然 $\lambda_2 < \lambda$, 但沿着主与非主坐标收敛的速度是相同的, 这与引理 3.6 矛盾.

3.10 周期轨线邻域内的法坐标

下面几节我们将集中讨论研究周期轨线的方法, 它基于将系统化为非自治方程周期系统, 其维数比原系统的维数小 1. 我们也将研究 Poincaré 映射的构造问题以及计算周期轨线的乘子.

考虑 $(n+1)$ 维 $\mathbb{C}^r$ – 光滑 $(r \geqslant 1)$ 的微分方程系统

$$\dot{x} = X(x), \tag{3.10.1}$$

它有周期轨线 $L: x = \varphi(t)$, 周期为 τ.

定理 3.11 存在 $\mathbb{C}^r$ – 光滑的坐标变换和时间尺度化, 使得在周期轨线 L 的小邻域内系统取形式

$$\begin{aligned} \dot{y} &= A(\theta)y + F(\theta, y), \\ \dot{\theta} &= 1, \end{aligned} \tag{3.10.2}$$

其中 $y \in \mathbb{R}^n$, $\theta \in \mathbb{S}^1$. 这里 $A(\theta)$ 关于 θ 是 $\mathbb{C}^r$ – 光滑, 周期为 τ 的 $(n \times n)$ 矩阵. $\mathbb{C}^r$ – 光滑函数 F 关于 θ 也是周期为 τ 的周期函数. 此外

$$F(\theta, 0) = 0, \quad F'_\theta(\theta, 0) = 0. \tag{3.10.3}$$

注 时间的尺度化等价于用纯量函数乘右端. 因此没有尺度化的系统在法坐标下写为

$$\begin{aligned} \dot{y} &= A(\theta)y + \widetilde{F}(\theta, y), \\ \dot{\theta} &= 1 + b(\theta, y), \end{aligned} \tag{3.10.4}$$

其中

$$\widetilde{F}(\theta, 0) = 0, \quad \widetilde{F}'_y(\theta, 0) = 0, \quad b(\theta, 0) = 0.$$

定理的证明. 用下面的方法可将原来系统化为形式 (3.10.2). 在每一点 $M_\theta(x = \varphi(\theta))$, 选择 $(n+1)$ 个线性无关的向量 $(N_0(\theta), N_1(\theta), \cdots, N_n(\theta))$, 其中 $N_0(\theta) \equiv \varphi'(\theta) = X(\varphi(\theta))$ 是速度向量, 它在 M_θ 处与周期轨线 L 相切. 假设 $N_i(\theta)$ $(i = 1, \cdots, n)$ 是 θ 的光滑函数. 设 $\mathcal{M}_\theta$ 是由 $(N_1(\theta), \cdots, N_n(\theta))$ 张成的空间, 即空间 $\mathcal{M}_\theta$ 与 L 横截相交.

用 $(y_1, \cdots, y_n)$ 记以 $(N_1(\theta), \cdots, N_n(\theta))$ 为基的空间 $\mathcal{M}_\theta$ 的坐标. 如果点 $M \in \mathcal{M}_\theta$ 有坐标 $(y_1, \cdots, y_n)$, 则连接点 M_θ 与点 M 的向量 (见图 3.10.1) 由

$$\overline{M_\theta M} = y_1 N_1(\theta) + \cdots + y_n N_n(\theta)$$

给出.

因此, 点 M 原来的坐标 x 由公式

$$x = \varphi(\theta) + y_1 N_1(\theta) + \cdots + y_n N_n(\theta) \tag{3.10.5}$$

或者由

$$\begin{aligned} x_1 &= \varphi_1(\theta) + y_1 N_{11}(\theta) + \cdots + y_n N_{n,1}(\theta), \\ x_2 &= \varphi_2(\theta) + y_1 N_{12}(\theta) + \cdots + y_n N_{n,2}(\theta), \\ &\vdots \\ x_{n+1} &= \varphi_{n+1}(\theta) + y_1 N_{1,n+1}(\theta) + \cdots + y_n N_{n,n+1}(\theta) \end{aligned} \tag{3.10.6}$$

给出, 其中 N_{ij} 是向量 N_i 的第 j 个分量, φ_j 是周期轨线 L 上点 M_θ 的第 j 个坐标.

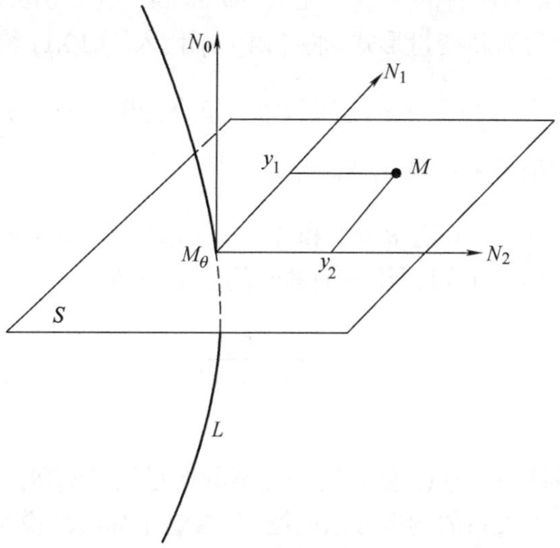

图 3.10.1 周期轨线附近的法坐标. 在截面 S 上的向量 $N_i(\theta)$ 与速度向量 N_0 正交.

公式 (3.10.5) 可以视为光滑的变量变换 $(\theta, y_1, \cdots, y_n) \leftrightarrow (x_1, \cdots, x_{n+1})$. 为了证明这实际上是有效的变量变换, 必须验证 Jacobi 矩阵 J 的非奇异性. L 上点的 y 向量的值为零, 即 $(y_1, y_2, \cdots, y_n) = (0, 0, \cdots, 0)$, 又由于我们考虑周期轨线的小邻域, 故只需验证 J 在 $y=0$ 处不为零.

由 (3.10.6) 我们得到

$$J(\theta, y) = \det \begin{pmatrix} \varphi_1'(\theta) + \sum\limits_{i=1}^{n} y_i N_{i1}'(\theta) & N_{11}(\theta) & \cdots & N_{n,1}(\theta) \\ \varphi_2'(\theta) + \sum\limits_{i=1}^{n} y_i N_{i2}'(\theta) & N_{12}(\theta) & \cdots & N_{n,2}(\theta) \\ \vdots & \vdots & & \vdots \\ \varphi_{n+1}'(\theta) + \sum\limits_{i=1}^{n} y_i N_{i,n+1}'(\theta) & N_{1,n+1}(\theta) & \cdots & N_{n,n+1}(\theta) \end{pmatrix}.$$

将 $y=0$ 代入, Jacobi 矩阵变成

$$J(\theta, 0) = \begin{vmatrix} \varphi_1'(\theta) & N_{11}(\theta) & \cdots & N_{n,1}(\theta) \\ \varphi_2'(\theta) & N_{12}(\theta) & \cdots & N_{n,2}(\theta) \\ \vdots & \vdots & & \vdots \\ \varphi_{n+1}'(\theta) & N_{1,n+1}(\theta) & \cdots & N_{n,n+1}(\theta) \end{vmatrix}.$$

$J(\theta,0)$ 的第一列是由向量 $N_0(\theta)$ 的分量组成, 其余的列是由向量 $N_i(\theta)$ 的分量组成. 由构造, 这些向量必须对所有的 θ 线性无关, 即 Jacobi 矩阵 $J(\theta,0)$ 非奇异.

把系统 (3.10.1) 写为新变量形式. 将 (3.10.5) 代入 (3.10.1) 给出

$$\begin{aligned}&(X(\varphi(\theta))+y_1N_1'(\theta)+\cdots+y_nN_n'(\theta))\dot{\theta}+\dot{y}_1N_1(\theta)+\cdots+\dot{y}_nN_n(\theta)\\&=X(\varphi(\theta)+y_1N_1(\theta)+\cdots+y_nN_n(\theta)).\end{aligned}\tag{3.10.7}$$

由 (3.10.7) 直接得知在 $y=0$ 有 $\dot{\theta}=1$ 和 $\dot{y}=0$. 因此, 系统取形式 (3.10.4).

为了化为形式 (3.10.2), 可以用下面的时间变量变换:

$$dt=\frac{d\tilde{t}}{1+b(\theta,y)}\tag{3.10.8}$$

来达到.

在这个证明中漏掉的一点, 就是充分光滑的向量族 $(N_1(\theta),\cdots,N_n(\theta))$ 与向量 $N_0(\theta)$ 一起构成线性无关系的构造方法问题. 代替这个算法的说明, 我们叙述另一个证明方法, 它在今后还要被用到.

选择一个通过 L 的小截面 S. 令 $y=(y_1,\cdots,y_n)$ 是 S 上的坐标. 设 $\mathcal{X}(x,t)$ 是点 x 沿着系统 (3.10.1) 的对应轨线的时间 t 移位. 对在 L 的小邻域内的每一点 x 存在唯一确定的 $t(x)\geqslant 0$ 使得 $y=\mathcal{X}(-t(x),x)$ 是点 x 的向后轨线与 S 的第一个交点. 由定义 $t(x)\leqslant\bar{t}(y)$, 其中 $\bar{t}(y)$ 是 Poincaré 回复时间. 我们可用时间尺度化使得对所有小 y, 这个回复时间是常数: $\bar{t}(y)\equiv\tau$. 为此我们定义新时间 $\tilde{t}$ 为

$$d\tilde{t}=\left(1+\alpha(y)\xi\left(\frac{t(x)}{\bar{t}(y)}\right)\right)dt,\tag{3.10.9}$$

其中 $y\equiv\mathcal{X}(-t(x),x)$ 沿着点 x 的轨线与截面 S 的两个相继交点之间的轨线段是常数. 当 x 穿过 S 时 y 的值跳跃. 为使变换 (3.10.9) 连续, 我们选择函数 ξ, 当它的变量接近于 0 或 1 时 (这对应 $t(x)$ 接近于 0 或 $\bar{t}(y)$, 即接近于 x 的轨线与 S 相交的时刻的情形) 恒等于零. 除了这些值, ξ 必须是光滑非零函数. 这样的函数 ξ 的存在性是标准事实. 此外, 我们可以要求 $\displaystyle\int_0^1\xi(s)ds=1$.

因此, 我们有光滑的时间变换, 只要 α 充分小. 新的回复时间是

$$\int_0^{\bar{t}(y)}\frac{d\tilde{t}}{dt}dt=\bar{t}(y)+\alpha(y)\int_0^{\bar{t}(y)}\xi\left(\frac{t}{\bar{t}(y)}\right)dt=\bar{t}(y)(1+\alpha(y)).\tag{3.10.10}$$

因此, 如果令 $\alpha(y)=\dfrac{\tau}{\bar{t}(y)}-1$, 我们事实上找到的新回复时间是常数. 观察到对小的 y, $\bar{t}(y)$ 接近于 τ, 于是 $\alpha(y)$ 很小, 因此 (3.10.9) 中的因子非零. 从而, 公式 (3.10.9) 给出时间好的尺度化.

设

$$\bar{y}=By+F_0(y)\tag{3.10.11}$$

为 Poincaré 映射 $T: S \to S$, 其中 $F_0(0) = 0$ 且 $F_0'(0) = 0$. 由定义,

$$T(y) = \mathcal{X}(\tau, y). \tag{3.10.12}$$

如我们早先指出的, 矩阵 B 的特征值 (等价于 L 的乘子) 的积是正数. 因此, 可以证明存在非奇异矩阵族 $\tilde{A}(\theta)$ $(0 \leqslant \theta \leqslant \tau)$ 使得 $\tilde{A}(0) = I$, $\tilde{A}(\tau) = B$, $\tilde{A}'(0) = \tilde{A}'(\tau) = 0$, $\tilde{A}(\theta)$ 是 $\mathbb{C}^{r+1}$ 光滑依赖于 θ (我们对这个很标准的事实不给证明).

考虑微分同胚族 $Y_\theta : y_0 \mapsto y_\theta (0 \leqslant \theta \leqslant \tau)$,

$$y_\theta = \tilde{A}(\theta) y_0 + \eta(\theta) F_0(y_0), \tag{3.10.13}$$

其中 $\eta(\theta)$ 是 $\mathbb{C}^{r+1}$ 光滑的纯量函数, 它在 $\theta = 0$ 的小邻域内恒等于零, 在 $\theta = \tau$ 的小邻域内恒等于 1 (对接近于 0 和 τ 的 θ 值, 这也得出 $\eta'(\theta) \equiv 0$). 我们还假设对接近于 0 和 τ 的 θ, 有 $\tilde{A}'(\theta) = 0$. 因此, Y_θ 对所有接近于 0 的 θ 是恒同映射, 对所有接近于 τ 的 θ 它与 Poincaré 映射 T 重合.

由于 $F_0'(0) = 0$, 且对所有 θ, $\tilde{A}(\theta)$ 非退化, 映射 (3.10.13) 可逆, 即

$$y_0 = \tilde{A}^{-1}(\theta) y_\theta + F_1(\theta, y_\theta), \tag{3.10.14}$$

其中 $F_1(0,0) = 0$, 对所有接近于 0 和 τ 的 θ 有 $F_{1y}'(\theta, 0) = 0$ 和 $F_{1\theta}' \equiv 0$.

用下面的规则

$$x = \mathcal{X}(\theta, Y_\theta^{-1}(y)) \tag{3.10.15}$$

作坐标变换 $(\theta, y_1, \cdots, y_n) \to (x_1, \cdots, x_{n+1})$. 换句话说, 我们将沿着系统 (3.10.1) 的轨线的点 $y_0 \in S$ 的时间 θ 移位等同于由 (3.10.13) 给出的点 y_0 的时间 θ 移位. 当 θ 接近于 0 时, 方程 (3.10.15) 变为

$$x = \mathcal{X}(\theta, y), \tag{3.10.16}$$

当 θ 接近于 τ 时它化为

$$x = \mathcal{X}(\theta, T^{-1}(y)). \tag{3.10.17}$$

由定义 (3.10.12), 公式 (3.10.17) 与

$$x = \mathcal{X}(\theta - \tau, y)$$

重合. 将后者与 (3.10.16) 比较, 我们得到 $\mathbb{C}^r$ – 光滑的坐标变换 (3.10.15) 是 τ- 周期的.

新坐标 y 的发展由 (3.10.13) 给出, 其中 $\dot{\theta} = 1$. 由 (3.10.14) 我们有

$$\begin{aligned} \dot{y} &= \tilde{A}'(\theta) y_0 + \eta'(\theta) F_0(y_0) \\ &= \tilde{A}'(\theta)\tilde{A}(\theta)^{-1} y + \tilde{A}'(\theta) F_1(\theta, y) + \eta'(\theta) F_0(\tilde{A}(\theta)^{-1} y + F_1(\theta, y)). \end{aligned} \tag{3.10.18}$$

记

$$
\begin{aligned}
A(\theta) &= \tilde{A}'(\theta)A(\theta)^{-1}, \\
F(\theta,y) &= \tilde{A}'(\theta)F_1(\theta,y) + \eta'(\theta)F_0(\tilde{A}(\theta)^{-1}y + F_1(\theta,y)).
\end{aligned} \tag{3.10.19}
$$

证明完毕.

使表达式 (3.10.2) 成立的坐标称为**法坐标**. 在法坐标下, $y=0$ 是周期轨线 L 的方程. 相变量 θ 参数化 L 上的点. 注意法坐标不是唯一的: 不同的基 $N_i(\theta)$ $(i=1,\cdots,n)$ 给出不同的坐标变换. 但是, 我们构造的优点是在法坐标下增加了系统的光滑性. 即下面的论述成立:

引理 3.7 系统 (3.10.2) 的右端关于 y 的所有导数在 $y=0$ 是 θ 的 $\mathbb{C}^r$ – 光滑函数.

证明 从 (3.10.13) 立刻看出, 所有的导数 $\left.\dfrac{d^k y_0}{dy_\theta^k}\right|_{y_0=0}$ $(k=1,\cdots,r)$ 是 θ 的 $\mathbb{C}^{r+1}$ – 光滑函数. 按照 (3.10.13), 这意味着 F_1 关于 y_θ 在 $y_\theta=0$ 的所有导数也是 θ 的 $\mathbb{C}^{r+1}$ – 光滑函数. 现在引理由 (3.10.19) 得知.

注意, 我们的构造对解析系统不成立 (函数 ξ,η 不可能是解析的, 因为它们在某些区间上恒等于零). 为了在解析情形解决这个问题, 我们可由公式 (3.10.15) 先作 $\mathbb{C}^\infty$ – 光滑的坐标变换, 然后由 (3.10.15) 在 y 空间取 $\mathbb{C}^\infty$ – 向量 $\tilde{N}_i(\theta)$ 为基向量的像. 由于向量系 $\{N_0(\theta),\tilde{N}_1(\theta),\cdots,\tilde{N}_n(\theta)\}$ 线性无关, 对充分接近的解析近似 $(N_1(\theta),\cdots,N_n(\theta))$ 线性无关的条件将不被破坏. 现在, 在我们找到线性无关的解析依赖于 θ 的向量系 $\{N_0(\theta),N_1(\theta),\cdots,N_n(\theta)\}$ 以后, 所求的坐标变换由 (3.10.6) 和 (3.10.8) 给出.

我们指出, 一旦我们明显地知道解 $L:\{x=\varphi(t)\}$, 我们可以求得法向量系 $(N_1(\theta),\cdots,N_n(\theta))$, 因此也找出了明显给出 (3.10.2) 右端的坐标变换.

形式 (3.10.2) 是很方便的, 因为平面 $\theta=$ 常数是截面, 且截面上任何一点的回复时间都相同并等于 τ. 选择平面 $S:\theta=0$ 作为这样的截面, 并定义 Poincaré 映射 $S\to S$. 对于从 S 出发的轨线, 由 (3.10.2) 的第二个方程我们有 $\theta=t$, 因此问题化为积分系统

$$
\dot{y} = A(t)y + F(t,y). \tag{3.10.20}
$$

这个方程满足初始条件 y_0 的解可以用逐次逼近法确定为系数依赖于时间的 y_0 的幂级数形式. 第一次近似选择线性化系统

$$
\dot{y}^{(1)} = A(t)y^{(1)} \tag{3.10.21}
$$

的解.

第 m 次近似由

$$
\dot{y}^{(m)} = A(t)y^{(m)} + F(t,y^{(m-1)}) \tag{3.10.22}
$$

给出. 设 $\Phi(t)$ 是系统 (3.10.21) 的基本解矩阵, 即系统 (3.10.21) 的解有形式

$$y^{(1)}(t) = \Phi(t)y^0.$$

于是, 系统 (3.10.22) 的解由公式

$$y^{(m)}(t) = \Phi(t)\left(y^0 + \int_0^t \Phi^{-1}(s)F(s, y^{(m-1)}(s))ds\right) \tag{3.10.23}$$

给出. 从 (3.10.23) 看出, 每一次逐次逼近与前一次逼近差高阶项, 即

$$y^{(m)}(t) - y^{(m-1)}(t) = \Phi(t)\int_0^t \Phi^{-1}(s)(F(s, y^{(m-1)}(s)) - F(s, y^{(m-2)}(s)))ds,$$

因此

$$\|y^{(m)} - y^{(m-1)}\| \sim \|F'\|\|y^{(m-1)} - y^{(m-2)}\| = o(\|y^{(m-1)} - y^{(m-2)}\|)$$

(因为在 $y = 0, F' = 0$). 利用公式 (3.10.23), 我们可以求得系统 (3.10.20) 的解的 Taylor 展开的任何次项. 将 $t = \tau$ (周期) 代入所得的展开式, 得到 Poincaré 映射的 Taylor 展开.

我们也指出 Poincaré 映射可表示为形式

$$\bar{y} = \Phi(\tau)y + \Psi(y), \tag{3.10.24}$$

其中函数 $\Psi(y)$ 与它的一阶导数在 $y = 0$ 为零. Poincaré 映射的线性部分有形式

$$\bar{y} = \Phi(\tau)y.$$

由于周期轨线 L 的乘子 $(\rho_1, \cdots, \rho_n)$ 可以作为矩阵 $\Phi(\tau)$ 的特征值求得. 因此, 如果周期解 $\{x = \varphi(t)\}$ 和线性系统

$$\dot{y} = A(t)y \tag{3.10.25}$$

的基本解矩阵 $\Phi(t)$ 已知, 则存在构造 Poincaré 映射以及计算周期轨线乘子的标准方法.

3.11 变分方程

周期轨线的稳定性问题本质上与平衡态对应的问题没有什么区别. 两者的稳定性条件都由一次近似方程确定, 即由平衡态对应的线性化系统或者由周期轨线的所谓变分方程确定.

设 $x = \varphi(t)$ 是 $(n+1)$ 维自治系统

$$\dot{x} = X(x) \tag{3.11.1}$$

的周期解, 周期为 τ.

引入新变量 ξ, 使得

$$x = \xi + \varphi(t).$$

借助于这个新变量, 系统取下面形式

$$\dot{\xi} = D(t)\xi + \cdots,$$

其中

$$D(t) = \left.\frac{\partial X}{\partial x}\right|_{x=\varphi(t)},$$

这里省略号表示 ξ 的高阶项. 我们看到, 这个变量变换将 $(n+1)$ 维自治系统化为 $(n+1)$ 维非自治系统.

线性周期系统

$$\dot{\xi} = D(t)\xi \tag{3.11.2}$$

称为**变分方程**. 显然, 如果 $\xi(t)$ 是 (3.11.2) 的解, 那么 $\xi(t+\tau)$ 也是解. 事实上, 在作时间移位 $t \to t+\tau$ 后, 我们得到

$$\frac{d\xi(t+\tau)}{d(t+\tau)} = D(t+\tau)\xi(t+\tau),$$

因此

$$\frac{d\xi(t+\tau)}{dt} = D(t)\xi(t+\tau).$$

(3.11.2) 的通解是

$$\xi(t) = \Psi(t)\xi(0), \tag{3.11.3}$$

其中 $\Psi(t)$ 是**基本解矩阵**, 它的列 $\Psi^{(i)}(t)$ $(i = 1, \cdots, n+1)$ 是 (3.11.2) 满足 $t=0$ 是基向量的解. 由于 $\Psi^{(i)}(t+\tau)$ 也是解, 由 (3.11.3) 得知 $\Psi^{(i)}(t+\tau) = \Psi(t)\Psi^{(i)}(\tau)$, 或者

$$\Psi(t+\tau) = \Psi(t)\Psi(\tau). \tag{3.11.4}$$

方程

$$|\Psi(\tau) - \rho I| = 0 \tag{3.11.5}$$

称为**特征方程**. (3.11.5) 的根 $(\rho_1, \cdots, \rho_{n+1})$ 称为**特征根**或者 **Floquet 乘子**.

特征方程关于任何变量变换

$$\eta = Q(t)\xi \tag{3.11.6}$$

是不变的, 其中矩阵 $Q(t)$ 对所有 t 非奇异, 它光滑依赖于时间并以 τ 为周期. 事实上, 经这个变量变换后系统 (3.11.2) 仍保持为线性周期系统. 记它的基本解矩阵为 $\tilde{\Psi}$,

即通解为 $\eta(t)=\tilde{\Psi}(t)\eta(0)$. 由 (3.11.3),(3.11.6), 我们有 $\widetilde{\Psi}(t)=Q(t)\Psi(t)Q(0)^{-1}$. 因此由 $Q(t)$ 的 τ – 周期性, 矩阵 $\tilde{\Psi}(\tau)$ 与 $\Psi(\tau)$ 相似:

$$\tilde{\Psi}(\tau)=Q(0)\Psi(\tau)Q(0)^{-1}.$$

因此,

$$|\tilde{\Psi}(\tau)-\rho I|=|Q(0)\Psi(\tau)Q(0)^{-1}-\rho I|=|Q(0)(\Psi(\tau)-\rho I)Q(0)^{-1}|=|\Psi(\tau)-\rho I|,$$

这就证明了我们的论断.

由此得知, **周期轨线的 Floquet 乘子并不依赖于坐标 x 的特殊选择**. 事实上, 设 $y=h(x)$ 是在周期轨线 L 的某个小邻域内将系统 (3.11.1) 化为 $\dot{y}=Y(y)$ 的微分同胚. 在新变量下 L 的方程是 $y=h(\varphi(t))=\psi(t)$. $\psi(t)$ 的变分方程现在是

$$\dot{\eta}=\left.\frac{\partial Y}{\partial y}\right|_{y=\psi(t)}\eta,$$

它是由 (3.11.2) 经变量变换 (3.11.6) 得到的, 其中 $Q(t)=h'(\varphi(t))$. 因此, 特征方程和特征根事实上保持不变.

特别地, 在法坐标下, 当系统有 (3.10.4) 的形式时, 在周期解 $(y=0,\ \theta=t \bmod \tau)$ 的邻域内系统的线性化给出下面的变分方程

$$\dot{\xi}=\begin{pmatrix} A(t) & 0 \\ b'_y(t,0) & 0 \end{pmatrix}\xi.$$

容易看到这个系统的基本解矩阵有形式

$$\begin{pmatrix} \Phi(t) & 0 \\ \beta(t) & 1 \end{pmatrix},$$

其中 $\Phi(t)$ 是系统

$$\dot{\eta}=A(t)\eta$$

满足 $\Phi(0)=I$ 的基本解矩阵. 因此, 特征方程可以表示为形式

$$|\Phi(\tau)-\rho I|(\rho-1)=0.$$

另一方面, 上一节我们已经指出, L 附近 Poincaré 映射的乘子是方程 $|\Phi(\tau)-\rho I|=0$ 的根. 因此, **Floquet 乘子 $(\rho_1,\cdots,\rho_n)$ 与 Poincaré 映射不动点的乘子重合, 且最后一个 Floquet 乘子 ρ_{n+1} 永远是平凡的: $\rho_{n+1}=1$**.

平凡特征根的存在性是自治系统周期轨线附近变分方程的一个特性. 因为 $x=\varphi(t)$ 是解, 即由于

$$\dot{\varphi}(t)=X(\varphi(t)),$$

关于 t 微分我们得到

$$\frac{d\dot{\varphi}(t)}{dt}=\frac{\partial X(\varphi(t))}{\partial x}\dot{\varphi}(t).$$

由此 $\xi(t)=\dot{\varphi}(t)$ 是变分方程 (3.11.2) 的解. 从而由 (3.11.3) 有 $\dot{\varphi}(t)=\Psi(t)\dot{\varphi}(0)$. 由于 $\varphi(t)$ 是周期为 τ 的周期函数, 故 $\dot{\varphi}(0)=\Psi(\tau)\dot{\varphi}(0)$. 这意味着 $\dot{\varphi}(0)$ 永远是 $\Psi(\tau)$ 的特征向量, 对应的特征根 (ρ_{n+1}) 永远等于 1. 这个发现属于 Poincaré.

我们引入量

$$\lambda_k=\frac{\ln\ \rho_k}{\tau}=\frac{1}{\tau}[\ln\ |\rho_k|+i(\arg\rho_k+2\pi m_k)],\quad k=1,\cdots,n+1, \tag{3.11.7}$$

称它们为**特征指数**. 从 (3.11.7) 我们看到 λ_k 按模 $\dfrac{i2\pi m_k}{\tau}$ 定义, 其中 m_k 是整数. 但是, $(\mathrm{Re}\ \lambda_1,\cdots,\mathrm{Re}\ \lambda_{n+1})$ 是唯一确定的. 它们称为周期轨线 $x=\varphi(t)$ 的 **Lyapunov 指数**.

这些量对任何形如 (3.11.2) 的线性周期系统都有意义. 回忆由自治系统得到的变分方程情形, 总是存在平凡特征根, 因此在这种情形一个 Lyapunov 指数总是零.

基本解矩阵的列满足 (3.11.2), 即 $\dfrac{d}{dt}\Psi(t)=D(t)\Psi(t)$. 因此

$$\frac{d}{dt}\det\ \Psi(t)=\mathrm{tr}\ D(t)\cdot\det\ \Psi(t),$$

由此得 **Wronsky 公式**

$$\det\Psi(t)=e^{\int_0^t \mathrm{tr}\,D(s)ds}.$$

在 $t=\tau$ 我们得到

$$\rho_1\rho_2\cdots\rho_{n+1}=e^{\int_0^\tau \mathrm{tr}\ D(s)ds}, \tag{3.11.8}$$

其中 $(\rho_1,\cdots,\rho_{n+1})$ 是特征根. 显然所有的 $\rho_1,\cdots,\rho_{n+1}$ 都异于零, 因此 $\Psi(\tau)$ 是非奇异的.

当线性系统 (3.11.2) 是由自治系统 (3.11.1) 得到时, 这个公式变为

$$\rho_1\rho_2\cdots\rho_n=e^{\int_0^\tau \mathrm{div}\ X|_{x=\varphi(s)}ds}, \tag{3.11.9}$$

或者

$$\lambda_1+\cdots+\lambda_n=\frac{1}{\tau}\int_0^\tau \mathrm{div}\ X|_{x=\varphi(s)}ds. \tag{3.11.10}$$

注意, 在一般情形, 求出变分方程的基本解矩阵或者它的特征根的显式形式是不可能的. 二维情形仅仅是个例外. 在这种情形下, 公式 (3.11.10) 给出单个非平凡的 Lyapunov 特征指数

$$\lambda=\frac{1}{\tau}\int_0^\tau\left[\frac{\partial X_1(\varphi_1(t),\varphi_2(t))}{\partial x_1}+\frac{\partial X_2(\varphi_1(t),\varphi_2(t))}{\partial x_2}\right]dt.$$

设 $\xi^{(k)}(0)$ 是 $\Psi(\tau)$ 对应于乘子 ρ_k 的特征向量. 从 $\xi^{(k)}(0)$ 开始的解是 $\xi^{(k)}(t)=\Psi(t)\xi^{(k)}(0)$. 由于 $\Psi(\tau)\xi^{(k)}(0)=\rho_k\xi^{(k)}(0)$, 从 (3.11.4) 对一切 t 得

$$\xi^{(k)}(t+\tau)=\rho_k\xi^{(k)}(t).$$

由此得函数

$$\phi_k(t)=e^{-\lambda_k t}\xi^{(k)}(t)$$

是 τ 周期的: 因为 $e^{\lambda_k\tau}=\rho_k$, 我们有

$$\phi_k(t+\tau)=e^{-\lambda_k(t+\tau)}\xi^{(k)}(t+\tau)=e^{-\lambda_k t}e^{-\lambda_k\tau}\rho_k\xi^{(k)}(t)=\phi_k(t).$$

从而,

$$\xi^{(k)}(t)=\phi_k(t)e^{\lambda_k t}, \tag{3.11.11}$$

其中 $\phi_k(t)$ 是周期函数.

更一般的结果也成立, 它就是熟知的 Floquet 定理 [24] : 线性时间周期系统的基本解矩阵 Ψ 满足

$$\Psi(t)=\Phi(t)e^{\Lambda t}, \tag{3.11.12}$$

其中 $\Phi(t)$ 是 τ – 周期矩阵, Λ 是常数矩阵, 它的特征值是特征指数 $(\lambda_1,\cdots,\lambda_{n+1})$.

为了证明这点我们指出, 由 (3.11.4) 矩阵 $\Phi(t)=\Psi(t)e^{-\Lambda t}$ 是 τ – 周期的, 如果

$$\Psi(\tau)=e^{\Lambda\tau}, \tag{3.11.13}$$

即如果 $\tau\Lambda$ 是 $\Psi(\tau)$ 的对数. 非奇异矩阵的对数的存在性是熟知的事实. 例如, 如果所有的 $(\rho_1,\rho_2,\cdots,\rho_{n+1})$ 相异, 则 $\Phi(t)$ 相似于对角矩阵

$$\Psi(\tau)=P\begin{pmatrix}\rho_1 & & 0\\ & \ddots & \\ 0 & & \rho_{n+1}\end{pmatrix}P^{-1},$$

且矩阵 Λ 是简单的

$$\Lambda=P\begin{pmatrix}\lambda_1 & & 0\\ & \ddots & \\ 0 & & \lambda_{n+1}\end{pmatrix}P^{-1}.$$

由此, 从 (3.11.12) 立刻得知周期的变量变换 $\xi=\Phi(t)y$ 将系统 (3.11.2) 变为自治系统

$$\dot{y}=\Lambda y.$$

注意, 方程 (3.11.13) 一般定义一个复值矩阵 Λ, 即使 $\Psi(\tau)$ 是实的. 因此矩阵 $\Phi(t)$ 是复的, 实 τ – 周期变换将系统变为自治系统形式并不总是存在. 不过, 下面的定理成立.

定理 3.12 (Lyapunov) 存在形如 $\xi = \tilde{\Phi}(t)y$ 的变量变换, 其中 $\tilde{\Phi}(t)$ 是周期为 2τ 的实周期矩阵, 这个变换将系统 (3.11.3) 变为

$$\dot{y} = \tilde{\Lambda}y,$$

其中 $\tilde{\Lambda}$ 是实常数矩阵, 它的特征值满足 $e^{2\tau\tilde{\lambda}_k} = \rho_k^2$.

我们看到 $\text{Re }\tilde{\lambda}_k = \text{Re }\lambda_k$, 其中 λ_k 是 (3.11.2) 的特征指数. 因此,

- 如果所有的 Lyapunov 指数都是负数, 则线性系统 (3.11.2) 的解 $\xi = 0$ 当 $t \to +\infty$ 时是指数式稳定的;
- 如果至少存在一个正 Lyapunov 指数, 则平凡解不稳定.

为了证明这个 Lyapunov 定理, 我们用 U 记矩阵 $\Psi(\tau)$ 对应于所有负实数特征值 ρ_k 的特征空间, 用 V 记 $\Psi(\tau)$ 对应于剩余的特征值的特征空间. 因此,$\xi = (u, v)$, 其中 $u \in U, v \in V$. 对线性变换

$$\sigma : (u, v) \mapsto (-u, v), \tag{3.11.14}$$

矩阵 $\tilde{A} = \sigma\Psi(\tau) = \Psi(\tau)\sigma$ 没有负的实特征值. 由构造, 它的特征值 $\tilde{\rho}_k$ 满足 $\tilde{\rho}_k^2 = \rho_k^2$. 矩阵 $\tilde{A}$ 相似于实 Jordan 型矩阵:

$$\tilde{A} = P(A^\circ + \Delta A)P^{-1},$$

其中

$$\begin{aligned} A^\circ_{kk} &= \tilde{\rho}_k \quad \text{如果 } \tilde{\rho}_k \text{ 是实数}, \\ \begin{pmatrix} A^\circ_{kk} & A^\circ_{k,k+1} \\ A^\circ_{k+1,k} & A^\circ_{k+1,k+1} \end{pmatrix} &= \begin{pmatrix} 1 & 1 \\ -i & i \end{pmatrix} \begin{pmatrix} re^{i\phi} & 0 \\ 0 & re^{-i\phi} \end{pmatrix} \begin{pmatrix} 1 & 1 \\ -i & i \end{pmatrix}^{-1} \\ &= \begin{pmatrix} r\cos\phi & -r\sin\phi \\ r\sin\phi & r\cos\phi \end{pmatrix} \quad \text{如果 } (\tilde{\rho}_k = re^{i\phi}, \tilde{\rho}_{k+1} = re^{-i\phi}), \end{aligned} \tag{3.11.15}$$

A° 的所有其它元素是零, ΔA 中仅有的非零元素可为

$$(\Delta A)_{k,k+1} = 1 \quad \text{如果 } \tilde{\rho}_k = \tilde{\rho}_{k+1} \text{ 是实的重特征值}$$

和

$$(\Delta A)_{k,k+2} = 1 \quad \text{如果 } \tilde{\rho}_k = \tilde{\rho}_{k+2} \text{ 是复的重特征值}. \tag{3.11.16}$$

可以验证 $\tilde{A}$ 的**实**对数由下面公式给出:

$$\begin{aligned} \ln\ \tilde{A} &= P\ln(A^\circ + \Delta A)P^{-1} = P[\ln\ A^\circ + \ln(I + (A^\circ)^{-1}\Delta A)]P^{-1} \\ &= P\left[\ln\ A^\circ + \sum_{s=1}^{\infty} \frac{(-1)^s}{s}(A^\circ)^{-s}(\Delta A)^s\right]P^{-1}, \end{aligned} \tag{3.11.17}$$

其中

$$(\ln A^\circ)_{kk} = \ln \tilde{\rho}_k \quad \text{如果 } \tilde{\rho}_k \text{ 是实数},$$

$$\begin{pmatrix} (\ln A^\circ)_{kk} & (\ln A^\circ)_{k,k+1} \\ (\ln A^\circ)_{k+1,k} & (\ln A^\circ)_{k+1,k+1} \end{pmatrix} = \begin{pmatrix} \ln r & -\phi \\ \phi & \ln r \end{pmatrix} \quad \text{如果 } \tilde{\rho}_k = \tilde{\rho}^*_{k+1} = re^{i\phi}. \tag{3.11.18}$$

公式 (3.11.18) 给出实值矩阵 $\ln A^\circ$, 因为由构造所有的实 $\tilde{\rho}_k$ 是正的. 由于由 (3.11.8) 所有的 ρ_k 非零, 故矩阵 $(A^\circ)^{-1}$ 存在. 对充分大的 s, 因为 $(\Delta A)^s \equiv 0$, 可知在 (3.11.17) 中的级数收敛. (3.11.17) 中 $\ln(A^\circ + \Delta A)$ 的展开式是纯量对数的 Taylor 展开的重复: 在这里用了纯量的算法, 因为矩阵 $\ln A^\circ, A^\circ$ 和 ΔA 可交换, 即 $A^\circ \cdot \ln A^\circ = \ln A^\circ \cdot A^\circ, A^\circ \cdot \Delta A = \Delta A \cdot A^\circ, \Delta A \cdot \ln A^\circ = \ln A^\circ \cdot \Delta A$ (见 (3.11.15), (3.11.16), (3.11.18)).

现在我们取

$$\tilde{\Lambda} = \frac{1}{\tau} \ln \tilde{A},$$

故

$$\Psi(\tau) = \sigma e^{\tilde{\Lambda}\tau}.$$

由此得知矩阵 $\tilde{\Phi}(t) = \Psi(t)e^{-\tilde{\Lambda}t}$ 满足

$$\tilde{\Phi}(t+\tau) = \tilde{\Phi}(t)\sigma \tag{3.11.19}$$

(见 (3.11.4)). 特别地, $\tilde{\Phi}(t)$ 是 2τ – 周期的. 由构造, (3.11.2) 的通解 (3.11.3) 写为

$$\xi(t) = \tilde{\Phi}(t)e^{\tilde{\Lambda}t}\xi(0),$$

事实上这意味着变换 $y = \tilde{\Phi}(t)^{-1}\xi$ 将系统化为线性自治形式.

注 如果从 (3.11.19) 看出不存在负的实 Floquet 乘子, 则由周期为 τ 的周期变换可将系统化为实自治形式. 若存在负的实乘子, 对合 σ 不是恒同, 在这种情形下我们称满足 (3.11.19) 的函数为 τ – **反周期**的.

定理 3.12 对任何具有时间周期系数的实线性系统成立. 特别地, 应用这个定理到 (3.10.4) 或者 (3.10.2) 的 y 方程的线性部分, 我们得到, **可引入法坐标, 使得系统在周期轨道附近写为**

$$\begin{aligned} \dot{y} &= \Lambda y + F(\theta, y), \\ \dot{\theta} &= 1 + b(\theta, y). \end{aligned} \tag{3.11.20}$$

或者, 经过时间尺度化以后写为

$$\begin{aligned} \dot{y} &= \Lambda y + F(\theta, y), \\ \dot{\theta} &= 1. \end{aligned} \tag{3.11.21}$$

这里系统右端满足 τ – (反) 周期性条件

$$\begin{aligned}F(\theta+\tau,\sigma y)&=\sigma F(\theta,y),\\ b(\theta+\tau,\sigma y)&=b(\theta,y),\end{aligned}\tag{3.11.22}$$

这里 σ 是对合 (3.11.14), 它改变了对应负实乘子的某些 y 变量的符号.

3.12 周期轨线的稳定性. 鞍点周期轨线

大家知道 Lyapunov 解决了系统

$$\dot{x}=F(x,t)\tag{3.12.1}$$

的周期轨线的稳定性问题, 其中 $x=(x_1,\cdots,x_n)$, F 关于时间变量 t 是周期函数. 他给出了下面的定义.

定义 3.2 系统 (3.12.1) 的解 $x=\varphi(t)$ 称为 (在 Lyapunov 意义下) 稳定, 如果任给小 $\varepsilon>0$ 存在 δ, 使得如果 $\|x_0-\varphi(t_0)\|\leqslant\delta$, 则对一切 $t\geqslant t_0$ 有 $\|x(t)-\varphi(t)\|\leqslant\varepsilon$, 这里 $x(t)$ 是满足初始条件 x_0 的解.

设 (3.12.1) 有周期解 $x=\varphi(t)$, 周期 τ 或者等于函数 $F(x,t)$ 的周期, 或者可被它除尽. 我们以 $(\lambda_1,\cdots,\lambda_n)$ 表示相应的变分方程

$$\dot{\xi}=F'_x(\varphi(t),t)\xi$$

的**特征指数**.

定理 3.13 (Lyapunov) 设 $\mathrm{Re}\ \lambda_i<0\ (i=1,\cdots,n)$. 则解 $x=\varphi(t)$ 稳定. 此外, 它是指数式稳定的, 即初始条件接近于在 $t=t_0$ 的 $\varphi(t_0)$ 的任何解当 $t\to+\infty$ 时都指数式地趋于 $\varphi(t)$.

Lyapunov 对系统 (3.12.1) 的右端是解析的情形证明了这个定理, 虽然当函数 F 仅关于 x 是 $\mathbb{C}^1$ – 光滑和关于 t 连续时这个定理也成立.

在 $x=\varphi(t)$ 的小邻域内系统 (3.12.1) 可化为形式 (见 3.11 节)

$$\dot{y}=\Lambda y+G(y,t),\tag{3.12.2}$$

其中 Λ 是常数矩阵, 它的特征值的实部是 Lyapunov 指数 $(\mathrm{Re}\ \lambda_1,\cdots,\mathrm{Re}\ \lambda_n)$. $G(y,t)$ 关于 t 是周期为 τ 或 2τ 的周期函数. 此外, $G(0,t)\equiv0, G'_y(0,t)\equiv0$. 由此得知, 对所有 t 和所有小 y, $\|G'_y\|$ 一致囿于小常数. 将系统化为形式 (3.12.2) 以后, 定理 3.13 的证明就可重复在稳定平衡态附近线性化有效性定理的证明 (定理 2.4).

现在考虑 $(n+1)$ 维自治系统

$$\dot{x}=X(x),\tag{3.12.3}$$

它有周期为 τ 的周期解 $x=\varphi(t)$. 我们已经在 3.11 节知道, (3.12.3) 的变分方程的一个特征指数总等于零. 因此, 从 Lyapunov 稳定性观点, 这个情况对应于临界情形. 不过, 下面的定理成立.

定理 3.14 (Andronov-Vitt) 如果系统 (3.12.3) 的周期解的所有非平凡特征指数具有负实部, 则这个周期解在 Lyapunov 意义下稳定.

这个定理证明线性化是合理的, 但仅对非常弱的稳定性形式. 问题如下. 设 L 是对应的周期轨线 $L=\{x:x=\varphi(\theta),0\leqslant\theta\leqslant\tau\}$. 则对 L 上任何两个相邻点, (3.12.3) 相应的两个解当 $t\to+\infty$ 时不能彼此渐近地接近. 当系统在 L 附近写为法坐标形式时这容易看出. 回忆在 L 附近的法坐标 (y,θ) 下, $\|y\|$ 表示到 L 测量的距离, $\theta\in\mathbb{S}^1$ 是角变量, 系统化为形式 (3.11.20), 其中 $\|F'_y\|$ 对所有的 t 和所有小 y 一致囿于一小常数. Λ 的特征值的实部是 L 的非平凡 Lyapunov 指数. 如同在定理 3.13 中, 如果所有的特征值具有负实部, 那么

$$\|y(t)\|\leqslant\|y_0\|e^{-\lambda t},\tag{3.12.4}$$

其中 $\lambda>0$. 同时, 由于 $b(\theta,0)\equiv0$, 我们有 $\dot\theta=1+O(y)=1+O(e^{-\lambda t})$. 因此

$$\theta(t)=\theta_0+t+\psi(t;\theta_0,y_0),\tag{3.12.5}$$

其中当 $t\to+\infty$ 时 $\psi(t)$ 有有限极限. 显然, ψ 在 $y=0$ 处为零. 因此, 在 $y=0$, 具有不同初相 θ_0 的解对所有时间都彼此相距有限的距离.

在原坐标 x 下, 周期轨线 L 对应于由初始相 θ_0 参数化的周期解族 $x=\varphi(t+\theta_0)$, 在所有非平凡特征指数位于左半开平面的假设下, Lyapunov 提了个问题: 什么样的初始条件 $x(0)=x_0$ 会使得解 $x(t)$ 当 $t\to+\infty$ 时趋于 $\varphi(t+\theta_0)$ 的极限? 他证明这样的初始条件的轨迹是通过点 $\varphi(\theta_0)$ 的曲面 S_{θ_0}. 由此得知稳定周期轨线 L 的小邻域被称为 **Lyapunov 曲面**的曲面族 $\{S_\theta:0\leqslant\theta\leqslant\tau\}$ 所叶化. 注意到, 在法坐标下, Lyapunov 曲面的方程是 $S_{\theta_0}=\{\theta+\psi(+\infty;\theta,y_0)=\theta_0\}$.

最后, 我们得到下面的定理 (见公式 (3.12.4),(3.12.5)).

定理 3.15 (关于渐近相) 假设周期轨线 L 的所有非平凡特征指数位于虚轴的左边. 则任给充分小的 ε, 存在 δ 使得, 当 $\|x_0-\varphi(\theta_0)\|<\delta$ 时, 存在 ψ, $|\psi|<\varepsilon$, 使得具有 $x(0)=x_0$ 的解 $x(t)$ 满足不等式

$$\|x(t)-\varphi(t+\theta_0+\psi)\|<Ke^{-\lambda t},$$

其中 K 和 λ 是正常数.

我们建议读者参考 Codington 和 Levinson 的书中关于这个定理的详细证明.

另一个由 Poincaré 引入的重要概念是轨道稳定性.

定义 3.3　周期轨线 L 当 $t \to +\infty$ ($t \to -\infty$) 时是轨道稳定的, 如果任给 $\varepsilon > 0$ 存在 δ, 使得对某个 θ_0, 满足 $\|x(0) - \varphi(\theta_0)\| < \delta$ 的任何半轨线 $x(t)$, $0 \leqslant t < +\infty$ ($-\infty < t \leqslant 0$) 都位于 L 的 ε 邻域内.

我们说周期轨线 L 当 $t \to +\infty$ 时是**渐近轨道稳定**的, 如果

$$\lim_{t\to+\infty} \operatorname{dist}(x(t), L) = 0,$$

其中

$$\operatorname{dist}(x, L) = \inf_{0\leqslant\theta\leqslant\tau} \|x - \varphi(\theta)\|.$$

定理 3.16　如果周期轨线 L 的所有乘子位于单位圆内,那么 $t \to +\infty$ 时 L 是轨道稳定, 且满足下面的估计

$$\operatorname{dist}(x(t), L) \leqslant K e^{-\lambda t},$$

其中 K 和 λ 是正常数.

这个定理直接由 Poincaré 映射不动点的稳定性定理和解关于初始条件的连续依赖性定理 (或者立刻由 (3.12.4)) 得到, 因为 L 的乘子位于单位圆内, 当且仅当 L 的非平凡特征指数位于虚轴的左边 (见 3.11 节).

周期轨线 L 的所有乘子位于单位圆外的情形可用变换 $t \to -t$ 化为上面的情形. 在这样的不稳定周期轨线的小邻域内的所有轨线当 t 增加时都离开这个邻域. 轨线离开这个邻域所花的时间依赖于轨线关于 L 的初始点的位置, 越接近周期轨线的点所花的时间越长. 这样的不稳定周期轨线称为**完全不稳定的**或者**排斥的**.

接下来我们考虑 L 的有些乘子 $(\rho_1, \cdots, \rho_k)$ 位于单位圆内, 其余的 $(\rho_{k+1}, \cdots, \rho_n)$ 位于单位圆外的情形.

在周期为 τ 的周期轨线 L 的邻域内, 系统写为形式 (3.10.2). 用 (3.10.2) 的第二个方程除第一个方程, 我们得到具有周期右端的非自治系统

$$\frac{dy}{d\theta} = A(\theta)y + F(y, \theta), \tag{3.12.6}$$

其中 $F(0, \theta) \equiv 0, F'_y(0, \theta) \equiv 0$. 如同在 3.10 节中, 我们可以积分满足初始值 $(y^0, 0)$ 的 (3.12.6) 以求得解 $y = y(\theta; y^0)$, 它关于两个变量都是 $\mathbb{C}^r$ – 光滑的. 如果令 $\theta = \tau$, 我们得到 Poincaré 映射

$$\bar{y} = \Phi(\tau)y + \Psi(y), \tag{3.12.7}$$

其中 $\Psi(0) = 0$, $\Psi'(0) = 0$. 方程 $|\Phi(\tau) - \rho I| = 0$ 的根就是 L 的乘子 $(\rho_1, \cdots, \rho_n)$.

由 Hadamard 定理 (见 3.6 节) 得到, 两个光滑不变流形即稳定的 $W^s_{\text{loc}}(O)$ 和不稳定的 $W^u_{\text{loc}}(O)$ 都通过原点 O. 这些流形分别切于在点 O 的相应的线性化映射 $\bar{y} = \Phi y$ 的 k 维稳定子空间 E^s 和 $(n-k)$ 维不稳定子空间 E^u. 设 $y = (y_1, y_2)$, 其中

$y_1 \in \mathbb{R}^k$, $y_2 \in \mathbb{R}^{n-k}$. 令 $y_2 = C^s y_1$ 是 E^s 的方程, $y_1 = C^u y_2$ 是 E^u 的方程, 其中 C^s 和 C^u 是某些矩阵.[8] 因此 $W^s_{\text{loc}}(O)$ 的方程由

$$y_2 = \psi(y_1),$$

给出, 其中 $\dfrac{\partial\psi(0)}{\partial y_1} = C^s$. $W^u_{\text{loc}}(O)$ 的方程由

$$y_1 = \phi(y_2),$$

给出. 其中 $\dfrac{\partial\phi(0)}{\partial y_2} = C^u$. ψ 和 ϕ 都是 $\mathbb{C}^r$ – 光滑函数. $W^s_{\text{loc}}(O)$ 关于 Poincaré 映射的不变性条件理解如下. 如果我们选择点 $(y_1^0, \psi(y_1^0)) \in W^s_{\text{loc}}(O)$ 为在 $\theta = 0$ 的初始点, 轨线从这点出发, 然后当 $\theta = \tau$ 时回到截面上的 $W^s_{\text{loc}}(O)$ 的点. 从 $W^s_{\text{loc}}(O)$ 出发的所有向前轨线的集合是 $(k+1)$ 维不变曲面, 它是鞍点周期轨线 L 的局部稳定流形 $W^s_{\text{loc}}(L)$. $W^s_{\text{loc}}(L)$ 的方程由

$$y(\theta) = (y_1(\theta; y_1^0, \psi(y_1^0)), y_2(\theta; y_1^0, \psi(y_1^0))) \tag{3.12.8}$$

给出. 用类似的方法可以定义 $(n-k+1)$ 维不稳定不变流形 $W^u_{\text{loc}}(L)$, 它的方程由

$$y(\theta) = (y_1(\theta; \phi(y_2^0), y_2^0), y_2(\theta; \phi(y_2^0), y_2^0))) \tag{3.12.9}$$

给出. 注意到 $W^s_{\text{loc}}(L)$ 和 $W^u_{\text{loc}}(L)$ 有与 $W^s_{\text{loc}}(O)$ 和 $W^u_{\text{loc}}(O)$ 相同的光滑性. 这里的下标 loc 意味着两个流形是定义在 $\mathbb{D}^n \times \mathbb{S}^1$ 上, 其中 $\mathbb{D}^n : \{y, \|y\| < \varepsilon\}$ 是具有某个充分小半径的圆盘.

我们暂停留考虑三维的例子, 即 (3.12.3) 中 $n = 2$ 且 Poincaré 映射是二维的.

1. 设 $0 < \rho_1 < 1$ 且 $\rho_2 > 1$. 鞍点不动点 O 将稳定流形和不稳定流形分别都分为两个分枝, 使得

$$W^s_{\text{loc}}(O) = \Gamma_1 \bigcup O \bigcup \Gamma_2$$

和

$$W^u_{\text{loc}}(O) = \Gamma_3 \bigcup O \bigcup \Gamma_4.$$

此外, 每一个 Γ_i $(i = 1, \cdots, 4)$ 是不变的, 即 Poincaré 映射将它们变为它们自己. 因此, $W^s_{\text{loc}}(L)$ 和 $W^u_{\text{loc}}(L)$ 是同胚于柱面的二维光滑曲面, 见图 3.12.1. 注意到三维系统 (3.12.2) 在周期轨线 L 附近化为下面的形式 (见 3.11 节)

$$\begin{aligned} \dot{y}_1 &= \lambda_1 y_1 + f_1(y_1, y_2, \theta), \\ \dot{y}_2 &= \lambda_2 y_2 + f_2(y_1, y_2, \theta), \\ \dot{\theta} &= 1, \end{aligned} \tag{3.12.10}$$

其中 $\lambda_{1,2} = \dfrac{\ln\ \rho_{1,2}}{\tau}$.

[8] 为了得到鞍点周期轨线 L 的稳定和不稳定流形的方程, 没有必要将 Poincaré 映射化为特殊形式 (3.6.1), 即我们不用假设 Poincaré 映射的线性部分解耦为两个方程.

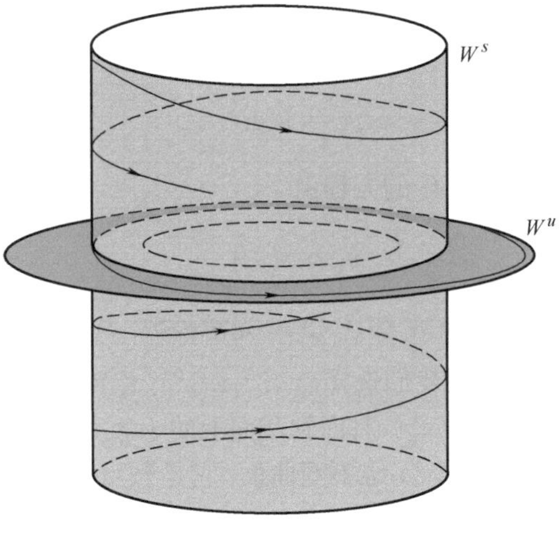

图 3.12.1　鞍点周期轨线具有同胚于圆柱面的二维稳定流形 W^s 和不稳定流形 W^u.

2. 设 $|\rho_1| < 1$ 和 $|\rho_2| > 1$, 此外, $\rho_1 < 0$ 和 $\rho_2 < 0$. 在这种情形下, Poincaré 映射将 Γ_1 映为 Γ_2, 将 Γ_2 映为 Γ_1. 于是流形 $W^s_{\text{loc}}(L)$ 微分同胚于二维的 Möbius 带. 对 $W^u_{\text{loc}}(L)$ 同样也成立, 见图 3.12.2. 在这种情形下 L 是 Möbius 带的中线.

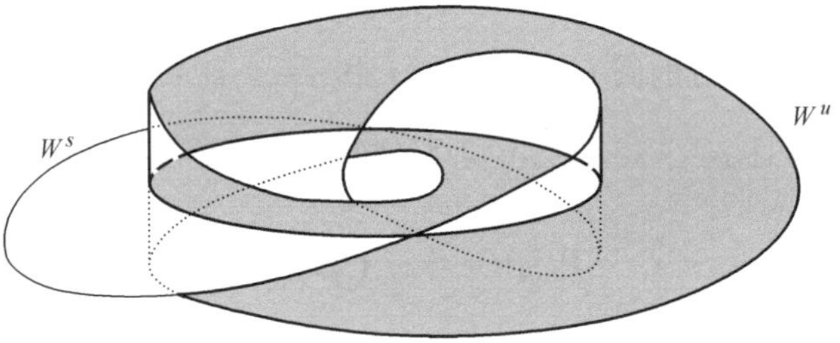

图 3.12.2　鞍点周期轨线具有同胚于 Möbius 带的二维稳定流形 W^s 和不稳定流形 W^u.

因此, 我们可以看到, 在三维情形鞍点周期轨线可以有两个不同的拓扑类型, 因为圆柱面与 Möbius 带之间不存在同胚. 类似情况在高维情形也成立. 如果 $\text{sign}(\rho_1 \times \cdots \times \rho_k) = 1$, 从而也得到 $\text{sign}(\rho_{k+1} \times \cdots \times \rho_n) = 1$, 于是 $W^s_{\text{loc}}(L)$ 同胚于高维圆柱面 $\mathbb{D}^k \times \mathbb{S}^1$, $W^u_{\text{loc}}(L)$ 同胚于 $\mathbb{D}^{n-k} \times \mathbb{S}^1$. 如果 $\text{sign}(\rho_1 \times \cdots \times \rho_k) = -1$ 和 $\text{sign}(\rho_{k+1} \times \cdots \times \rho_n) = -1$, 那么 $W^s_{\text{loc}}(L)$ 和 $W^u_{\text{loc}}(L)$ 是高维 Möbius 带类型的不可定向流形 (即它们分别是由 S^1 表示的 $\mathbb{D}^k$ 和 $\mathbb{D}^{n-k}$ 的纤维丛). 类似于对结构稳定不动点进行的分类, 我们可通过引入不变量 $\delta_s = \text{sign}\prod_{i=1}^{k}\rho_i$ 和 $\delta_u = \text{sign}\prod_{i=k+1}^{n}\rho_i$ 对结构稳定周期轨线进行分类.

直到现在我们已经讨论了周期轨线的局部流形. 但是, 我们也可以大范围定义这些流形. 设 $x = X(t; x_0)$ 表示满足初始条件 x_0 的轨线.

定义 3.4 周期轨线 L 的稳定流形是集合

$$W_L^s = \{x \in \mathbb{R}^n | X(t; x) \to L, \quad \text{当} \quad t \to +\infty \text{ 时}\}.$$

不稳定流形 W_L^u 可类似地定义, 区别在于 $t \to -\infty$.

由这个定义, 对任何点 $x \in W^s(L)$ 存在一个时刻, 这时 x 的轨线进入 L 的小邻域, 因此 x 的某个时间移位属于局部稳定流形. 因而

$$W^s(L) = \bigcup_{t^* \leqslant 0} W_L^s(t^*),$$

其中

$$W_L^s(t^*) = \{x \in \mathbb{R}^n | x = X(t^*; x^*), \quad \text{对某个} \quad x^* \in W_{\text{loc}}^s(L)\}.$$

由于 $W_L^s(t^*)$ 是 $W_{L_{\text{loc}}}^s$ 在 $X(t^*; \cdot)$ 作用下的光滑像, 由此得知 W_L^s 或是圆柱面 $\mathbb{R}^k \times \mathbb{S}^1$ 的光滑像, 或是 Möbius 带的光滑像.

对 $W^u(L)$ 同样成立:

$$W^u(L) = \bigcup_{t^* \geqslant 0} W_L^u(t^*),$$

其中

$$W_L^u(t^*) = \{x \in \mathbb{R}^n |, x = X(t^*; x^*), \quad \text{对某个} \quad x^* \in W_{\text{loc}}^u(L)\}.$$

3.13 光滑等价性与共振

非线性微分同胚在不动点邻域内化为线性形式的问题本质上与向量场情形的对应问题 (见 2.9 节) 等同. 两者的主要障碍都是共振. 但是, 与向量场的共振相反, 微分同胚的共振有乘积特征.

考虑 n 维微分同胚

$$\bar{x} = Ax + f(x), \tag{3.13.1}$$

其中 $f(0) = 0, f'(0) = 0$. 我们用 $(\rho_1, \cdots, \rho_n)$ 表示矩阵 A 的特征值. 于是**共振**由关系式

$$\rho_k = \rho^m \tag{3.13.2}$$

定义, 其中 $\rho^m = (\rho_1^{m_1} \rho_2^{m_2} \cdots \rho_n^{m_n})$, m_k $(k = 1, \cdots, n)$ 是某些满足 $|m| = \sum_{k=1}^n m_k \geqslant 2$ 的非负整数. 数 $|m|$ 称为**共振的阶**.

引理 3.8 设函数 $f(x)\in\mathbb{C}^N$, 且假设没有 $|m|\leqslant N$ 阶共振. 则变量变换

$$y=x+\varphi_2(x)+\cdots+\varphi_N(x) \tag{3.13.3}$$

将微分同胚 (3.13.1) 化为

$$\bar{y}=Ay+o_N(y), \tag{3.13.4}$$

其中 $\varphi_l\ (l=2,\cdots,N)$ 是 l 次齐次多项式, $o_N(y)$ 和它直到 N 阶导数在原点等于零.

显然上下文中的变量变换都是局部的, 就是说它们仅在微分同胚 (3.13.1) 不动点的某个小邻域内成立.

引理 3.8 是大家熟知的, 即使 A 有重特征值时它也成立. 这里我们仅讨论单特征值的情形 (用与引理 2.2 相同的方法可推广到一般情形). 矩阵 A 这时可表示为形式

$$A=\begin{pmatrix}\rho_1 & & & 0\\ & \rho_2 & & \\ & & \ddots & \\ 0 & & & \rho_n\end{pmatrix}.$$

将函数 $f(x)$ 重写为下面形式

$$f(x)=f_2(x)+f_3(x)+\cdots+f_N(x)+o_N(x),$$

其中 $f_l(x)\ (l=2,\cdots,N)$ 是 l 次齐次多项式. 我们有

$$f_l(x)=\sum_k\sum_{l_1+\cdots+l_n=l}d_{k,l_1\cdots l_n}x_1^{l_1}\cdots x_n^{l_n}e_k,$$

其中 $e_k=(\underbrace{0,\cdots,0,1,}_{k}0,\cdots,0)$ 是第 k 个基向量, 即 $f_l(x)$ 是一类单项式 $d_{kl}x^le_k$ 的和. 由变量变换 (3.13.3) 我们得到

$$\begin{aligned}\bar{y}&=\bar{x}+\sum_{l=2}^N\varphi_l(\bar{x})\\&=Ax+\sum_{l=2}^N f_l(x)+\sum_{l=2}^N\varphi_l\left(Ax+\sum_{j=2}^N f_j(x)\right)+\cdots\\&=Ay-\sum_{l=2}^N A\varphi_l(x)+\sum_{l=2}^N f_l(x)+\sum_{l=2}^N\varphi_l\left(Ax+\sum_{j=2}^N f_j(x)\right)+\cdots,\end{aligned} \tag{3.13.5}$$

这里的省略号表示次数高于 N 的项 (上面其它和式中也包含 $(N+1)$ 次项和更高次项). 消去多余项的过程从二次项开始. 为了求 $\varphi_2(x)$, 我们有下面的方程

$$-A\varphi_2(x)+f_2(x)+\varphi_2(Ax)=0. \tag{3.13.6}$$

将 $\varphi_2(x)$ 表示为形式

$$\varphi_2(x) = \sum_k \sum_{m_1+\cdots+m_n=2} c_{km} x^m e_k, \quad x^m = x_1^{m_1} \cdots x_n^{m_n},$$

我们得到下面关于未知系数 c_{km} 的方程

$$(-\rho_k + \rho^m) c_{km} + d_{km} = 0, \tag{3.13.7}$$

其中 $m = 2$, $k = (1, \cdots, n)$. 由于没有共振, 我们求得

$$c_{km} = \frac{d_{km}}{\rho_k - \rho^m}. \tag{3.13.8}$$

为了得到 $\varphi_3(x)$, 我们有下面的方程

$$-A\varphi_3(x) + \varphi_3(Ax) + f_3(x) + \{\varphi_2(Ax + f_2(x))\} = 0,$$

其中 "{ }" 表示三次项. 由于已经找到了 $\varphi_2(x)$, 我们有下面关于 $\varphi_3(x)$ 的未知系数的方程:

$$(-\rho_k + \rho^m) c_{km} + \tilde{d}_{km} = 0, \tag{3.13.9}$$

其中 $\tilde{d}_{km} = d_{km} + d'_{km}$, d'_{km} 是向量多项式 $\varphi_2(Ax + f_2(x))$ 的第 k 个分量中 x^m 的系数. 重复这个过程我们就可消去直到 N 次的所有项.

对于存在共振 $\rho_k = \rho^m$ 的情形, 就不能去掉形如 $\tilde{d}_{km} x^m e_k$ 的单项式. 这时我们有下面熟知的引理.

引理 3.9 设 $f(x) \in \mathbb{C}^N$. 则变量变换

$$y = x + \varphi(x)$$

将微分同胚 (3.13.1) 化为

$$\bar{x} = Ax + R_N(x) + o_N(x), \tag{3.13.10}$$

其中 $\varphi(x)$ 是满足 $\varphi(0) = 0, \varphi'(0) = 0$ 的多项式,

$$R_N(x) = \sum_{\rho^m = \rho_k}^{|m| \leqslant N} b_{km} x^m e_k. \tag{3.13.11}$$

现在假设函数 $f(x)$ 解析. 令 $N \to \infty$ 取极限, 我们将原来的微分同胚或者化为线性形式或者化为下面的形式

$$\bar{y} = Ay + R(y), \tag{3.13.12}$$

其中

$$R(y)=\sum_{\rho^m=\rho_k} b_{km}y^m e_k. \tag{3.13.13}$$

但是, 变量变换

$$y=x+\varphi_2(x)+\cdots+\varphi_m(x)+\cdots \tag{3.13.14}$$

以及 (3.13.13) 的右端一般仅是形式级数.

对微分同胚, 我们有类似于向量场的 Poincaré-Dulac 定理 (见 2.9 节) 的结论.

定理 3.17 设 $|\rho_i|<1$ $(|\rho_i|>1)$,$i=1,\cdots,n$. 则存在解析的变量变换, 将微分同胚 (3.13.1) 化为

$$\bar{y}=Ay+R(y), \tag{3.13.15}$$

其中 $R(y)$ 是由共振单项式组成的多项式. 在没有共振时 $R(y)\equiv 0$.

当不动点 O 是鞍点型时, 即它的乘子在单位圆内和圆外都存在, 这种情况比较复杂. 理由是即使集合 $\{\rho_1,\rho_2,\cdots,\rho_n\}$ 不共振, 零点也是集合

$$\{\rho^m-\rho_k\}_{m=2}^{\infty},\quad k=1,\cdots,n \tag{3.13.16}$$

的极限点. 这里, 形式级数 (3.13.14) 的收敛性问题变得更加不确定, 因为 “小分母” 出现在 (3.13.8) 中. 在 Siegel 和 Bruno 的工作中, 鞍点情形的两种可能性都可实现: 级数形式的变量变换可以是收敛也可以是发散.

在 $\mathbb{C}^\infty$ – 光滑情形下, 这种情况变得更加明确.

定理 3.18 (Sternberg) 如果函数 $f(x)\in\mathbb{C}^\infty$, 且不存在共振, 则有 $\mathbb{C}^\infty$ – 光滑的变量变换将 n 维微分同胚

$$\bar{x}=Ax+f(x)$$

变为线性形式.

当存在共振时, 下面的定理成立.

定理 3.19 如果 $f\in\mathbb{C}^\infty$, 则有 $\mathbb{C}^\infty$ – 光滑的变量变换将微分同胚 (3.13.1) 化为

$$\bar{y}=Ay+R(y), \tag{3.13.17}$$

其中 $R(y)$ 是 $\mathbb{C}^\infty$ – 光滑函数, 它的形式 Taylor 级数是由共振单项式组成.

由这两个定理得知规范形关于集合 $\rho=\{\rho_1,\cdots,\rho_n\}$ 的依赖性具有不连续的特性.

如同在向量场的情形, 我们可以提出关于仅用有限次光滑的变量变换将微分同胚化为线性形式的问题.

定理 3.20 (Belitskii) 设 $f \in \mathbb{C}^{N+1}$, q 是乘子 $(\rho_1, \cdots, \rho_n)$ 按绝对值不同的个数. 假设不存在阶数小于或等于 N 的共振. 则存在 $\mathbb{C}^{[\frac{N}{q}]}$ – 光滑的变量变换, 将系统 (3.13.1) 化为线性形式.

从这个定理得知, 非线性微分同胚可以用 $\mathbb{C}^r$ – 光滑的变量变换化为线性形式, 只要没有 $|m| \leqslant N$ 阶共振, 其中 $N \geqslant rn$.

定理 3.21 (Belitskii) 设 $f \in \mathbb{C}^2$, $|\rho_k| \neq 1$ $(k = 1, \cdots, n)$, 假设下面条件满足

$$|\rho_i| \neq |\rho_j||\rho_k|, \quad |\rho_i| < 1 < |\rho_k|, \tag{3.13.18}$$

其中 $\{i, j, k\} \in (1, \cdots, n)$. 则系统 (3.13.1) 可以用 $\mathbb{C}^1$ – 光滑的变量变换变成为线性形式.

结论 1. 当 $|\rho_i| < 1$ $(i = 1, \cdots, n)$ 且 $f \in \mathbb{C}^2$ 时, 则可用 $\mathbb{C}^1$ – 光滑的变量变换将微分同胚 (3.13.1) 化为线性形式.

结论 2. 如果 $n = 2$, $|\rho_1| < 1$, $|\rho_2| > 1$ 且 $f \in \mathbb{C}^2$, 则可用 $\mathbb{C}^1$ – 光滑的变量变换将二维微分同胚化为线性形式.

从动力学观点, 非线性微分同胚在鞍点不动点邻域内化为线性形式的问题本身看上去不是很有意义. 当然, 在鞍点附近轨线性态的所有必要的信息都可以用本章讨论的标准方法求得. 但是, 如果我们的兴趣在轨线的大范围性态 (远离鞍点), 那情况变得更有迷惑力.

例如, 对在 Poincaré 同宿轨线[9] (即当 $t \to \pm\infty$ 时双向渐近于鞍点不动点的轨线) 邻域内的轨线描述, 要求对长时间停留在鞍点不动点附近的轨线性质给予描述. 当然, 当将微分同胚化为线性形式时, 这样的描述容易做到. 在 $\mathbb{C}^\infty$ – 光滑情形, Smale 在他对同宿轨线的研究中用过这种简化. 但是这个方法不是永远可行的, 例如, 在 Hamilton 情形永远存在共振.

此外, 为了研究同宿轨线分支, 我们必须将所考虑的同胚嵌入有限参数族. 因此, 局部地化为适当的形式必须连续依赖于参数.

我们考虑有限参数的微分同胚族 X_μ. 假定对所有变量与参数 $X_\mu \in \mathbb{C}^r$ $(r \geqslant 2)$, 它表示为形式

$$\begin{aligned} \bar{x} &= A_1(\mu)x + f_1(x, y, u, v, \mu), \\ \bar{u} &= A_2(\mu)u + f_2(x, y, u, v, \mu), \\ \bar{y} &= B_1(\mu)y + g_1(x, y, u, v, \mu), \\ \bar{v} &= B_2(\mu)v + g_2(x, y, u, v, \mu), \end{aligned} \tag{3.13.19}$$

其中 $f_i(x, y, u, v, \mu)$ 和 $g_i(x, y, u, v, \mu)$ $(i = 1, 2)$ 以及它们关于变量 (x, y, u, v) 的一阶导数对充分小 μ 在原点等于零.

[9] Poincaré 在 Hamilton 动力学问题中第一个发现这种轨线的存在性.

我们也假设矩阵

$$A(0) = \begin{pmatrix} A_1(0) & 0 \\ 0 & A_2(0) \end{pmatrix}$$

的特征值位于单位圆内, 而矩阵

$$B(0) = \begin{pmatrix} B_1(0) & 0 \\ 0 & B_2(0) \end{pmatrix}$$

的特征值位于单位圆外. 也假设矩阵 $A_1(0)$ 的特征值 $(\rho_1, \cdots, \rho_{m_1})$ 满足条件 $|\rho_i| = \rho < 1 \quad (i = 1, \cdots, m_1)$, 矩阵 $B_1(0)$ 的特征值 $(\gamma_1, \cdots, \gamma_{p_1})$ 满足条件 $|\gamma_i| = \gamma > 1$ $(i = 1, \cdots, p_1)$. 考虑到矩阵 $A_2(0)$ 的特征值 $(\rho_{m_1+1}, \cdots, \rho_m)$ 和矩阵 $B_2(0)$ 的特征值 $(\gamma_{p_1+1}, \cdots, \gamma_p)$, 我们将假定

$$\begin{aligned} &|\rho_i| < \rho, \quad i = m_1 + 1, \cdots, m, \\ &|\gamma_i| > \gamma, \quad i = p_1 + 1, \cdots, p. \end{aligned} \tag{3.13.20}$$

因此, 不动点 O 是鞍点型, x 和 y 坐标分别是主稳定和主不稳定坐标.

定理 3.22 在上面这些假设下, 存在 $\mathbb{C}^{r-1}$ – 光滑的变量变换, 将族 (3.13.19) 化为

$$\begin{aligned} \bar{x} &= A_1(\mu)x + f_{11}x + f_{12}u, \\ \bar{u} &= A_2(\mu)u + f_{21}x + f_{22}u, \\ \bar{y} &= B_1(\mu)y + g_{11}y + g_{12}v, \\ \bar{v} &= B_2(\mu)v + g_{21}x + g_{22}v, \end{aligned} \tag{3.13.21}$$

其中 $f_{ij}(x, y, u, v, \mu)$ 和 $g_{ij}(x, y, u, v, \mu)$ $(i, j = 1, 2)$ 是 $\mathbb{C}^{r-1}$ – 函数, 它们在原点为零且满足

$$\begin{aligned} f_{1j}(x, u, 0, 0, \mu) \equiv 0, \quad f_{i1}(0, u, y, v, \mu) \equiv 0, \\ g_{1j}(0, 0, y, v, \mu) \equiv 0, \quad g_{i1}(x, u, 0, v, \mu) \equiv 0. \end{aligned}$$

关于参数的光滑性与定理 2.17 相同.

注意, 通过我们在引理 3.6 得到的估计类型说明化为形式 (3.13.21) 对主要的同宿分支的研究已经足够了 (见 Gonchenko, 和 Shilnikov, 以及 Gonchenko 和 Shilnikov 等 [1996]).

我们也观察到这个定理的证明的基本思想, 是摆脱某些 "非共振函数". 证明本身完全重复附录 A 中对向量场情形的定理 2.17 的证明.

当微分同胚 (3.13.1) 的矩阵 A 的特征值位于单位圆上时, 总存在有限个共振, 即当 $\rho_k = 1$ 时

$$\rho_k = \rho_k^m, \quad m \geqslant 2; \tag{3.13.22}$$

当 $\rho_k = -1$ 时

$$\rho_k = \rho_k^{2m+1}, \quad m \geqslant 1; \tag{3.13.23}$$

以及当 $\rho_{k,k+1} = e^{\pm i\varphi}$ 时

$$\rho_k = \rho_k(\rho_k \rho_{k+1})^m, m \geqslant 1, \tag{3.13.24}$$

其中 $\varphi \neq 0$.

规范形理论在这里特别有价值. 这就是说, 首先, 它与临界情形的稳定性问题有关, 也与相应分支现象的研究相关. 在后一个情形中, 不仅要考虑微分同胚自己而且自然地要考虑充分接近的光滑有限参数族. 显然将这个族化为最简单的形式是主要问题.

现在假设只有特征值 $(\rho_1, \cdots, \rho_p)$ 位于单位圆上. 如果 $p < n$, 则用中心流形定理 (见第 5 章) 会比较方便, 它允许将原来的 n 维族化为 p 维有限参数族的形式

$$\bar{x} = Ax + g(x) + h(x, \varepsilon), \tag{3.13.25}$$

其中矩阵 A 的特征值是 $(\rho_1, \cdots, \rho_p)$, $\varepsilon = (\varepsilon_1, \cdots, \varepsilon_q)$, $g(x)$ 和 $h(x, \varepsilon)$ 是充分光滑的函数. 此外,

$$g(0) = 0, g'(0) = 0, h(x, 0) \equiv 0, h'_x(x, 0) \equiv 0.$$

现在我们考虑 $(p+q)$ 维微分同胚的三角形形式

$$\begin{aligned} \bar{x} &= Ax + g(x) + h(x, \varepsilon), \\ \bar{\varepsilon} &= \varepsilon. \end{aligned} \tag{3.13.26}$$

这个微分同胚有不动点 $O(0,0)$, 其 Jacobi 矩阵是

$$\tilde{A} = \begin{pmatrix} A & h'_\varepsilon(0,0) \\ 0 & I \end{pmatrix},$$

其中 I 是恒同矩阵. $\tilde{A}$ 的特征值是 $\rho_1, \cdots, \rho_p$ 和 $\gamma_1 = \cdots = \gamma_q = 1$, 在这种情形下, 除了共振类型

$$\rho_k = \rho^m,$$

其中

$$\rho^m = \rho_1^{m_1} \cdots \rho_p^{m_p}, \quad \sum_{i=1}^{p} m_i \geqslant 2,$$

这里当 $\varepsilon = 0$ 时它们存在, 此外还存在下面类型的共振:

$$\rho_k = \rho_k \gamma^l, \tag{3.13.27}$$

$$\rho_k = \rho^m \gamma^l, \tag{3.13.28}$$

$$\gamma_k = \gamma^l, \tag{3.13.29}$$

其中

$$\gamma^l = \gamma_1^{l_1} \cdots \gamma_q^{l_q}, \quad \sum_{j=1}^{q} l_j \geqslant 2.$$

将系统 (3.13.26) 化为规范形可由变量变换

$$\begin{aligned} y &= x + \varphi(x, \varepsilon), \\ \varepsilon &= \varepsilon, \end{aligned} \tag{3.13.30}$$

得到, 这个变换使得 (3.13.26) 中的第二个方程不变 (后者意味着不需要考虑 (3.13.29) 类型的共振). 类似于引理 3.9 的情形, 原来的族可化为

$$\bar{y} = Ay + R_0(\varepsilon) + R_1(\varepsilon)y + R_N(y, \varepsilon) + o_N(y, \varepsilon), \tag{3.13.31}$$

其中 $R_1(\varepsilon)$ 是次数不高于 $N-1$ 的多项式, $R_1(0) = 0$ 以及

$$R_N(y, \varepsilon) = \sum_{\rho_k = \rho^m}^{|m| \leqslant N} b_{km}(\varepsilon) y^m e_k, \tag{3.13.32}$$

这里 $b_{km}(\varepsilon)$ 是次数不超过 $(N-|m|)$ 的某些多项式. 此外, 如果特征值 $(\rho_1, \cdots, \rho_p)$ 中没有一个等于 1, 则 $R_0(\varepsilon) \equiv 0$, 否则, $R_0(\varepsilon)$ 是次数不高于 N 的多项式, 且 $R_0(0) = 0$. (3.13.31) 中项 $R_0(\varepsilon)$ 的出现是由于存在

$$\rho_k = \gamma^l \tag{3.13.33}$$

类型的共振.

在许多情形下, 为了描述不动点 O 的固定小邻域内轨线的性态, 以及构造分支图, 对于适当选择的 N 和 p 只要考虑有限的规范形

$$\bar{y} = Ay + R_0(\varepsilon) + R_1(\varepsilon)y + R_N(y, \varepsilon) \tag{3.13.34}$$

就够了. 就像在向量场的情形, 从对截断规范形 (3.13.34) 的分析中所提取的信息在用到原来的微分同胚族之前必须被证实可行. 这就是在本书第二卷中对周期轨线分支的主要情形的研究所使用的方法.

3.14 自治规范形

这一节我们讨论周期轨线附近几种不同类型的规范形. 在 3.11 节中我们已经看到线性非自治时间周期系统总可以通过周期坐标变换化为自治形式. 在这里我们推广这个结果并证明, 用变量的**形式**变换可将任意**非线性**系统中的所有非自治项在周期轨线附近化为自治形式.

考虑在周期为 τ 的周期轨线 $\{y=0\}$ 附近关于法坐标的 $\mathbb{C}^r$ – 光滑系统

$$\begin{cases} \dot{y} = A(\theta)y + F(\theta, y), \\ \dot{\theta} = 1 \end{cases} \tag{3.14.1}$$

(故我们假设 A 和 F 关于 θ 是 τ – 周期的). 为了简单起见, 考虑 y 是复向量变量的情形 $(y \in \mathbb{C}^n)$. 在 y 是实数情形中的困难可用如引理 2.2 同样的方法克服.

设 $\{e_1, \cdots, e_n\}$ 是系统 (3.14.1) 的 Poincaré 映射有关线性部分的矩阵在 $\mathbb{C}^n$ 中的 Jordan 基, $\{y_1, \cdots, y_n\}$ 是在这个基下的坐标. 在 3.11 节我们已经证明这个系统可以化为

$$\begin{gathered} \dot{y}_k = \lambda_k y_k + \delta_k y_{k+1} + \sum_{2 \leqslant |m| \leqslant r} F_{km}(\theta) y^m + o(\|y\|^r) \\ (k = 1, \cdots, n), \end{gathered} \tag{3.14.2}$$

其中 λ_k 是 (非平凡) 特征指数, 系数 δ_k 是 0 或 1. 此外, δ_k 仅在 $\lambda_k = \lambda_{k+1}$ 的情形下可非零. 函数 F_{km} 关于 θ 是 τ – 周期的, 且由引理 3.7 得知它们关于 θ 是 $\mathbb{C}^r$ – 光滑的. 回忆特征指数是用周期轨线的乘子定义:

$$\lambda_k = \frac{1}{\tau} \ln \rho_k, \tag{3.14.3}$$

其中 $\rho_1, \cdots, \rho_n$ 是乘子. 在上一节我们引入了共振关系的概念:

$$\rho_1^{m_1} \cdots \rho_n^{m_n} = \rho_k$$

(其中 $m_1, \cdots, m_n$ 是非负整数), 可把它写为

$$m_1\lambda_1 + \cdots + m_n\lambda_n = \lambda_k + \frac{2\pi i}{\tau} m_{n+1}, \tag{3.14.4}$$

其中 m_{n+1} 也是整数, 它可能是负数.

定理 3.23 存在仅由乘子 $\rho_1, \cdots, \rho_n$ 的值定义的整数 S, 使得对任何有限数 r, 存在 y 坐标的关于 θ 是 $(S\tau)$ – 周期的局部变换, 使得 (3.14.2) 中的所有系数 F_{km} 与 θ 无关. [10] 此外, 如果对某个 k 单项式 $y^m e_k$ 是非共振的, 则在新坐标下 $F_{km} \equiv 0$.

证明 作形如

$$y_k^{\text{new}} = y_k + f_{km}(\theta) y^m \tag{3.14.5}$$

的坐标变换序列, 这里的每一个都使得 $(y^{\text{new}})^m e_k$ 的系数与 θ 无关, 其中 $e_k = (\underbrace{0, \cdots, 0, 1}_{k}, 0, \cdots, 0)$ 是第 k 个基向量. 这样的变换并不改变次数小于 $y^m e_k$ 的次

[10] 注意项 $o(\|y\|^r)$ 将保持非自治.

数的单项式 $y^{m'}e_{k'}$ 的系数 (在引理 2.2 的意义下, 见 (2.9.18)). 因此, 增加 (在上面的意义下) (3.14.5) 中的多重指标 (k,m) 最后将给出我们的定理.

在等式

$$\frac{d}{dt}y_k^{\text{new}} = \frac{d}{dt}[y_k + f_{km}(\theta)y^m]$$

中令 y^m 的系数相等, 得到

$$F_{km}^{\text{new}}(\theta) = F_{km}^{\text{old}}(\theta) + (f'_{km}(\theta) + f_{km}(\theta)[(m,\lambda) - \lambda_k]).$$

我们可以将最后这个表达式考虑为 f_{km} 的微分方程, 它的解是

$$f_{km}(\theta) = e^{-\gamma_{km}\theta}\left(C + \int_0^\theta e^{\gamma_{km}t}\{F_{km}^{\text{new}}(t) - F_{km}^{\text{old}}(t)\}dt\right), \tag{3.14.6}$$

其中

$$\gamma_{km} = (m,\lambda) - \lambda_k.$$

我们可以看到, 如果单项式 y^m 是非共振的 (即 $\gamma_{km} \neq 2\pi i\dfrac{j}{\tau}$), 则 (3.14.6) 中的常数 C 可以取得使 f_{km} 是 θ 的 τ – 周期函数, 其中 $F_{km}^{\text{new}} \equiv 0$. 事实上, f_{km} 的周期性条件是

$$f_{km}(\theta+\tau) = f_{km}(\theta),$$

或者, 当 $F_{km}^{\text{new}} = 0$ 时我们有

$$\begin{aligned}(e^{\gamma_{km}\tau} - 1)C &= e^{\gamma_{km}\tau}\int_0^\theta e^{\gamma_{km}t}F_{km}(t)dt - \int_0^{\theta+\tau} e^{\gamma_{km}t}F_{km}(t)dt \\ &= \int_0^\theta e^{\gamma_{km}(t+\tau)}F_{km}(t+\tau)dt - \int_0^{\theta+\tau} e^{\gamma_{km}t}F_{km}(t)dt \\ &= -\int_0^\tau e^{\gamma_{km}t}F_{km}(t)dt\end{aligned}$$

(这里我们用了 $F_{km}(t)$ 的 τ – 周期性). 如果 $\gamma_{km} \neq 2\pi i\dfrac{j}{\tau}$, 则 C 的系数不为零, 所要求的 C 立刻求得.

对共振情形我们有两个可能性: $\gamma_{km} = 0$ 和 $\gamma_{km} \neq 0$. 如果 $\gamma_{km} = 0$ (取 (3.14.4) 中的 $m_{n+1} = 0$), 方程 (3.14.6) 取形式

$$f_{km}(\theta) = C + \int_0^\theta \{F_{km}^{\text{new}}(t) - F_{km}^{\text{old}}(t)\}dt. \tag{3.14.7}$$

我们立刻看到 F_{km}^{new}=常数=$\dfrac{1}{\tau}\displaystyle\int_0^\tau F_{km}^{\text{old}}(t)dt$ 给出 τ – 周期的函数 f_{km}. 因此, 如果 γ_{km} 对所有共振单项式都为零, 我们就可以用 τ – 周期变换将系统化为自治规范形.

虽然这一般并不成立, 但如果我们把系统考虑为 $(S\tau)$ – 周期系统, $S \geqslant 1$ 为某个整数, 我们将证明这就可以办到. 其思想是特征指数 λ_k 并不是由表达式 (3.14.3) 唯一定义的, 因为对数不是单值函数. 事实上, 我们可以写为

$$\lambda_k = \frac{1}{\tau}\ln\ \rho_k + 2\pi i\frac{j_k}{\tau},$$

其中 j_k 是任意整数 (如果 $\rho_k = \rho_{k+1}$, 选择 $j_{k+1} = j_k$ 以得到 $\lambda_{k+1} = \lambda_k$). 如果考虑的系统为 $(S\tau)$ – 周期系统, 则我们有

$$\lambda_k^{\text{new}} = \frac{1}{S\tau}\ln(\rho_k^S) + 2\pi i\frac{j_k}{S\tau} = \lambda_k^{\text{old}} + 2\pi i\frac{j_k}{S\tau}. \tag{3.14.8}$$

我们现在证明, 当用公式 (3.14.8) 定义新的 λ_k 时, 存在整数 S 和 $j_1, \cdots, j_n$, 使得在所有的共振关系中的虚部[11]都同时为零 (于是定理由上面的讨论立刻得到).

共振关系 (3.14.4) 是关系

$$m_1\lambda_1 + \cdots + m_n\lambda_n + m_{n+1}i\omega = 0 \tag{3.14.9}$$

的特殊情形, 其中 $\omega = \dfrac{2\pi}{\tau}$. 它可视为变量 $(m_1, \cdots, m_{n+1})$ 的线性方程, 其系数 $(\lambda_1, \cdots, \lambda_n, i\omega)$ 已知. 这个方程只可能有有限个线性无关的整数值解, 记为 $(m_1^{(1)}, \cdots, m_{n+1}^{(1)}), \cdots, (m_1^{(q)}, \cdots, m_{n+1}^{(q)})$ $(q \leqslant n)$. 另外的整数值解可用具有某些系数 σ 的线性组合 $m = \sigma_1 m^{(1)} + \cdots + \sigma_q m^{(q)}$ 表达. 我们必须改变特征指数 $\lambda_1, \cdots, \lambda_n$, 使得在所有的共振单项式中值 m_{n+1} 同时等于零. 由于 (3.14.9) 的任何解是有限个基本解 $m^{(1)}, \cdots, m^{(q)}$ 的线性组合, 因而满足 $m_{n+1}^{(1)} = 0, \cdots, m_{n+1}^{(q)} = 0$ 就足够了.

我们有

$$\begin{gathered} m_1^{(1)}\lambda_1 + \cdots + m_n^{(1)}\lambda_n + m_{n+1}^{(1)}i\omega = 0,\\ \vdots\\ m_1^{(q)}\lambda_1 + \cdots + m_n^{(q)}\lambda_n + m_{n+1}^{(q)}i\omega = 0, \end{gathered}$$

将这个系统考虑为具有整数系数 $m_\beta^{(\alpha)}$ 关于 $(\lambda_1, \cdots, \lambda_n, i\omega)$ 的线性齐次系统. 大家知道, 如果具有整数系数的线性齐次系统有非平凡解, 则它也必须有整数值的非平凡解. 因此, 存在整数 $j_1, \cdots, j_n$ 和 S 使得

$$\begin{gathered} m_1^{(1)}j_1 + \cdots + m_n^{(1)}j_n + m_{n+1}^{(1)}S = 0,\\ \vdots\\ m_1^{(q)}j_1 + \cdots + m_n^{(q)}j_n + m_{n+1}^{(q)}S = 0. \end{gathered} \tag{3.14.10}$$

将 (3.14.10) 的整数解 $j_1, \cdots, j_n$ 和 S 代入公式 (3.14.8), 我们得到满足

$$\begin{gathered} m_1^{(1)}\lambda_1^{\text{new}} + \cdots + m_n^{(1)}\lambda_n^{\text{new}} = 0,\\ \vdots\\ m_1^{(q)}\lambda_1^{\text{new}} + \cdots + m_n^{(q)}\lambda_n^{\text{new}} = 0 \end{gathered}$$

---

[11] 这是 (3.14.4) 中的 $\dfrac{2\pi i}{\tau}m_{n+1}$.

的新特征指数集.

由此得知, 借助于这些重新定义的 $\lambda_1, \cdots, \lambda_n$, 将系统考虑为 $(S\tau)$ – 周期系统的情形, 其中 S 由 (3.14.10) 计算, 则对所有共振单项式, 值 γ_{km} 等于零. 这就完成了定理的证明.

这个结果的一般意义是, 停留在周期轨线小邻域内的解的性态非常像自治系统平衡态的小邻域内解的性态. 更确切地说, 如果我们在法坐标下将系统化为自治形式直到某 r 阶项, 则在周期轨线充分小的 ε- 邻域内的轨线, 将接近于对非常长时间周期 (如 $\dfrac{1}{\varepsilon^r}$ 阶) 的截断自治系统的轨线. 但是, 我们必须小心谨慎, 因为当 r 增加时我们构造的坐标变换可能不收敛 (由于它是**形式**规范形变换的特殊情形), 并且一般地, 原来系统的性态和截断自治系统的性态在**无穷**时间区间上会有相当的不同.

最后, 我们注意, 从上面定理的证明中得知, 对于所有的特征指数 λ_k 都等于零 (即所有的乘子都是 1) 这个重要的情形, 自治规范形与原来的系统有相同的周期 τ (因为对所有共振单项式, 量 $\gamma_{km} \equiv (m, \lambda) - \lambda_k$ 是零).

3.15 压缩映射原理. 鞍点映射

这一节我们给出一个基于压缩映射原理的不动点存在性的简单准则. 当应用到 Poincaré 映射时, 这个准则给出的条件保证周期轨线的存在性. 压缩映射原理是一个相当一般的数学结果, 它的应用不只限于建立周期轨线的存在性这样的问题. 在下面几章, 我们将用这个原理的无限维形式 (在连续函数空间内) 去证明有关不变流形的定理.

定义 3.5 闭集 $D \subseteq \mathbb{R}^n$ 上的映射 $T: D \to D$ 称为是压缩映射, 或简单地称为压缩, 如果存在常数 $K < 1$ 使得对 D 中的任何两点 M_1 和 M_2, 它们的像 $T(M_1)$ 和 $T(M_2)$ 之间的距离不超过点 M_1 和 M_2 之间的距离乘 K:

$$\|TM_1 - TM_2\| \leqslant K\|M_1 - M_2\|. \tag{3.15.1}$$

定理 3.24 (Banach 压缩映射原理) 压缩映射 T 在 D 内有唯一不动点 M^*. 此外, 任何点 $M \in D$ 的轨线 $T^i M$ 当 $i \to \infty$ 时都以指数式趋于 M^*.

证明 任选点 $M \in D$. 由于 $TD \subseteq D$, 点 M 的轨线 $\{T^i M\}_{i=0}^{\infty}$ 整个地位于 D 内. 由 (3.15.1) 得知, 对任何 i 有

$$\|T^{i+1}M - T^i M\| \leqslant K^i \|TM - M\|.$$

因此, 对任何 m 和 j, 我们有

$$\begin{aligned}\|T^{m+j}M - T^m M\| &\leqslant \sum_{i=0}^{j-1} \|T^{m+i+1}M - T^{m+i}M\| \\ &\leqslant \left(\sum_{i=0}^{j-1} K^{m+i}\right) \|TM - M\| \leqslant \frac{K^m}{1-K}\|TM - M\|.\end{aligned}$$

从而, 点列 $\{T^iM\}_{i=0}^{\infty}$ 是基本 (或 Cauchy) 序列, 即对任何 $\varepsilon>0$, 可找到 m, 使得对任何 j 不等式 $\|T^{m+j}M-T^mM\|\leqslant\varepsilon$ 满足. 在我们的情形中,

$$m>\frac{1}{|\ln K|}\cdot\left|\ln\frac{\varepsilon(1-K)}{\|TM-M\|}\right|.$$

由于任何基本序列收敛,[12] 存在极限 $M^*=\lim\limits_{i\to\infty}T^iM$. 又由于映射 T 连续 (由 (3.15.1) 得知) 我们有

$$TM^*=T\lim_{i\to\infty}T^iM=\lim_{i\to\infty}T^{i+1}M=M^*,$$

即 M^* 是 T 的不动点.

如果 T 有另外的不动点 M^{**}, 则

$$\|M^*-M^{**}\|=\|TM^*-TM^{**}\|\leqslant K\|M^*-M^{**}\|,$$

因此, $\|M^*-M^{**}\|=0$, 即 $M^*=M^{**}$. 由此, 映射 T 有唯一不动点 M^*.

我们已经证明, 任何点 M 的轨线以指数式趋于映射 T 的某个不动点. 由于这个点唯一, 从 D 内所有点出发的轨线都以指数式趋于 M^*.

定理 3.25 设映射 $T_\mu:D\to D$ 连续依赖于某个参数 μ, 并设 T_μ 对所有的 μ 都压缩, 且 (3.15.1) 中的压缩常数 K 都相同, 则不动点 M_μ^* 连续依赖于 μ.

证明 设 M_μ^* 和 $M_{\mu+\Delta\mu}^*$ 分别是映射 T_μ 和 $T_{\mu+\Delta\mu}$ 的不动点. 由定义有

$$T_\mu M_\mu^*=M_\mu^*$$

和

$$T_{\mu+\Delta\mu}M_{\mu+\Delta\mu}^*=M_{\mu+\Delta\mu}^*.$$

因此

$$\begin{aligned}\|M_\mu^*-M_{\mu+\Delta\mu}^*\|&=\|T_\mu M_\mu^*-T_{\mu+\Delta\mu}M_{\mu+\Delta\mu}^*\|\\&\leqslant\|T_\mu M_\mu^*-T_{\mu+\Delta\mu}M_\mu^*\|+\|T_{\mu+\Delta\mu}M_\mu^*-T_{\mu+\Delta\mu}M_{\mu+\Delta\mu}^*\|\\&\leqslant\|T_\mu M_\mu^*-T_{\mu+\Delta\mu}M_\mu^*\|+K\|M_\mu^*-M_{\mu+\Delta\mu}^*\|,\end{aligned}$$

由此

$$\|M_\mu^*-M_{\mu+\Delta\mu}^*\|\leqslant\frac{1}{1-K}\|T_\mu M_\mu^*-T_{\mu+\Delta\mu}M_\mu^*\|.$$

由于 T_μ 连续依赖于 μ, 当 $\Delta\mu\to0$ 时最后这个不等式的右端趋于零. 因此, 当 $\Delta\mu\to0$ 时 $M_{\mu+\Delta\mu}^*\to M_\mu^*$. 证明完毕.

由 Banach 原理立刻得知下面的光滑映射不动点的存在性准则.

[12] 空间 $\mathbb{R}^n$ 是完备的.

定理 3.26 设映射 $\bar{x} = F(x)$ 定义在闭凸集 $D \subseteq \mathbb{R}^n$ 上, 使得

$$F(D) \subseteq D, \tag{3.15.2}$$

$$\|F'\| \leqslant K < 1. \tag{3.15.3}$$

则 $F(x)$ 有唯一不动点 $x^* \in D$, F 的所有轨线都收敛于 x^*.

证明 为了证明这个定理, 只需验证 F 是压缩映射. 在 D 中选取两点 x_1 和 x_2, 并研究它们在 F 作用下的像 $\bar{x}_1$ 和 $\bar{x}_2$. 由于 D 是凸集, 连接两点 x_1 和 x_2 的区间 $I = \{x_1 + s(x_2 - x_1)\}_{s\in\,[0,1]}$ 整个位于 D 内. 考虑函数 $\varphi(s) = F(x_1 + s(x_2 - x_1))$. 这个函数将 I 映到 D 内, 故 $\varphi(0) = \bar{x}_1, \varphi(1) = \bar{x}_2$. 由于

$$\varphi(1) = \varphi(0) + \int_0^1 \varphi'(s)ds,$$

我们有

$$\bar{x}_2 = \bar{x}_1 + \int_0^1 F'(x_1 + s(x_2 - x_1))(x_2 - x_1)ds$$

和

$$\|\bar{x}_2 - \bar{x}_1\| \leqslant \int_0^1 \|F'\|ds \cdot \|x_2 - x_1\|.$$

因此,

$$\|\bar{x}_2 - \bar{x}_1\| \leqslant K\|x_2 - x_1\|,$$

即 F 是压缩映射, 由定理 3.24 它在 D 内有唯一不动点.

注 这里我们重新证明了一个熟知的不等式

$$\|F(x_2) - F(x_1)\| \leqslant \left(\sup_D \|F'\|\right) \cdot \|x_2 - x_1\|, \tag{3.15.4}$$

其中 x_1 和 x_2 是凸集 D 中的任意点, F 是光滑函数. 我们将经常用到这个估计. 要注意, 一般地, 它对非凸集并不成立.

当函数 F 连续依赖于某个参数 μ 时, 由定理 3.25, x^* 也连续依赖于 μ. 如果 F 关于 μ 光滑, 则下面定理成立.

定理 3.27 设定理 3.26 中的函数 F 是 $\mathbb{C}^r$ – 光滑依赖于 $x \in D$ 和参数 μ 的. 则不动点 x^* 也 $\mathbb{C}^r$ – 光滑依赖于 μ.

证明 计算一阶导数 $dx^*/d\mu$. 由于 x^* 是不动点,

$$x^* = F(x^*, \mu).$$

考虑 μ 的增量 $\Delta\mu$, x^* 对应的增量 Δx^* 是

$$\Delta x^* = F'_x \Delta x^* + F'_\mu \Delta\mu + o(\|\Delta x^*\|) + o(\|\Delta\mu\|),$$

即

$$(I-F_x')\Delta x^* = F_\mu'\Delta\mu + o(\|\Delta x^*\|) + o(\|\Delta\mu\|),$$

其中 I 是恒同矩阵. 由于 $\|F_x'\| \leqslant K < 1$, 故 $(I-F_x')$ 可逆. 因此,

$$\Delta x^* = (I-F_x')^{-1}F_\mu'\Delta\mu + o(\|\Delta x^*\|) + o(\|\Delta\mu\|),$$

即 x^* 光滑依赖于 μ, 且

$$\frac{dx_\mu^*}{d\mu} = (I-F_x')^{-1}F_\mu'\Big|_{x=x^*(\mu)}. \tag{3.15.5}$$

现在我们可以证明 x^* 是 $\mathbb{C}^r$ – 光滑依赖于 μ 的. 为此, 只需对 (3.15.5) 按下面的规则

$$\frac{d}{d\mu} = \frac{\partial}{\partial\mu} + \left(\frac{\partial}{\partial x}\right)\cdot\frac{dx^*}{d\mu} = \frac{\partial}{\partial\mu} + \left(\frac{\partial}{\partial x}\right)\cdot[(I-F_x')^{-1}F_\mu']$$

微分 $(r-1)$ 次. 证明完毕.

由定理 3.26 得到一个稳定不动点存在性的充分条件. 为了得到完全不稳定不动点存在性的充分条件, 我们只要简单地要求公式 (3.15.2) 和 (3.15.3) 对逆映射 F^{-1} 成立.

对鞍点不动点, 问题是在这种点附近是不可能选择到区域使得 F 映到它自身. 类似地, 也不存在这样的区域使得 F^{-1} 映到它自身. 这可从下面例子看出:

$$\bar{x} = \lambda x, \quad \bar{y} = \gamma y, \quad 0 < \lambda < 1 < \gamma. \tag{3.15.6}$$

为了克服这个困难, 我们考虑所谓映射的**交叉形式**.

定义 3.6 设 D_1 和 D_2 是某两个集合, $P: D_1\times D_2 \to D_1$, $Q: D_1\times D_2\to D_2$ 是某两个函数, 设 T 是定义在直积 $D_1\otimes D_2$ 的某子集上的映射, 点 $(\bar{x},\bar{y})\in D_1\otimes D_2$ 是点 $(x,y)\in D_1\otimes D_2$ 在映射 T 下的像点, 我们说 P 和 Q 定义交叉形式的映射 T, 当且仅当

$$\begin{aligned} \bar{x} &= P(x,\bar{y}), \\ y &= Q(x,\bar{y}). \end{aligned} \tag{3.15.7}$$

由公式 (3.15.7) 定义的映射 $T^\times$ 称为**交叉映射**. 由构造知, $T^\times(D_1\otimes D_2)\subseteq D_1\otimes D_2$.

映射 T 的向前形式由公式

$$\begin{aligned} \bar{x} &= F(x,y), \\ \bar{y} &= G(x,y) \end{aligned}$$

给出. 由 (3.15.7) 得

$$\begin{aligned} F(x,y) &= P(x,G(x,y)), \\ y &= Q(x,G(x,y)), \end{aligned}$$

因此

$$F'_x dx + F'_y dy = (P'_x + P'_y G'_x)dx + P'_y G'_y dy,$$
$$dy = (Q'_x + Q'_y G'_x)dx + Q'_y G'_y dy.$$

这里, 函数 F 和 G 的导数是对 (x, y) 取的, 函数 P 和 Q 的导数是对 $(x, \bar{y})$ 取的. 令 dy 和 dx 的系数相等, 我们得到

$$\begin{aligned} G'_y &= (Q'_y)^{-1}, \\ G'_x &= -(Q'_y)^{-1} Q'_x, \\ F'_y &= P'_y (Q'_y)^{-1}, \\ F'_x &= P'_x - P'_y (Q'_y)^{-1} Q'_x \end{aligned} \tag{3.15.8}$$

以及

$$\begin{aligned} Q'_y &= (G'_y)^{-1}, \\ Q'_x &= -(G'_y)^{-1} G'_x, \\ P'_y &= F'_y (G'_y)^{-1}, \\ P'_x &= F'_x - F'_y (G'_y)^{-1} G'_x. \end{aligned} \tag{3.15.9}$$

我们看到, 光滑向前映射并不总是对应于光滑交叉映射. 当 $(Q'_y)^{-1}$ 没有定义时, 映射 T 的光滑性可能被破坏, 或者映射 T 甚至可以不是一对一的映射. 但是对这样的映射下面的结果仍成立.

定义 3.7 通过凸闭集 D_1 和 D_2 $(D_1 \subseteq \mathbb{R}^n, D_2 \subseteq \mathbb{R}^m)$ 的直积上的光滑函数 P 和 Q, 以交叉形式 (3.15.7) 定义的映射 T, 称为是鞍点映射, 如果

$$\begin{aligned} &\|P'_x\|_\circ < 1, \quad \|Q'_y\|_\circ < 1, \\ &\|P'_y\|_\circ \|Q'_x\|_\circ < (1 - \|P'_x\|_\circ)(1 - \|Q'_y\|_\circ), \end{aligned} \tag{3.15.10}$$

其中 $\|\cdot\|_\circ = \sup\limits_{(x,y)\in D_1 \otimes D_2} \|\cdot\|$.

例 对应于映射 (3.15.6) 的交叉映射的计算是平凡的:

$$\bar{x} = \lambda x, y = \gamma^{-1} \bar{y}.$$

由于 $0 \leqslant \lambda < 1$ 和 $\gamma^{-1} < 1$, 我们可以指定子集 D_1 和 D_2 分别为 x 轴和 y 轴的区间 $[-\varepsilon, \varepsilon]$. 区域 $D_1 \otimes D_2$ 现在在映射 $T^\times$ 作用下映为它自己. 这里, 我们有 $P'_x = \lambda$, $P'_y = 0, Q'_x = 0$, $Q'_y = \gamma^{-1}$. 因此, 由于 $\max\{\lambda, \gamma^{-1}\} < 1$, 得知条件 (3.15.10) 成立, 即

这个映射是鞍点型的. 类似地, 使得 A^- 的谱严格位于单位圆内, A^+ 的谱严格位于单位圆外的任意线性映射

$$\bar{x} = A^- x, \quad y = (A^+)^{-1} \bar{y}$$

也是鞍点型的. 其中 $\max\{\|A^-\|, \|(A^+)^{-1}\|\} < 1$, D_1 和 D_2 可分别选择为 x 空间和 y 空间中的球.

当映射 T 写为向前形式时, 条件 (3.15.10) 不再是对称的.

命题 3.1 为了使条件 (3.15.10) 满足, 只需

$$\begin{gathered}\|F'_x\|_\circ < 1, \quad \|(G'_y)^{-1}\|_\circ < 1, \\ \|F'_y(G'_y)^{-1}\|_\circ \cdot \|G'_x\|_\circ < (1 - \|F'_x\|_\circ) \cdot (1 - \|(G'_y)^{-1}\|_\circ).\end{gathered} \tag{3.15.11}$$

为了证明这个命题, 我们指出由 (3.15.9) 得 (3.15.10), 只要

$$\|(G'_y)^{-1}\|_\circ < 1$$

以及

$$\begin{aligned}&\|F'_y(G'_y)^{-1}\|_\circ \|G'_x\|_\circ \|(G'_y)^{-1}\|_\circ \\ \leqslant\ &(1 - \|F'_x\|_\circ - \|F'_y(G'_y)^{-1}\|_\circ \|G'_x\|_\circ) \cdot (1 - \|(G'_y)^{-1}\|_\circ).\end{aligned}$$

现在我们看到可由条件 (3.15.11) 得知这些不等式.

条件 (3.15.11) 中前面两个不等式意味着映射 T 沿着 y 变量伸长, 沿着 x 变量压缩. 如果如我们在前面考虑的线性映射那样导数 F'_y 和 G'_x 都等于零, 则这就足够使映射是鞍点型了. (3.15.11) 中最后一个不等式简单地意味着, 由 F'_y 和 G'_x 引起的变形不是本质的.

定理 3.28 鞍点映射 T 在 $D_1 \otimes D_2$ 中有唯一不动点.

证明 首先注意到向前映射 T 的不动点与交叉映射 $T^\times$ 的不动点重合. 因此, 我们只需证明 $T^\times$ 是压缩映射, 并调用定理 3.24.

在 $D_1 \otimes D_2$ 中引入距离

$$\rho((x_1, y_1), (x_2, y_2)) = \|x_2 - x_1\| + L\|y_2 - y_1\|, \tag{3.15.12}$$

其中选择常数 L, 使得

$$\frac{\|P'_y\|_\circ}{1 - \|Q'_y\|_\circ} < L < \frac{1 - \|P'_x\|_\circ}{\|Q'_x\|_\circ}. \tag{3.15.13}$$

为了验证映射 $T^\times$ 是压缩映射, 我们指出由 (3.15.4) 有

$$\|P(x_2, \bar{y}_2) - P(x_1, \bar{y}_1)\| \leqslant \|P'_x\|_\circ \|x_2 - x_1\| + \|P'_y\|_\circ \|\bar{y}_2 - \bar{y}_1\|$$

和

$$\|Q(x_2,\bar{y}_2)-Q(x_1,\bar{y}_1)\|\leqslant\|Q'_x\|_\circ\|x_2-x_1\|+\|Q'_y\|_\circ\|\bar{y}_2-\bar{y}_1\|,$$

或者

$$\|\bar{x}_2-\bar{x}_1\|\leqslant\|P'_x\|_\circ\|x_2-x_1\|+\|P'_y\|_\circ\|\bar{y}_2-\bar{y}_1\|$$

和

$$\|y_2-y_1\|\leqslant\|Q'_x\|_\circ\|x_2-x_1\|+\|Q'_y\|_\circ\|\bar{y}_2-\bar{y}_1\|,$$

因此

$$\begin{aligned}&\|\bar{x}_2-\bar{x}_1\|+L\|y_2-y_1\|\\ \leqslant&(\|P'_x\|_\circ+L\|Q'_x\|_\circ)\|x_2-x_1\|+(\|P'_y\|_\circ+L\|Q'_y\|_\circ)\|\bar{y}_2-\bar{y}_1\|\\ \leqslant&K(\|x_2-x_1\|+L\|\bar{y}_2-\bar{y}_1\|),\end{aligned}$$

其中

$$K=\max\{\|P'_x\|_\circ+L\|Q'_x\|_\circ,L^{-1}\|P'_y\|_\circ+\|Q'_y\|_\circ\}.$$

由于 (3.15.13), $K<1$, 因此 $T^\times$ 是压缩映射. 证明完毕.

可以证明所得的不动点是鞍点型. 事实上, 在这里可以应用下一章的定理 4.2 (于映射 T 和它的逆 T^{-1}), 所以我们可以证明鞍点映射的不动点有光滑稳定流形 $y=\psi(x)$ 和光滑不稳定流形 $x=\varphi(y)$, 其中函数 $\psi(x)$ 和 $\varphi(y)$ 分别定义在整个 D_1 和 D_2 上.

现在我们讨论 Banach 原理的抽象形式. 显然, 如果 D 是任一 Banach 空间 X 的闭子集, 定理 3.24 仍成立. 回忆线性空间 X 称为 Banach 空间, 如果它是**完备**的, 即 X 中元素的任一基本序列 $\{x_i\}_{i=1}^\infty$ 都收敛: 如果对任何 ε 存在 m, 使得对所有 $n\geqslant 0$ 有 $\|x_{n+m}-x_m\|\leqslant\varepsilon$, 则对某个 $x^*\in X$ 有

$$\lim_{i\to\infty}x_i=x^*.$$

X 中点之间的距离定义为

$$\operatorname{dist}(x^1,x^2)=\|x^1-x^2\|,$$

其中范数 $\|\cdot\|$ 是任意满足下面关系的非负函数 $X\to R$:

$$\begin{aligned}&\|x^1+x^2\|\leqslant\|x^1\|+\|x^2\|,\\ &\|\lambda x\|=|\lambda|\cdot\|x\|\quad\text{对任何数}\quad\lambda,\\ &\|x\|>0\quad\text{在}\quad x\neq 0.\end{aligned}$$

Euclid 空间 R^n 是 Banach 空间的例子. 连续函数 $x(t)|_{t\in[0,\tau]}$ 的空间 H 是另一个重要例子 (这里 $x\in\mathbb{R}^n$), 其范数是

$$\|x(t)\|_\circ=\sup_{t\epsilon[0,\tau]}\|x(t)\|$$

(我们用 $\|\cdot\|_{\circ}$ 记 H 的范数以区别于 $\mathbb{R}^n$ 中的范数). 空间 H 是完备的, 因为 $\mathbb{R}^n$ 完备. 因此定理 3.24 对任何映 $H\to H$ 的压缩算子成立.

例如, 在鞍点附近边值问题唯一解的存在性定理 2.9 的证明中, 本质上是验证积分方程 (2.8.4) 的右端在 H 的闭 ε 球 $D_\varepsilon:\|x(t)\|_{\circ}\leqslant\varepsilon$ 上定义了一个压缩算子 (这里 $x(t)\equiv(u(t),v(t))$).

类似地, 定理 3.10 (鞍点不动点附近边值问题解的存在性) 的证明是将 Banach 原理应用于由序列 $x=\{(u_0,v_0),(u_1,v_1),\cdots,(u_k,v_k)\}$ 按范数

$$\|x\|_{\circ}=\max_{i=0,\cdots,k}\|u_i,v_i\|$$

组成的 Banach 空间内的 ε 球上的算子而得到的.

Hadamard 定理 (定理 3.9) 是对定义在连续函数 $u=\varphi(v)$ 的 Banach 空间中的算子 $\varphi\mapsto\tilde{\varphi}$ 应用 Banach 原理的, 其中 v 属于 $\mathbb{R}^{n-k}$ 中零点的 δ 邻域, $u\in\mathbb{R}^k$, 范数为

$$\|\varphi\|_{\circ}=\sup_{\|v\|\leqslant\delta}\|\varphi(v)\|. \tag{3.15.14}$$

事实上, 在所考虑的情形下, 算子在 Banach 空间的子集 D 上有定义 (见定理证明的第一步), 此空间是由满足 (3.6.4) 和 (3.6.5) 的光滑函数 φ 所组成. 它不是闭集 (光滑函数序列按范数 (3.15.14) 可收敛于非光滑函数). 因此, 定理 3.24 并不保证不动点 φ^* 属于 D, 但是 φ^* 位于 D 的**闭包内**, 即在满足 Lipschitz 条件 (3.6.3) 的连续函数空间内 (φ^* 的光滑性后面用另外论述证明).

当 x 和 μ 分别成为抽象 Banach 空间 X 和 M 的元素时, 不动点 x^* 关于参数的依赖性定理 3.25 和定理 3.27 也仍成立. 为验证定理 3.27 的论述, 我们回忆下面的定义.

对映射 $f:Y\to X$ (其中 Y 和 X 是 Banach 空间), 在点 $y\in Y$ 的导数 $f'(y)$ 是满足

$$\lim_{\|\Delta y\|\to 0}\sup\frac{\|f(y+\Delta y)-f(y)-f'(y)\Delta y\|}{\|\Delta y\|}=0$$

(唯一确定) 的线性算子, 即 $f'(y):\Delta y\in Y\mapsto\Delta x\equiv f'(y)\Delta y\in X$. 如果 $f'(y)$ 连续依赖于 y, 且对所有 $y\in D$, 它在通常的线性算子范数

$$\|A\|=\sup_{\|\Delta y\|=1}\|A\Delta y\|$$

意义下一致有界, 则映射 f 在 Y 的子集 D 上**光滑**.

在这个范数下, 有界线性算子 $Y\to X$ 的空间自身也是 Banach 空间. 导数 $f'(y)$ 依赖于点 $y\in Y$, 因此可考虑二阶导数, 它是线性算子 $Y\to(Y\to X)$, 等等: r 阶导数是由归纳定义的线性算子 $\underbrace{Y\to(Y\to(\cdots(Y}_{r}\to X)\cdots))$.

显然, r 阶导数 $f^{(r)}$ 可以考虑为对称的多线性算子 $Y^r \to X$, 使得

$$f(y+\Delta y)=f(y)+f'(y)\Delta y+\cdots+\frac{1}{r!}f^{(r)}(y)(\Delta y)^r+o(\|\Delta y\|^r).$$

函数 f 是 $D\subseteq Y$ 上的 $\mathbb{C}^r$ – 光滑函数, 如果对所有 $k\leqslant r$, k 阶导数 $f^{(k)}(y)$ 连续依赖于 y 且作为算子 $Y^k\to X$ 是一致有界的, 即

$$\sup_{y\in D,\|\Delta y_1\|=\cdots=\|\Delta y_k\|=1}\|f^{(k)}(y)\Delta y_1\cdots\Delta y_k\|_X$$

有限.

例如, 对任何定义在 $\mathbb{R}^n$ 上的 $\mathbb{C}^r$ – 光滑函数 g, 作用在连续函数 $x(t)_{t\in[0,\tau]}$ 的空间 H 上的算子 $x(t)\mapsto g(x(t))$ 是 $\mathbb{C}^r$ – 光滑的. 对任何 r, 有界线性算子是 $\mathbb{C}^r$ – 光滑的. 光滑算子的叠加是具有相同光滑性的算子. 特别地, 将连续函数 $x(t)_{t\in[0,\tau]}$ 映为

$$\bar{x}(t)=\int_0^t\psi(s)g(x(s),s)ds$$

的算子 $H\to H$ 对任何连续函数 ψ 以及任何关于 x 是 $\mathbb{C}^r$- 光滑, 关于 s 是连续的函数 g 是 $\mathbb{C}^r$ – 光滑的. 这种类型算子的光滑性将在第 5 章用来证明以定理 3.27 为基础的不变流形的光滑性.

第 4 章　不变环面

不变环面出现在周期强迫自激振动系统, 以及几个自激振动系统的交互作用的非线性动力学的研究中. 我们在这里仅限于讨论第一种情形, 即下面形式的非自治系统

$$\dot{x} = X(x) + \mu p(x, t), \tag{4.0.1}$$

其中 $x \in \mathbb{R}^n$, $p(x, t)$ 对 t 是以 2π 为周期的周期函数. 如同对

$$\dot{x} = X(x), \tag{4.0.2}$$

假设 (4.0.2) 具有周期为 τ 的结构稳定的周期轨线 L. (4.2.1) 的相空间是 $\mathrm{R}^n \times \mathbb{S}^1$, 其中 $\mathbb{S}^1$ 是周长为 2π 的圆周. 原则上, (4.0.1) 可以在 $\mathbb{R}^{n+1}$ 中写为自治系统的形式

$$\begin{aligned} \dot{x} &= X(x) + \mu p(x, \theta), \\ \dot{\theta} &= 1, \end{aligned} \tag{4.0.3}$$

其中 θ 是以模 2π 定义的循环变量. (4.0.1) 和 (4.0.3) 的一个特殊情形是 $\mu = 0$ 的系统(这时 (4.0.3) 的第一个方程与第二个方程去耦), 两个系统具有二维不变环面 $\mathbb{T}_0^2 : L \times \mathbb{S}^1$. 我们将证明也存在光滑不变环面 $\mathbb{T}_\mu^2$, 对所有充分小 μ, 它接近于 $\mathbb{T}_0^2$. 为此我们将用由 Afraimovich 和 L.Shilnikov [2,3] 建议的稳定环面的存在性准则, 这个准则称为**环域原理**. 此外, 环域原理也应用于多个循环变量的情形. 这允许我们应用它到具拟周期外力的强迫非自治系统.

接下来我们研究二维不变环面 $\mathbb{T}_\mu^2$ 上轨线的性态. 在这种情形下, 问题可以化为圆周的可定向 Poincaré 映射. 这种映射理论的主要结果是由 Poincaré 和 Denjoy 的先驱工作得到. 在 4.4 节我们将叙述这个理论的主要内容, 因为它正确给出了某些振动同步化问题的数学解释.

4.1 非自治系统

n 维非自治周期系统形式上写为

$$\dot{x} = F(x, t), \tag{4.1.1}$$

其中 $F(x, t + 2\pi) = F(x, t)$. 假设在 $\mathbb{R}^n \times \mathbb{R}^1$ 或 $D \times \mathbb{R}^1$ 内解的存在唯一性条件满足, 其中 D 是 $\mathbb{R}^n$ 的某个子区域. 假设对任何初始条件 (x_0, t_0), 解可以延拓到区间 $[t_0, t_0 + 2\pi]$ 上. 许多与周期性强迫振动研究有关的非线性动力学问题都可化为对这类系统的研究. 例如, van der Pol 方程

$$\ddot{x} + \mu(x^2 - 1)\dot{x} + \omega_0^2 x = A \sin\ \omega t,$$

和 Düffing方程

$$\ddot{x} + h\dot{x} + \alpha x + \beta x^3 = A \sin\ \omega t,$$

等.

一般来讲, 我们可用引入满足 $\dot{\theta} = 1$ 的新循环变量 θ 将系统 (4.1.1) 化为自治系统. 但要做到这点必须使得变量 x 和 θ 有同等的地位, 即函数 $F(x, \theta)$ 关于它的所有变量必须是 $\mathbb{C}^r$ – 光滑 $(r \geqslant 1)$. 非自治系统的特征是 F 仅假设对 t 连续.

原则上, 对 (4.1.1) 的研究化为对微分同胚的研究, 其光滑性等于 F 关于 x 的光滑性, 当然, F 关于 x 的所有导数都假设是 t 的连续函数. 其构造如下: 由 F 关于 t 的周期性, 点 (x, t) 和点 $(x, t + 2\pi m)$ 的轨线重合, 其中 $m \in \mathbb{Z}$. 因此, 我们得到沿着系统 (4.1.1) 的解将平面 $t = 0$ 映到平面 $t = 2\pi$ 的相应的微分同胚, 如图 4.1.1 所示.

设 $\varphi(t, x)$ 是系统 (4.1.1) 在 $t = 0$ 通过点 x 的解. 则所考虑的微分同胚写为形式

$$\bar{x} = f(x), \tag{4.1.2}$$

其中 $f(x) = \varphi(2\pi, x)$.

这种简化的可能性是非自治系统的特性之一.[1] 注意, 在自治系统的相空间中这种大范围截面的存在性一般并不成立.

于是, 显然在相空间 $\mathbb{R}^n \times \mathbb{S}^1$ (或 $D \times \mathbb{S}^1$) 内 k 次通过截面 $t = 0$ 的周期轨线对应于微分同胚的 k – 周期轨道 $(x_0, \cdots, x_{k-1})$.

回忆微分同胚周期点的定义. 如果 x_0 是映射 $\bar{x} = f^k(x)$ 的不动点, 但对 $p < k$, 它不是 $\bar{x} = f^p(x)$ 的不动点, 则点 x_0 称为周期为 k 的周期点, 点 x_p 和 x_0 都是周期点, 其中 $x_p = f^p(x_0), p = 1, \cdots, k - 1$. 显然 $x_{p+1} = f(x_p)$ 和 $x_0 = f(x_{k-1})$. 每一点

[1] 我们注意, 对在周期上有有限个不连续点的逐段连续右端 $F(x, t)$ 的系统的研究, 也可化为这样的微分同胚.

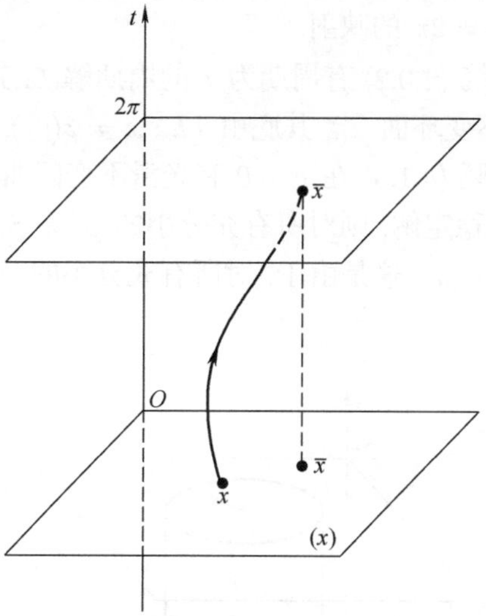

图 4.1.1 沿着 2π 周期的非自治系统的轨线构造微分同胚的几何解释. 非自治系统的轨线与每隔 2π 时间周期的平面截面的交点组成微分同胚的轨线.

x_p 对应于周期 $2\pi k$ 的解 $\varphi_p(t) \quad (p=0,\cdots,k-1)$. 任何两个这样的解在对 t 移位一个可被 2π 整除的数相互重合:

$$\varphi_p(t)=\varphi_0(t+2\pi p).$$

为建立不动点的存在性, 下面的准则是有用的. 设 D 是同胚于标准球 $\{x:||x||\leqslant 1\}$ 的有界闭区域. 则 D 就称为球.

定理 4.1 (Brauer 准则) 设 T 是将球 D 映到它自身的连续映射, 即 $TD\subset D$. 则 T 至少有一个不动点.

Brauer 准则通常应用于下面的情况. 设定义在区域 $D\times\mathbb{R}^1$ 上的系统的所有积分曲线在边界 $\overline{D\times\mathbb{R}^1}$ 进入这个区域. 则相应的微分同胚满足定理 4.1, 因此, 系统自己至少有一条周期轨线.

现在我们回到周期强迫系统问题. 在这种情形下, 对系统 (4.0.1) 的研究化为对下面形式的微分同胚族

$$\bar{x}=f(x,\mu) \tag{4.1.3}$$

的研究, 其中 f 表示为

$$f(x,\mu)=f_0(x)+\mu f_1(x,\mu). \tag{4.1.4}$$

我们看到, 在 $\mu=0$ 微分同胚 (4.1.3) 是沿着自治系统 (4.0.2) 的轨线的 2π 移位映射, 或者等价地, 是沿着系统

$$\begin{aligned}\dot{x}&=X(x),\\ \dot{\theta}&=1\end{aligned} \tag{4.1.5}$$

的解定义的从 $\theta=0$ 到 $\theta=2\pi$ 的映射.

在上面的假设下, 系统 (4.0.2) 有周期为 τ 的周期解 L, 其方程是 $x=\varphi(t)$. 因此系统 (4.0.3) 有 "直棱" 不变环面 $\mathbb{T}_0^2$, 其底由 $\{L: x=\varphi(\theta_1), 0\leqslant\theta_1\leqslant\tau\}$ 定义, 如图 4.1.2 所示. 从而, 微分同胚 (4.1.3) 在 $\mu=0$ 有光滑不变闭曲线 L_0. 我们将在下面证明, 如果 L_0 是 (4.0.2) 的稳定解, 则对所有充分小的 μ, 系统 (4.0.3) 有接近于 $\mathbb{T}_0^2$ 的光滑不变环面 $\mathbb{T}_\mu^2$, 见图 4.1.3. 这是由于, 对所有充分小的 μ, 微分同胚 (4.1.3) 有光滑不变闭曲线 L_μ.

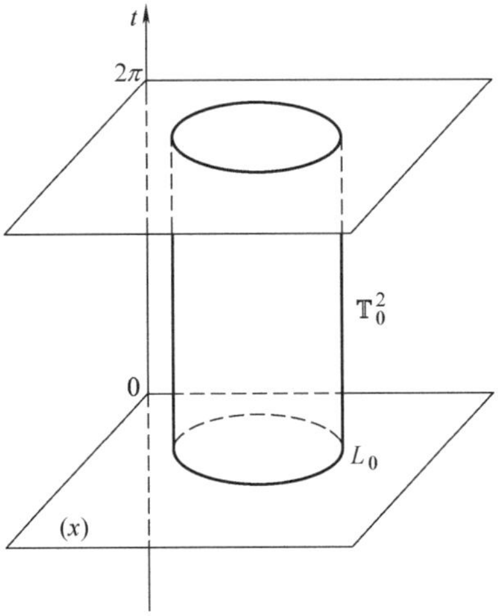

图 4.1.2　扩展系统 (4.1.5) 在 $\mu=0$ 的不变环面 $\mathbb{T}_0^2$ 表示为直积 $L_0\times\mathbb{S}^1$.

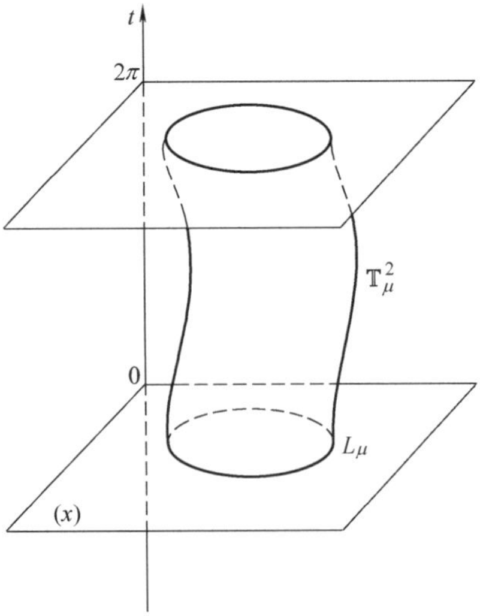

图 4.1.3　扰动系统的光滑不变环面 $\mathbb{T}_\mu^2$.

现在考虑系统

$$\dot{x} = X(x,t), \tag{4.1.6}$$

这里我们假设 $X(x,t)$ 是 t 的**拟周期函数**. 这意味着

$$X(x,t) = \sum_{k_1=-\infty}^{+\infty} \cdots \sum_{k_{m+1}=-\infty}^{+\infty} a_{k_1} \cdots k_{m+1}(x) e^{i(k_1\Omega_1+\cdots+k_{m+1}\Omega_{m+1})t}, \tag{4.1.7}$$

其中 $k=(k_1,\cdots,k_{m+1})$ 是由整数组成的向量, $\Omega=(\Omega_1,\cdots,\Omega_{m+1})$ 是实数向量. 我们也假设$\Omega_1,\cdots,\Omega_{m+1}$ 构成频率基, 即对任何 $k\neq 0$,

$$(k,\Omega) = k_1\Omega_1 + \cdots + k_{m+1}\Omega_{m+1} \neq 0. \tag{4.1.8}$$

在条件 $X(x,t)\in \mathbb{C}^r (r\geqslant 1)$ 下, 它可表示为形式

$$X(x,t) = X(x,\theta_1,\cdots,\theta_{m+1}), \tag{4.1.9}$$

其中 $X(x,\theta_1,\cdots,\theta_{m+1})\in\mathbb{C}^r$ 对每个变量 $\theta_j=\Omega_j t$ 是周期为 2π 的周期函数. 因此系统 (4.1.6) 可写为自治系统

$$\begin{aligned} \dot{x} &= X(x,\theta), \\ \dot{\theta} &= \Omega, \end{aligned} \tag{4.1.10}$$

其中 $\theta=(\theta_1,\cdots,\theta_{m+1})$. (4.1.10) 的相空间是 $\mathbb{R}^n\times\mathbb{T}^{m+1}$. 此外, 对系统 (4.1.0) 的研究可以化为对映射

$$\begin{aligned} \bar{x} &= f(x,\theta), \\ \bar{\theta} &= \theta+\omega \pmod{2\pi} \end{aligned} \tag{4.1.11}$$

的研究, 如果我们选择截面 $\theta_{m+1}=0$. 其中 $\theta=(\theta_1,\cdots,\theta_m)$, $\omega=(\omega_1,\cdots,\omega_m)$, 这里 $\omega_j=\dfrac{2\pi\Omega_j}{\Omega_{m+1}}$ $(j=1,\cdots,m)$. 微分同胚 (4.1.11) 的相空间是 $\mathbb{R}^n\times\mathbb{T}^m$. 在研究 (4.1.11) 时, 较方便的是把 $\mathbb{T}^m$ 表示为 m 维立方体

$$\{(\theta_1,\cdots,\theta_m)|0\leqslant\theta_j\leqslant 2\pi, \quad j=(1,\cdots,m)\},$$

使得这个立方体的对边的点等同, 即

$$(\theta_1,\cdots,\theta_{j-1},0,\theta_{j+1},\cdots,\theta_m)\equiv(\theta_1,\cdots,\theta_{j-1},2\pi,\theta_{j+1},\cdots,\theta_m).$$

由于 (4.1.11) 中第二类方程与 x 无关, 映射

$$\bar{\theta} = \theta+\omega \pmod{2\pi} \tag{4.1.12}$$

定义在 $\mathbb{T}^m$ 上, 且是一个微分同胚. 由于假设关于 Ω 的条件 (4.1.8) 成立, 这个映射既没有不动点也没有更低维的不变环面. 换句话说, $\mathbb{T}^m$ 是极小集. 因此, 出现在耦

映射 (4.1.11) 研究的第一阶段中的最简单对像是形如 $x = h(\theta)$ 的 m 维不变环面, 它对应具有频率基 $(\omega_1, \cdots, \omega_m)$ 的拟周期解.

在 4.2 节我们将对充分宽的一类微分同胚叙述一个不变环面存在性的相当方便的准则.

注　我们已经看到, 对时间是周期或拟周期依赖性的非自治系统, 允许自然扩展到更高维的自治系统, 其中增加的维数等于独立频率的个数. 但是, 在一般情形这种扩展对有任意时间依赖性的系统是不成立的. 此外, 在这种情形下相空间维数的直接向前增加是没有用的, 因为 $t \to +\infty$ 时轨线的性态必须在非紧相空间中研究. 否则, 游荡集是空的. 因此, 具有一般时间依赖性的非自治系统的研究主要要求用新方法. 对一类二维非自治系统的这种方法被 Lerman 和 L.Shilnikov [41] 所发展.

4.2　不变环面的存在性定理. 环域原理

考虑微分同胚 T:

$$\begin{aligned} \bar{x} &= f(x, \theta), \\ \bar{\theta} &= \theta + g_0(x, \theta) = g(x, \theta) \pmod{2\pi} \end{aligned} \tag{4.2.1}$$

其中 $x \in \mathbb{R}^n, \theta \in \mathbb{T}^m$, $\quad n \geqslant 1$, $\quad m \geqslant 1$, 光滑函数 f 和 g 关于 θ 是 2π – 周期的.

设 $\mathbb{K}$ 是由

$$\mathbb{K} = \big\{(x, \theta) \big| ||x|| \leqslant \delta, \theta \in \mathbb{T}^m\big\}$$

定义的环域. 对向量值或者矩阵值函数 $\varphi(x, \theta)$ 引入下面的记号:

$$||\varphi||_\circ = \sup_{(x,\theta) \in \mathbb{K}} ||\varphi(x, \theta)||,$$

其中 $||\cdot||$ 是标准的 Euclid 范数.

假设 4.1　对任何固定的 θ, 映射

$$\bar{x} = f(x, \theta)$$

是压缩的, 即

$$\left\|\frac{\partial f}{\partial x}\right\|_\circ < 1. \tag{4.2.2}$$

假设 4.2　对任何固定的 x, 映射

$$\bar{\theta} = \theta + g_0(x, \theta) \pmod{2\pi}, \tag{4.2.3}$$

是微分同胚. 特别, 这得到

$$1 \leqslant \left\|\left(\frac{\partial g}{\partial \theta}\right)^{-1}\right\|_\circ \leqslant C < \infty. \tag{4.2.4}$$

定理 4.2 (环域原理) 在上面的假设下, 如果

$$1-\left\|\left(\frac{\partial g}{\partial\theta}\right)^{-1}\right\|_{\circ}\cdot\left\|\frac{\partial f}{\partial x}\right\|_{\circ}>2\sqrt{\left\|\left(\frac{\partial g}{\partial\theta}\right)^{-1}\right\|_{\circ}\cdot\left\|\frac{\partial g}{\partial x}\right\|_{\circ}\cdot\left\|\frac{\partial f}{\partial\theta}\left(\frac{\partial g}{\partial\theta}\right)^{-1}\right\|_{\circ}},\tag{4.2.5}$$

则微分同胚 (4.2.1) 在 $\mathbb{K}$ 中有 m 维不变环面, 它包含 $\mathbb{K}$ 中所有正半轨线的所有 ω – 极限点. 这个环面由图 $x=h^*(\theta)$ 定义, 其中 h^* 是 $\mathbb{C}^1$ – 光滑的 2π – 周期函数.

证明 由假设 4.2 我们可把 (4.2.1) 写为**交叉形式**

$$\begin{aligned}\bar{x}&=F(x,\bar{\theta}),\\ \theta&=G(x,\bar{\theta})\quad(\mathrm{mod}\ 2\pi).\end{aligned}\tag{4.2.6}$$

注意到

$$\begin{aligned}F(x,\bar{\theta})&\equiv f(x,G(x,\bar{\theta})),\\ \bar{\theta}&\equiv g(x,G(x,\bar{\theta})).\end{aligned}\tag{4.2.7}$$

从这个公式我们得到 F 和 G 的导数的如下估计:

$$\begin{aligned}&\left\|\frac{\partial F}{\partial x}\right\|_{\circ}\leqslant\left\|\frac{\partial f}{\partial x}\right\|_{\circ}+\left\|\frac{\partial g}{\partial x}\right\|_{\circ}\cdot\left\|\frac{\partial f}{\partial\theta}\left(\frac{\partial g}{\partial\theta}\right)^{-1}\right\|_{\circ},\\ &\left\|\frac{\partial F}{\partial\bar{\theta}}\right\|_{\circ}=\left\|\frac{\partial f}{\partial\theta}\left(\frac{\partial g}{\partial\theta}\right)^{-1}\right\|_{\circ},\\ &\left\|\frac{\partial G}{\partial x}\right\|_{\circ}\leqslant\left\|\frac{\partial g}{\partial x}\right\|_{\circ}\cdot\left\|\left(\frac{\partial g}{\partial\theta}\right)^{-1}\right\|_{\circ},\\ &\left\|\frac{\partial G}{\partial\bar{\theta}}\right\|_{\circ}=\left\|\left(\frac{\partial g}{\partial\theta}\right)^{-1}\right\|_{\circ}.\end{aligned}\tag{4.2.8}$$

从这些估计和 (4.2.5), 可以验证下面的不等式:

$$\sqrt{\left\|\frac{\partial F}{\partial x}\right\|_{\circ}\cdot\left\|\frac{\partial G}{\partial\bar{\theta}}\right\|_{\circ}}+\sqrt{\left\|\frac{\partial F}{\partial\bar{\theta}}\right\|_{\circ}\cdot\left\|\frac{\partial G}{\partial x}\right\|_{\circ}}<1.\tag{4.2.9}$$

特别,

$$\left\|\frac{\partial F}{\partial x}\right\|_{\circ}\cdot\left\|\frac{\partial G}{\partial\bar{\theta}}\right\|_{\circ}<1.$$

按照假设 4.2, 对每个固定的 x, 映射 $\theta=G(x,\bar{\theta})$ 是将环面 $\mathbb{T}^m$ 映为它自己的微分同胚, 因此它不可能是压缩映射. 从而它的 Jacobi 矩阵的范数的最大值必须大于 1:

$$\left\|\frac{\partial G}{\partial\bar{\theta}}\right\|_{\circ}\geqslant 1.$$

由此得知,

$$\left\|\frac{\partial F}{\partial x}\right\|_{\circ}<1.$$

现在我们可以看到由 (4.2.9) 得到下面的不等式

$$\left\|\frac{\partial F}{\partial x}\right\|_{\circ}+\sqrt{\left\|\frac{\partial F}{\partial \bar{\theta}}\right\|_{\circ}\cdot\left\|\frac{\partial G}{\partial x}\right\|_{\circ}}<1. \tag{4.2.10}$$

记

$$\mathcal{L}=\sqrt{\left\|\frac{\partial F}{\partial \bar{\theta}}\right\|_{\circ}\left(\left\|\frac{\partial G}{\partial x}\right\|_{\circ}\right)^{-1}} \tag{4.2.11}$$

(在 $\dfrac{\partial G}{\partial x}\equiv 0$ 的特殊情形, 我们将简单地对 $\mathcal{L}$ 选择充分大的数). 从 (4.2.9) 立刻得知

$$\mathcal{L}\left\|\frac{\partial G}{\partial x}\right\|_{\circ}<1, \tag{4.2.12}$$

$$\sup_{(x,\bar{\theta})}\left\{\left\|\frac{\partial F}{\partial x}\right\|\cdot\left\|\frac{\partial G}{\partial \bar{\theta}}\right\|\right\}\leqslant\left(1-\mathcal{L}\left\|\frac{\partial G}{\partial x}\right\|_{\circ}\right)\left(1-\frac{1}{\mathcal{L}}\left\|\frac{\partial F}{\partial \bar{\theta}}\right\|_{\circ}\right), \tag{4.2.13}$$

$$\sup_{(x,\bar{\theta})}\left\{\left\|\frac{\partial F}{\partial x}\right\|\cdot\left\|\frac{\partial G}{\partial \bar{\theta}}\right\|\right\}<\left(1-\mathcal{L}\left\|\frac{\partial G}{\partial x}\right\|_{\circ}\right)^{2}, \tag{4.2.14}$$

由 (4.2.10) 我们有

$$\left\|\frac{\partial F}{\partial x}\right\|_{\circ}<1-\mathcal{L}\left\|\frac{\partial G}{\partial x}\right\|_{\circ}. \tag{4.2.15}$$

余下的证明仅以这些不等式为基础. 我们以 $H(\mathcal{L})$ 表示向量函数 $x=h(\theta)$ 的空间, 函数的图像在 $\mathbb{K}:||h||\leqslant\eta_0$ 内, 其中 h 满足 Lipschitz 条件:

$$||h(\theta+\Delta\theta)-h(\theta)||\leqslant\mathcal{L}||\Delta\theta||. \tag{4.2.16}$$

对 $H(\mathcal{L})$ 赋予通常范数

$$\operatorname{dist}(h_1,h_2)=||h_1-h_2||=\sup_{\theta}||h_1(\theta)-h_2(\theta)||.$$

大家知道, $H(\mathcal{L})$ 在有界连续函数 $h(\theta)$ 的 Banach 空间中是闭的.

引理 4.1　只要 (4.2.12) 和 (4.2.13) 满足, 映射 T 诱导算子 $\mathcal{T}:H(\mathcal{L})\to H(\mathcal{L})$ (即 Lipschitz 函数 $x=h(\theta)$ 的图在映射 T 作用下的像是满足具有相同常数 $\mathcal{L}$ 的 Lipschitz 条件的函数 $\bar{x}=\tilde{h}(\bar{\theta})$ 的图).

事实上, 设 $h\in H(\mathcal{L})$. 首先我们必须证明, 像 $T\{x=h(\theta)\}$ 是对某个单值函数 $\tilde{h}$ 的 $\bar{x}=\tilde{h}(\bar{\theta})$ 的这类曲面. 换句话说, 我们必须证明, 对任何 $\bar{\theta}$ 存在唯一 $\bar{x}$ (这可能给出 $\tilde{h}(\bar{\theta})$) 使得对某个 θ 有 $(\bar{x},\bar{\theta})=T(h(\theta),\theta)$. 这等价于 (见 4.2.6) 对任何 $\bar{\theta}$, 关于 θ 的方程

$$\theta=G(h(\theta),\bar{\theta}) \tag{4.2.17}$$

的唯一解的存在性.

对每个固定的 $\bar{\theta}$, 我们可以将这个等式视为将环面映为它自身的映射

$$\theta \mapsto G(h(\theta), \bar{\theta}) \tag{4.2.18}$$

的不动点方程. 如果我们能够证明这个映射是压缩的, 则所考虑的不动点的存在唯一性将由 Banach 原理得知. 而这是由条件 (4.2.12) 和 (4.2.16) 容易得到的结论. 因为对固定的 $\bar{\theta}$ 和任意的 $\Delta\theta$, 我们有

$$||\Delta x|| \equiv ||h(\theta + \Delta\theta) - h(\theta)|| \leqslant \mathcal{L}||\Delta\theta||$$

和

$$G(x + \Delta x, \bar{\theta}) - G(x, \bar{\theta}) = \left(\int_0^1 \frac{\partial G}{\partial x}(x + s\Delta x, \bar{\theta})ds\right)\Delta x,$$

因此

$$||G(h(\theta + \Delta\theta), \bar{\theta}) - G(h(\theta), \bar{\theta})|| \leqslant \mathcal{L}\left\|\frac{\partial G}{\partial x}\right\|_{\circ} ||\Delta\theta||.$$

由 (4.2.12) 得知, 映射在所考虑情形下事实上是压缩的.

从而, 对任何 $\bar{\theta}$ 存在唯一 θ, 使得等式 (4.2.17) 成立. 由于压缩映射的不动点连续依赖于参数 (在我们的情形是 $\bar{\theta}$), 由此得知 θ 也连续依赖于 $\bar{\theta}$.

将 θ 的值代入 (4.2.6) 的第一个等式, 得到函数 $\tilde{h} = \tilde{T}h$ 的形式为

$$\bar{x} \equiv \tilde{h}(\bar{\theta}) = F(h(\theta(\bar{\theta})), \bar{\theta}). \tag{4.2.19}$$

我们看到 $\tilde{h}$ 连续. 下面我们证明 $\tilde{h}$ 满足 Lipschitz 条件. 显然只需证明对每一个 $\bar{\theta}$ 有

$$\limsup_{\Delta\bar{\theta}\to 0} \frac{||\Delta x||}{||\Delta\bar{\theta}||} \leqslant \mathcal{L}. \tag{4.2.20}$$

为了证明这一点, 我们指出按照 (4.2.6) 有

$$\begin{aligned} \Delta\bar{x} &= F_x\Delta x + F_{\bar{\theta}}\Delta\bar{\theta}, \\ \Delta\theta &= G_x\Delta x + G_{\bar{\theta}}\Delta\bar{\theta}, \end{aligned} \tag{4.2.21}$$

其中我们记

$$F_x = \int_0^1 \frac{\partial F}{\partial x}(x + s\Delta x, \bar{\theta} + s\Delta\bar{\theta})ds$$

等. 在这里假设点 (x, θ) 和点 $(x + \Delta x, \theta + \Delta\theta)$ 属于 $\{x = h(\theta)\}$ (因此点 $(\bar{x}, \bar{\theta})$ 和点 $(\bar{x} + \Delta\bar{x}, \bar{\theta} + \Delta\bar{\theta})$ 属于 $\{\bar{x} = \tilde{h}(\bar{\theta})\}$). 因此, $||\Delta x|| \leqslant \mathcal{L}||\Delta\theta||$. 将这个代入 (4.2.21) 给出

$$||\Delta\bar{x}|| \leqslant \mathcal{L}\left\{\frac{1}{\mathcal{L}}||F_{\bar{\theta}}|| + \frac{||F_x|| \cdot ||G_{\bar{\theta}}||}{1 - \mathcal{L}||G_x||}\right\}||\Delta\bar{\theta}||.$$

取极限我们有

$$\limsup_{\Delta\bar{\theta}\to 0}\frac{||\Delta\bar{x}||}{||\Delta\bar{\theta}||}\leqslant \mathcal{L}\left\{\frac{1}{\mathcal{L}}\left\|\frac{\partial F}{\partial\bar{\theta}}\right\|+\frac{\left\|\dfrac{\partial F}{\partial x}\right\|\cdot\left\|\dfrac{\partial G}{\partial\bar{\theta}}\right\|}{1-\mathcal{L}\left\|\dfrac{\partial G}{\partial x}\right\|}\right\}. \tag{4.2.22}$$

因此, 由 (4.2.13) 得知函数 $\tilde{h}$ 满足 Lipschitz 条件. 这就完成了证明.

我们已经定义了算子 $T:H(\mathcal{L})\to H(\mathcal{L})$. 现在证明 T 是压缩的. 由于 $H(\mathcal{L})$ 是 Banach 空间的闭子集, Banach 原理保证算子 $\tilde{T}$ 在 $H(\mathcal{L})$ 上唯一不动点 h^* 的存在性. 因此我们有 $\tilde{h}^*=h^*$, 这意味着由 $\tilde{T}$ 的定义, 曲面 $\{x=h^*\theta\}$ 在映射 T 作用下的像是相同的曲面, 即这个曲面是所求的不变流形 (为了完成证明, 我们还需要建立 h^* 的光滑性).

设 h_1 和 h_2 是 $H(\mathcal{L})$ 的两个元素, $\tilde{h}_1$ 和 $\tilde{h}_2$ 是它们在 $\tilde{T}$ 作用下的像. 固定任一 $\bar{\theta}$ 并取点 $(\bar{x}_1,\bar{\theta})$ 和点 $(\bar{x}_2,\bar{\theta})$, 在这些点具常数值参数 $\bar{\theta}$ 的曲面分别与曲面 $\{\bar{x}=\tilde{h}_1(\bar{\theta})\}$ 和曲面 $\{\bar{x}=\tilde{h}_2(\bar{\theta})\}$ 相交. 由于这些曲面按定义是曲面 $\{x=h_1(\theta)\}$ 和 $\{x=h_2(\theta)\}$ 在映射 T 下的像, 存在点 $(x_1=h_1(\theta_1),\theta_1)$ 和 $(x_2=h_2(\theta_2),\theta_2)$ 使得 $T(x_1,\theta_1)=(\bar{x}_1,\bar{\theta})$ 和 $T(x_2,\theta_2)=(\bar{x}_2,\bar{\theta})$. 由 (4.2.6) 有

$$\begin{cases}\bar{x}_1=F(h_1(\theta_1),\bar{\theta}),\\ \theta_1=G(h_1(\theta_1),\bar{\theta}),\end{cases}\qquad \begin{cases}\bar{x}_2=F(h_2(\theta_2),\bar{\theta}),\\ \theta_2=G(h_2(\theta_2),\bar{\theta}),\end{cases}$$

这给出

$$\begin{aligned}||\theta_1-\theta_2||&\leqslant\left\|\frac{\partial G}{\partial x}\right\|_{\circ}||h_1(\theta_1)-h_2(\theta_2)||,\\ ||\bar{x}_1-\bar{x}_2||&\leqslant\left\|\frac{\partial F}{\partial x}\right\|_{\circ}||h_1(\theta_1)-h_2(\theta_2)||.\end{aligned} \tag{4.2.23}$$

利用 Lipschitz 条件 (4.2.16) 我们有

$$\begin{aligned}||h_1(\theta_1)-h_2(\theta_2)||&\leqslant||h_1(\theta_1)-h_1(\theta_2)||+||h_1(\theta_2)-h_2(\theta_2)||\\ &\leqslant\mathcal{L}||\theta_1-\theta_2||+\mathrm{dist}(h_1,h_2).\end{aligned}$$

因此, 不等式 (4.2.23) 可以写为形式

$$||\theta_1-\theta_2||\leqslant\left\|\frac{\partial G}{\partial x}\right\|_{\circ}(\mathcal{L}||\theta_1-\theta_2||+\mathrm{dist}(h_1,h_2))$$

和

$$||\bar{x}_1-\bar{x}_2||\leqslant\left\|\frac{\partial F}{\partial x}\right\|_{\circ}(\mathcal{L}||\theta_1-\theta_2||+\mathrm{dist}(h_1,h_2)),$$

或者

$$||\theta_1-\theta_2||\leqslant\left\|\frac{\partial G}{\partial x}\right\|_{\circ}\left(1-\left\|\frac{\partial G}{\partial x}\right\|_{\circ}\mathcal{L}\right)^{-1}\cdot\mathrm{dist}(h_1,h_2),$$

最后,

$$\|\tilde{h}_1(\bar{\theta})-\tilde{h}_2(\bar{\theta})\| \equiv \|\bar{x}_1-\bar{x}_2\| \leqslant \left(\frac{\left\|\dfrac{\partial F}{\partial x}\right\|_{\circ}}{1-\left\|\dfrac{\partial G}{\partial x}\right\|_{\circ}\mathcal{L}}\right)\cdot \mathrm{dist}(h_1,h_2).$$

因为 $\bar{\theta}$ 是任意选择的, 上面的不等式按定义意味着

$$\mathrm{dist}(\tilde{h}_1,\tilde{h}_2) \leqslant \left(\frac{\left\|\dfrac{\partial F}{\partial x}\right\|_{\circ}}{1-\left\|\dfrac{\partial G}{\partial x}\right\|_{\circ}\mathcal{L}}\right)\cdot \mathrm{dist}(h_1,h_2),$$

故由 (4.2.15) 映射 $\tilde{T}$ 事实上是压缩的.

我们已经证明了 Lipschitz 不变流形 $M^*:\{x=h^*(\theta)\}$ 的存在唯一性. 因为压缩算子的不动点是从任一初始猜测开始的逐次逼近序列的极限, 故对任一 Lipschitz 函数 h_0, 有 $h^*=\lim \tilde{T}^k h_0$. 或者, 同样地, 任一 Lipschitz 曲面 $\{x=h_0(\theta)\}$ 在映射 T 下的向前像收敛于不变流形 M^*. 这得知定理的结论, 即对于 $\mathbb{K}$ 的任何点的向前迭代, 它们的极限集在 M^* 上.

现在证明 M^* 的光滑性. 流形 $\{x=h^*(\theta)\}$ 的不变性意味着, 按照 (4.2.6), 对任意 $\bar{\theta}$ 有

$$h^*(\bar{\theta})=F(h^*(\theta),\bar{\theta}), \tag{4.2.24}$$

其中 θ 的值由方程

$$\theta=G(h^*(\theta),\bar{\theta}) \tag{4.2.25}$$

通过隐式定义. 最后这个方程在不变流形上定义了映射 T^{-1}. 如同与引理 4.1 相同的论述, 得知 θ 定义为 θ 的单值连续函数.

由 (4.2.24) 和 (4.2.25) 的形式微分, 得知导数 $\eta^*=\dfrac{dh^*}{d\theta}$ (如果它存在) 必须满足方程

$$\eta^*(\bar{\theta})=\frac{\partial F}{\partial\bar{\theta}}+\frac{\partial F}{\partial x}\cdot\eta^*(\theta)\cdot\left(I-\frac{\partial G}{\partial x}\cdot\eta^*(\theta)\right)^{-1}\cdot\frac{\partial G}{\partial\bar{\theta}}, \tag{4.2.26}$$

其中右端所有导数都在 $(x=h^*(\theta),\bar{\theta})$ 处计算, θ 是由 (4.2.25) 定义的 $\bar{\theta}$ 的函数. 我们证明满足这个等式的连续函数 η^* 存在. 考虑有界 ($\|\eta\|_{\circ}\leqslant\mathcal{L}$) 连续函数 $x=\eta(\theta)$ 的空间 $H'(\mathcal{L})$. 这是赋予范数

$$\|\eta_1-\eta_2\|=\mathrm{dist}(\eta_1,\eta_2)=\sup_{\theta}\|\eta_1(\theta)-\eta_2(\theta)\|$$

的连续函数的 Banach 空间的闭子集. 考虑在 $H'(\mathcal{L})$ 上定义的映射 $\eta\mapsto\tilde{\eta}$:

$$\tilde{\eta}(\bar{\theta})=\frac{\partial F}{\partial\bar{\theta}}+\frac{\partial F}{\partial x}\cdot\eta(\theta)\cdot\left(I-\frac{\partial G}{\partial x}\cdot\eta(\theta)\right)^{-1}\cdot\frac{\partial G}{\partial\bar{\theta}}. \tag{4.2.27}$$

这个公式给出当函数 η 已知时计算 $\tilde{\eta}$ 的规则: 对任意 $\bar{\theta}$ 由公式 (4.2.25) 求 θ, 并将这个结果代入 (4.2.27) 的右端.

下面将证明由 (4.2.27) 给出的映射将 $H'(\mathcal{L})$ 映为自己且是压缩的, 由此得知 (4.2.26) 的解 η^* 的存在唯一性. $\tilde{\eta}$ 的连续性是显然的, 所以我们只需验证它是囿于 $\mathcal{L}$ 的, 只要 η 囿于同一常数. 由于

$$\left\|\frac{\partial G}{\partial x}\cdot\eta\right\| \leqslant \left\|\frac{\partial G}{\partial x}\right\|_{\circ}\mathcal{L}<1$$

(见 (4.2.12)), 我们可以写为

$$\left(I-\frac{\partial G}{\partial x}\cdot\eta\right)^{-1}=\sum_{k=0}^{+\infty}\left(\frac{\partial G}{\partial x}\cdot\eta\right)^{k},$$

因此

$$\begin{aligned}\left\|\left(I-\frac{\partial G}{\partial x}\cdot\eta\right)^{-1}\right\| &\leqslant \sum_{k=0}^{+\infty}\left\|\frac{\partial G}{\partial x}\cdot\eta\right\|^{k} \leqslant \sum_{k=0}^{+\infty}\left(\mathcal{L}\left\|\frac{\partial G}{\partial x}\right\|_{\circ}\right)^{k}\\ &=\frac{1}{1-\mathcal{L}\left\|\dfrac{\partial G}{\partial x}\right\|_{\circ}}.\end{aligned}$$

利用这个估计从 (4.2.27) 得到

$$\|\tilde{\eta}\| \leqslant \left\|\frac{\partial F}{\partial\bar{\theta}}\right\|_{\circ}+\frac{\left\|\dfrac{\partial F}{\partial x}\right\|\cdot\mathcal{L}\cdot\left\|\dfrac{\partial G}{\partial\bar{\theta}}\right\|}{1-\mathcal{L}\left\|\dfrac{\partial G}{\partial x}\right\|_{\circ}}.$$

由 (4.2.13) 这给出

$$\|\tilde{\eta}\| \leqslant \mathcal{L},$$

即 $\tilde{\eta}\in H'(\mathcal{L})$, 只要 $\eta\in H'(\mathcal{L})$.

为了证明压缩性, 注意到由 $H'(\mathcal{L})$ 对任意 η_1 和 η_2 有

$$\begin{aligned}&\tilde{\eta}_2(\bar{\theta})-\tilde{\eta}_1(\bar{\theta})\\ =&\frac{\partial F}{\partial x}\cdot\left(I-\eta_2(\theta)\cdot\frac{\partial G}{\partial x}\right)^{-1}\cdot(\eta_2(\theta)-\eta_1(\theta))\cdot\left(I-\frac{\partial G}{\partial x}\cdot\eta_1(\theta)\right)^{-1}\cdot\frac{\partial G}{\partial\bar{\theta}}.\end{aligned}\tag{4.2.28}$$

为了推导这个公式, 我们用

$$\eta\left(I-\frac{\partial G}{\partial x}\cdot\eta\right)^{-1}=\eta+\eta\cdot\frac{\partial G}{\partial x}\cdot\eta+\cdots=\left(I-\eta\cdot\frac{\partial G}{\partial x}\right)^{-1}\eta,\tag{4.2.29}$$

因此

$$\eta_2\left(I-\frac{\partial G}{\partial x}\cdot\eta_2\right)^{-1}-\eta_1\left(I-\frac{\partial G}{\partial x}\cdot\eta_1\right)^{-1}$$

$$=\left(I-\eta_2\cdot\frac{\partial G}{\partial x}\right)^{-1}\eta_2-\eta_1\left(I-\frac{\partial G}{\partial x}\cdot\eta_1\right)^{-1}.$$

从而可用恒等式

$$\left(I-\eta_2\cdot\frac{\partial G}{\partial x}\right)^{-1}\eta_2-\eta_1\left(I-\frac{\partial G}{\partial x}\cdot\eta_1\right)^{-1}$$

$$=\left(I-\eta_2\cdot\frac{\partial G}{\partial x}\right)^{-1}(\eta_2-\eta_1)\left(I-\frac{\partial G}{\partial x}\cdot\eta_1\right)^{-1}.$$

这可以用 $(I-\eta_2\cdot\frac{\partial G}{\partial x})$ 乘左端, 用 $(I-\frac{\partial G}{\partial x}\cdot\eta_1)$ 乘右端来验证.

由 (4.2.28) 得知

$$\operatorname{dist}(\tilde{\eta}_2,\tilde{\eta}_1)\leqslant\frac{\sup\left(\left\|\frac{\partial F}{\partial x}\right\|\cdot\left\|\frac{\partial G}{\partial\bar{\theta}}\right\|\right)}{\left(1-\mathcal{L}\left\|\frac{\partial G}{\partial x}\right\|_\circ\right)^2}\cdot\operatorname{dist}(\eta_2,\eta_1),$$

再由 (4.2.14) 得知压缩性.

我们已经证明了 (4.2.26) 中唯一确定的形式导数 η^* 的存在性. 现在证明事实上 $\eta^*(\theta)\equiv\frac{dh^*}{d\theta}$. 这与证明下面的等式恒等于零是相同的:

$$z(\theta)=\limsup_{\Delta\theta\to 0}\frac{||h^*(\theta+\Delta\theta)-h^*(\theta)-\eta^*(\theta)\Delta\theta||}{||\Delta\theta||}. \tag{4.2.30}$$

注意到函数 z 一致有界 (因为 η^* 有界且 h^* 满足 Lipschitz 条件).

我们用 $z(\theta)$ 估计 $z(\bar{\theta})$. 首先, 我们证明

$$\begin{aligned}&h^*(\bar{\theta}+\Delta\bar{\theta})-h^*(\bar{\theta})\\=&\frac{\partial F}{\partial x}\cdot(h^*(\theta+\Delta\theta)-h^*(\theta))+\frac{\partial F}{\partial\bar{\theta}}\Delta\bar{\theta}+o(\Delta\bar{\theta})+o(\Delta\theta),\end{aligned} \tag{4.2.31}$$

其中由于 (4.2.25), $\Delta\theta$ 满足

$$\Delta\theta=\frac{\partial G}{\partial x}(h^*(\theta+\Delta\theta)-h^*(\theta))+\frac{\partial G}{\partial\bar{\theta}}\Delta\bar{\theta}+o(\Delta\bar{\theta})+o(\Delta\theta), \tag{4.2.32}$$

注意到 h^* 满足 Lipschitz 条件. 特别地,

$$\limsup_{\Delta\bar{\theta}\to 0}\frac{||\Delta\theta||}{||\Delta\bar{\theta}||}\leqslant\frac{\left\|\frac{\partial G}{\partial\bar{\theta}}\right\|}{1-\mathcal{L}\left\|\frac{\partial G}{\partial x}\right\|_\circ}. \tag{4.2.33}$$

将 (4.2.32) 写为

$$\Delta\theta$$
$$= \left(I - \frac{\partial G}{\partial x}\eta^*(\theta)\right)^{-1}\left[\frac{\partial G}{\partial x}(h^*(\theta+\Delta\theta) - h^*(\theta) - \eta^*(\theta)\Delta\theta) + \frac{\partial G}{\partial\bar{\theta}}\Delta\bar{\theta}\right] + o(\Delta\bar{\theta}) + o(\Delta\theta).$$

现在, 利用 (4.2.26) 我们可以写

$$h^*(\bar{\theta}+\Delta\bar{\theta}) - h^*(\bar{\theta}) - \eta^*(\bar{\theta})\Delta\bar{\theta}$$
$$= \frac{\partial F}{\partial x}\cdot\left(I + \eta^*(\theta)\left(I - \frac{\partial G}{\partial x}\eta^*(\theta)\right)^{-1}\frac{\partial G}{\partial x}\right)\cdot(h^*(\theta+\Delta\theta) - h^*(\theta) - \eta^*(\theta)\Delta\theta) + o(\Delta\bar{\theta}),$$

或者 (见 (4.2.29))

$$h^*(\bar{\theta}+\Delta\bar{\theta}) - h^*(\bar{\theta}) - \eta^*(\bar{\theta})\Delta\bar{\theta}$$
$$= \frac{\partial F}{\partial x}\cdot\left(I - \eta^*(\theta)\frac{\partial G}{\partial x}\right)^{-1}(h^*(\theta+\Delta\theta) - h^*(\theta) - \eta^*(\theta)\Delta\theta) + o(\Delta\bar{\theta}).$$

因此, 由 (4.2.30) 和 (4.2.33) 得

$$z(\bar{\theta}) \leqslant \frac{\sup\limits_{(x,\bar{\theta})}\left\{\left\|\frac{\partial F}{\partial x}\right\|\cdot\left\|\frac{\partial G}{\partial\bar{\theta}}\right\|\right\}}{\left(1 - \mathcal{L}\left\|\frac{\partial G}{\partial x}\right\|_{\circ}\right)^2} z(\theta). \tag{4.2.34}$$

在这个公式中 $z(\theta)$ 前面的系数严格小于 1. 回忆对不变流形 M^* 上的任何点由 $\bar{\theta}$ 唯一确定 θ, 即我们可以考虑 M^* 上任何点的无穷向后轨道, 它将停留在 M^* 上. 但是, 如果 z 的值在某一点不为零, 由于 (4.2.34), 它的向后迭代可无限增长. 这与 $z(\theta)$ 的一致有界性矛盾, 故这个函数在 M^* 上必须处处恒等于零. 这导致不变流形的光滑性, 证明完毕.

仔细检查证明可知, 本质上我们没有用到 θ 是角变量的条件 (我们仅仅在刚开始当由定理假设推导公式 (4.2.9) 和 (4.2.10) 时需要它). 我们的论述在一般情形也成立, 为了避免更多的重复, 我们只简单地叙述下面的结果.

定理 4.3　设 X 和 Y 是某 Banach 空间的某凸闭子集. 假设映射 T 在 $X\times Y$ 上定义为交叉形式:

$$\begin{aligned}\bar{x} &= F(x,\bar{y}),\\ y &= G(x,\bar{y}),\end{aligned} \tag{4.2.35}$$

这意味着 $X\times Y$ 中两点 (x,y) 和 $(\bar{x},\bar{y})$ 由映射 T 相联系, 当且仅当 (4.2.35) 成立. 设 F 和 G 是满足下面两个条件

$$\sqrt{\sup_{(x,\bar{y})\in X\times Y}\left\{\left\|\frac{\partial F}{\partial x}\right\|\cdot\left\|\frac{\partial G}{\partial\bar{\theta}}\right\|\right\}} + \sqrt{\left\|\frac{\partial F}{\partial\bar{\theta}}\right\|_{\circ}\left\|\frac{\partial G}{\partial x}\right\|_{\circ}} < 1 \tag{4.2.36}$$

和

$$\left\|\frac{\partial F}{\partial x}\right\|_{\circ}+\sqrt{\left\|\frac{\partial F}{\partial \bar{\theta}}\right\|_{\circ}\left\|\frac{\partial G}{\partial x}\right\|_{\circ}}<1 \tag{4.2.37}$$

的光滑函数. 则映射 T 有 $\mathbb{C}^1$ – 光滑不变流形 M^*, 它包含 T 的任何向前轨道的 ω – 极限点.

注意, 原则上映射 T 不用假设是单值的: 在 (4.2.35) 中允许有几个不同偶 $(\bar{x},\bar{y})$ 对应于同一个 (x,y). 因此 $X\times Y$ 中的一点可以有多于一条的轨道, 这个定理给出了它们的 ω – 极限集都包含在 M^* 中.

我们也不需要 $(\bar{x},\bar{y})$ 光滑依赖于 (x,y) 的条件. 但是, 从上面的证明得知**逆映射 T^{-1} 在 M^* 上是单值且光滑的**: 它由方程

$$y=G(h^*(y),\bar{y}) \tag{4.2.38}$$

通过隐式定义, 其中 $x=h^*(y)$ 是 M^* 的方程.

h^* 的导数 η^* 满足关系式

$$\eta^*(\bar{y})=\frac{\partial F}{\partial \bar{y}}+\frac{\partial F}{\partial x}\cdot\eta^*(y)\cdot\left(I-\frac{\partial G}{\partial x}\cdot\eta^*(y)\right)^{-1}\cdot\frac{\partial G}{\partial \bar{y}} \tag{4.2.39}$$

(这是公式 (4.2.24) 和 (4.2.26) 的简单重写). 我们看到导数 η^* 是其图像写为交叉形式

$$\begin{aligned}\bar{\eta}&=\mathcal{F}(\eta,\bar{y}),\\ y&=\mathcal{G}(\bar{y}),\end{aligned} \tag{4.2.40}$$

的映射的不变流形的函数, 其中 $\mathcal{G}$ 由 (4.2.38) 这一隐式给出, $\mathcal{F}$ 由 (4.2.39) 右端给出. 我们可以将定理 4.3 用于这个映射 (注意到 $\dfrac{\partial \mathcal{G}}{\partial \eta}\equiv 0$) 而得到下面的事实:

如果

$$\sup\left\{\left\|\frac{\partial \mathcal{F}}{\partial \eta}\right\|\cdot\left\|\frac{\partial \mathcal{G}}{\partial \bar{y}}\right\|\right\}<1 \tag{4.2.41}$$

且

$$\sup\left\{\left\|\frac{\partial \mathcal{F}}{\partial \eta}\right\|\right\}<1\quad , \tag{4.2.42}$$

则不变流形 $\eta=\eta^*(y)$ **唯一**且光滑. 这意味着导数 η^* 是 y 的光滑函数, 因此这时 $h^*\in\mathbb{C}^2$.

我们将用原来的函数 F 和 G 来表达 M^* 上面的 $\mathbb{C}^2$ – 光滑性条件. 首先, 注意 $\mathcal{F}$ 的公式中含有 F 和 G 的一阶导数, 因此为了 $\mathcal{F}$ 光滑, F 和 G 至少需要是 $\mathbb{C}^2$ 光滑的. 考虑导数 $\dfrac{\partial \mathcal{F}}{\partial \eta}$, 回忆我们已经作过类似的估计 (用稍微不同的记号, 见 (4.2.28)).

为了避免重复我们就简单地给出下面结果:

$$\left\|\frac{\partial \mathcal{F}}{\partial \eta}\right\| \leqslant \frac{\left\|\frac{\partial F}{\partial x}\right\| \cdot \left\|\frac{\partial G}{\partial \bar{y}}\right\|}{\left(1-\mathcal{L}\left\|\frac{\partial G}{\partial x}\right\|_{\circ}\right)^{2}}.$$

其中 $\mathcal{L}$ 是 Lipschitz 常数, 即导数 η^* 范数的上界. 由构造 (见 (4.2.11)),

$$\mathcal{L}=\sqrt{\left\|\frac{\partial F}{\partial \bar{\theta}}\right\|_{\circ}\left(\left\|\frac{\partial G}{\partial x}\right\|_{\circ}\right)^{-1}}.$$

因此,

$$\left\|\frac{\partial \mathcal{F}}{\partial \eta}\right\| \leqslant \frac{\left\|\frac{\partial F}{\partial x}\right\| \cdot \left\|\frac{\partial G}{\partial \bar{y}}\right\|}{\left(1-\sqrt{\left\|\frac{\partial G}{\partial x}\right\|_{\circ}\left\|\frac{\partial F}{\partial \bar{\theta}}\right\|_{\circ}}\right)^{2}}. \tag{4.2.43}$$

对导数 $\frac{\partial \mathcal{G}}{\partial \bar{y}}$, 我们直接从 (4.2.38) 得到下面的估计:

$$\left\|\frac{\partial \mathcal{G}}{\partial \bar{y}}\right\| \leqslant \frac{\left\|\frac{\partial G}{\partial \bar{y}}\right\|}{\left(1-\sqrt{\left\|\frac{\partial G}{\partial x}\right\|_{\circ}\left\|\frac{\partial F}{\partial \bar{\theta}}\right\|_{\circ}}\right)^{2}}. \tag{4.2.44}$$

将这两个不等式代入 (4.2.41), 得到下面关于 M^* 的 $\mathbb{C}^2$ – 光滑性的其它充分条件 (与定理 4.3 的条件比较, 条件 (4.2.42) 没有引入新限制):

$$\frac{\sup\left\{\left\|\frac{\partial F}{\partial x}\right\| \cdot \left\|\frac{\partial G}{\partial \bar{y}}\right\|^{2}\right\}}{\left(1-\sqrt{\left\|\frac{\partial G}{\partial x}\right\|_{\circ}\left\|\frac{\partial F}{\partial \bar{\theta}}\right\|_{\circ}}\right)^{3}}<1,$$

或者

$$\sqrt[3]{\sup\left\{\left\|\frac{\partial F}{\partial x}\right\| \cdot \left\|\frac{\partial G}{\partial \bar{y}}\right\|^{2}\right\}}+\sqrt{\left\|\frac{\partial G}{\partial x}\right\|_{\circ}\left\|\frac{\partial F}{\partial \bar{y}}\right\|_{\circ}}<1. \tag{4.2.45}$$

我们可以重复上面的步骤导出 $\mathbb{C}^3$ – 光滑性的充分条件 (将 (4.2.43) 和 (4.2.44) 代入 (4.2.45)) 等. 由归纳法, 我们得到下面的定理.

定理 4.4 设定理 4.3 中的函数 F 和 G 是 $\mathbb{C}^r$ – 光滑的 $(r \geqslant 1)$, 并假设对某整数 $q \leqslant r$, 它们满足另外的条件

$$\sqrt[q+1]{\sup_{(x,\bar{y}) \in X \times Y}\left\{\left\|\frac{\partial F}{\partial x}\right\| \cdot \left\|\frac{\partial G}{\partial \bar{y}}\right\|^{q}\right\}}+\sqrt{\left\|\frac{\partial F}{\partial \bar{y}}\right\|_{\circ}\left\|\frac{\partial G}{\partial x}\right\|_{\circ}}<1, \tag{4.2.46}$$

则在这种情形下不变流形 M^* 至少是 $\mathbb{C}^q$ – 光滑的.

我们已经用交叉映射叙述了这个定理而并不需要映射 T 自身的光滑性. 此外, 检查定理的证明显示, 即使我们还允许函数 F 和函数 G (它们定义交叉映射) 在有限个曲面 $\{y=\text{常数}\}$ (或者在有限个与任何曲面 $x=h(y)$ 横截的光滑曲面, 其中 $\|h'(y)\|\leqslant\mathcal{L}$) 上有奇点, 定理仍成立, 只要

- 导数 $\dfrac{\partial F}{\partial x},\dfrac{\partial G}{\partial x},\dfrac{\partial F}{\partial \bar y}$ 以及所有导数 $\dfrac{\partial^k F}{\partial \bar y^k}$ $(k\leqslant q)$ 在 $X\times Y$ 上处处连续.
- 对任何整数 $p_0\geqslant 0,\ p_1\geqslant 1,\cdots,p_s\geqslant 1$ 和 $k_0\geqslant 1,k_1\geqslant 0,\cdots,k_s\geqslant 0$ 使得$k_0+\cdots+k_s\leqslant s\leqslant q$ 以及 $p_0+\cdots+p_s\leqslant q$, 在有奇点的曲面上有

$$\lim\left\|\frac{\partial^{p_0+k_0}F}{\partial x^{k_0}\partial\bar y^{p_0}}\right\|\cdot\left\|\frac{\partial^{p_1+k_1}G}{\partial x^{k_1}\partial\bar y^{p_1}}\right\|\cdot\ \cdots\ \cdot\left\|\frac{\partial^{p_s+k_s}G}{\partial x^{k_s}\partial\bar y^{p_s}}\right\|=0.$$

回到环域原理, 定理 4.4 给出下面的结果 (见有关交叉映射和初始映射导数的估计 (4.2.7)—(4.2.8)).

定理 4.5 设映射 (4.2.1) 是满足假设 4.1 和 4.2 以及

$$\begin{aligned}&\sqrt[q+1]{\left(\left\|\frac{\partial f}{\partial x}\right\|_\circ+\left\|\frac{\partial g}{\partial x}\right\|_\circ\left\|\frac{\partial f}{\partial \theta}\left(\frac{\partial g}{\partial \theta}\right)^{-1}\right\|_\circ\right)\cdot\left\|\left(\frac{\partial g}{\partial \theta}\right)^{-1}\right\|_\circ^q}\\&+\sqrt{\left\|\left(\frac{\partial g}{\partial \theta}\right)^{-1}\right\|_\circ\left\|\frac{\partial g}{\partial x}\right\|_\circ\left\|\frac{\partial f}{\partial \theta}\left(\frac{\partial g}{\partial \theta}\right)^{-1}\right\|_\circ}<1\end{aligned}\tag{4.2.47}$$

的 $\mathbb{C}^r$ $(r\geqslant 2)$ – 光滑微分同胚, 其中 $2\leqslant q\leqslant r$. 则由定理 4.2 (条件 (4.2.27) 导致那个定理的假设成立) 给出的不变环面至少是 $\mathbb{C}^q$ – 光滑的.

下一节我们将集中注意力于 (4.2.1) 中第二个方程的维数 m 等于 1 的情形. 对高维情形我们仅作些说明. 由假设, 映射 (4.2.3)(对应于固定的 x) 是微分同胚. 我们可以将它包含在下面的族中

$$\bar\theta=\theta+\varepsilon g(x,\theta).\tag{4.2.48}$$

当 $\varepsilon=1$ 时得到原来的映射, 当 $\varepsilon=0$ 时得恒同映射. 这意味着 (4.2.3) 是同伦于恒同映射. 但是, 在环面的所有微分同胚中还存在某些是非同伦于恒同映射的微分同胚.

我们视环面 $\mathbb{T}^m$ 为满足黏合点

$$(\theta_1,\cdots,\theta_{j-1},0,\theta_{j+1},\cdots,\theta_m)\equiv(\theta_1,\cdots,\theta_{j-1},1,\theta_{j+1},\cdots,\theta_m)$$

的单位立方体

$$\{\theta|0\leqslant\theta_j\leqslant 1,\quad(j=1,\cdots,m)\}.$$

环面的微分同胚不同伦于恒同映射的一个例子由

$$\bar{\theta} = A\theta \pmod 1 \tag{4.2.49}$$

给出, 其中 A 是 $\det|A| = \pm 1$ 的整数矩阵 (不同于恒同矩阵). 这样的微分同胚的一个例子是映射

$$\bar{\theta} = \begin{pmatrix} 2 & 1 \\ 1 & 1 \end{pmatrix} \theta \pmod 1,$$

如图 4.2.1 所示.

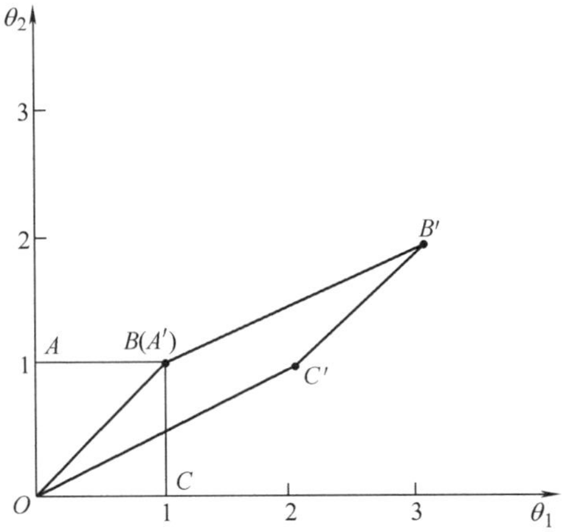

图 4.2.1　不同伦于恒同映射的环面微分同胚作用的一个例子.

映射 (4.2.49) 称为**环面代数自同构**. 对下面形式的微分同胚

$$\begin{aligned} \bar{x} &= f(x, \theta), \\ \bar{\theta} &= A\theta + g_0(x, \theta) = g(x, \theta) \pmod 1 \end{aligned} \tag{4.2.50}$$

的情形, 其中函数 f 和 g 关于 θ 是周期为 1 的周期函数, 环域原理成立, 如果在环 $\mathbb{K}$ 内下面的条件满足:

(1) 映射

$$\bar{x} = f(x, \theta)$$

对 $||x|| \leqslant r_0$ 是压缩的, 且

(2) 映射

$$\bar{\theta} = A\theta + g_0(x, \theta) = g(x, \theta) \pmod 1,$$

是环面上的微分同胚, 以及

(3) 映射 (4.2.50) 满足条件 (4.2.5), 或者, 更光滑的条件 (4.2.27).

这个论述的证明恰是定理 4.2 或定理 4.5 证明的翻版.

当限制在环面 $\mathbb{T}^m : x = h(\theta)$ 上时, 映射 (4.2.50) 可写为形式

$$\bar{\theta} = A\theta + g_0(h(\theta), \theta) \pmod 1. \tag{4.2.51}$$

我们将一般环域原理的分支应用推迟到本书的第二卷. 在这里要注意, 对 $m = 1$ 和 $A = -1$ 的情形, (4.2.51) 是不可定向的圆周映射

$$\bar{\theta} = -\theta + g_0(\theta) \pmod 1, \tag{4.2.52}$$

它是 Klein 瓶上某些流的 Poincaré 映射.

4.3 不变环面的持久性定理

考虑系统族

$$\begin{aligned} \dot{x} &= X(x) + p(x, \theta, \mu), \\ \dot{\theta} &= 1, \end{aligned} \tag{4.3.1}$$

其中 X 和 p 是 $\mathbb{C}^r$ $(r \geqslant 1)$ – 光滑函数, 且 p 是 θ 的 2π – 周期函数, 因此, 我们将 θ 和 $\theta + 2\pi$ 等同.

假设 p 在 $\mu = 0$ 为零, 对应的自治系统

$$\dot{x} = X(x) \tag{4.3.2}$$

有周期为 τ 的稳定周期轨线 L.

定理 4.6 在上面的假设下, 对所有充分小的 μ, 系统 (4.3.1) 有 $\mathbb{C}^r$ – 光滑的二维不变环面.

证明 在 L 的小邻域内代替 x 坐标引入法坐标 (y, θ_0) (见 (3.11.20)). 在新变量下这个族取形式

$$\begin{aligned} \dot{y} &= \Lambda y + F_0(\theta_0, y) + F_1(\theta_0, y, \theta, \mu), \\ \dot{\theta}_0 &= \Omega_0 + b_0(\theta_0, y) + b_1(\theta_0, y, \theta, \mu), \\ \dot{\theta} &= 1, \end{aligned} \tag{4.3.3}$$

其中

$$F_0(\theta_0, 0) = 0, \quad F'_{0y}(\theta_0, 0) = 0, \quad b_0(\theta_0, 0) = 0 \tag{4.3.4}$$

以及 $\Omega_0 = \dfrac{2\pi}{\tau}$.

(4.3.3) 右端是 θ 的周期为 2π 的周期函数, 且关于 θ_0 或者是 2π 周期, 或者 (见 (3.11.22)) 它们都是反周期的:[2]

$$\begin{aligned} F(\theta_0 + 2\pi, \sigma y, \theta, \mu) &= \sigma F(\theta_0, y, \theta, \mu), \\ b(\theta_0 + 2\pi, \sigma y, \theta, \mu) &= b(\theta_0, y, \theta, \mu), \end{aligned} \tag{4.3.5}$$

[2] 我们记 $F = F_0 + F_1$ 以及 $b = b_0 + b_1$.

其中 σ 是某些变量 y 的对合改号. 在周期情形, σ 是恒同映射. 由构造 (见 3.11 节), 点 (y, θ_0) 和 $(\sigma y, \theta_0 + 2\pi)$ 对应于同一点 x.

考虑由系统轨线的时间 2π 移位 (我们将 $\theta = 0$ 和 $\theta = 2\pi$ 等同) 定义的截面 $\theta = 0$ 的微分同胚. 由关于参数的连续依赖性, 对小的 μ 这个映射 $\mathbb{C}^r$ – 接近于自治系统 (4.3.2) 的时间 2π 映射 (这对应于 (4.3.3) 中 $F_1 = 0$ 和 $b_1 = 0$). 因此, 映射有形式

$$\begin{aligned}\bar{y} &= f(y, \theta_0, \mu) = e^{2\pi\Lambda}y + f_0(y, \theta_0) + f_1(y, \theta_0, \mu),\\ \bar{\theta}_0 &= g(y, \theta, \mu) = \theta_0 + \omega_0 + g_0(y, \theta, \mu),\end{aligned} \tag{4.3.6}$$

其中右端对 θ_0 或者是周期的或者是反周期的, 且 $\omega_0 = 2\pi\Omega_0$. 此外, (见 (4.3.4))

$$\begin{aligned}f_0(0, \theta_0) = 0, \quad f'_{0y}(0, \theta_0) = 0, \quad f_1(y, \theta_0, 0) = 0,\\ g_0(0, \theta_0) = 0, \quad g_1(y, \theta_0, 0) = 0.\end{aligned} \tag{4.3.7}$$

现在我们验证环域原理的条件 (见上一节). 这时我们不考虑 θ_0 为角变量而假设 $\theta_0 \in (-\infty, +\infty)$. 显然, 关于不变曲线 $y = h(\theta_0)$ 存在性定理 4.2 的结论并不改变.

首先, 我们必须求 δ, 使得长条 $\|y\| \leqslant \delta$ 映为自己. 注意由 (4.3.6), 对任意充分小 δ, $\|f'_{0y}\|$ 在这样的长条内很小. 因此, 在 $\mu = 0$, 从 (4.3.6), (4.3.7) 我们有

$$\|\bar{y}\| \leqslant (\|e^{2\pi\Lambda}\| + \varepsilon)\|y\|,$$

其中 ε 可以取得任意小, 只要 δ 很小. 由假设, 周期轨线 L:$\{y = 0\}$ 是稳定的, 即矩阵 Λ 的所有特征值严格位于虚轴的左边 (见 3.12 节). 因此 $||e^{2\pi\Lambda}|| < 1$, 且在 $\mu = 0$, 对任何充分小 δ, 长条 $K : ||y|| \leqslant \delta$ 映为它自己. 由连续性对所有充分小的 μ 这同样成立.

现在, 我们必须验证在 K 中不等式 (4.2.2), (4.2.4), (4.2.5) 和 (4.2.47) (对 $q = r$) 成立. 由于这些是严格的不等式, 且我们考虑的是小 μ 和小 δ 的情形, 故只需在 $y = 0, \mu = 0$ 验证这些条件就够了. 我们有

$$\left\|\frac{\partial f}{\partial y}\right\|_{y=0,\mu=0} = ||e^{2\pi\Lambda}|| < 1, \quad \left(\frac{\partial g}{\partial\theta_0}\right)^{-1}_{y=0,\mu=0} = 1, \quad \left.\frac{\partial f}{\partial\theta_0}\right|_{y=0,\mu=0} = 0,$$

故定理 4.2 和定理 4.5 的条件立刻得到满足.

因此, 对所有充分小的 μ, 我们建立了唯一吸引的 $\mathbb{C}^r$ – 光滑不变曲线 $y = h(\theta_0, \mu)$ 的存在性. 现在 $\theta_0 \in (-\infty, +\infty)$. 由于 (4.3.6) 右端是 (反) 周期的, 得知 $y = \sigma h(\theta_0 + 2\pi, \mu)$ 也是这个映射的不变曲线. 由唯一性我们得到

$$\sigma h(\theta_0 + 2\pi, \mu) = h(\theta_0, \mu). \tag{4.3.8}$$

回忆, 由构造, 点 (y, θ_0) 和 $(\sigma y, \theta_0 + 2\pi)$ 必须恒同, 因为它们在原来 x 坐标系下对应于同一点. 因此, 关系式 (4.3.8) 显示不变曲线 $y = h(\theta_0, \mu)$ 同胚于圆周.

我们已经求得系统 (4.3.1) 的截面 $\theta = 0 \pmod{2\pi}$ 的时间 2π 映射的稳定不变圆周. 从此圆周出发的轨线的并是二维稳定不变环面. 证明完毕.

注 容易验证我们的证明不用改变就可应用于 (4.3.1) 中的函数 $p(x,\theta,\mu)$ 仅连续依赖于 θ 的情形. 在这情形不变环面与任何截面 $\theta =$ 常数的交是 $\mathbb{C}^r$ – 光滑的.

用同样的方法, 可以考虑自治系统 (4.3.2) 具有任意结构稳定周期轨道的一般情形, 这种周期轨道有 m 个乘子在单位圆内, 有 n 个乘子在单位圆外. 系统 (4.3.1) 在 L 附近写为法坐标形式 (4.3.3), 其中矩阵 Λ 现在有 m 个特征值严格位于虚轴的左边, n 个特征值严格位于虚轴的右边. 设 $y = (u, v)$, 其中 $u \in \mathbb{R}^m$ 是在 Λ 的稳定特征空间上的投影, $v \in \mathbb{R}^n$ 是在 Λ 的不稳定特征空间上的投影. 在 $\mu = 0$ 系统写为

$$\dot{u} = \Lambda^s u + o(u,v), \quad \dot{v} = \Lambda^u v + o(u,v),$$

$$\dot{\theta}_0 = \Omega_0 + O(u,v), \quad \dot{\theta} = 1,$$

其中 Λ^s 的谱严格位于虚轴的左边, Λ^u 的谱严格位于虚轴的右边. 时间 2π 映射 $\{\theta = 0\} \to \{\theta = 2\pi\}$ 在 $\mu = 0$ 写为

$$\bar{u} = e^{2\pi\Lambda^s} u + o(u,v),$$

$$\bar{v} = e^{2\pi\Lambda^u} v + o(u,v),$$

$$\bar{\theta}_0 = \theta_0 + \omega_0 + O(u,v).$$

对小的 u 和 v, 容易看到定理 4.4 中的条件对这个映射 (我们应该在 (4.2.46) 中考虑 $x = u$ 和$y = (v, \theta_0)$) 以及这个映射的逆映射 (这时在 (4.2.46) 中应该令 $x = v$ 和 $y = (u, \theta_0)$) 都成立. 由连续性, 对所有小的 μ 这也成立. 因此, 对所有小的 μ, 存在两个不变光滑流形: 流形 $M_\mu^u : u = h^u(v, \theta_0, \mu)$ (它吸引映射的所有向前迭代) 和排斥流形 $M_\mu^s : v = h^s(u, \theta_0, \mu)$ (它吸引映射的所有向后迭代) 对映射的所有向前迭代和向后迭代, 都停留在 L 小邻域内的轨线属于不变圆周 $L_\mu = M_\mu^u \bigcap M_\mu^s$. 由构造, M_μ^s 中任何点的 ω – 极限集和 M_μ^u 中任何点的 α – 极限集都属于 L_μ. 从截面上的映射回到原来的系统我们得到下面的结果.

定理 4.7 如果自治系统 (4.3.2) 的周期轨道 L 是具有 m 个乘子在单位圆内, n 个乘子在单位圆外的鞍点, 则对所有充分小的 μ, 系统 (4.3.1) 有 $\mathbb{C}^r$ – 光滑的鞍点的二维不变环面, 这些不变环面具有 $(m+2)$ 维稳定和 $(n+2)$ 维不稳定不变流形.

定理 4.4 中的不变流形的存在性由 Banach 压缩映射原理得到. 因此得知不变圆周 L_μ 连续依赖于 μ.[3] 在 $\mu = 0$ 它由方程 $y = 0$ 给出, 因此 L_μ 上的微分同胚有形式 (见 (4.3.6)):

$$\bar{\theta}_0 = \theta_0 + \omega_0 + g^*(\theta_0, \mu) \mod 2\pi,$$

[3] 当右端关于 μ 光滑时, 不变曲线也光滑依赖于 μ. 证明只需指出定理 4.4 的 y 坐标系中包含 μ.

其中 $g^*(\theta_0,\mu)\equiv g_0(h(\theta_0,\mu),\theta_0,\mu)$ 在 $\mu=0$ 为零.

我们看到, 结构稳定周期轨线邻域内的非自治扰动的研究化为圆周的微分同胚的研究. 我们在下一节将评论这类微分同胚的理论.

现在考虑系统族

$$\begin{aligned}\dot{x}&=X(x)+p(x,\theta,\mu),\\ \dot{\theta}&=\Omega,\end{aligned}\tag{4.3.9}$$

其中 $\theta=(\theta_1,\cdots,\theta_k)$ 是 k 维的, 对每个 θ_j, p 是 $\mathbb{C}^r$ – 光滑的 2π – 周期函数, 向量 $\Omega=(\Omega_1,\cdots,\Omega_k)$ 包含线性无关的频率.

假设在 $\mu=0$ 自治系统

$$\dot{x}=X(x)\tag{4.3.10}$$

有结构稳定平衡态 O. 在点 O 附近, 将截面 $\theta_k=0 \mod 2\pi$ 映为它自身的 Poincaré 映射写为

$$\begin{aligned}\bar{x}&=e^{2\pi A}x+o(x)+\cdots,\\ \bar{\theta}_j&=\theta_j+\omega_i \pmod{2\pi} \qquad (j=1,\cdots,k-1),\end{aligned}$$

其中 $\omega_j=2\pi\dfrac{\Omega_j}{\Omega_k}$. 矩阵 A 是 (4.3.10) 在 O 的线性化矩阵. 省略号表示在 $\mu=0$ 为零的项.

应用环域原理我们可以证明, 对所有充分小的 μ, 系统 (4.3.9) 有接近于 $x=0$ 的 k 维不变环面 $\mathbb{T}^k$. 显然, 环面的稳定性由自治系统 (4.3.10) 平衡态的稳定性确定.

环面有形式 $x=h(\theta,\mu)$ (其中在 $\mu=0$ 有 $h=0$). 因此环面上的运动由 (4.3.9) 的第二个方程单独刻画, 且表示为具有频率基 Ω 的拟周期运动.

现在我们假设系统 (4.3.10) 有以 $\dfrac{2\pi}{\Omega_0}$ 为周期的结构稳定周期轨道 L. 这时, 在 $\mu=0$ 系统 (4.3.9) 具有 $(k+1)$ 维不变环面 $\mathbb{T}_0^{k+1}=L\times\mathbb{T}^k$. 如果频率 $\Omega_0,\Omega_1,\cdots,\Omega_k$ 组成基, 这个环面是极小集. 否则, 环面叶化为 k 维环面族.

类似于定理 4.6, 在环面 $\mathbb{T}_0^{k+1}$ 附近沿着轨线可以构造将截面 $\theta_k=0 \pmod{2\pi}$ 映为它自身的 Poincaré 映射. 应用环域原理, 可以证明对所有充分小的 μ, 这个映射具有 $\mathbb{C}^r$ – 光滑不变环面 $\mathbb{T}_\mu^k$. 因此系统 (4.3.9) 具有 $(k+1)$ 维 $\mathbb{C}^r$ – 光滑的不变环面 $\mathbb{T}_\mu^{k+1}$.

在 $\mathbb{T}_\mu^k$ 上这个映射有形式

$$\begin{aligned}\bar{\theta}_0&=\theta_0+\omega_0+g^*(\theta_0,\cdots,\theta_{k-1},\mu),\\ \bar{\theta}_1&=\theta_1+\omega_1,\\ &\ \vdots\\ \bar{\theta}_{k-1}&=\theta_{k-1}+\omega_{k-1},\end{aligned}\tag{4.3.11}$$

其中每一个方程按模 2π 取, 且 $\omega_j = 2\pi\dfrac{\Omega_j}{\Omega_k}$ $(j = 0, \cdots, k-1)$.

假设存在另外的小参数 α, 使得 (4.3.11) 中的第一个方程表示为形式

$$\bar{\theta}_0 = \theta_0 + \omega_0 + g_0^*(\theta_0, \mu) + g_1^*(\theta_0, \theta_1, \cdots, \theta_{k-1}, \mu, \alpha), \quad \bmod 2\pi, \tag{4.3.12}$$

其中在 $\alpha = 0$ 有 $g_1^* = 0$. 由假设在 $\alpha = 0$, (4.3.12) 是圆周的微分同胚

$$\bar{\theta} = \theta_0 + \omega_0 + g_0^*(\theta, \mu) \pmod{2\pi}. \tag{4.3.13}$$

我们假设存在区间 $\mu \in [\mu_1, \mu_2]$, 其中 (4.3.13) 只有结构稳定的周期点 (见 4.4 节). 于是应用环域原理, 对所有充分小 α, 我们也可以证明 (4.3.13) 的每条稳定周期轨线对应于微分同胚 (4.3.11) 的稳定 $(k-1)$ 维环面.

现在我们将 (4.3.9) 写为具有频率基 $(\Omega_1, \cdots, \Omega_k)$ 的非自治拟周期系统

$$\dot{x} = X(x) + p(x, \Omega_1 t, \cdots, \Omega_k t, \mu).$$

如我们已经看到的, 对所有小的 μ, 系统 (4.3.10) 的稳定平衡态在这里对应于具有相同频率基的稳定拟周期解. (4.3.10) 的稳定周期轨道 L 对应于 $\mathbb{R}^n \times \mathbb{R}^k$ 中的稳定拟周期 "管子", 它同胚[4] 于无限的 $(k+1)$ 维柱面.

如果函数 p 表示为

$$p(x, \Omega_1 t, \cdots, \Omega_k t, \mu) = p_0(x, \Omega_k t, \mu) + p_1(x, \Omega_1 t, \cdots, \Omega_k t, \mu, \alpha),$$

其中 p_1 在 $\alpha = 0$ 为零, 且对映射 (4.3.13) 我们的假设成立, 于是在这个管子上存在具有相同频率基 $(\Omega_1, \cdots, \Omega_k)$ 的稳定拟周期解. 但是一般我们不能排除轨线在管子上的结构具有不大平凡的情形.

4.4 圆周微分同胚的基本理论. 同步化问题

可定向的圆周微分同胚写为形式

$$\bar{\theta} = \theta + g(\theta) \pmod{2\pi}, \tag{4.4.1}$$

其中 $g(\theta)$ 对 θ 是以 2π 为周期的周期函数. 方程 (4.4.1) 可重写为形式

$$\bar{\theta} = \theta + \tau + g_0(\theta) \pmod{2\pi}, \tag{4.4.2}$$

其中 $g_0(\theta)$ 是中值为零的周期函数.

当 $g_0(\theta) \equiv 0$ 时的情况比较简单. 在这种情形下

$$\bar{\theta} = \theta + \tau \pmod{2\pi}, \tag{4.4.3}$$

[4] 也可以是**等射**. 等射是一致连续的同胚.

因此微分同胚是一个旋转, 旋转角度为 τ. 容易看到如果 τ 与 2π 可公度, 即 $\tau = 2\pi p/q$, 则在圆周上的所有点都是以 q 为周期的周期点. 当 τ 与 2π 不可公度时没有周期点, 圆周上任何点的轨线在 $\mathbb{S}^1$ 上处处稠密. 后一个情形中圆周是极小集.

在一般情形, 关于 (4.4.1) 的动力学问题由 Poincaré -Denjoy 理论回答.

我们可以不将 (4.4.1) 考虑为圆周映射而考虑为映射 $\mathbb{R}^1 \to \mathbb{R}^1$, 这时这个映射称为**提升**, $\mathbb{R}^1$ 称为 $\mathbb{S}^1$ 的**覆迭**. 设 $\{\theta_j\}_{j=0}^{\infty}$ 是初始点 θ_0 的正半轨线. Poincaré 证明存在极限

$$\omega = \lim_{j\to\infty} \frac{\theta_j}{2\pi j},$$

这个极限 ω 不依赖于初始点 θ_0 的选择. ω 值称为 **Poincaré 旋转数**.

定理 4.8 (Poincaré) 如果旋转数 ω 为有理数, 则非游荡点集是由周期点组成, 它们都具有同一周期. 如果 ω 是无理数, 则非游荡点集不含周期点.

我们指出, Poincaré 是在 (4.4.1) 是同胚时证明这个命题的.

接下来的问题是考虑当旋转数是无理数时非游荡集的结构.

定理 4.9 (Poincaré) 设 (4.4.1) 是具有无理数旋转数的同胚. 则 (4.4.1) 的极小集可以是 $\mathbb{S}^1$, 也可以是有限个或无穷多个极小集的并, 它们的结构类似于 Cantor 不连续统.

定理 4.10 (Denjoy)[5] 如果 (4.4.1) 是 $\mathbb{C}^r(r \geqslant 2)$ – 光滑微分同胚且旋转数是无理数, 则 (4.4.1) 拓扑共轭于映射

$$\bar{\theta} = \theta + \omega \pmod{2\pi}. \tag{4.4.4}$$

由 Denjoy 定理得知, 在这种情形下整个圆周是极小集. 当 (4.4.1) 仅是 $\mathbb{C}^1$ – 光滑时, Denjoy 构造了一个例子, 其中非游荡集是结构类似于 Cantor 不连续统的极小集. 这就是我们为什么早先给出特别注意, 必须证明不变曲线至少要有 $\mathbb{C}^2$ – 光滑性的原因.

接下来考虑连续依赖于参数 μ 的单参数微分同胚族

$$\bar{\theta} = \theta + g(\theta, \mu) \pmod{2\pi}. \tag{4.4.5}$$

显然对每一个 μ 旋转数 $\omega(\mu)$ 有定义.

定理 4.11 旋转数 $\omega(\mu)$ 是参数 μ 的连续函数.

Poincaré 以及后来的 Krylov 和 Bogolyubov 当然知道这个结果, 其证明被 Maier 用明显的形式给出. 关于这一点，我们必须指出下面由 Hermann [34] 得到的结果: 如果族光滑依赖于 μ, 且如果对所有 $\theta \in \mathbb{S}^1$ 以及对某区间 Δ 内的 μ 有

$$g'_\mu(\theta, \mu) > 0,$$

[5] Denjoy 在 $g'(\theta)$ 是有界变差的条件下证明这个命题. 当 $g(\theta) \in \mathbb{C}^2$ 时这也成立.

则 $\omega(\mu)$ 是每个 $\mu \in \Delta$ 的严格单调函数, 对这些 μ, $\omega(\mu)$ 是无理数.

我们以 B 记形如 (4.4.5) 的所有微分同胚的空间, 并引入任何两个这样的同胚之间的距离如下. 设 T_1 是

$$\bar{\theta} = \theta + g_1(\theta, \mu) \pmod{2\pi},$$

以及 T_2 是

$$\bar{\theta} = \theta + g_2(\theta, \mu) \pmod{2\pi}.$$

则

$$\operatorname{dist}(T_1, T_2) = \max_{\theta} \{|g_1(\theta) - g_2(\theta)| + |g_1'(\theta) - g_2'(\theta)|\}.$$

定理 4.12 **(Maier)** 周期点是结构稳定的微分同胚在 B 中处处稠密.

由这个定理得知, B 中具有无理 Poincaré 旋转数的微分同胚的任何邻域内包含有具有有理旋转数的微分同胚. 另一方面, 如果微分同胚 (4.4.1) 具有结构稳定的周期轨线, 则它在原系统的充分小光滑扰动下得到保持. 由此得知, 邻近的微分同胚有相同的旋转数. 因此, 在单参数微分同胚族的情形, 存在极大区间 $[\mu^-, \mu^+]$, 使得对这个区间内的 μ 值, 函数 $\omega(\mu)$ 取有理数常数值.

在条件 (4.4.6) 下 de Melo 和 Pugh [46] 以及 Hermann 的结果显示, 对 μ^- 右边和 μ^+ 左边的 μ 值, $\omega(\mu)$ 是 μ 的单调函数.

也应该指出, 对每一个典型的圆周微分同胚族 (这里没有指定确切的意义), 在 $\omega(\mu)$ 的单调区间内的每一个 μ, 有理旋转数 p/q 的原像是区间 $[\mu^-_{p/q}, \mu^+_{p/q}]$, 其中 $\mu^-_{p/q} \neq \mu^+_{p/q}$, 以及无理旋转数的原像是一个点. 鉴于这个特性, 函数 $\omega(\mu)$ 的图像通常叫 "魔鬼楼梯".

当 $\omega(\mu)$ 是单调函数时如图 4.4.1 所示. 这个函数在区间上的有理点处取常数. ω 的无理数值的原像可构成具有非零 Lebesgue 测度的无处稠密集.

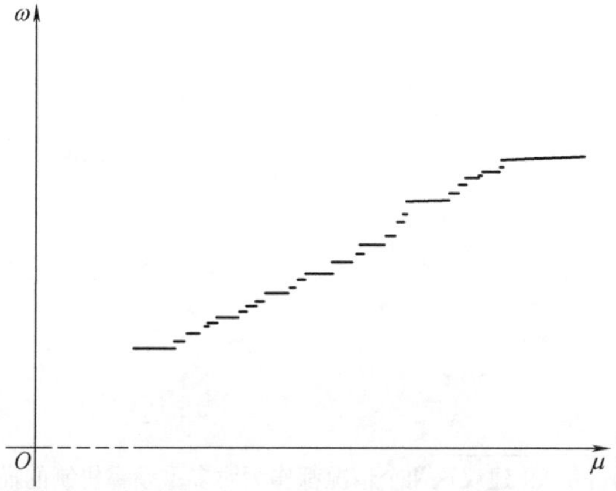

图 4.4.1 "魔鬼楼梯"略图.

我们早先指出过大多数同步化问题的目的是探测参数空间中存在稳定周期振动的区域. 我们现在可以看到, 一般存在这样的同步化区域的可数集. 但这并不能得知它们都可被观察到. 如果所考虑的问题允许拟线性模拟, 这个事实是大家熟知的. 例如, 在小的周期外力作用下的正弦类 van der Pol 发生器的情形, 相应的模型由方程

$$\ddot{x} + \varepsilon(x^2 - 1)\dot{x} + \omega_0^2 x = \mu A \sin\ \omega t$$

描述, 其中 $0 < \mu \ll 1$. 仔细分析显示只有 (1:1); (1:2); (1:3); (2:3) 四类共振容易观察到. 利用平均法可以证明其它的同步化区间具有 $e^{-1/\mu}$ 阶大小. 可观察共振的比率在强非线性系统中可以是不同的. 在攻占湍流问题研究的数值实验中已证明了这个事实.

因此, 只有有限个明显的同步化区域可被观察到 (我们不讨论实验观察到的孔隙). 那里通常被解释为二维环面的存在性区域, 或者与调制和脉动有关的区域. 用动力系统理论的语言, 调制装置可翻译为其上有非周期轨线的稳定环面, 或者具有相当长周期[6] 的稳定周期轨线的稳定环面. 我们还要注意, 环面上具有非周期轨线性态的系统一般在参数空间并不形成区域.

在这里我们碰上了同步化问题的数学解释, 它本质上不同于在非线性动力学中被广泛应用的解释. 理由是我们传统定性分析中所用的无理数概念是纯数学抽像. 概括地说, 上面的观察不是仅有的例子, 其中基于无理数概念的数学理想化问题并不与任何经验意义或者计算机实验下的普通意义相一致.[7]

---

[6] Bogolubov 和 Mitropolskii 建议这两个情况都作为对多重频率机制的描述.

[7] 在拟周期外力作用下, 自治系统的数值研究会出现类似的情况, 其中无关频率基的概念起着基本作用.

第 5 章　中心流形. 局部情形

许多物理系统可以用 ODE 系统实际地模拟. 通常这些模型依赖于有限个控制参数. 当参数变化时我们不仅可以解释由模型展示的已知性态, 还可预知新的现象. 在大多数情形下, 对模型的叙述和真实现象之间的比较, 要求两者的定性和定量 (有充分接近的) 对应. 在高维情形, 尽管对某些特殊情形存在很好的方法, 但我们还是会遇到数学和数值上的某些困难.

考虑动力系统族

$$\dot{x} = X(x, \mu), \tag{5.0.1}$$

其中 $x \in \mathbb{R}^n, \mu = (\mu_1, \cdots, \mu_p)$, X 在某区域 $D \times U$ 内有定义, 且关于它的所有变量是 $\mathbb{C}^r$ – 光滑函数, 其中 $D \subseteq \mathbb{R}^n$, $U \subseteq \mathbb{R}^p$. 这里 x 是相变量向量, μ 是参数向量. 假设 (5.0.1) 在 $\mu = \mu^0$ 有指数式稳定平衡态 $O_0(x = x_0)$. 由此得知相应的线性化系统

$$\dot{\xi} = A_0 \xi$$

的特征方程

$$\det |A_0 - \lambda I| = 0$$

的根位于虚轴的左边, 其中

$$A_0 = \frac{\partial X(x_0, \mu^0)}{\partial x}.$$

由于 $\det |A_0| \neq 0$, 由隐函数定理存在小的 $\delta > 0$, 使得对 $|\mu - \mu^0| < \delta$, 系统 (5.0.1) 有接近于 O_0 的平衡态 $O_\mu(x = x(\mu))$. 此外, 对所有满足 $|\mu - \mu^0| < \delta_0 \leqslant \delta$ 的小 μ, O_μ 也是稳定的, 因为特征方程

$$\det |A(\mu) - \lambda I| = 0$$

的根是 μ 的连续函数, 其中

$$A(\mu) = \frac{\partial X(x(\mu), \mu)}{\partial x}.$$

任意选择满足条件 $|\mu^1 - \mu^0| < \delta_0$ 的 μ^1. 重复上面的理由, 我们可以找到新邻域 $|\mu - \mu^1| < \delta_1$, 其中(5.0.1) 有稳定的平衡态 O_μ 等等. 因此, 我们可以在参数空间中构造极大开集 G, 称它为 O_μ 的**稳定性区域**. 构造稳定性区域的过程类似于用 Weierstrass 方法构造解析函数的 Riemann 曲面. 稳定性区域可能具有分枝结构.

稳定性区域 G 的边界 Γ 对应于这样的情形, 其中平衡态 O_μ 的某些特征指数, 例如, $\lambda_1, \cdots, \lambda_m$ 位于虚轴上, 其余特征值 $\lambda_{m+1}, \cdots, \lambda_n$ 仍停留在开的左半平面. 因此, 对在边界 Γ 上某个固定的参数值, 分支平衡态附近的系统取形式

$$\begin{aligned} \dot{y} &= Ay + f(x, y), \\ \dot{x} &= Bx + g(x, y), \end{aligned} \tag{5.0.2}$$

其中 $x \in \mathbb{R}^m, y \in \mathbb{R}^{n-m}$, 谱 $A = \{\lambda_{m+1}, \cdots, \lambda_n\}$ 满足 $\mathrm{Re}\ \lambda_j < 0\ (j = m+1, \cdots, n)$, 谱 $B = \{\lambda_1, \cdots, \lambda_m\}$ 满足 $\mathrm{Re}\ \lambda_i = 0 (i = 1, \cdots, m)$, 以及 f 和 g 是 $\mathbb{C}^r$ – 光滑函数, 它们和它们的一阶导数在原点为零.

现在为了描述在 O_μ 附近轨线如何变化, 我们不能只依赖于线性化系统的分析, 还必须考虑非线性系统. 这种情形被 Lyapunov 称为**临界**情形, 他推导了临界情形平衡态的几个稳定性条件.

研究临界情形的近代方法不仅限于稳定性问题. 也包括寻找平衡态失去稳定性的原因以及离开稳定性边界 Γ 会发生什么. 为了回答这些问题, 考虑的系统必须依赖于某个参数 μ:

$$\begin{aligned} \dot{y} &= Ay + f(x, y, \mu), \\ \dot{x} &= Bx + g(x, y, \mu), \end{aligned} \tag{5.0.3}$$

其中 μ 取某临界参数值 μ^* 附近的值 (下面我们将假设 $\mu^* = 0$). 所有上面的问题组成**局部分支理论**的主要内容. 这个理论的基本结果是由 Pliss [52] 和 Kelley [37] 创立的**中心流形定理.**

定理 5.1 (关于中心流形)　设 (5.0.3) 中的 $f, g \in \mathbb{C}^r$, 其中 $1 \leqslant r < \infty$. 则存在平衡态 O 的邻域 U, 使得对所有充分小的 μ, U 内含有 $\mathbb{C}^r$ – 光滑[1] 不变**中心流形** W^C:

$$y = \psi(x, \mu), \tag{5.0.4}$$

---

[1] 我们注意, 如果 $f, g \in \mathbb{C}^\infty$, 则在平衡态 O 的充分小邻域 U 内的中心流形 W^C 的光滑性可以任意大. 但是如果要求 W^C 具有更高的光滑性则邻域 U 就会更小, 原则上, 原来族即使具有无穷次光滑, $\mathbb{C}^\infty$ 中心流形也可以不存在.

其中

$$\psi(0,0)=0, \frac{\partial \psi}{\partial x}(0,0)=0.$$

对所有时间都位于 U 中的所有轨线属于这个流形.

中心流形的存在性允许将与临界情形有关的问题化为对 m 维系统

$$\dot{x}=Bx+g(x,\psi(x,\mu),\mu) \tag{5.0.5}$$

的研究. 它的维数等于在临界情形时特征指数在虚轴上的个数, 而**不管原来系统的维数** ($\dim=n$), 它可以无限地大. 由于标准的理论主要是研究对应于 $m=1,2,3$ 或 $m=4$ 的分支, 将任意高维系统 (5.0.5) 化为低维系统 (5.1.3) 有着很大的好处.

我们再次强调, 中心不变流形只具有有限次光滑性, 因此即使原来的系统是解析系统, 相应的简化系统也可能会失去解析结构. 从而, 关于解析低维系统的精细结果不能直接应用于研究临界情形. 中心流形的**非唯一性**也必须作为可能的复杂因素而被注意.

中心流形理论的逻辑体系在 5.1 节中讨论 (证明在 5.4 节中叙述). 我们的研究也包含其它的几何对象 —— **强稳定不变叶层**. 它的存在性允许将系统 (用 $\mathbb{C}^{r-1}$ 变量变换) 局部地化为最简单以及最适当的**三角形式**

$$\begin{aligned}\dot{y}&=(A+F(x,y,\mu))y,\\ \dot{x}&=Bx+G(x,\mu),\end{aligned} \tag{5.0.6}$$

其中 $G(x,\mu)\equiv g(x,\psi(x,\mu),\mu)$, $F\in\mathbb{C}^{r-1}, F(0,0,0)=0$. 这意味着 "临界" 变量 x 在结构不稳定平衡点的小邻域内的性态与其它变量无关, 但在中心流形上重复其性态 y 变量为指数压缩 (由于 A 的谱严格位于虚轴的左边. 比较 2.6 节).

在一般情形下, 即我们考虑的平衡态有某些特征指数位于虚轴的右边, 这时类似的中心流形定理也成立. 因此在这种情形, 局部分支的定性研究也可以化为低维系统. 但是要注意, 在一般情形下把整个系统光滑化为三角形式 (5.0.6) 并不总是可能的 (如果对应的坐标变换仅为 $\mathbb{C}^0$).

用同样方法可研究在**周期轨线**存在性边界上解的性态, 但有一个重要的限制. 对周期轨线, 与平衡态的情形不同, 稳定性边界或存在性边界可能是不同类型的边界, 即:

1. 当参数在边界上时存在分支周期轨线.
2. 在边界上不存在分支周期轨线.

第二类边界在平衡态情形不存在, 但是大家知道, 当接近分支边界时周期轨线可以消失: 它坍缩为平衡态, 或者合并成为同宿回路, 或者通过更复杂的结构 —— 经历 "蓝天突变". 我们在本书的第一卷不讨论第二类边界.

一旦我们限于第一类情形, 可以通过临界周期轨线构造一个截面 (由假设它现在存在), 并着手对接近于分支不动点的相应 Poincaré 映射的轨线性态进行研究. 然后如同平衡态的情形可应用中心流形定理.

我们在这一章叙述的中心流形定理的证明, 如同在 2.8 节中对鞍点平衡态的稳定和不稳定流形的存在性和光滑性的证明, 是基于某些边值问题的研究 (5.2 节和 5.3 节). 我们将发展一个对平衡态和周期轨线的统一方法. 此外, 我们的证明也将包括整个这本书中所有的其它局部不变流形定理以及不变叶层定理.

注意, 除了不变流形定理的动力学应用, 也可间接地应用这些结果, 例如将鞍点附近的系统化为特殊形式. 为此我们必须选择鞍点的强稳定和不稳定流形. 这些内容将在附录 A 中详细讨论.

5.1 简化到中心流形

在结构不稳定平衡态 O 的小邻域内考虑 n 维微分方程系统. 特别地, 我们考虑 O 的某些特征指数位于虚轴上, 其余的特征指数有负实部的情形:

$$\text{Re }\lambda_1 = \cdots = \text{Re }\lambda_m = 0, \quad \text{Re }\lambda_{m+1} < 0, \cdots, \text{Re }\lambda_n < 0.$$

系统在 O 附近可以写为形式

$$\begin{aligned} \dot{y} &= Ay + f(x,y), \\ \dot{x} &= Bx + g(x,y), \end{aligned} \tag{5.1.1}$$

其中 $x \in \mathbb{R}^m$, $y \in \mathbb{R}^{n-m}$, 谱 $A = \{\lambda_{m+1}, \cdots, \lambda_n\}$, 谱 $B = \{\lambda_1, \cdots, \lambda_m\}$, f 和 g 是 $\mathbb{C}^r$ – 光滑函数且连同它们的一阶导数在原点都为零.

我们考虑包括这一系统的依赖于某个参数集 $\mu = (\mu_1, \cdots, \mu_p)$ 的系统族

$$\begin{aligned} \dot{y} &= Ay + f(x,y,\mu), \\ \dot{x} &= Bx + g(x,y,\mu). \end{aligned} \tag{5.1.2}$$

定理 5.2 对每个小的 μ, 系统 (5.1.2) 有 m 维 $\mathbb{C}^r$ – 光滑的局部不变中心流形 $W^C_{\text{loc}} : y = \psi(x,\mu)$ (其中函数 ψ 以及它关于 x 的所有导数连续依赖于 μ), 当 $\mu = 0$ 时它在 O 处切于 x – 空间 $(\psi(0,0) = 0, \dfrac{\partial\psi}{\partial x}(0,0) = 0)$. 系统中 f 和 g 以及它们关于 (x,y) 的所有导数连续依赖于 μ, 且 $f(0,0,0) = 0$, $g(0,0,0) = 0, (f,g)'_{(x,y)}(0,0,0) = 0$. 对每一个 μ, 中心流形包含对所有时间都位于 O 的小邻域内的所有轨线.

这个定理的证明在 5.4 节给出. 注意, 系统 (5.1.2) 的右端**光滑**依赖于 μ 时, 中心流形也光滑依赖于 μ. 特别地, 如果函数 f 和 g 关于 (x,y,μ) 为 $\mathbb{C}^r$, 则函数 ψ (它的图 $y = \psi(x,\mu)$ 是 W^C_{loc}) 关于 (x,μ) 可取为 $\mathbb{C}^r$. 如果我们形式地加方程

$$\dot{\mu} = 0$$

到系统 (5.1.2) 中, 则这个光滑性结果可从定理 5.2 得知. 如果现在我们将偶 (x,μ) 视为新变量 x, 则这个扩展系统的形式类似于没有参数的系统 (5.1.1). 这意味着我们可以应用的中心流形定理, 现在给出的中心流形是 $\mathbb{C}^r$ – 光滑依赖于新变量 x, 即关于 (x,μ) 是 $\mathbb{C}^r$. 这个技巧通常允许我们排除系统关于 μ 的任何依赖性. 因此, 我们将略去对 μ 的依赖性, 这不是本质的.

还应该注意考虑 W^C 的光滑性, 就是, 即使系统是 $\mathbb{C}^\infty$, 中心流形也未必是 $\mathbb{C}^\infty$. 当然, 如果原系统是 $\mathbb{C}^\infty$, 则它是 $\mathbb{C}^r$ 的, r 为任意有限数. 因此, 在这种情形下我们可以对任何给定的 r, 应用中心流形定理得到:

如果原系统是 $\mathbb{C}^\infty$, 则对任何有限数 r , 存在原点邻域 U_r , 其中$W^C_{\rm loc}$ 是$\mathbb{C}^r$的.

但是, 原则上, 当 $r\to+\infty$ 时这些邻域可以收缩到零. 为看到这一点, 我们注意, 当参数 μ 变化时平衡态 O 可保持, 但 O 的在 $\mu=0$ 时位于虚轴上的特征指数在 $\mu\neq 0$ 时可能离开虚轴, 比如说移向虚轴左边. 这些指数可能对应于相应线性化系统的主特征值. 因此, 对非零 μ, 中心流形可与某主流形重合, 而这个主流形一般只有有限光滑性 (见第 2 章).

在 $\mu=0$, 可给出下面 $\mathbb{C}^\infty$ – 光滑性的充分条件.

如果 $\mathbb{C}^\infty$ – 光滑系统的中心流形 W^C 上的每一条轨线在 $\mu=0$ 当 $t\to+\infty$ 或 $t\to-\infty$ 时趋于平衡态 O , 则中心流形具有 $\mathbb{C}^\infty$ – 光滑性.

为证明这个结果, 选择点 $P\in W^C$, 而令 V 是 W^C 的包含 P 的小片. 由命题, 对任给 r, 我们可以取 V 充分小, 使得沿着系统的轨线 V 的时间 t – 移位 V_t 对某有限 t 位于 U_r 内. 由于中心流形是不变的, 得知 V_t 仍是中心流形的子集. 因此, V_t 是 $\mathbb{C}^r$ – 光滑的, 因为由邻域 U_r 的定义, 它位于 U_r 内. 现在注意原来的 V 是 V_t 的时间 $(-t)$ 移位. 通过 $\mathbb{C}^\infty$ – 系统轨线的移位是 $\mathbb{C}^\infty$ – 映射. 因此, V 是 $\mathbb{C}^r$ – 曲面. 综上所述, 我们得到, 对任何点 $P\in W^C_{\rm loc}$ 和任何有限数 r, 存在 P 的邻域, 其中 $W^C_{\rm loc}$ 是 $\mathbb{C}^r$ 的, 这意味着 W^C 的 $\mathbb{C}^\infty$ – 光滑性.

如我们早先指出的, 中心流形定理的主要应用是研究结构不稳定平衡点 O 的局部分支 (即研究对所有时间都停留在 O 的小邻域内的轨线集, 以及这个集合关于 μ 的依赖性) 时可以把系统限制在中心流形 W^C 上:

$$\dot{x}=Bx+g(x,\psi(x)). \tag{5.1.3}$$

这里有点不明确, 因为**中心流形不由系统唯一确定**. 因此我们将系统化到中心流形上的概念要求作某些逻辑分析.

设 N 是对所有时间 (从 $-\infty$ 到 $+\infty$) 都停留在 O 的小邻域内的所有轨线的集合.[2] 假设存在两个不同的中心流形 $W^{C_1}_{\rm loc}:y=\psi_1(x)$ 和 $W^{C_2}_{\rm loc}:y=\psi_2(x)$. 由中心流

[2] 不像稳定平衡点的情形, 那里 $N=\{O\}$, 零特征指数或者纯虚特征指数的出现可使得集 N 的结构非常不平凡.

形定理得知, 这两个流形必须包含集合 N, 即

$$N \subseteq W_{\text{loc}}^{C_1} \cap W_{\text{loc}}^{C_2}.$$

换句话说, 如果对某个小 x, 点 $(x, \psi_1(x))$ 的轨线对所有时间都不离开 O 的小邻域, 则 $\psi_2(x) = \psi_1(x)$, 即函数 ψ 对所有对应于 N 中点的 x 是唯一确定的. 事实上, 下面更一般的论述成立.

定理 5.3　如果对任何两个中心流形 $y = \psi_1(x)$ 和 $y = \psi_2(x)$, 在每个 x_0, 使得对某 y_0 有 $(x_0, y_0) \in N$, 则函数 ψ_1 和 ψ_2 连同它们的所有导数重合:

$$\left.\frac{d^k\psi_1}{dx^k}\right|_{x=x_0} = \left.\frac{d^k\psi_2}{dx^k}\right|_{x=x_0}, \quad k = 0, \cdots, r.$$

应用这个定理到点 O (由定义它属于 N), 我们得到下面的结果:

确定中心流形图像的函数 ψ 的所有导数在原点是唯一确定的.

这意味着虽然中心流形不是唯一的, 但简化系统的 Taylor 展开是唯一确定的. 与此结果相配合的是下面的**光滑共轭定理**.

定理 5.4 (关于光滑共轭)　对任何两个局部中心流形 W^{C_1} 和 W^{C_2}, 存在变量 x 的 $\mathbb{C}^{r-1}$ – 变换, 它将简化系统

$$\dot{x} = Bx + g(x, \psi_1(x))$$

的轨线映为另一个简化系统

$$\dot{x} = Bx + g(x, \psi_2(x))$$

的轨线.

这个定理确立了同一个系统在不同中心流形上的动力学之间不存在本质的区别. 我们看到在中心流形上的系统是得到充分定义的对象. 这个简化系统的 Taylor 展开可用不同方法计算. 按照 (5.1.1) , 流形 $y = \psi(x)$ 的不变性意味着

$$\frac{\partial\psi}{\partial x}(Bx + g(x, \psi(x))) = A\psi(x) + f(x, \psi(x)). \tag{5.1.4}$$

将其中的函数展开成 x 的形式幂级数, 就可从这个方程 (比较 2.7 节) 求得 ψ 的 Taylor 展开的所有系数. 于是简化系统 (5.1.3) 的右端的 Taylor 展开可以计算.

另一个方法基于形式规范形的计算. 回忆 (见 2.9 节) 计算规范形的步骤所给出的算法, 是构造多项式坐标变换以消去任一 ODE 系统右端在平衡点附近的 Taylor 展开中直到所给次数的所有非共振单项式. 在我们的情形 (系统 (5.1.1)), 函数 f 中的任何单项式 $x_1^{k_1} \cdots x_m^{k_m}$ 是非共振的, 因为共振关系 $\lambda_j = k_1\lambda_1 + \cdots + k_m\lambda_m$ 对

$j > m$ 是不可能成立的: 由假设 Re $\lambda_1 = \cdots = \text{Re } \lambda_m = 0$, 但是 Re $\lambda_j < 0$. 类似地, 函数 g 中的任何单项式是非共振的, 如果它包含 y 变量. 因此我们可以找到多项式坐标变换将系统 (5.1.1) 化为形式

$$\begin{aligned} \dot{y} &= (A + F(x,y))y + o(\|x,y\|^r), \\ \dot{x} &= Bx + G(x) + o(\|x,y\|^r), \end{aligned} \tag{5.1.5}$$

其中 F 和 G 是次数分别为 $(r-1)$ 和 r 的某多项式, 且 $F(0,0) = 0, G(0) = 0, G'(0) = 0$. 项 $o(\|x,y\|^r)$ 以及直到 r 阶的导数在原点为零. 当系统化为形式 (5.1.5) 时, 从 (5.1.4) 我们可以得到, 中心流形由

$$y = 0 + o(\|x\|^{r-1})$$

给出, 因此

$$\dot{x} = Bx + G(x)$$

是系统在 W^C_{loc} 上的 r 阶近似.

事实上, 我们观察的规范形包含在下面的**约化定理**之中.

定理 5.5 (约化定理) 存在 $\mathbb{C}^{r-1}$ – 光滑坐标变换 (在原点附近 $\mathbb{C}^1$ – 接近于恒同), 它将系统 (5.1.1) 化为形式[3]

$$\begin{aligned} \dot{y} &= (A + F(x,y))y, \\ \dot{x} &= Bx + G(x), \end{aligned} \tag{5.1.6}$$

其中 $F \in \mathbb{C}^{r-1}, G \in \mathbb{C}^r$,

$$F(0,0) = 0, \quad G(0,0) = 0, \quad G'(0) = 0.$$

这里曲面 $\{y = 0\}$ 是不变中心流形, 因此, 如同第 2 章我们有 W^C_{loc} 的**直化**. 当然, 中心流形的直化是 $\mathbb{C}^r$ – 变换. 事实上, 由于失去了一阶光滑性, 定理得到了更多的东西: x 变量的局部发展现在完全与 y 无关. 注意, 虽然坐标变换是 $\mathbb{C}^{r-1}$ – 光滑, 但函数 G 是 $\mathbb{C}^r$ – 光滑: 它刚好与原系统在 $\mathbb{C}^r$ – 光滑中心流形上的限制 (5.1.3) 的非线性部分重合. 因此, 对系统 (5.1.6) 的任何轨线, 变量 x 如同在中心流形上的变量, 存在当 $t \to +\infty$ 时到 $y = 0$ 的指数式压缩. 最后的这个说明可以用第 2 章我们证明平衡态的渐近指数稳定性的相同方法来确切地验证: 由于函数 F 在 O 附近很小, 以及由于矩阵 A 的所有特征值都严格位于虚轴的左边, 从 (5.1.6) 的第一个方程可看到, 在 O 的小邻域内

$$\frac{d\|y\|}{dt} \leqslant -\lambda\|y\|,$$

[3] 注意 (5.1.5) 与这个公式的区别是, 函数 F 和 G 在这里不再是多项式.

由此得知 y 以指数式压缩到 $y=0$.

我们将在 5.4 节给出这个约化定理的证明. 注意, 关于光滑共轭性的定理 5.4 可由定理 5.5 直接得到, 即如果系统 (5.1.6) 有异于 $\{y=0\}$ 的中心流形, 简化系统仍由 (5.1.6) 的第二个相同的方程给出. 即当系统是三角形式 (5.1.6) 时, 在任意两个中心流形上的限制平凡地共轭. 由于将系统变为这个特殊形式的坐标变换是 $\mathbb{C}^{r-1}$ 的, 当系统不是化为这个形式时我们有 $\mathbb{C}^{r-1}$ – 共轭.

我们来对定理 5.5 给出几何解释. 显然, 当系统是三角形式 (5.1.6) 时, 对任何 t, 任何曲面 $\{x=常数\}$ 的时间 t – 移位仍位于同类曲面内 (除非轨线离开 O 的小邻域). 这意味着由常数 x 曲面所**叶化**的 O 的小邻域关于系统 (5.1.6) 是**不变**的. 将系统 (5.1.6) 变为原始形式 (5.1.1) 的坐标变换将曲面 $\{x=常数\}$ 变为下面类型的曲面

$$x=\xi+\eta(y,\xi), \tag{5.1.7}$$

其中 ξ 是该曲面与中心流形交的 x – 坐标, $\mathbb{C}^{r-1}$ – 函数 η 及其一阶导数在原点为零 (注意, 在 W^C 的每处 $\eta\equiv 0$).

由于将曲面 $\{x=常数\}$ 变为由 (5.1.7) 给出的曲面的变换是微分同胚, 得知方程 (5.1.7) 对应于固定 ξ 的曲面定义了原点小邻域的叶层. 故对每一点 (x,y) 存在唯一 ξ, 使得对应于给定 ξ 的曲面通过点 (x,y). 这样的曲面称为叶层的**叶片**: 对 O 的小邻域中的每一点存在一个且仅有一个包含该点的叶片. 由于叶片是由在 $W^C_{\rm loc}$ 上的点参数化, 中心流形是这个叶层的**基**. 由于叶层 $\{x=常数\}$ 关于系统 (5.1.6) 不变, 它的像 (即由 (5.1.7) 给出的叶层) 是系统 (5.1.1) 的不变叶层: 对任何 t, 任何叶片的时间 t – 移位位于同一个叶层的单个叶片上, 除非轨线离开 O 的小邻域. 中心流形直化以后, 简化到三角形式 (5.1.6) 恰由变换 $x\mapsto\xi(x,y)$ ((5.1.7) 的逆) 来完成: 变量 x 由沿着不变叶层的叶片到中心流形的投影的 x – 坐标代替. 叶层的不变性简单地意味着新坐标 $x=\xi$ 的发展与 y 无关. 因此, 我们看到定理 5.5 基本上建立了形如 (5.1.7) 的叶层的存在性, 它与中心流形横截相交且关于系统 (5.1.1) 不变. 我们称它为**强稳定叶层**并记为 $\mathcal{F}^{ss}$. 我们将证明, 对所有**正**时间其轨线都停留在 O 的小邻域内的所有点叶层是**唯一确定**的. 即

对任何点 P 其轨线对所有正时间位于 O 的小邻域内, 以及对任何两个强稳定不变叶层 $\mathcal{F}^{ss}_1$ 和 $\mathcal{F}^{ss}_2$, $\mathcal{F}^{ss}_1$ 通过 P 的叶片与 $\mathcal{F}$ 对应的叶片重合.

由于定义叶层的函数 η 是 $\mathbb{C}^{r-1}$ 的, 从而叶层的叶片到中心流形上的投影是 $\mathbb{C}^{r-1}$ – 映射. 此外, 任何与叶片横截相交的曲面, 到另外一个横截曲面上的投影是 $\mathbb{C}^{r-1}$ – 微分同胚. 换句话说, $\mathcal{F}^s$ 是 $\mathbb{C}^{r-1}$ – **光滑叶层**.

注意, 对任何固定的 ξ, 函数 η 事实上关于 y 是 $\mathbb{C}^r$ – 光滑函数 (证明将在 5.4 节给出). 换句话说, 叶层的每一个叶片是 $\mathbb{C}^r$ – 光滑曲面. 特殊值 $\xi=0$ 对应于通过点 O 的叶片. 由于 O 是平衡态, 它对时间不移位, 因此点 O 的叶片对任何 t 的时间 t – 移位映为它自身. 由此得知, $\mathbb{C}^r$ – 光滑曲面 $x=\eta(y;0)$ 是系统 (5.1.1) 的**不变流**

形. 这个流形在 O 切于 y 轴, 它是唯一的, 称为**强稳定**不变流形 W^{ss}.

当系统连续依赖于参数 μ 时, 叶层 F^{ss} 也连续依赖于 μ (即 (5.1.7) 中的函数 η 关于 μ 将证明是连续的). 如果光滑依赖 μ, 则函数 η 关于 $(y;\xi,\mu)$ 是 $\mathbb{C}^{r-1}$ 的. 因此, F^{ss} 的叶片 $\mathbb{C}^{r-1}$ 光滑依赖于 μ. 特别地, 当 μ 从零开始变化时, 可能存在光滑依赖于 μ 的平衡态 O_μ. 在这种情形下, 通过 O_μ 的叶层 $\mathcal{F}^{ss}$ 的叶片是唯一确定的. 它是不变流形, 且如果点 O_μ 的位置是 μ 的 $\mathbb{C}^k$ 函数, 其中 $0 \leqslant k \leqslant r-1$, 则强稳定流形 $\mathbb{C}^k$ – 光滑依赖于 μ. 我们注意, 一般地, 当 $k=r$ 时这个论断不再成立.

现在, 我们考虑平衡态有特征指数在虚轴右边的更一般情形. 这里系统在 O 附近取形式

$$
\begin{aligned}
\dot{y} &= Ay + f(x,y,z), \\
\dot{z} &= Cz + h(x,y,z), \\
\dot{x} &= Bx + g(x,y,z),
\end{aligned}
\tag{5.1.8}
$$

其中 $x \in \mathbb{R}^m, y \in \mathbb{R}^k, z \in \mathbb{R}^{n-m-k}$, 矩阵 A 的特征值位于虚轴的左边, 矩阵 B 的特征值是零或者纯虚数, 以及矩阵 C 的特征值位于虚轴的右边. $\mathbb{C}^r$ – 函数 f, h 和 g 以及它们的一阶导数在原点为零. 系统的右端可连续依赖于某些参数 μ (此时下面考虑的光滑流形连续依赖于 μ), 或者光滑依赖于 μ. 在后一情形, “中心” 变量 x 中将包括 μ, 于是下面考虑的流形和叶层关于 μ 有如同关于 x 的相同的光滑性.

中心流形理论在这里以下面定理为基础.

定理 5.6 (关于稳定中心流形) 在 O 的小邻域内存在 $\mathbb{C}^r$ – 类 $(m+k)$ 维稳定不变中心流形 $W^{sC}_{\text{loc}}: z = \psi^{sC}(x,y)$, 它包含 O 且在 O 与子空间 $\{z=0\}$ 相切. 流形 W^{sC}_{loc} 包含对所有正时间都停留在 O 的小邻域内的所有轨线. 虽然稳定中心流形不是唯一确定的, 但对任何两个流形 W^{sC}_1 和 W^{sC}_2, 函数 ψ^{sC}_1 和 ψ^{sC}_2 在 O (和在每一点其轨线对所有时间 $t \geqslant 0$ 都停留在 O 的小邻域内) 有相同的 Taylor 展开.

这个定理的证明将在 5.4 节给出. 注意, 如果系统是 $\mathbb{C}^\infty$ – 光滑的, 中心流形一般也只有有限次光滑, 即对任何有限数 r, 存在 O 的邻域 U_r, 其中 W^{sC} 是 $\mathbb{C}^r$ – 光滑的. 如同上面的理由我们得到

如果系统是 $\mathbb{C}^\infty$ – 光滑, 且 W^{sC}_{loc} 中的每一条轨线当 $t \to +\infty$ 时都趋于 O, 则 W^{sC}_{loc} 是 $\mathbb{C}^\infty$ – 光滑.

时间反向 $t \to -t$ 将矩阵 A, B 和 C 分别变为 $-A, -B$ 和 $-C$. 于是, 对应 z – 变量的特征指数的那部分谱现在位于虚轴的左边, 对应 y – 变量的特征指数的那部分谱现在位于虚轴的右边. 我们通过改变时间方向将稳定中心流形定理应用到由 (5.1.8) 得出的系统而得到下面的**不稳定中心流形**定理:

定理 5.7 (关于不稳定中心流形) 在 O 的小邻域内存在 $(n-k)$ 维 $\mathbb{C}^r$ – 光滑不变流形 $W^{uC}_{\text{loc}}: y = \psi^{uC}(x,z)$, 它包含 O 且在 O 与子空间 $\{y=0\}$ 相切. 这个不稳

定中心流形包含对所有负时间都停留在 O 的小邻域内的所有轨线. 对任何两个流形 W_1^{uC} 和 W_2^{uC}, 函数 ψ_1^{uC} 和 ψ_2^{uC} 在 O (和在每一点其轨线对所有时间 $t\leqslant 0$ 都停留在 O 的小邻域内) 有相同的 Taylor 展开. 在系统是 $\mathbb{C}^\infty$ – 光滑的情形, 不稳定中心流形一般仅有有限次光滑性, 但是如果当 $t\to-\infty$ 时 W_{loc}^{uC} 的每一条轨线都趋于 O, 则 W_{loc}^{uC} 是 $\mathbb{C}^\infty$ – 光滑.

稳定中心流形和不稳定中心流形的交是由形如 $(y,z)=\psi^C(x)$ 的方程定义的 $\mathbb{C}^r$ – 光滑的 m 维不变**中心**流形 $W_{\text{loc}}^C=W_{\text{loc}}^{sC}\bigcap W_{\text{loc}}^{uC}$. 由构造, 中心流形包含对所有时间 $t\in(-\infty,+\infty)$ 都停留在 O 的小邻域内的所有轨线的集合 N. 此外, 函数 ψ^C 以及它的所有导数在 N 的所有点都唯一确定. 特别地, ψ^C 在 O 的 Taylor 展开由系统唯一确定.

系统 (5.1.8) 在稳定中心流形上的限制取形式

$$\begin{aligned}\dot{y}&=Ay+f(x,y,\psi^{sC}(x,y)),\\ \dot{x}&=Bx+g(x,y,\psi^{sC}(x,y)),\end{aligned}\tag{5.1.9}$$

它类似于 (5.1.1). 因此定理 5.5 可利用, 即:

在 W_{loc}^{sC} 上存在具有与 W^C 横截相交的 $\mathbb{C}^r$ – 光滑叶片的 $\mathbb{C}^{r-1}$ – 光滑不变叶层 $\mathcal{F}^{ss}$; 对其轨线当 $t\to+\infty$ 时趋于 O 的每一点, 对应的叶片由系统唯一确定.

在不稳定中心流形上, 由改变时间方向系统化为类似于 (5.1.1) 的形式. 这给出在 W_{loc}^{uC} 上**强不稳定**不变叶层的存在性:

在 W_{loc}^{uC} 上存在具有与 W^C 横截相交的 $\mathbb{C}^r$ – 光滑叶片的 $\mathbb{C}^{r-1}$ – 光滑不变叶层 $\mathcal{F}^{uu}$; 对其轨线当 $t\to-\infty$ 时趋于 O 每一点, 对应的 $\mathcal{F}^{uu}$ 的叶片由系统唯一确定.

我们注意, 这些叶层不能不失去光滑性而分别延拓到稳定和不稳定中心流形之外. 一般地, 与稳定或者不稳定中心流形横截相交的 O 的小邻域的不变叶层是不光滑的 (仅为 $\mathbb{C}^0$ 类, 见 Shoshitashvilly [70]). 这意味着由对应的不变叶层的叶片从一个稳定中心流形到另一个稳定中心流形, 或者从一个不稳定中心流形到另一个不稳定中心流形的投影可以是不光滑的映射. 因此, 同一个系统在不同的稳定中心流形 (或者在不同的不稳定中心流形) 上的限制之间不存在**光滑**共轭 (仅为 $\mathbb{C}^0$).

尽管如此, 对**中心**流形, 关于光滑共轭的定理 5.4 对一般情形仍成立 (其中存在特征指数在虚轴的两边). 为证明这一点, 注意如果存在两个不同的中心流形 W_1^C 和 W_2^C, 则由构造存在两对稳定和不稳定中心流形:

$$W_1^C=W_1^{sC}\bigcap W_1^{uC}\quad 和\quad W_2^C=W_2^{sC}\bigcap W_2^{uC}.$$

交 $W_0^C=W_1^{sC}\bigcap W_2^{uC}$ 也是中心流形 (由定义). 在 W_0^C 上的系统与 W_1^C 上的系统之间通过沿着 W_1^{sC} 的强稳定叶层的叶片的投影是 $\mathbb{C}^{r-1}$ – 共轭, 反之, 在 W_2^C 上

的系统与 W_0^C 上的系统之间通过沿着 W_2^{uC} 的强不稳定叶层的叶片的投影是 $\mathbb{C}^{r-1}$ – 共轭. 这两个投影的叠加 (由 W_2^C 到 W_0^C, 再到 W_1^C) 给出的 $\mathbb{C}^{r-1}$ – 变换将系统在 W_2^C 上的轨线映为系统在 W_1^C 上的轨线 (这是因为我们作投影所沿着的叶层是不变的). 即在 W_2^C 和 W_1^C 上系统之间有 $\mathbb{C}^{r-1}$ – 共轭.

因此, 在这种情形下, 当研究局部分支时, 我们也可以将系统限制在中心流形上. 此外, 在同一个系统的不同的中心流形上的动力学之间没有显著的差别.

稳定中心流形和不稳定中心流形的直化, 以及在这些流形上强稳定和强不稳定不变叶层的直化导致下面类似于定理 5.5 的结果.

定理 5.8 用 $\mathbb{C}^{r-1}$ – 光滑变换, 系统 (5.1.8) 可局部简化为形式

$$\begin{aligned}\dot{y} &= (A + F(x,y,z))y,\\ \dot{z} &= (C + H(x,y,z))z,\\ \dot{x} &= Bx + G_0(x) + G_1(x,y,z)y + G_2(x,y,z)z,\end{aligned} \tag{5.1.10}$$

其中 G_0 是 $\mathbb{C}^r$ – 光滑函数, 它与它的一阶导数在 $x=0$ 为零, F 和 H 是 $\mathbb{C}^{r-1}$ – 函数, 在原点它们为零, $G_{1,2} \in \mathbb{C}^{r-1}$, 且 G_1 在 $z=0$ 恒等于零, G_2 在 $y=0$ 恒等于零.

这里, 局部不稳定中心流形由 $\{y=0\}$ 给出, 局部稳定中心流形由 $\{z=0\}$ 给出, 以及局部中心流形由 $\{y=0, z=0\}$ 给出. 强稳定叶层是由曲面 $\{x=\text{常数},\ z=0\}$ 组成, 以及强不稳定叶层的叶片是 $\{x=\text{常数},\ y=0\}$.

类似的理论可应用到对结构不稳定周期轨线的研究. 周期轨线小邻域内的动力学研究化为小截面上的 Poincaré 映射的研究, 轨线与截面的交点 O 是 Poincaré 映射的不动点.

设系统是 $(n+1)$ 维的, 故截面是 n 维的. 设周期轨线的 m 个乘子位于单位圆上, k 个乘子严格位于单位圆内, 以及其它 $(n-m-k)$ 个乘子按绝对值严格大于 1. 在不动点 O 附近的 Poincaré 映射写为下面的形式:

$$\begin{aligned}\bar{y} &= Ay + f(x,y,z),\\ \bar{z} &= Cz + h(x,y,z),\\ \bar{x} &= Bx + g(x,y,z),\end{aligned} \tag{5.1.11}$$

其中 $x \in \mathbb{R}^m$, $y \in \mathbb{R}^k$, $z \in \mathbb{R}^{n-m-k}$, 矩阵 A 的特征值位于单位圆内, 矩阵 B 的特征值按绝对值等于 1, 以及矩阵 C 的特征值位于单位圆外. f, h 和 g 是 $\mathbb{C}^r$ – 光滑函数, 它们以及它们的一阶导数在原点等于零. 假设这个映射的右端 (及它们的导数) 可连续依赖于某些参数 μ. 对此, 下面讨论的流形和叶层以及所有导数将连续依赖于 μ. 如果映射光滑依赖于 μ, 则我们可形式地考虑参数为 x – 变量而将方程 $\bar{\mu} = \mu$ 加到系统 (5.1.11) 中去. 此时不变流形和叶层关于 μ 有如同关于 x 的相同的光滑性.

中心流形定理可叙述如下.

定理 5.9 (关于中心流形. 一般情形)　在 O 的小邻域内存在 $(m+k)$ 维 $\mathbb{C}^r$ – 光滑不变稳定中心流形 $W^{sC}_{\rm loc}: z=\psi^{sC}(x,y)$ 和 $(n-k)$ 维不稳定中心流形 $W^{uC}_{\rm loc}: y=\psi^{uC}(x,y)$, 它们包含 O 并在 O 分别与子空间 $\{z=0\}$ 和 $\{y=0\}$ 相切. 流形 $W^{sC}_{\rm loc}$ 包含集合 N^+, 其中所有的点在映射 (5.1.11) 的向前迭代下位于 O 的小邻域内, 以及 $W^{uC}_{\rm loc}$ 包含集合 N^-, 其中所有点的向后迭代永不离开 O 的小邻域. $W^{sC}_{\rm loc}$ 和 $W^{uC}_{\rm loc}$ 的交是 m 维 $\mathbb{C}^r$ – 光滑不变中心流形 $W^{C}_{\rm loc}: (y,z)=\psi^C(x)$, 它在 O 与 x – 空间相切, 且包含集合 $N=N^+\bigcap N^-$, 此集合由所有其迭代 (向前和向后) 永不离开 O 的小邻域的点组成. 函数 ψ^{uC}, ψ^{sC} 和 ψ^C 在原点 (以及分别在 N^-, N^+ 和 N 的每一点) 的 Taylor 展开由系统唯一确定. 在流形 $W^{sC}_{\rm loc}$ 和 $W^{uC}_{\rm loc}$ 上分别存在强稳定和强不稳定 $\mathbb{C}^{r-1}$ – 光滑不变叶层 $\mathcal{F}^{ss}$ 和 $\mathcal{F}^{uu}$, 它们分别具有 k 维和 $(n-m-k)$ 维的 $\mathbb{C}^r$ – 光滑与 $W^C_{\rm loc}$ 横截相交的叶片. $\mathcal{F}^{ss}$ 的叶片在集合 N^+ 的每一点唯一确定, $\mathcal{F}^{uu}$ 的叶片在集合 N^- 的每一点唯一确定. 由沿着强稳定和强不稳定不变叶层的叶片的投影, 同一个映射在不同的中心流形上的限制是 $\mathbb{C}^{r-1}$ – 共轭.

证明在 5.4 节给出. 我们再次注意, 即使系统在所考虑的情况下是 $\mathbb{C}^\infty$ – 光滑的, 不变流形一般只有有限次光滑性. 不过,

如果系统是 $\mathbb{C}^\infty$ – 光滑, 且如果 $W^{sC}_{\rm loc}$ 的每一条轨线的向前迭代都趋于 O, 则 $W^{sC}_{\rm loc}\in\mathbb{C}^\infty$.

如果 $W^{uC}_{\rm loc}$ 的任一轨线的向后迭代都趋于 O, 则 $W^{uC}_{\rm loc}\in\mathbb{C}^\infty$. 以及

如果 $W^{C}_{\rm loc}$ 中的每条轨线的向前或向后迭代都趋于 O, 则 $W^{C}_{\rm loc}\in\mathbb{C}^\infty$.

不变流形和不变叶层的直化给出的结果完全类似于定理 5.8, 即:

定理 5.10　利用 $\mathbb{C}^{r-1}$ – 光滑变换, 系统 (5.1.11) 可局部简化为形式

$$
\begin{aligned}
\bar{y} &= (A+F(x,y,z))y,\\
\bar{z} &= (C+H(x,y,z))z,\\
\bar{x} &= Bx+G_0(x)+G_1(x,y,z)y+G_2(x,y,z)z,
\end{aligned}
\tag{5.1.12}
$$

其中 G_0 是 $\mathbb{C}^r$ – 函数, 它和它的一阶导数在 $x=0$ 为零, F 和 H 是 $\mathbb{C}^{r-1}$ – 函数且在原点为零. $G_{1,2}\in\mathbb{C}^{r-1}$, 以及 G_1 在 $z=0$ 恒等于零, G_2 在 $y=0$ 恒等于零.

这里, 局部不稳定中心流形由 $\{y=0\}$ 给出, 局部稳定中心流形是由 $\{z=0\}$ 给出, 以及局部中心流形由 $\{y=0, z=0\}$ 给出. 强稳定叶层由曲面 $\{x=\text{常数},\ z=0\}$ 组成, 强不稳定叶层的叶片是 $\{x=\text{常数},\ y=0\}$.

在没有乘子位于单位圆外的特殊情形, 我们可以永远令 $z=0$, 系统 (5.1.12) 变成

$$
\begin{aligned}
\bar{y} &= (A+F(x,y))y,\\
\bar{x} &= Bx+G(x),
\end{aligned}
\tag{5.1.13}
$$

其中 $F \in \mathbb{C}^{r-1}$ 在原点为零, $G \in \mathbb{C}^r$ 及它的一阶导数在 $x=0$ 为零.

5.2 边值问题

在这一节我们开始证明中心流形定理. 所用的方法基于我们已经在第 2 章考虑过的边值问题的推广 (见 Shashkov 和 Turaev [52]). 由于这些结果被用来证明中心流形理论以外的各种不变流形定理, 所以我们将尝试使得这个方法足够一般.

考虑微分方程系统

$$\begin{aligned} \dot{z} &= Az + f(z, v, \mu, t), \\ \dot{v} &= Bv + g(z, v, \mu, t), \end{aligned} \tag{5.2.1}$$

其中 $z \in \mathbb{R}^n, v \in \mathbb{R}^m$, t 是时间变量, 以及 μ 是参数向量. 假设 f 和 g 关于 (z, v) 是 $\mathbb{C}^r$ – 光滑 $(r \geqslant 1)$, 且它们和它们所有的导数连续依赖于 (μ, t) (一种令人感兴趣的特殊情形是 f 和 g 关于它们的所有变量 (z, v, μ, t) 为 $\mathbb{C}^r$ – 光滑). 关于矩阵 A 和 B, 假设下面的条件成立

$$\begin{aligned} &\text{谱 } A = \{\alpha_1, \cdots, \alpha_n\}, \quad \text{谱 } B = \{\beta_1, \cdots, \beta_m\}, \\ &\max_{i=1,\cdots,n} \ \mathrm{Re}\ \alpha_i < \alpha < \beta < \min_{j=1,\cdots,m} \ \mathrm{Re}\ \beta_j, \end{aligned} \tag{5.2.2}$$

即在复平面上存在一个长条 (长条 $\alpha \leqslant \mathrm{Re}(\cdot) \leqslant \beta$) 将谱 A 和谱 B 分开. 由 (5.2.2) 得知在适当的 (Jordan) 基下, 下面的估计成立: 对 $s \geqslant 0$(见引理 2.1)

$$\begin{aligned} \|e^{As}\| &\leqslant e^{\alpha s}, \\ \|e^{-Bs}\| &\leqslant e^{-\beta s}. \end{aligned} \tag{5.2.3}$$

我们也要求对某个充分小的常数 ξ, 有

$$\left\| \frac{\partial(f, g)}{\partial(z, v)} \right\| < \xi \tag{5.2.4}$$

(ξ 的确切值可以从下面的定理证明中得到). 我们也将假设 f 和 g 的所有导数对所有的 z 和 v 一致有界. 最后这个条件意味着非线性部分本质上不影响由系统线性部分的特殊结构 (谱分离) 所诱导的性态. 为了强调这个性质我们将称满足 (5.2.1)—(5.2.4) 的系统是**大范围二分**的.

这样的系统自然地出现在平衡态和周期轨线的研究中. 例如, 如果平衡态的特征指数的谱是分离的, 其中 n 个特征指数位于复平面的直线 $\mathrm{Re}(\cdot) = \alpha$ 的左边, 其它 m 个特征指数位于直线 $\mathrm{Re}\ (\cdot) = \beta$ 的右边, 则在这个平衡态附近系统可以局部地表示为形式

$$\begin{aligned} \dot{z} &= Az + f(z, v, \mu), \\ \dot{v} &= Bv + g(z, v, \mu), \end{aligned} \tag{5.2.5}$$

其中 z 属于 $\mathbb{R}^n$ 中原点的小邻域, 变量 v 属于 $\mathbb{R}^m$ 中原点的小邻域, 以及 μ 是某个参数向量. 这里矩阵 A 和 B 满足 (5.2.2), 函数 f 和 g 满足下面条件

$$f(0,0,0)=0,\ g(0,0,0)=0,\ \left.\frac{\partial(f,g)}{\partial(z,v)}\right|_{(z,v,\mu)=0}=0. \tag{5.2.6}$$

当然, 由 (5.2.6) 的最后一个等式得知, 对任意小的 ξ, 在 O 的充分小邻域内 (5.2.4) 满足.

系统 (5.2.1) 和 (5.2.5) 的区别是, 后者的非线性部分仅在原点附近保持很小, 而对 (5.2.1) 其线性部分在整个 $\mathbb{R}^{n+m}$ 上都满足. 一个非常有用的技巧如下, 它将允许我们把局部系统 (5.2.5) 转化为大范围形式 (5.2.1). 考虑新系统

$$\begin{aligned} \dot{z}&=Az+\tilde{f}(z,v,\mu),\\ \dot{v}&=Bv+\tilde{g}(z,v,\mu), \end{aligned} \tag{5.2.7}$$

其中 $\mathbb{C}^r$ – 光滑函数 $\tilde{f},\tilde{g}$ 为

$$\begin{aligned} \tilde{f}(z,v)&=f\left(z\mathcal{X}\left(\frac{\|(z,v)\|}{\rho}\right),v\mathcal{X}\left(\frac{\|(z,v)\|}{\rho}\right)\right),\\ \tilde{g}(z,v)&=g\left(z\mathcal{X}\left(\frac{\|(z,v)\|}{\rho}\right),v\mathcal{X}\left(\frac{\|(z,v)\|}{\rho}\right)\right). \end{aligned} \tag{5.2.8}$$

这里 ρ 是小的正数, 且假设函数 $\mathcal{X}(u)\in\mathbb{C}^\infty$ 有下面的性质

$$\mathcal{X}(u)=\begin{cases}1, & 对\ u\leqslant\dfrac{1}{2}\\ 0, & 对\ u\geqslant 1\end{cases},\quad 以及\ 0\geqslant\frac{d\mathcal{X}}{du}\geqslant-3,\ 1\geqslant\mathcal{X}\geqslant0 \tag{5.2.9}$$

(这样的函数的存在性是熟知的事实).

由 (5.2.6), (5.2.8) 和 (5.2.9) 得知, 函数 $\tilde{f}$ 和 $\tilde{g}$ 对所有的 $(z,v)\in\mathbb{R}^{n+m}$ 和小的 μ 满足不等式 (5.2.4). 此外, 常数 ξ 可以任意小, 只要 ρ 充分小. 因此, 系统 (5.2.7) 是大范围二分的, 且在 $\|(z,v)\|\leqslant\dfrac{\rho}{2}$ 与系统 (5.2.5) 重合. 于是, 系统 (5.2.7) 的轨线与 (5.2.5) 的轨线直到它们停留在原点的 $\dfrac{\rho}{2}$ 邻域内都重合.

在周期轨线 L 附近, 微分方程系统取形式 (见第 3 章)

$$\begin{aligned} \dot{z}&=Az+f(z,v,\mu,t),\\ \dot{v}&=Bv+g(z,v,\mu,t), \end{aligned} \tag{5.2.10}$$

其中 f 和 g 是 t 的周期函数, 周期为 τ 或者 2τ, 这里 τ 是 L 的周期. 矩阵 A 和 B 的特征值等于 L 的乘子平方的对数与 L 的二倍周期之比. 因此隔离这些矩阵谱的条件 (5.2.2) 可视为对乘子的隔离: m 个乘子按绝对值必须小于 $e^{\alpha\tau}$, 其它 n 个乘子的绝对值则大于 $e^{\beta\tau}$, 其中 τ 是 L 的周期.

这里轨线 L 由 $\{z=0, v=0\}$ 给出, f 和 g 以及它们关于 (z,v) 的一阶导数在 $(z,v)=0$ 为零. 条件 (5.2.4) 对小的 (z,v) 满足, 因此用公式 (5.2.8) 将 (f,g) 变为 $(\tilde{f},\tilde{g})$ 导出 (5.2.1) 类型的系统, 由此得知, 得到对所有 (z,v) 满足条件 (5.2.4) 的 (5.2.1) 类型的系统, 它与系统 (5.2.9) 局部地重合.

现在我们回到一般方法, 并对任何 $\tau>0$, z_0 和 v_1, 考虑系统 (5.2.1) 下面的边值问题

$$z(0)=z^0,\quad v(\tau)=v^1. \tag{5.2.11}$$

几何上, 这可解释为求系统 (5.2.1) 的从曲面 $\{z=z_0\}$ 出发并在时刻 $t=\tau$ 终止于曲面 $\{v=v_1\}$ 的轨线. 由上面的讨论, 如果这个边值问题的解对 $t\in[0,\tau]$ 停留在区域 $||(z,v)||\leqslant\dfrac{\rho}{2}$ 内, 则它同时是局部系统 (5.2.5) 或者 (5.2.10) 的同一个边值问题的解.

定理 5.11 对任何 (z^0,v^1,τ), 系统 (5.2.1) 的边值问题 (5.2.11) 有唯一解[4]

$$z(t)=z^*(t;z^0,v^1,\tau,\mu),\quad v(t)=v^*(t;z^0,v^1,\tau,\mu). \tag{5.2.12}$$

证明 所考虑的边值问题类似于第 2 章研究过的问题 (形式上, 是 2.8 节处理 $\alpha<0<\beta$ 的情形), 证明非常接近于定理 2.9 的思路. 新颖的是我们在这里将用不通常用的称为 γ – **范数**的范数来证明逐次逼近的收敛性. 即我们考虑定义在线段 $t\in[0,\tau]$ 上的连续函数 $(z(t),v(t))$ 的空间 H, 并赋予空间 H 如下的范数:

$$||(z(t),v(t))||_\gamma=\sup_{t\in[0,\tau]}\left\{||(z(t),v(t))||e^{-\gamma t}\right\}, \tag{5.2.13}$$

其中

$$\alpha<\gamma<\beta. \tag{5.2.14}$$

显然, H 是一个完备的距离空间.

考虑积分算子 $T:H\to H$, 它通过下面的公式将函数 $(z(t),v(t))$ 映为函数 $(\bar{z}(t),\bar{v}(t))$:

$$\begin{aligned}\bar{z}(t)&=e^{At}z^0+\int_0^t e^{A(t-s)}f(z(s),v(s),\mu,s)ds,\\ \bar{v}(t)&=e^{-B(\tau-t)}v^1-\int_t^\tau e^{-B(s-t)}g(z(s),v(s),\mu,s)ds.\end{aligned} \tag{5.2.15}$$

容易验证, 如果边值问题 (5.2.11) 的解存在, 则这个解是积分算子 T 的不动点, 反之亦然 (比较定理 2.9).

---

[4] 注意, 系统 (5.2.1) 的边值问题 (5.2.11) 的解并不能阻止从零的小邻域离开. 因此, 这个定理不能直接应用到局部系统 (5.2.5) 或者 (5.2.10). 就是说, 额外的估计是必须的, 以保证边值问题的解保持囿于小常数.

显然, 算子 T 是光滑的 (在 3.15 节的意义下). $(\bar{z}(t),\bar{v}(t))$ 关于 $(z(t),v(t))$ 的导数是线性算子 $T':(\Delta z(t),\Delta v(t))\mapsto(\Delta\bar{z}(t),\Delta\bar{v}(t))$, 其中

$$\begin{aligned}\Delta\bar{z}(t)&=\int_0^t e^{A(t-s)}f'_{(z,v)}(z(s),v(s))\cdot(\Delta z(s),\Delta v(s))ds,\\ \Delta\bar{v}(t)&=-\int_t^\tau e^{-B(s-t)}g'_{(z,v)}(z(s),v(s))\cdot(\Delta z(s),\Delta v(s))ds.\end{aligned}\tag{5.2.16}$$

按照 Banach 原理 (定理 3.26 的抽象形式), 为了证明算子 T 有唯一不动点, 只需证明对任何 $(z(s),v(s))\in H$ 有 $||T'||\leqslant K<1$.

为此我们将 (5.2.3), (5.2.4), (5.2.13) 代入到 (5.2.16), 得到

$$\begin{aligned}||\Delta\bar{z}(t)||&\leqslant\int_0^t e^{\alpha(t-s)}\xi||(\Delta z,\Delta v)||_\gamma e^{\gamma s}ds,\\ ||\Delta\bar{v}(t)||&\leqslant\int_t^\tau e^{-\beta(s-t)}\xi||(\Delta z,\Delta v)||_\gamma e^{\gamma s}ds.\end{aligned}\tag{5.2.17}$$

由 (5.2.13), (5.2.14) 和 (5.2.17) 我们得到

$$\begin{aligned}||(\Delta\bar{z},\Delta\bar{v})||_\gamma&=\sup_{t\in[0,\tau]}\{\max(||\Delta\bar{z}(t)||,||\Delta\bar{v}(t)||)e^{-\gamma t}\}\\ &\leqslant\xi\max\left(\frac{1}{\gamma-\alpha},\frac{1}{\beta-\gamma}\right)\times||(\Delta z,\Delta v)||_\gamma.\end{aligned}\tag{5.2.18}$$

选择 ξ 充分小使得

$$\xi\max\left(\frac{1}{\gamma-\alpha},\frac{1}{\beta-\gamma}\right)<1.$$

由 (5.2.18), 积分算子 T 按 γ – 范数是压缩的.

因此, 按照 Banach 压缩映射原理, 从任意初始猜测 $(z^{(0)}(t),v^{(0)}(t))$ 开始, 逐次逼近序列

$$\left(z^{(n+1)}(t),v^{(n+1)}(t)\right)=T(z^{(n)}(t),v^{(n)}(t))$$

收敛于 T 的唯一确定的不动点 $(z^*(t),v^*(t))$, 同时, 它是系统 (5.2.1) 的边值问题 (5.2.11) 的解. 证明完毕.

注意, 解 $(z^*(t),v^*(t))$ 也依赖于 $\{z^0,v^1,\tau,\mu\}$. 由于由 (5.2.15) 给出的积分算子 T 关于这些数据连续, 解连续依赖于 $\{z^0,v^1,\tau,\mu\}$(作为压缩算子的不动点, 见定理 3.25). 此外, 由定理 3.27, 因为算子 T 是 $\mathbb{C}^r$ – 光滑的且 $\mathbb{C}^r$ – 光滑依赖于 $\{z^0,v^1\}$, 得知边值问题的解是 $\{z^0,v^1\}$ 的 $\mathbb{C}^r$ – 光滑函数, 并且如果系统右端关于所有变量包括 t 和 μ 是 $\mathbb{C}^r$ 的, 则解同样光滑依赖于 $\{t,\tau,\mu\}$.

(z^*,v^*) 关于 z^0,v^1 和 μ 的导数可通过对 (5.2.15) 的形式微分作为算子的不动点得到, 即它们是作为具有边界条件的对应变分方程的边值问题的解求得, 而边值

条件由边界条件 (5.2.11) 的形式微分求得 (更多细节见 2.8 节). 例如, 变分方程系统

$$\begin{aligned}\dot{Z} &= AZ + f_z'(z^*, v^*, \mu, t)Z + f_v'(z^*, v^*, \mu, t)V,\\ \dot{V} &= BV + g_z'(z^*, v^*, \mu, t)Z + g_v'(z^*, v^*, \mu, t)V\end{aligned} \tag{5.2.19}$$

的边值问题

$$Z(0) = I, \quad V(\tau) = 0 \tag{5.2.20}$$

(I 是恒同矩阵) 的解给出 (z^*, v^*) 关于 z^0 的导数:

$$Z^* = \frac{\partial z^*}{\partial z^0}, \quad V^* = \frac{\partial v^*}{\partial z^0}.$$

同一个系统 (5.2.19) 的另外一个边值问题

$$Z(0) = 0, \quad V(\tau) = I \tag{5.2.21}$$

的解给出 (z^*, v^*) 关于 v^1 的导数. 如果 f 和 g 关于参数 μ 光滑, 则导数 $(Z^*, V^*) = \left(\dfrac{\partial z^*}{\partial \mu}, \dfrac{\partial v^*}{\partial \mu}\right)$ 是非齐次变分方程系统

$$\begin{aligned}\dot{Z} &= AZ + f_z'(z^*, v^*, \mu, t)Z + f_v'(z^*, v^*, \mu, t)V + f_\mu'(z^*, v^*, \mu, t),\\ \dot{V} &= BV + g_z'(z^*, v^*, \mu, t)Z + g_v'(z^*, v^*, \mu, t)V + g_\mu'(z^*, v^*, \mu, t)\end{aligned} \tag{5.2.22}$$

的边值问题

$$Z(0) = 0, \quad V(\tau) = 0 \tag{5.2.23}$$

的解. 我们立刻看出系统 (5.2.19) 或者 (5.2.22) 是大范围二分的: 由于右端的主要部分由相同的矩阵 A 和 B 确定, 得知隔离谱的条件 (5.2.2) 在这里也成立. 右端余下的部分是

$$\begin{aligned}F &= f_z'(z^*, v^*, \mu, t)Z + f_v'(z^*, v^*, \mu, t)V,\\ G &= g_z'(z^*, v^*, \mu, t)Z + g_v'(z^*, v^*, \mu, t)V,\end{aligned}$$

或者

$$\begin{aligned}F &= f_z'(z^*, v^*, \mu, t)Z + f_v'(z^*, v^*, \mu, t)V + f_\mu'(z^*, v^*, \mu, t),\\ G &= g_z'(z^*, v^*, \mu, t)Z + g_v'(z^*, v^*, \mu, t)V + g_\mu'(z^*, v^*, \mu, t).\end{aligned}$$

在这两个情形有

$$\frac{\partial(F, G)}{\partial(Z, V)} = \frac{\partial(f, g)}{\partial(z, v)},$$

故对同一 ξ, 关于小导数的条件 (5.2.4) 也满足. 因此边值问题 (5.2.20), (5.2.21) 和 (5.2.23) 的解的存在性 (和唯一性) 简单地由定理 5.11 得知.

现在, 由归纳法可以看到高阶变分方程也属于我们的大范围二分系统类. 因此,对应的边值问题的解 (它们是 (z^*, v^*) 的高阶导数) 的存在唯一性也由定理 5.11 给出.

(z^*, v^*) 关于时间 t 的导数直接由系统 (5.2.1) 给出: 因为 (z^*, v^*) 是系统 (5.2.1) 的解, 故

$$\frac{\partial z^*}{\partial t} \equiv \dot{z}^* = Az^* + f(z^*, v^*, \mu, t).$$

以及

$$\frac{\partial v^*}{\partial t} \equiv \dot{v}^* = Bz^* + g(z^*, v^*, \mu, t).$$

关于时间的高阶导数由重复应用这些等式得到. 关于 τ 的导数可以用下面的引理计算.

引理 5.1　边值问题 (5.2.11) 的解 (z^*, v^*) 满足下面的恒等式:

$$\frac{\partial(z^*, v^*)}{\partial v^1} \frac{\partial v^*}{\partial t}\bigg|_{t=\tau} + \frac{\partial(z^*, v^*)}{\partial \tau} \equiv 0, \tag{5.2.24}$$

$$\frac{\partial(z^*, v^*)}{\partial \tau} + \frac{\partial(z^*, v^*)}{\partial t} - \frac{\partial(z^*, v^*)}{\partial z^0}\ \frac{\partial z^*}{\partial t}\bigg|_{t=0} \equiv 0. \tag{5.2.25}$$

这些恒等式允许我们借助关于其它变量的导数来表达关于 τ 的导数. 这个引理的证明如下. 回忆所考虑的边值问题唯一确定的解是系统 (5.2.1) 在 $t = 0$ 与曲面 $\{z = z^0\}$ 相交, 在 $t = \tau$ 与曲面 $\{v = v^1\}$ 相交的轨线. 我们记这个轨线为 $(z^*(t; z^0, v^1, \tau, \mu), v^*(t; z^0, v^1, \tau, \mu))$.

在时刻 $t = \tau + \delta$, 轨线与曲面 $\{v = v^*(\tau + \delta; z^0, v^1, \tau, \mu)\}$ 相交. 由定义我们可以写为

$$\begin{aligned} z^*(t; z^0, v^1, \tau, \mu) &\equiv z^*(t; z^0, v^*(\tau + \delta; z^0, v^1, \tau, \mu), \tau + \delta, \mu), \\ v^*(t; z^0, v^1, \tau, \mu) &\equiv v^*(t; z^0, v^*(\tau + \delta; z^0, v^1, \tau, \mu), \tau + \delta, \mu). \end{aligned}$$

这个恒等式关于 δ 在 $\delta = 0$ 的导数给出 (5.2.24). 类似地, 由恒等式

$$\begin{aligned} z^*(t; z^0, v^1, \tau, \mu) &\equiv z^*(t + \delta; z^*(-\delta; z^0, v^1, \tau, \mu), v^1, \tau + \delta, \mu), \\ v^*(t; z^0, v^1, \tau, \mu) &\equiv v^*(t + \delta; z^*(-\delta; z^0, v^1, \tau, \mu), v^1, \tau + \delta, \mu) \end{aligned}$$

得 (5.2.25).

我们下面的定理给出边值问题解的导数估计. 用下面的记号记向量函数 $\phi = (\phi_1, \cdots, \phi_q) \in \mathbb{R}^q$ 关于向量变量 $x = (x_1, \cdots, x_p) \in \mathbb{R}^p$ 的导数:

$$\frac{\partial^{|s|}\phi}{\partial x^s} \equiv \left(\frac{\partial^{s_1 + \cdots + s_p}\phi_1}{\partial x_1^{s_1} \cdots \partial x_p^{s_p}}, \cdots, \frac{\partial^{s_1 + \cdots + s_p}\phi_q}{\partial x_1^{s_1} \cdots \partial x_p^{s_p}} \right),$$

其中多重指标 $s = (s_1, \cdots, s_p)$ 是由非负整数组成, $|s|$ 表示 $s_1 + \cdots + s_p$.

定理 5.12 对系统 (5.2.1) 的边值问题 (5.2.11) 的解 (z^*,v^*), 下面估计成立 (其中 C 是与 (z^0,v^1,μ,τ) 无关而依赖于微分次数 $k=|k_1|+|k_2|+|k_3|$ 的正常数).

1. 如果 $0<\alpha<\beta$, 则

$$\left.\begin{array}{ll}\text{(a)} & \left\|\dfrac{\partial^{|k_1|+|k_2|+|k_3|}(z^*,v^*)}{\partial(z^0,\mu)^{k_1}\partial(v^1,\tau)^{k_2}\partial t^{k_3}}\right\| \\ \text{(b)} & \left\|\dfrac{\partial^{|k_1|+|k_2|+|k_3|}(z^*,v^*)}{\partial(z^0,\tau,\mu)^{k_1}\partial(v^1)^{k_2}\partial(\tau-t)^{k_3}}\right\|\end{array}\right\}\leqslant\begin{cases}C & \text{如果 } |k_1|=|k_2|=0,\\ Ce^{|k_1|\alpha t} & \text{如果 } |k_2|=0 \text{ 且 } |k_1|\alpha<\beta,\\ Ce^{\beta(t-\tau)+|k_1|\alpha\tau} & \text{如果 } |k_2|\neq 0 \text{ 或 } |k_1|\alpha>\beta.\end{cases}\tag{5.2.26}$$

2. 如果 $\alpha<0<\beta$, 则

$$\left.\begin{array}{ll}\text{(a)} & \left\|\dfrac{\partial^{|k_1|+|k_2|+|k_3|}(z^*,v^*)}{\partial(z^0)^{k_1}\partial(v^1,\tau)^{k_2}\partial(t,\mu)^{k_3}}\right\| \\ \text{(b)} & \left\|\dfrac{\partial^{|k_1|+|k_2|+|k_3|}(z^*,v^*)}{\partial(z^0,\tau)^{k_1}\partial(v^1)^{k_2}\partial(\tau-t,\mu)^{k_3}}\right\|\end{array}\right\}\leqslant\begin{cases}C & \text{如果 } |k_1|=|k_2|=0,\\ Ce^{\alpha t} & \text{如果 } |k_2|=0 \text{ 且 } |k_1|\neq 0,\\ Ce^{\beta(t-\tau)} & \text{如果 } |k_1|=0 \text{ 且 } |k_2|\neq 0,\\ Ce^{\alpha t+\beta(t-\tau)} & \text{如果 } |k_1|\neq 0 \text{ 且 } |k_2|\neq 0.\end{cases}\tag{5.2.27}$$

3. 如果 $\alpha<\beta<0$, 则

$$\left.\begin{array}{ll}\text{(a)} & \left\|\dfrac{\partial^{|k_1|+|k_2|+|k_3|}(z^*,v^*)}{\partial(z^0)^{k_1}\partial(v^1,\tau,\mu)^{k_2}\partial t^{k_3}}\right\| \\ \text{(b)} & \left\|\dfrac{\partial^{|k_1|+|k_2|+|k_3|}(z^*,v^*)}{\partial(z^0,\tau)^{k_1}\partial(v^1,\mu)^{k_2}\partial(\tau-t)^{k_3}}\right\|\end{array}\right\}\leqslant\begin{cases}C & \text{如果 } |k_1|=|k_2|=0,\\ Ce^{|k_2|\beta(t-\tau)} & \text{如果 } |k_1|=0 \text{ 且 } \alpha<|k_2|\beta,\\ Ce^{\alpha t-|k_2|\beta\tau} & \text{如果 } |k_1|\neq 0 \text{ 或 } \alpha>|k_2|\beta.\end{cases}\tag{5.2.28}$$

证明 注意边值问题 (5.2.11) 通过下面的置换关于时间反向是对称的

$$t\to\tau-t,\quad \alpha\to-\beta,\quad \beta\to-\alpha,\quad z\to v,\quad v\to z,\quad z^0\to v^1,\quad v^1\to z^0.\tag{5.2.29}$$

因此, 按照上面的规则和变换 $k_1\leftrightarrow k_2$, 估计 1(b), 2(b) 和 3(b) 分别由估计 3(a), 2(a) 和 1(a) 得到.

我们也注意到, 在 $\beta>\alpha>0$ 和 $\alpha<\beta<0$ 的情形, 将方程 $\dot{\mu}=0$ 加入到系统 (5.2.1), 并将要求 $\mu(0)=\mu$ (当 $\beta>\alpha>0$) 或者 $\mu(\tau)=\mu$ (当 $0>\beta>\alpha$) 加入边界条件 (5.2.11), 参数 μ 可以分别包含在变量 z 和 v 之中. 因此, 包含 μ 的导数仅在 $\alpha<0<\beta$ 的情形得到分开估计.

为了得到关于时间 t 的导数的估计, 我们指出直接由 (5.2.1) 得到

$$\begin{aligned}\frac{\partial^{|k_1|+|k_2|+|k_3|+|k_4|+|k_5|}z^*}{\partial(z^0)^{k_1}\partial(v^1)^{k_2}\partial\mu^{k_3}\partial\tau^{k_4}\partial t^{k_5+1}}&=\frac{\partial^{|k_1|+|k_2|+|k_3|+|k_4|+|k_5|}(Az^*+f(z^*,v^*,\mu,t))}{\partial(z^0)^{k_1}\partial(v^1)^{k_2}\partial\mu^{k_3}\partial\tau^{k_4}\partial t^{k_5}},\\ \frac{\partial^{|k_1|+|k_2|+|k_3|+|k_4|+|k_5|}v^*}{\partial(z^0)^{k_1}\partial(v^1)^{k_2}\partial\mu^{k_3}\partial\tau^{k_4}\partial t^{k_5+1}}&=\frac{\partial^{|k_1|+|k_2|+|k_3|+|k_4|+|k_5|}(Bv^*+g(z^*,v^*,\mu,t))}{\partial(z^0)^{k_1}\partial(v^1)^{k_2}\partial\mu^{k_3}\partial\tau^{k_4}\partial t^{k_5}}.\end{aligned}\tag{5.2.30}$$

从这些公式可以看出, 如果定理的估计对关于 (z^0, v^1, μ, τ) 的导数成立, 则关于 t 的额外微分不影响这些估计 (除了有可能改变常数 C 的值).

关于 τ 的导数通过关系 (5.2.24) 用其它导数表达. 于是可以看出关于 τ 的导数在固定的 t 处本质上必须给出与关于 v^1 的微分相同的估计.

因此, 在 $\alpha < \beta < 0$ 或 $0 < \alpha < \beta$ 的情形, 只需对导数 $\dfrac{\partial^{|k_1|+|k_2|}(z^*, v^*)}{\partial(z^0)^{k_1}\partial(v^1)^{k_2}}$ 分别证明估计 (5.2.26) 或 (5.2.28), 在 $\alpha < 0 < \beta$ 的情形, 只需对导数 $\dfrac{\partial^{|k_1|+|k_2|+|k_3|}(z^*, v^*)}{\partial(z^0)^{k_1}\partial(v^1)^{k_2}\partial\mu^{k_3}}$ 证明估计 (5.2.27). 事实上, 这些导数的计算对于情形 $\alpha < \beta < 0$ 是不必要的, 因为它可以用规则 (5.2.29) 改变时间方向化为情形 $0 < \alpha < \beta$. 余下两种情形 $0 < \alpha < \beta$ 和 $\alpha < 0 < \beta$ 的计算非常类似, 因此我们仅对较困难的情形 $0 < \alpha < \beta$ 叙述证明 (对 $\alpha < 0 < \beta$ 的一阶导数的估计可以在 Shilnikov [67] 中找到). 剩下来我们要证明的是

$$\frac{\partial^{|k_1|+|k_2|}(z^*, v^*)}{\partial(z^0)^{k_1}\partial(v^1)^{k_2}} \leqslant \begin{cases} C(k)e^{|k_1|\alpha t} & \text{如果 } |k_2| = 0 \text{ 且 } |k_1|\alpha < \beta, \\ C(k)e^{\beta(t-\tau)+|k_1|\alpha\tau} & \text{如果 } |k_2| \neq 0 \text{ 或 } |k_1|\alpha > \beta, \end{cases} \tag{5.2.31}$$

其中 $0 < \alpha < \beta$ 且 $1 \leqslant k \equiv |k_1| + |k_2| \leqslant r$. 我们将对 k 用归纳法, 从 $k = 1$ 开始. 对一阶导数, 估计 (5.2.31) 取形式

$$\begin{aligned} \frac{\partial(z^*, v^*)}{\partial z^0} &\leqslant Ce^{\alpha t}, \\ \frac{\partial(z^*, v^*)}{\partial v^1} &\leqslant Ce^{-\beta(\tau-t)}. \end{aligned} \tag{5.2.32}$$

由于第一个估计关于时间的反向 (5.2.29) 对称于第二个估计, 我们只需证明 (5.2.32) 中的第一个不等式.

正如上面指出的, 导数 $(Z^*, V^*) \equiv \dfrac{\partial(z^*, v^*)}{\partial z^0}$ 可以作为相应变分方程系统 (5.2.19) 的边值问题 $Z(0) = I, V(\tau) = 0$ 的唯一解求得. 这个解的存在性由定理 5.11 保证 (见定理后面的附注). 此外, 可得知这个解是下面积分算子的不动点,

$$\begin{cases} \overline{Z}(t) = e^{At} + \displaystyle\int_0^t e^{A(t-s)}[f_z'(z^*(s), v^*(s), \mu, s)Z(s) + f_v'(z^*(s), v^*(s), \mu, s)V(s)]ds, \\ \overline{V}(t) = -\displaystyle\int_t^\tau e^{-B(s-t)}[g_z'(z^*(s), v^*(s), \mu, s)Z(s) + g_v'(z^*(s), v^*(s), \mu, s)V(s)]ds. \end{cases} \tag{5.2.33}$$

它由积分算子 (5.2.15) 的形式微分得到, 事实上, 它是变分方程系统 (5.2.20) 写为积分算子的形式 (5.2.15). 不动点是由公式 (5.2.33) 计算的从任意初始点 $(Z^0(t), V^0(t))$ 开始的迭代 $(Z^{n+1}(t), V^{(n+1)}(t)) = (\overline{Z^n(t)}, \overline{V^n(t)})$ 的极限. 因此, 为了推导由 (5.2.32) 的第一个不等式给出的估计, 只需证明如果这个估计对 (Z, V) 成立, 则系统 (5.2.33) 中的 $(\overline{Z}, \overline{V})$ 满足具有相同常数 C 的相同估计 (此时, 显然所有的迭代以及它们的极限满足同样的估计).

选择 $\tilde{\alpha} < \alpha$ 使得矩阵 A 的谱仍位于直线 $\mathrm{Re}\,(\cdot) = \tilde{\alpha}$ (见 (5.2.2)) 的左边. 我们可以修改 (5.2.3) 使得

$$||e^{As}|| \leqslant e^{\tilde{\alpha}s}, \quad 对\ s \geqslant 0.$$

由于 $||(f,g)'_{z,v}||$ 囿于某个小 ξ (见 (5.2.4)), 由 (5.2.33) 得

$$\begin{aligned}||\overline{Z}(t)|| &\leqslant e^{\alpha t} + \xi\int_0^t e^{\tilde{\alpha}(t-s)}||(Z(s),V(s))||ds,\\ ||\overline{V}(t)|| &\leqslant \xi\int_t^\tau e^{-\beta(s-t)}||(Z(s),V(s))||ds.\end{aligned}$$

现在, 我们期望的结果立刻得到: 上面的积分不等式显示, 如果

$$||(Z(t),V(t))|| \leqslant Ce^{\alpha t}, \tag{5.2.34}$$

则

$$||\overline{Z}(t)|| \leqslant \left(1 + C\frac{\xi}{\alpha - \tilde{\alpha}}\right)e^{\alpha t}, \quad ||\overline{V}(t)|| \leqslant C\frac{\xi}{\beta - \alpha}e^{\alpha t}.$$

因此, 如果 ξ 充分小而 C 充分大, 则 $||(\overline{Z}(t),\overline{V}(t))||$ 满足具有相同 C 的 (5.2.34).

我们已经对情形 $k = 1$ 证明了定理, 并将对高阶导数推导相应的估计. 假设定理对阶数小于或等于某个 $q \geqslant 1$ 的所有导数成立. 让我们对 $k = |k_1| + |k_2| = q + 1$ 阶导数证明估计 (5.2.31).

记

$$(Z_{k_1,k_2}, V_{k_1,k_2}) = \frac{\partial^k(z,v)}{\partial(z^0)^{k_1}\partial(v^1)^{k_2}}.$$

对 $k \geqslant 2$, 边值问题 (5.2.11) 的解 (z^*,v^*) 的导数 $(Z^*_{k_1,k_2}, V^*_{k_1,k_2})$ 满足方程

$$\begin{cases} Z^*_{k_1,k_2}(t) = \displaystyle\int_0^t e^{A(t-s)}\frac{\partial^k f(z^*,v^*,\mu,s)}{\partial(z^0)^{k_1}\partial(v^1)^{k_2}}ds,\\ V^*_{k_1,k_2}(t) = -\displaystyle\int_t^\tau e^{-B(s-t)}\frac{\partial^k g(z^*,v^*,\mu,s)}{\partial(z^0)^{k_1}\partial(v^1)^{k_2}}ds. \end{cases} \tag{5.2.35}$$

回忆复合函数的求导公式

$$\frac{\partial^{|p|}\phi(\psi(x))}{\partial x^p} = \sum_{i=1}^{|p|}\frac{\partial^i\phi}{\partial\psi^i}\sum_{\substack{j_1+\cdots+j_i=p\\ |j_1|\geqslant 1,\cdots,|j_i|\geqslant 1}} C_{j_1,\cdots,j_i}\frac{\partial^{|j_1|}\psi}{\partial x_1^j}\cdots\frac{\partial^{|j_i|}\psi}{\partial x_i^j}.$$

其中 ϕ 和 ψ 是某向量函数, p 和 $j_1,\cdots,j_i$ 是多重指标, $\dfrac{\partial^i\phi}{\partial\psi^i}$ 表示 ϕ 关于 ψ 的所有 i 阶导数向量, 不相关的常数因子 $C_{j_1,\cdots,j_i}$ 与特殊的函数 ϕ 和 ψ 无关. 应用这个公式

到 (5.2.35) 得到 $(Z^*_{k_1,k_2}, V^*_{k_1,k_2})$ 是下面积分算子的不动点:

$$
\begin{aligned}
\overline{Z}_{k_1,k_2}(t) = & \int_0^t e^{A(t-s)} f'_{z,v}(z^*(s), v^*(s), \mu, s)(Z_{k_1,k_2}(s), V_{k_1,k_2}(s))ds \\
& + \sum_{i=2}^{k} \int_0^t e^{A(t-s)} \left.\frac{\partial^i f}{\partial(z,v)^i}\right|_{(z^*(s),v^*(s))} \\
& \times \sum_{j} C_{j_1,\cdots,j_i}(Z^*_{j_{11},j_{12}}(s), V^*_{j_{11},j_{12}}(s)) \cdots (Z^*_{j_{i1},j_{i2}}(s), V^*_{j_{i1},j_{i2}}(s))ds, \\
\overline{V}_{k_1,k_2}(t) = & -\int_t^\tau e^{-B(s-t)} g'_{z,v}(z^*(s), v^*(s), \mu, s)(Z_{k_1,k_2}(s), V_{k_1,k_2}(s))ds \\
& - \sum_{i=2}^{k} \int_t^\tau e^{-B(s-t)} \left.\frac{\partial^i g}{\partial(z,v)^i}\right|_{(z^*(s),v^*(s))} \\
& \times \sum_{j} C_{j_1,\cdots,j_i}(Z^*_{j_{11},j_{12}}(s), V^*_{j_{11},j_{12}}(s)) \cdots (Z^*_{j_{i1},j_{i2}}(s), V^*_{j_{i1},j_{i2}}(s))ds,
\end{aligned}
\tag{5.2.36}
$$

其中里面的和式取遍所有满足 $j_{11}+\cdots+j_{i1}=k_1$, $j_{12}+\cdots+j_{i2}=k_2$ 和对所有 $p=1,\cdots,i$ 有 $|j_{p1}|+|j_{p2}|\geqslant 1$ 的多重指标 j.

为了对 $(Z^*_{k_1,k_2}, V^*_{k_1,k_2})$ 推导估计 (5.2.31), 我们按照与一阶导数情形相同的步骤. 只需验证, 如果 $(Z_{k_1,k_2}(s), V_{k_1,k_2}(s))$ 满足这些估计, 则 $(\overline{Z}_{k_1,k_2}(t), \overline{V}_{k_1,k_2}(t))$ 也满足具有相同常数 $C(q+1)$ 的这些估计.

注意公式 (5.2.36) 中第二个积分仅包含阶数低于或者等于 $q=k-1$ 的导数: 因为 $|j_1|+\cdots+|j_i|=k$, 由此得知, 如果对某个 $p=1,\cdots,i$, 有 $|j_p|=k$, 则所有其它的 j 必须为零, 这是不可能的 (和式取非零多重指标). 因此, 按照归纳法假设, 对 (5.2.36) 中的 $(Z^*_{j_{p1},j_{p2}}(s), V^*_{j_{p1},j_{p2}}(s))$ 估计 (5.2.31) 成立. 特别地, 如果 $|k_2|=0$ (对 v^1 没有微分) 且 $|k_1|\alpha<\beta$, 则对所有 $p=1,\cdots,i$ 有 $j_{p2}\equiv 0$ 和 $|j_{p1}|\alpha<\beta$. 因此在这种情形下,

$$||(Z^*_{j_{p1},j_{p2}}(s), V^*_{j_{p1},j_{p2}}(s))|| \leqslant C(q)e^{|j_{p1}|\alpha s} \tag{5.2.37}$$

以及

$$\prod_{p=1}^{i} ||(Z^*_{j_{p1},j_{p2}}(s), V^*_{j_{p1},j_{p2}}(s))|| \leqslant C(q)^i e^{(|j_{11}|+\cdots+|j_{i1}|)\alpha s} = C(q)^i e^{|k_1|\alpha s}. \tag{5.2.38}$$

如果 $|k_2|\neq 0$, 则至少有一个 j_{p2} 不等于零, 并且乘积中对应的项可以估计如下:

$$||(Z^*_{j_{p'1},j_{p'2}}(s), V^*_{j_{p'1},j_{p'2}}(s))|| \leqslant C(q)e^{-\beta(\tau-s)+|j_{p'1}|\alpha\tau}. \tag{5.2.39}$$

所有其它项可估计如下:

$$||(Z^*_{j_{p1},j_{p2}}(s), V^*_{j_{p1},j_{p2}}(s))|| \leqslant C(q)e^{|j_{p1}|\alpha\tau} \tag{5.2.40}$$

(与 (5.2.31) 比较: 我们用到 $\alpha>0$ 和 $t\leqslant\tau$, 故 $e^{|j_{p1}|\alpha t}\leqslant e^{|j_{p1}|\alpha\tau}$, 也用了 $\beta>0$, 故 $e^{-\beta(\tau-t)}\leqslant 1$). 由这些估计得

$$\begin{aligned}\prod_{p=1}^{i}\|(Z^*_{j_{p1},j_{p2}}(s),V^*_{j_{p1},j_{p2}}(s))\|&\leqslant C(q)^i e^{-\beta(\tau-s)}e^{(|j_{11}|+\cdots+|j_{i1}|)\alpha\tau}\\&=C(q)^i e^{-\beta(\tau-s)+|k_1|\alpha\tau}.\end{aligned}\tag{5.2.41}$$

最后, 如果 $|k_2|=0$ 但 $|k_1|\alpha>\beta$, 则对某些多重指标 j 这些积可以由 (5.2.38) 估计, 其它的由 (5.2.41) 估计. 注意, 如果 $|k_1|\alpha>\beta$, 则对 $s\leqslant\tau$ 有 $e^{-\beta(\tau-s)+|k_1|\alpha\tau}>e^{|k_1|\alpha s}$. 即在这种情形估计 (5.2.41) 优于 (5.2.38). 因此, 如果 $|k_2|=0$ 但 $|k_1|\alpha>\beta$, 则 (5.2.36) 的第二个积分中所有积如同 $|k_2|\neq 0$ 都满足 (5.2.41). 回忆 f 和 g 的所有导数一致有界. 因此, 由上面的考虑得到

$$\begin{aligned}\|\overline{Z}_{k_1,k_2}(t)\|&\leqslant\int_0^t\xi e^{\alpha(t-s)}\|Z_{k_1,k_2}(s)\|ds\\&\quad+\begin{cases}C^*(q)\displaystyle\int_0^t e^{\alpha(t-s)}e^{|k_1|\alpha s}ds & \text{如果 } |k_2|=0 \text{ 且 } |k_1|\alpha<\beta,\\ C^*(q)\displaystyle\int_0^t e^{\alpha(t-s)}e^{-\beta(\tau-s)+|k_1|\alpha\tau}ds & \text{如果 } |k_2|\neq 0 \text{ 或 } |k_1|\alpha>\beta,\end{cases}\\\|\overline{V}_{k_1,k_2}(t)\|&\leqslant\int_t^\tau\xi e^{-\tilde\beta(s-t)}\|V_{k_1,k_2}(s)\|ds\\&\quad+\begin{cases}C^*(q)\displaystyle\int_t^\tau e^{-\tilde\beta(s-t)}e^{|k_1|\alpha s}ds & \text{如果 } |k_2|=0 \text{ 且 } |k_1|\alpha<\beta,\\ C^*(q)\displaystyle\int_t^\tau e^{-\tilde\beta(s-t)}e^{-\beta(\tau-s)+|k_1|\alpha\tau}ds & \text{如果 } |k_2|\neq 0 \text{ 或 } |k_1|\alpha>\beta,\end{cases}\end{aligned}\tag{5.2.42}$$

其中 $C^*(q)$ 是某个常数, 以及选择 $\tilde\beta>\beta$ 接近于 β, 使得矩阵 B 的谱仍严格位于直线 $\mathrm{Re}\,(\cdot)=\tilde\beta$ 的右边. 这意味着对矩阵指数, 下面的估计 (5.2.3) 的修改成立:

$$\|e^{-Bs}\|\leqslant e^{-\tilde\beta s}\quad \text{对 } s\geqslant 0.$$

按照 (5.2.31), 如果 $|k_2|=0$ 且 $|k_1|\alpha<\beta$, 我们有 $\|(Z_{k_1,k_2}(s),V_{k_1,k_2}(s))\|\leqslant C(q+1)e^{|k_1|\alpha s}$. 将它代入 (5.2.42) 得

$$\begin{aligned}\|\overline{Z}_{k_1,k_2}(t)\|&\leqslant e^{\alpha t}(\xi C(q+1)+C^*(q))\int_0^t e^{(|k_1|-1)\alpha s}ds\\&\leqslant\frac{\xi C(q+1)+C^*(q)}{(|k_1|-1)\alpha}e^{|k_1|\alpha t},\\\|\overline{V}_{k_1,k_2}(t)\|&\leqslant e^{\tilde\beta t}(\xi C(q+1)+C^*(q))\int_t^\tau e^{-(\tilde\beta-|k_1|\alpha)s}ds\\&\leqslant\frac{\xi C(q+1)+C^*(q)}{\tilde\beta-|k_1|\alpha}e^{|k_1|\alpha t},\end{aligned}\tag{5.2.43}$$

即 $\|(\overline{Z}_{k_1,k_2}(t),\overline{V}_{k_1,k_2}(t))\|$ 也满足具有相同常数 $C(q+1)$ 的估计 (5.2.31), 只要

$$(\xi C(q+1)+C^*(q))\max\left(\frac{1}{(|k_1|-1)\alpha},\frac{1}{\tilde{\beta}-|k_1|\alpha}\right)\leqslant C(q+1).$$

这就完成了我们对特殊情形 $|k_2|=0, |k_1|\alpha<\beta$ 的证明. 注意, 在推导 (5.2.42) 时我们主要应用了明显的不等式 (这里 $a\leqslant b$)

$$\int_a^b e^{\delta s}ds\leqslant\frac{1}{|\delta|}\begin{cases}e^{\delta b} & \text{如果 } \delta>0,\\ e^{\delta a} & \text{如果 } \delta<0\end{cases}\tag{5.2.44}$$

以及条件 $\tilde{\beta}-|k_1|\alpha>0$.

如果 $|k_2|\neq 0$ 或者 $|k_1|\alpha>\beta$, 我们有

$$\|(Z_{k_1,k_2}(s),V_{k_1,k_2}(s))\|\leqslant C(q+1)e^{-\beta(\tau-s)}e^{|k_1|\alpha\tau}.$$

将它代入 (5.2.42) 得

$$\begin{aligned}\|\overline{Z}_{k_1,k_2}(t)\|&\leqslant e^{\alpha t}(\xi C(q+1)+C^*(q))e^{-\beta\tau}e^{|k_1|\alpha\tau}\int_0^t e^{(\beta-\alpha)s}ds\\&\leqslant\frac{\xi C(q+1)+C^*(q)}{\beta-\alpha}e^{-\beta(\tau-t)}e^{|k_1|\alpha\tau},\\\|\overline{V}_{k_1,k_2}(t)\|&\leqslant e^{\tilde{\beta}t}(\xi C(q+1)+C^*(q))e^{-\beta\tau}e^{|k_1|\alpha\tau}\int_t^\tau e^{-(\tilde{\beta}-\beta)s}ds\\&\leqslant\frac{\xi C(q+1)+C^*(q)}{\tilde{\beta}-\beta}e^{-\beta(\tau-t)}e^{|k_1|\alpha\tau}\end{aligned}\tag{5.2.45}$$

(我们用了 $\beta-\alpha>0$ 和 $\tilde{\beta}-\beta>0$). 由此得知, 如果

$$(\xi C(q+1)+C^*(q))\max\left(\frac{1}{\beta-\alpha},\frac{1}{\tilde{\beta}-\beta}\right)\leqslant C(q+1),$$

则 $\|(\overline{Z}_{k_1,k_2}(t),\overline{V}_{k_1,k_2}(t))\|$ 满足具有相同常数 $C(q+1)$ 的估计 (5.2.31). 这就完成了定理的证明.

5.3 不变叶层定理

为了我们的目的, 上一节引入的大范围二分系统的最重要性质是某个不变叶层的存在性. 我们将用上面边值问题对应于 $\tau=+\infty$ 时的极限情形来证明这个叶层的存在性 (我们在 2.8 节已经用过这个方法). 回忆称微分方程系统为大范围二分的, 如果它有形式

$$\begin{aligned}\dot{z}&=Az+f(z,v,\mu,t),\\\dot{v}&=Bv+g(z,v,\mu,t),\end{aligned}\tag{5.3.1}$$

其中 $z\in\mathbb{R}^n, v\in\mathbb{R}^m, t$ 是时间变量, μ 是参数向量. 函数 f 和 g 是 $\mathbb{C}^r$ – 光滑 $(r\geqslant 1)$, 以及假设它们的所有导数都一致有界. 此外, 它们的一阶导数对某个充分小的常数 ξ 都一致地小:

$$\left\|\frac{\partial(f,g)}{\partial(z,v)}\right\| < \xi. \tag{5.3.2}$$

关于矩阵 A 和 B, 我们假设下面的估计对所有的 $s\geqslant 0$ 成立:

$$\begin{aligned}||e^{As}|| &\leqslant e^{\alpha s},\\ ||e^{-Bs}|| &\leqslant e^{-\beta s}.\end{aligned} \tag{5.3.3}$$

选择实数 γ (下面 $\gamma\in(\alpha,\beta)$).

定义 5.1 任取点 (z_0,v_0). 设 $(z_0(t),v_0(t))$ 是在某 $t=t_0$ 从 (z_0,v_0) 出发的轨线. 我们用 $W^s_\gamma(z_0,v_0,t_0)$ 记点 (z_1,v_1) 的集合, 使得在某 $t=t_0$ 从 (z_1,v_1) 出发的轨线 $(z_1(t),v_1(t))$ 对所有 $t\geqslant t_0$ 满足

$$||(z_1(t),v_1(t))-(z_0(t),v_0(t))||\leqslant Ce^{\gamma t}. \tag{5.3.4}$$

我们称 $W^s_\gamma(z_0,v_0,t_0)$ 为在 $t=t_0$ 点 (z_0,v_0) 的**常规稳定**或 γ – **稳定集**.[5]

定理 5.13 对任何 (z_0,v_0,t_0) 和任何 $\gamma\in(\alpha,\beta)$, 常规稳定集 W^s_γ 是下面形式的 $\mathbb{C}^q$ – 光滑流形 (其中 q 是满足 $q\alpha<\beta$ 和 $q\leqslant r$ 的最大整数):

$$v=\varphi(z;z_0,v_0,t_0,\mu),$$

其中函数 φ 不依赖于 γ, 它对所有 z 有定义且连续依赖于 (z_0,v_0,μ,t_0).

证明 如同在上一节, 对任何 τ, 解 $(z(t),v(t))$ 满足下面的积分关系式

$$\begin{aligned}z(t)&=e^{A(t-t_0)}z(t_0)+\int_{t_0}^{t}e^{A(t-s)}f(z(s),v(s),\mu,s)ds\\ v(t)&=e^{-B(\tau-t)}v(\tau)-\int_{t}^{\tau}e^{-B(s-t)}g(z(s),v(s),\mu,s)ds\end{aligned} \tag{5.3.5}$$

因此, 如果点 (z_1,v_1) 属于点 (z_0,v_0) 的 γ – 稳定集, 那么

$$\begin{aligned}z_1(t)-z_0(t)&=e^{A(t-t_0)}(z_1(t_0)-z_0(t_0))\\ &\quad+\int_{t_0}^{t}e^{A(t-s)}[f(z_1(s),v_1(s),\mu,s)-f(z_0(s),v_0(s),\mu,s)]ds,\\ v_1(t)-v_0(t)&=-\int_{t}^{+\infty}e^{-B(s-t)}[g(z_1(s),v_1(s),\mu,s)-g(z_0(s),v_0(s),\mu,s)]ds\end{aligned} \tag{5.3.6}$$

---

[5] 这里我们考虑初始时刻是 $t=t_0$, 因为我们考虑的是非自治系统, 所以不同的初始时刻对应于不同的轨线. 当然, 在自治情形这里的 f 和 g 就不依赖于时间值 t_0.

(我们考虑到对任何固定的 t, 当 $\tau \to +\infty$ 时 $e^{-B(\tau-t)}e^{\gamma\tau} \to 0$, 且由 γ – 稳定集的定义 $v_1(\tau) - v_0(\tau) = O(e^{\gamma\tau})$).

记 $\zeta(t) = z_1(t) - z_0(t), \eta(t) = v_1(t) - v_0(t)$. (5.3.6) 的解是积分算子

$$\begin{aligned}\bar{\zeta}(t) &= e^{A(t-t_0)}\zeta^0 + \int_{t_0}^{t} e^{A(t-s)}[f(z_0(s)+\zeta(s), v_0(s)+\eta(s), \mu, s) \\ &\quad -f(z_0(s), v_0(s), \mu, s)]ds, \\ \bar{\eta}(t) &= -\int_{t}^{+\infty} e^{-B(s-t)}[g(z_0(s)+\zeta(s), v_0(s)+\eta(s), \mu, s) \\ &\quad -g(z_0(s), v_0(s), \mu, s)]ds\end{aligned} \tag{5.3.7}$$

的不动点, 其中 $\zeta^0 = z_1(t_0) - z_0(t_0)$. 由 (5.3.7) 得

$$\begin{aligned}||\bar{\zeta}(t)|| &\leqslant e^{\alpha(t-t_0)}||\zeta^0|| + \int_{t_0}^{t} e^{\alpha(t-s)} \left\|\frac{\partial(f,g)}{\partial(z,v)}\right\| \cdot ||\zeta(s), \eta(s)||ds, \\ ||\bar{\eta}(t)|| &\leqslant \int_{t}^{+\infty} e^{-\beta(s-t)} \left\|\frac{\partial(f,g)}{\partial(z,v)}\right\| \cdot ||\zeta(s), \eta(s)||ds.\end{aligned} \tag{5.3.8}$$

以这个估计为基础我们立刻看到, 对任何 $\gamma \in (\alpha, \beta)$, 如果函数 $(\zeta(s), \eta(s))$ 是按 γ – **范数有界**, 即对所有 $s \geqslant t_0$ 满足

$$||\zeta(s), \eta(s)|| \leqslant Ce^{\gamma s}, \tag{5.3.9}$$

则算子 (5.3.7) 将这样的函数映为满足同一条件的函数 $(\bar{\zeta}(t), \bar{\eta}(t))$. 此外, 如同定理 5.11(比较 (5.2.17)), 我们可以证明在所考虑的情况下, 这个算子在赋予 γ – 范数的由满足 (5.3.9) 的函数构成的 Banach 空间 $H_{[t_0,+\infty)}$ 中是压缩的.

因此, 按照 Banach 压缩映射原理, 对任给 $z_1(t_0)$, 系统 (5.3.6) 有满足 (5.3.4) 的唯一解 $(z_1(t), v_1(t))$. 由唯一性, 这个解不依赖于 γ 在区间 (α, β) 中的选择.

由定理 3.25 解连续依赖于 (z_0, v_0, t_0, μ) 以及初始值 $z = z_1(t_0) = z_0(t_0) + \zeta^0$. 特别地, 我们得知 $v = v_1(t_0)$ 是 $z = z_1(t_0)$ 的连续函数. 因此, 我们证明了任何点 z_0 的常规稳定流形是某个连续函数 $v = \varphi(z)$ 的图像.

现在我们来证明常规稳定流形的 $\mathbb{C}^q$ – 光滑性. 这等价于 (5.3.6) 的解 $(z_1(t), v_1(t))$ 关于初始条件 $z_1(t_0)$ 的 $\mathbb{C}^q$ – 光滑性. 由 (5.3.6) 的形式微分, 我们有一阶导数

$$(Z^*(t), V^*(t)) \equiv \left(\frac{\partial z_1(t)}{\partial z_1(t_0)}, \frac{\partial v_1(t)}{\partial z_1(t_0)}\right),$$

当它存在时, 满足方程

$$\begin{aligned}Z^*(t) &= e^{A(t-t_0)} + \int_{t_0}^{t} e^{A(t-s)} f'_{z,v}(z_1(s), v_1(s), \mu, s)(Z^*(s), V^*(s))ds, \\ V^*(t) &= -\int_{t}^{+\infty} e^{-B(s-t)} g'_{z,v}(z_1(s), v_1(s), \mu, s)(Z^*(s), V^*(s))ds.\end{aligned} \tag{5.3.10}$$

进一步, 高阶导数

$$(Z_k^*(t), V_k^*(t)) \equiv \left(\frac{\partial^k z_1(t)}{\partial z_1(t_0)^k}, \frac{\partial^k v_1(t)}{\partial z_1(t_0)^k}\right)$$

必须满足

$$\begin{aligned} Z_k^*(t) &= \int_{t_0}^t e^{A(t-s)} f'_{z,v}(z_1(s), v_1(s), \mu, s)(Z_k^*(s), V_k^*(s))ds + P_k(t), \\ V_k^*(t) &= -\int_t^{+\infty} e^{-B(s-t)} g'_{z,v}(z_1(s), v_1(s), \mu, s)(Z_k^*(s), V_k^*(s))ds - Q_k(t), \end{aligned} \tag{5.3.11}$$

其中

$$\begin{aligned} P_k(t) &= \int_{t_0}^t e^{A(t-s)} \sum_{i=2}^k \frac{\partial^i f}{\partial(z,v)^i}\bigg|_{(z_1(s),v_1(s))} \\ &\quad \times \sum_{j_1+\cdots+j_i=k} C_{j_1,\cdots,j_i}(Z_{j_1}^*(s), V_{j_1}^*(s)) \cdots (Z_{j_i}^*(s), V_{j_i}^*(s))ds, \\ Q_k(t) &= \int_t^{+\infty} e^{-B(s-t)} \sum_{i=2}^k \frac{\partial^i g}{\partial(z,v)^i}\bigg|_{(z_1(s),v_1(s))} \\ &\quad \times \sum_{j_1+\cdots+j_i=k} C_{j_1,\cdots,j_i}(Z_{j_1}^*(s), V_{j_1}^*(s)) \cdots (Z_{j_i}^*(s), V_{j_i}^*(s))ds. \end{aligned} \tag{5.3.12}$$

因此, 当对 $j < k$, (Z_j^*, V_j^*) 已知时, k 阶导数 (Z_k^*, V_k^*) 是算子

$$\begin{aligned} \overline{Z}(t) &= \int_{t_0}^t e^{A(t-s)} f'_{z,v}(z_1(s), v_1(s), \mu, s)(Z(s), V(s))ds + P_k(t), \\ \overline{V}(t) &= -\int_t^{+\infty} e^{-B(s-t)} g'_{z,v}(z_1(s), v_1(s), \mu, s)(Z(s), V(s))ds - Q_k(t) \end{aligned} \tag{5.3.13}$$

的不动点.

这些方程类似于边值问题 (5.2.11) 解的导数的方程 (5.2.35), (5.2.36). 如同定理 5.12, 用完全相同的方法我们可以证明, 对 $j < k$, (5.3.12) 中的 $(Z_j^*(s), V_j^*(s))$ 对小的 ε 满足

$$||Z_j^*(s), V_j^*(s)|| \leqslant Ce^{(\max(\alpha, j\alpha)+\varepsilon)s}, \tag{5.3.14}$$

则对 $k\alpha < \beta$, 定义 $Q_k(t)$ 的积分收敛, 且

$$||P_k(t), Q_k(t)|| \leqslant 常数\ e^{k\alpha t}.$$

此外, 算子 (5.3.13) 将依 γ – 范数有界的函数 $(Z(t), V(t))$ 的空间映为它自己, 只要 $\gamma \in (\max(\alpha, k\alpha), \beta)$, 且它在这个范数下是压缩的.

因此, 一旦满足 (5.3.14) 的 $(Z_j^*(s), V_j^*(s))$ 对 $j < k$ 已知, 则对 $j = k$, (5.3.11) 的形式解 $(Z_k^*(s), V_k^*(s))$ 存在且满足 (5.3.14). 由归纳法我们得到按 γ – 范数有界的 $(\gamma \in (\max(\alpha, k\alpha), \beta))$ 直到 q 阶的形式导数 $(Z_k^*(s), V_k^*(s))$ 的存在性.

为了证明这些形式导数是实际的导数, 我们将证明系统 (5.3.6) 的解 $(z_1(t), v_1(t))$ 是上一节讨论过的具有边界条件 $(z^0 = z_1(t_0) = z_0(t_0) + \zeta^0, v^1 = v_0(\tau))$ 的边值问题的解 $(z^*_\tau(t), v^*_\tau(t))$ 在 $\tau \to +\infty$ 时的极限, 且对每一个 $k = 1, \cdots, q$, $(z^*_\tau(t), v^*_\tau(t))$ 关于 z^0 的 k 阶导数 $(Z^*_{k\tau}(t), V^*_{k\tau}(t))$ 收敛于 (5.3.12) 的解 $(Z^*_k(t), V^*_k(t))$. 确切地说, 我们将证明在任何固定的有限时间区间上

$$\sup ||(z^*_\tau(t), v^*_\tau(t)) - (z_1(t), v_1(t))|| \to 0 \quad \text{当 } \tau \to +\infty \tag{5.3.15}$$

以及

$$\sup \left\| \frac{\partial^k (z^*_\tau(t), v^*_\tau(t))}{\partial (z^0)^k} - (Z^*_k(t), V^*_k(t)) \right\| \to 0 \quad \text{当 } \tau \to +\infty \quad k = 1, \cdots, q, \tag{5.3.16}$$

由此立刻得知 $(z_1(t), v_1(t))$ 关于 z^0 的 $\mathbb{C}^q$ – 光滑性.

为了证明 (5.3.15), 注意由 (5.3.7) 给出的算子是下面算子的极限:

$$\begin{aligned}\bar\zeta(t) &= e^{A(t-t_0)}\zeta^0 + \int_{t_0}^{t} e^{A(t-s)}[f(z_0(s)+\zeta(s), v_0(s)+\eta(s), \mu, s)\\ &\quad - f(z_0(s), v_0(s), \mu, s)]\, ds,\end{aligned} \tag{5.3.17}$$

$$\bar\eta(t) = \begin{cases} -\displaystyle\int_t^{\tau} e^{-B(s-t)}[g(z_0(s)+\zeta(s), v_0(s)+\eta(s), \mu, s) & \\ -g(z_0(s), v_0(s), \mu, s)]ds & \text{对 } t \leqslant \tau, \\ 0 & \text{对 } t \geqslant \tau. \end{cases}$$

更确切地说, 当 $\tau \to +\infty$ 时, 定义在对某 $\gamma \in (\alpha, \beta)$ 依 γ – 范数有界的函数 (ζ, η) 的空间上的算子 (5.3.17), 对任何 $\gamma' \in (\gamma, \beta)$ 在 γ' – 范数下以 (5.3.7) 为其极限算子. 为证明这个论断只需验证

$$\begin{aligned}\sup_{t \geqslant t_0} \Big\| e^{-\gamma' t} \int_{\max(t,\tau)}^{+\infty} & e^{-B(s-t)}[g(z_0(s)+\zeta(s), v_0(s)+\eta(s), \mu, s) \\ & -g(z_0(s), v_0(s), \mu, s)]ds \Big\| \to 0 \quad \text{当 } \tau \to +\infty,\end{aligned}$$

只要 $||\zeta(s), \eta(s)|| \leqslant Ce^{\gamma s}$. 这个积分可以估计如下:

$$\begin{aligned}&\left\| e^{-\gamma' t} \int_{\max(t,\tau)}^{+\infty} e^{-B(s-t)} [g(z_0(s)+\zeta(s), v_0(s)+\eta(s), \mu, s) - g(z_0(s), v_0(s), \mu, s)]\, ds \right\| \\ &\leqslant e^{-\gamma' t} \int_{\max(t,\tau)}^{+\infty} e^{-B(s-t)} ||g'_{(z,v)}|| \ \ ||\zeta(s), \eta(s)|| ds \\ &\leqslant C\xi e^{-\gamma' t} \int_{\max(t,\tau)}^{+\infty} e^{-B(s-t)} e^{\gamma s} ds = \frac{C\xi}{\beta - \gamma} e^{(\beta-\gamma')t} e^{(\gamma-\beta)\max(t,\tau)}.\end{aligned}$$

因此, 由于 $\gamma < \gamma' < \beta$, 我们有

$$\begin{aligned}&\sup_{t \geqslant 0} \left\| e^{-\gamma' t} \int_{\max(t,\tau)}^{+\infty} e^{-B(s-t)} [g(z_0(s)+\zeta(s), v_0(s)+\eta(s), \mu, s) - g(z_0(s), v_0(s), \mu, s)]\, ds \right\| \\ &\leqslant \frac{C\xi}{\beta - \gamma} e^{(\gamma-\gamma')\tau},\end{aligned}$$

又因为 $\gamma' > \gamma$, 这就证明了我们的论断.

由于压缩算子的不动点连续依赖于参数, 得知当 $\tau \to +\infty$ 时 (5.3.17) 的不动点 $(\zeta_\tau^*, \eta_\tau^*)$ 在 γ' – 范数下趋于 (5.3.7) 的不动点 $(\zeta_\infty^*, \eta_\infty^*)$. 对有限数 τ, (5.3.17) 的不动点 $(\zeta_\tau^*, \eta_\tau^*)$ 表示为 (在区间 $t \in [t_0, \tau]$ 上) 具有边界条件 $z^0 = z_0(t_0) + \zeta^0, v^1 = v_0(\tau)$ 的边值问题的解 $(z_\tau^*(t), v_\tau^*(t)) = (z_0(t) + \zeta_\tau^*(t), v_0(t) + \eta_\tau^*(t))$.

因此, $(z_\tau^*(t), v_\tau^*(t))$ 按 γ' – 范数收敛于 (5.3.6) 的解 $(z_1(t), v_1(t)) = (z_0(t) + \zeta_\infty^*(t), v_0(t) + \eta_\infty^*(t))$, 由此, (5.3.15) 显然得到.

如我们在 5.2 节中已经指出的, 关于边界值的形式微分是确定 (z_τ^*, v_τ^*) 的导数的正确方法. 就是说, k 阶导数 $(Z_{k\tau}^*(t), V_{k\tau}^*(t))$ 是作为下面算子的不动点得到的:

$$
\begin{aligned}
\overline{Z}(t) &= \int_{t_0}^{t} e^{A(t-s)} f'_{z,v}(z_\tau^*(s), v_\tau^*(s), \mu, s)(Z(s), V(s))ds + P_{k\tau}(t), \\
\overline{V}(t) &= -\int_{t}^{\tau} e^{-B(s-t)} g'_{z,v}(z_\tau^*(s), v_\tau^*(s), \mu, s)(Z(s), V(s))ds - Q_{k\tau}(t),
\end{aligned}
\tag{5.3.18}
$$

其中

$$
\begin{aligned}
P_{k\tau}(t) &= \int_{t_0}^{t} e^{A(t-s)} \sum_{i=2}^{k} \left.\frac{\partial^i f}{\partial(z,v)^i}\right|_{(z_\tau^*(s), v_\tau^*(s))} \\
&\quad \times \sum_{j_1+\cdots+j_i=k} C_{j_1,\cdots,j_i}(Z_{j_1\tau}^*(s), V_{j_1\tau}^*(s)) \cdots (Z_{j_i\tau}^*(s), V_{j_i\tau}^*(s))ds, \\
Q_{k\tau}(t) &= \int_{t}^{+\infty} e^{-B(s-t)} \sum_{i=2}^{k} \left.\frac{\partial^i g}{\partial(z,v)^i}\right|_{(z_\tau^*(s), v_\tau^*(s))} \\
&\quad \times \sum_{j_1+\cdots+j_i=k} C_{j_1,\cdots,j_i}(Z_{j_1\tau}^*(s), V_{j_1\tau}^*(s)) \cdots (Z_{j_i\tau}^*(s), V_{j_i\tau}^*(s))ds.
\end{aligned}
\tag{5.3.19}
$$

算子 (5.3.18) 将按 γ – 范数 ($\gamma \in (k\alpha, \beta)$) 有界的函数映为在同一范数下的有界函数, 且在这个范数下对所有 τ 它一致压缩 (见定理 5.12). 因此, 这个解满足

$$
||Z_{k\tau}^*(t), V_{k\tau}^*(t)|| \leqslant Ce^{(\max(\alpha, k\alpha)+\varepsilon)t}. \tag{5.3.20}
$$

现在, 取 $k_0 \leqslant q$ 且假设对所有 $k < k_0$, (5.3.16) 成立. 我们通过 (5.3.18) 的第二个方程在 $t \geqslant \tau$ 上假设恒等于零来将算子 (5.3.18) 扩展到对所有 $t \geqslant t_0$ 都有定义的函数空间上. 如上, 可以看出在按 γ – 范数 ($\gamma \in (k\alpha, \beta)$) 有界的函数空间中, 积分算子按 γ' – 范数 ($\gamma' \in (\gamma, \beta)$) 连续依赖于 τ, 且当 $\tau \to +\infty$ 时它的极限由算子 (5.3.11) 给出.

事实上, 由 (5.3.15) 以及假设对所有的 $j < k_0$, (5.3.16) 成立, 我们有

$$
||P_k(t) - P_{k\tau}(t)||_{\gamma'} \leqslant \sup_{t \geqslant t_0} e^{-\gamma' t} \int_{t_0}^{t} e^{\alpha(t-s)} \varphi(s, \tau) ds,
$$

其中, 在 s 的任何固定的有界区间上一致地有 $\varphi(s,\tau)\to 0$ (当 $\tau\to+\infty$). 因此, 对于当 $\tau\to+\infty$ 时趋于无穷的某 $t(\tau)$,

$$\lim_{\tau\to+\infty}||P_k(t)-P_{k\tau}(t)||_{\gamma'}\leqslant\lim_{\tau\to+\infty}\sup_{t\geqslant t(\tau)}e^{-\gamma' t}\int_{t_0}^{t}e^{\alpha(t-s)}\varphi(s,\tau)ds. \tag{5.3.21}$$

注意, φ 是 (5.3.12) 和 (5.3.19) 的积分中的两个和式之间差的范数, 因此由 (5.3.14) 和 (5.3.20) 得

$$\varphi\leqslant \text{常数 } e^{\gamma s}.$$

将这加入到 (5.3.21) 给出

$$\lim_{\tau\to+\infty}||P_k(t)-P_{k\tau}(t)||_{\gamma'}\leqslant \text{常数 }\lim_{\tau\to+\infty}e^{(\gamma-\gamma')t(\tau)}=0.$$

用同样的方法得

$$\lim_{\tau\to+\infty}||Q_k(t)-Q_{k\tau}(t)||_{\gamma'}\leqslant \text{常数 }\lim_{\tau\to+\infty}\sup_{t\geqslant t(\tau)}e^{-\gamma' t}\int_{\max(t,\tau)}^{+\infty}e^{-\beta(s-t)}e^{\gamma s}ds,$$

因此

$$\lim_{\tau\to+\infty}||Q_k(t)-Q_{k\tau}(t)||_{\gamma'}=0.$$

完全类似地, 我们可证明对 (5.3.18) 中的第一个和式过渡到 (5.3.11) 的极限的准确性.

由于压缩算子的不动点连续依赖于参数, 当 $\tau\to+\infty$ 时 (5.3.18) 的解的极限 (按 γ' – 范数, 因此在 t 的任意有限区间按通常的范数) 是 (5.3.11) 的解 $(Z_{k_0}^*,V_{k_0}^*)$. 因此, (5.3.16) 对所有 $k<k_0\leqslant q$ 的准确性导致它在 $k=k_0$ 的准确性. 由归纳法我们得到 (5.3.16) 对所有的 $k\leqslant q$ 成立, 这就给出了我们的定理.

注 流形 W_γ^s 对所有 $\gamma\in(\alpha,\beta)$ 是相同的. 因此, (z_0,v_0,t_0) 的常规稳定流形上点的轨线对在这个区间内的任何 γ 满足 (5.3.4), 因此它们满足

$$||(z_1(t),v_1(t))-(z_0(t),v_0(t))||=o(e^{\gamma t}). \tag{5.3.22}$$

注意, 流形 $W_\gamma^s(z_0,v_0,t_0,\mu)$ 一般关于系统 (5.3.1) 不是不变的, 只有当系统为自治且 (z_0,v_0) 是平衡态的情形是例外. 在这种情形下, W_γ^s 是其向前轨线按 γ – 范数趋于平衡态的点集:

$$||(z(t),v(t))-(z_0,v_0)||=o(e^{\gamma t}).$$

因此, 由定义它是不变流形.

在一般情形, 所有常规稳定流形的集合构成扩展相空间 $\mathbb{R}^{n+m}\times\mathbb{R}^1$ 的**不变叶层** (其中 $\mathbb{R}^1$ 表示时间轴). 事实上, 如果某点 (z_1,v_1) 属于某个其它点 (z_0,v_0) 的常规稳定流形, 则由 W_γ^s 的定义, $W_\gamma^s(z_1,v_1,t_0,\mu)=W_\gamma^s(z_0,v_0,t_0,\mu)$. 因此, 如果两个常规稳

定流形在某点相交, 则它们必须重合. 从而, 事实上这些流形的集合是连续叶层. 为了证明它是**不变**叶层, 只需指出 $X_t W^s_\gamma(z_0, v_0, t_0, \mu) = W^s_\gamma(z_0(t), v_0(t), t_0 + t, \mu)$ (我们用 X_t 表示系统轨线的时间 t 移位). 如果系统是自治的, 则 W^s_γ 不依赖于初始时刻 t_0, 故我们有相空间的不变叶层. 如果系统是非自治的, 且以某周期 T 周期性依赖于时间, 则任何曲面 ($t = t_0 =$ 常数) 是截面, 沿着系统轨线的时间 T 移位是 Poincaré 映射 $(z, v) \mapsto (z(t_0+T), v(t_0+T))$. 由周期性, $W^s_\gamma(z_0, v_0, t_0, \mu) = W^s_\gamma(z_0, v_0, t_0+T, \mu)$. 因此, $X_T W^s_\gamma(z_0, v_0, t_0, \mu) = W^s_\gamma(z_0(t_0 + T), v_0(t_0 + T), t_0, \mu)$, 由此得知, 在截面上的常规稳定流形集是 Poincaré 映射的不变叶层.

因此, 定理 5.13 建立了具有形如 $v = \varphi(z; z_0, v_0, t_0)$ 的 $\mathbb{C}^q$ – 光滑叶片的连续不变叶层的存在性. 记

$$\Phi(z_0, v_0, t_0, \mu) = \left.\frac{\partial \varphi}{\partial z}\right|_{z=z_0}.$$

函数 Φ 定义不变叶层叶片的切线场:$\{(v - v_0) = \Phi(z_0, v_0, t_0, \mu)(z - z_0), t = t_0\}$. 这个场必须关于线性化系统是不变的. 不变叶层的叶片被切线场的积分所覆盖. 即每个叶片满足方程 (对每个固定的 t_0)

$$\frac{\partial v}{\partial z} = \Phi(z, v, t_0, \mu). \tag{5.3.23}$$

因此, 作为上面微分方程的解, 函数 $v = \varphi(z; z_0, v_0, t_0, \mu)$ 必须至少关于初始条件 (z_0, v_0, t_0) 和参数 μ 有如 Φ 相同的光滑性.

一般地, 函数 Φ (以及 φ) 关于 (z_0, v_0, t_0, μ) 不是光滑的. 我们来更详细地研究叶层的光滑性问题. 设 $\tilde{\beta} \geqslant 0$ 是常数使得轨线 $(z(t), v(t))$ 关于初始条件 $(z_0, v_0) = (z(t_0), v(t_0))$ 和 μ 的导数满足下面的估计

$$\left\| \frac{\partial^k (z(t), v(t))}{\partial (z_0, v_0, \mu)^k} \right\| \leqslant 常数\ e^{k\tilde{\beta} t}. \tag{5.3.24}$$

可以证明当矩阵

$$\begin{pmatrix} A & 0 \\ 0 & B \end{pmatrix}$$

的谱严格位于虚轴的左边时, (5.3.2) 中界定 f 和 g 的导数的常数 ξ 可以取得如此小, 使得所有的导数 $\dfrac{\partial^k (z(t), v(t))}{\partial (z_0, v_0, \mu)^k}$ 有界. 因此在这种情形下 $\tilde{\beta} = 0$.

一般地, 取 $\tilde{\beta}$ 使得 B 的谱 (以及 A 的谱) 严格位于直线 $\mathrm{Re}(\cdot) = \tilde{\beta}$ 的左边. 此时估计 (5.3.24) 成立, 只要 ξ 取得充分小. 注意, 对固定的 $\tilde{\beta}$, 增加估计 (5.3.24) 中的导数阶数得要求缩小常数 ξ 的值.

由定理 5.13 的证明得知, 定义不变叶层叶片的切线的函数 Φ 等于 $V^*(t_0)$, 其中 V^* 是积分方程系统 (5.3.10) 的解, $(z_1(s), v_1(s))$ 现在等于 $(z_0(s), v_0(s))$ (点 (z_0, v_0) 的轨线). 由于 (5.3.10) 中的函数 $z(t)$ 和 $v(t)$ 依赖于初始条件 $(z(t_0), v(t_0)) = (z_0, v_0)$, 解 V^* 也是 (z_0, v_0) 的函数. 如在定理 5.13 的证明中, 可以验证 V^* 关于 (z_0, v_0, μ) 的导数可以作为用 (5.3.10) 的形式微分所得的对应积分方程的解求得. 就是说, k 阶导数

$$(Z_k^{*0}, V_k^{*0}) \equiv \frac{\partial^k}{\partial(z_0, v_0, \mu)^k}(Z^*, V^*)$$

是算子

$$\begin{aligned}
\overline{Z}(t) = &\int_{t_0}^{t} e^{A(t-s)} f'_{z,v}(z(s), v(s), \mu, s)(Z(s), V(s))ds \\
&+ \sum_{i=1}^{k} \int_{t_0}^{t} e^{A(t-s)} \left(\frac{\partial^i}{\partial(z_0, v_0, \mu)^i} f'_{z,v}(z(s), v(s), \mu, s)\right)(Z_{k-i}^{*0}(s), V_{k-i}^{*0}(s))ds, \\
\overline{V}(t) = -&\int_{t}^{+\infty} e^{-B(s-t)} g'_{z,v}(z(s), v(s), \mu, s)(Z(s), V(s))ds \\
&+ \sum_{i=1}^{k} \int_{t}^{+\infty} e^{-B(s-t)} \left(\frac{\partial^i}{\partial(z_0, v_0, \mu)^i} g'_{z,v}(z(s), v(s), \mu, s)\right)(Z_{k-i}^{*0}(s), V_{k-i}^{*0}(s))ds
\end{aligned} \tag{5.3.25}$$

的不动点.

为了确认这个算子的不动点给出 (Z^*, V^*) 的 k 阶导数, 我们可以考虑依赖于 τ 的算子族, 其中第二个方程中积分的无限上限由 τ 代替, 然后令 $\tau \to +\infty$ 取极限.[6]

由 (5.3.24), (5.3.25) 中的导数

$$\frac{\partial^i}{\partial(z_0, v_0, \mu)^i}(f, g)'_{z,v}(z(s), v(s), \mu, s)$$

如上面对常数 $e^{i\tilde{\beta}s}$ 那样估计. 以此估计为基础我们可以看到, 如同定理 5.12 的证明, (5.3.25) 中的积分收敛, 只要

$$\alpha + k\tilde{\beta} < \beta. \tag{5.3.26}$$

此外, 对任何 τ, 所考虑的族中的算子将按 γ – 范数 (满足 $\gamma \in (\alpha + k\tilde{\beta}, \beta)$) 有界的函数空间映为它自己, 并且在这个空间关于 τ 是一致压缩的.

因此, 我们得到函数 Φ 是 $\mathbb{C}^k$ 的, 其中 k 是使得 (5.3.26) 成立的最大可能的整数. 当然, 微分的阶数不可能高于 $(r-1)$, 因为 (5.3.10) 的右端包含 $\mathbb{C}^{r-1}$ – 光滑函数 $(f, g)'_{z,v}$. 于是我们得到下面的结果.

[6] 注意对有限的 τ, 解的形式导数就是真实导数 (见 2.8 节对应的论述).

引理 5.2 如果对某个 $\tilde{\beta}\geqslant 0$, 矩阵 B 和 A 的所有特征值严格位于直线 $\mathrm{Re}(\cdot)=\tilde{\beta}$ 的左边, 则由常规稳定流形所得的叶层是 $\mathbb{C}^k$ – 光滑的 (只要 (5.3.2) 中的常数 ξ 充分地小), 其中 k 是满足 $k<(\beta-\alpha)/\tilde{\beta}$ 和 $k\leqslant r-1$ 的最大整数.

在 $r=+\infty$ 且 $\tilde{\beta}=0$ 的情形 (即 A 和 B 的特征值严格有负实部), 这个引理说明叶层是 $\mathbb{C}^\infty$ – 光滑的. 反之, 如果 B 有特征值在虚轴上, 则 $\tilde{\beta}$ 必须取正数, 且对任何固定的 ξ 值, 我们仅得有限光滑的叶层.

定理 5.13 和引理 5.2 是主要的技术性结果, 我们将用它们来证明中心流形定理以及整个这部书中局部不变流形的其它定理. 注意, 应用这些结果到由时间反向从 (5.3.1) 得到的系统, 我们得到由形如 $z=\psi(v)$ 的**常规**不稳定流形所得的其它不变叶层的存在性.

我们强调, 由上一节引入的这类边值问题的研究不仅是为建立不变流形定理, 而且也用在非局部分支的分析上. 记住这类结果对将来的应用, 特别我们注意下面的观察, 事实上, 在定理 5.12 的证明中已经提到.

引理 5.3 设 $(z^*(t;z^0,v^1,\tau,\mu),v^*(t;z^0,v^1,\tau,\mu))$ 是系统 (5.3.1) 的边值问题 $z^*(0)=z^0,v^*(\tau)=v^1$ 的解, 令 z^0 和 v^1 依赖于 τ, 使得当 $\tau\to+\infty$ 时 $(z^*(0),v^*(0))$ 有某个有限极限 (z_0,v_0). 则 $v^*(0)$ 关于 z^0 的导数趋于函数 Φ 在点 (z_0,v_0) 的值, 其中 Φ 定义常规稳定流形的切线.

为了证明这个引理, 注意到由假设, 边值问题的解 $(z^*(t),v^*(t))$ 在任何固定的有限 t 区间上一致地趋于 (z_0,v_0) 的轨线. 因此, 引理的论断没有更多的东西, 仅重复定理 5.13 证明的要求, 即在 $k=1$ 积分算子 (5.3.18) (有限 τ) 的不动点有 (5.3.10) 的解 ($\tau=+\infty$) 为极限. 用相同方法从 (5.3.16) 得知在引理 5.3 的假设下, $v^*(0)$ **关于 z^0 的所有直到 q 阶的导数当 $\tau\to+\infty$ 时都有有限的极限 (这里 q 是满足 $q\alpha<\beta$ 和 $q\leqslant r$ 的最大整数)**.

5.4 中心流形定理的证明

在这一节我们完成对中心流形定理的证明. 事实上, 我们将证明更一般的结果, 它包含了本书所有的局部不变流形定理.

考虑定义在平衡态 $O(0,0)$ 小邻域内的微分方程**局部**系统

$$\begin{aligned}\dot{z}&=Az+f(z,v,\mu)\\ \dot{v}&=Bv+g(z,v,\mu).\end{aligned}\tag{5.4.1}$$

假设

$$f(0,0,0)=0,\quad g(0,0,0)=0,\quad (f,g)'_{z,v}(0,0,0)=0,$$

还假设矩阵 A 和 B 满足不等式 (5.3.3), 即对应于矩阵 A 的特征值的特征指数必须位于复平面的直线 $\mathrm{Re}(\cdot) = \alpha$ 的左边, 其它的特征指数位于直线 $\mathrm{Re}(\cdot) = \beta$ 的右边. 如同在 5.2 节证明的, 这个系统可以扩展到整个相空间并使得所得系统是大范围二分的. 于是由定理 5.3 得知不变流形的存在性, 即点 O 的 γ – 稳定集的存在性. 事实上, 存在不同的不变流形, 它们依赖于我们是如何把相变量划分成 "z" 和 "v" 部分: 对 α 和 β 的不同选择导致特征指数的谱的不同隔离, 因此给出不同的不变流形.

定理 5.14　设对某个 $\beta > \alpha$, 系统 (5.4.1) 的平衡态 O 有 n 个特征指数位于复平面的直线 $\mathrm{Re}(\cdot) = \alpha$ 的左边, 其它 m 个特征指数位于直线 $\mathrm{Re}\,(\cdot) = \beta$ 的右边. 如果 $\alpha < 0$, 则在 $\mu = 0$ 系统有唯一确定的强稳定 (非主) 不变 $\mathbb{C}^r$ – 流形 W^{ss}, 它在 O 切于 $\{v = 0\}$, 且包含所有当 $t \to +\infty$ 时对任何 $0 > \gamma > \alpha$ 的比 $e^{\gamma t}$ 还快地指数式趋于 O 的轨线. 如果当 μ 变化时平衡态不消失, 且连续地依赖于 μ, 则 W^{ss} 也连续依赖于 μ. 此外, 如果系统关于所有的变量包括 μ 是 $\mathbb{C}^r$ – 光滑, 则流形 W^{ss} 关于 μ 是 $\mathbb{C}^{r-1}$ – 光滑 (W^{ss} 的切线关于所有的变量是 $\mathbb{C}^{r-1}$ – 光滑).

定理 5.15　在上面定理的假设下, 如果 $\alpha > 0$, 则对所有小的 μ, 系统有扩展稳定不变 $\mathbb{C}^q$ – 流形 W^{sE}(其中 q 是满足 $q\alpha < \beta$ 和 $q \leqslant r$ 的最大整数), 当 $\mu = 0$ 时它在 O 切于 $\{v = 0\}$, 并且包含对所有正时间都停留在 O 的小邻域内的轨线的集合 N^+. 虽然 W^{sE} 不唯一, 但它们中的任何两个在 N^+ 的每一点都有相同的切线. 此外, 当 W^{sE} 写为形式 $v = \varphi^{sE}(z)$ 时, 函数 φ^{sE} 所有直到 q 阶的导数在 N^+ 的一切点都唯一确定. 流形 W^{sE} 连续依赖于 μ, 且如果系统关于所有的变量包括 μ 是 $\mathbb{C}^r$ – 光滑, 则流形 W^{sE} 关于 μ 是 $\mathbb{C}^q$ – 光滑的.

在这些定理的证明中, 局部流形 W^{ss} 和 W^{sE} 是作为系统 (5.3.1) (由扩展局部系统 (5.4.1) 到整个相空间 $\mathbb{R}^{m+n}$ 得到) 的不变流形 W^s_γ 与在原点的平衡态 O 的小邻域的交出现. 回忆 W^s_γ 是 O 的 γ – 稳定集, $\gamma \in (\alpha, \beta)$. 在 $\alpha < 0$ 的情形, 我们可以选择 γ 为负值, 于是 W^{ss} 的唯一性直接由定义得到: W^{ss} 是所有趋于 O 时快于指数 $e^{\gamma t}$ 衰减的轨线的集合. 如果 $\alpha > 0$, 则 $\gamma > 0$, 因此流形 W^s_γ 变成系统 (5.3.1) 从原点发散充分慢的轨线集合. 因而, 在 O 的小邻域内哪些点包含在 W^{sE} 中, 依赖于我们如何将局部系统 (5.4.1) 扩展到整个相空间. 这导致 W^{sE} 不是由局部系统唯一确定的. 尽管如此, 不管局部系统的扩展方法如何, 集合 N^+ 中所有点, 由于它们是由永不离开 O 的小邻域的向前轨线组成, 按定义对任何 $\gamma > 0$, 它们都属于 O 的 γ – 稳定集. 因此, 每一个流形 W^{sE} 包含 N^+. 在 N^+ 上的任何点 W^{sE} 的切线的唯一性不能直接从定理 5.13 得到, 但仍然可从它的证明中得到. 事实上, 我们已经证明

$$\left.\frac{\partial \varphi^{sE}}{\partial z}\right|_{z=z_0} = V^*|_{t=0},$$

其中 V^* 可作为积分方程

$$\begin{cases} Z^*(t) = e^{At} + \displaystyle\int_0^t e^{A(t-s)}(f_z'(z_0(s), v_0(s), \mu)Z^*(s) \\ \qquad\qquad +f_v'(z_0(s), v_0(s), \mu, s)V^*(s))ds, \\ V^*(t) = -\displaystyle\int_t^{+\infty} e^{-B(s-t)}(g_z'(z_0(s), v_0(s), \mu)Z^*(s) \\ \qquad\qquad +g_v'(z_0(s), v_0(s), \mu)V^*(s))ds \end{cases} \tag{5.4.2}$$

的解求得, 这里 $(z_0(s), v_0(s))$ 是点 $(z_0, v_0) = \varphi^{sE}(z_0)$ 的轨线. 由定理 5.13 的证明得知这个解以及关于 z_0 直到 $(q-1)$ 阶的所有导数都是唯一确定的. 因此, 由于对 $(z_0, v_0) \in N^+$, 这点的轨线仅由局部系统确定, 由此得知, 对 N^+ 中所有的点, φ^{sE} 的导数是唯一确定的.

考虑 W^{sE} 关于参数 μ 的光滑性, 我们指出在 $\alpha > 0$ 的情形, 可以把方程 $\dot{\mu} = 0$ 加入到系统 (5.4.1), 使得 μ 包含在变量 z 之中. 因此, 在这种情形下, 关于 μ 的光滑性与关于 z 的光滑性相同. 如果 $\alpha < 0$ 这就不再成立了, 且非主流形关于参数的光滑性不由定理 5.13 得出. 我们在下面将以更一般的框架通过讨论相应的不变叶层的光滑性来研究这个问题.

定理 5.14 和定理 5.15 允许我们重建局部不变流形的下面的分层. 在平衡态 O 附近选择坐标系使得系统的线性部分取 Jordan 形. 一般地, 我们有

$$\begin{aligned} \dot{y}_i &= A_i y_i + f_i(x, y, z, \mu), \\ \dot{z}_j &= C_j z_j + h_j(x, y, z, \mu), \\ \dot{x} &- Bx + g(x, y, z, \mu), \end{aligned} \tag{5.4.3}$$

其中矩阵 A_i 的谱位于复平面的直线 $\mathrm{Re}(\cdot) = \alpha_i$ 上, B 的谱位于虚轴上,[7] 矩阵 C_j 的谱位于直线 $\mathrm{Re}(\cdot) = \beta_j$ 上 (这里指标 i 和 j 假设取有限值). f, g 和 h 是非线性函数. 设

$$\cdots < \alpha_2 < \alpha_1 < 0 < \beta_1 < \beta_2 < \cdots$$

按照上面的定理, 下面结果成立.

定理 5.16 存在常规稳定的光滑局部不变流形序列

$$\cdots \subset W^s_{-2} \subset W^s_{-1} \subset W^s_0 \subset W^s_1 \subset \cdots,$$

[7] 在结构稳定情形, 没有这部分谱.

其中不变流形的类型[8]是

$$
\begin{aligned}
&W^s_{-i}:(x,z,y_1,\cdots,y_{i-1})=\varphi^{ss}_i(y_i,y_{i+1},\cdots),\\
&W^s_{-1}:(x,z)=\varphi^{ss}_1(y),\\
&W^s_0:z=\varphi^{sC}(x,y,\mu),\\
&W^s_j:(z_{j+1},\cdots)=\varphi^{sE}_j(x,y,z_1,\cdots,z_j,\mu),
\end{aligned}
$$

这里函数 φ 及其导数在 0 为零.

其中, 具负指标的流形由定理 5.14 给出, 其它的由定理 5.15 给出. 由构造它们彼此嵌入: 对某个大范围定义的系统, 它们是点 O 对应的常规稳定流形的局部片, 由定义后者彼此嵌入 —— 轨线按 γ – 范数收敛于 O, 以及对任何 $\gamma'>\gamma$, 轨线按 γ' – 范数也收敛于 O.

流形 W^s_0 是 5.1 节的中心稳定流形, 流形 W^s_{-1} 在这里是强稳定流形. 如果平衡点是结构稳定, 则不存在特征指数在虚轴上, 流形 W^s_0 是 O 的稳定流形. 它在 $\mu=0$ 与 W^s_{-1} 重合, 而流形 W^s_{-2} 现在是 2.6 节的非主流形, 其它流形 W^s_{-i} 因此是那节定义的 W^{sss}, W^{ssss}, 等等.

对结构稳定的鞍点, W^s_1 给出 2.7 节定义的扩展稳定流形. 在 O 的所有特征指数都具有正实部, 且 O 是完全不稳定的情形, O 的流形 W^s_1 是 2.6 节引入的主不稳定流形.

将定理 5.14 和定理 5.15 应用到由改变时间方向从 (5.4.1) 导出的系统, 我们得到下面的常规不稳定不变流形序列

$$\cdots\subset W^u_{-2}\subset W^u_{-1}\subset W^u_0\subset W^u_1\subset\cdots,$$

其中

$$
\begin{aligned}
&W^u_{-i}:(y_{i+1},\cdots)=\psi^{uE}_i(x,z,y_1,\cdots,y_i,\mu),\\
&W^u_0:y=\psi^{uC}(x,z,\mu),\\
&W^u_1:(x,y)=\psi^{uu}_1(z),\\
&W^u_j:(x,y,z_1,\cdots,z_{j-1})=\psi^{uu}_j(z_j,z_{j+1},\cdots),
\end{aligned}
$$

其中所有函数 ψ 以及它们的一阶导数在原点为零. 这个序列包含第 2 章以及这一章讨论过的所有其它不变流形. 特别地, $W^u_0\bigcap W^s_0$ 是结构不稳定情形的中心流形, $W^u_{-1}\bigcap W^s_0$ 是结构稳定情形的鞍点主流形 (见第 2 章).

对在不变流形 W^s_0 上的系统, 平衡态没有正特征指数. 因此, 我们可以应用引理 5.2 断言在 W^s_0 上的光滑不变叶层的存在性 (我们首先应该将系统扩展到整个相空间, 建立大范围定义的光滑不变叶层的存在性, 然后回到局部系统). 此结果为下面的定理.

[8] 其中如果 $q\beta_j<\beta_{j+1}$ 和 $q\leqslant r$, 则 W^s_j 是 $\mathbb{C}^q$ – 光滑的, W^s_{-i}(包括 W_0) 是 $\mathbb{C}^r$ – 光滑的.

定理 5.17 在 W_0^s 上存在具 $\mathbb{C}^r$ – 光滑叶片 l_{-i}^{ss}

$$(x, y_1, \cdots, y_{i-1}) = \eta^{(i)}_{\xi^0,\mu}(y_i, y_{i+1}, \cdots)$$

的强稳定 $\mathbb{C}^{r-1}$ 不变叶层 F_{-i}^{ss} 族, 其中 ξ^0 表示对应的叶片和不变流形 $W^u_{-(i-1)} \bigcap W_0^s$ 的交点 $(x^0, y_1^0, \cdots, y_{i-1}^0)$. 对任何点 $M \in W_0^s$, 通过 M 的叶片彼此嵌入:

$$\cdots \subset l_{-2}^{ss} \subset l_{-1}^{ss}.$$

如果 $M \in N^+$ (M 的向前轨道对所有正时间都位于 O 的小邻域内), 则所有通过 M 的叶片由系统唯一确定.

叶层 F_{-1}^{ss} 刚好是 5.1 节的强稳定叶层. 那里还讨论了由这个叶层的存在性导致约化定理 5.5 成立.

包含平衡态 O 的叶片 l_{-i}^{ss} 是强稳定或者是定理 5.16 的非主不变流形 W_{-i}^s. 由于 η 是 ξ^0 和 μ 的 $\mathbb{C}^{r-1}$ – 光滑函数, 相应的流形关于参数只有 $\mathbb{C}^{r-1}$ – 光滑性 (当 O 不随 μ 变化消失时, 以及当它光滑依赖于 μ 时).

由引理 5.2 的附注得知, 对 $\mathbb{C}^\infty$ – 光滑系统, 非主流形关于参数是 $\mathbb{C}^\infty$ – 光滑, 只要平衡态是结构稳定 (没有特征指数在虚轴上). 否则, W_{-i}^s 关于 μ 的光滑性仅为有限.

用定理 5.13 建立平衡态附近各种不同类型不变流形的存在性的方法, 同样我们也可以用这个定理研究周期轨线. 在周期为 τ 的周期轨线 L 附近的微分方程系统可以写为形式 (见第 3 章)

$$\begin{aligned} \dot{z} &= Az + f(z, v, \mu, t), \\ \dot{v} &= Bv + g(z, v, \mu, t), \end{aligned} \tag{5.4.4}$$

其中

$$f(0,0,0,t) \equiv 0, \quad f'_{z,v}(0,0,0,t) \equiv 0,$$
$$g(0,0,0,t) \equiv 0, \quad g'_{z,v}(0,0,0,t) \equiv 0.$$

函数 f 和 g 关于 t 是 τ – 周期或者是 τ – 反周期.[9] 矩阵 A 和 B 的特征值是 L 乘子平方的对数与 2τ 之比. 条件 (5.3.3) 导致 L 的 m 个乘子按绝对值必须小于 $e^{\alpha\tau}$, 其它 n 个乘子的绝对值大于 $e^{\beta\tau}$.

系统 (5.4.4) 可以扩展到周期轨线 $L : (z = 0, v = 0)$ 小邻域外的所有 z 和 v. 将定理 5.13 应用到这个扩展系统, 得知对每一点 $M(0, 0, t_0) \in L$, 它的 γ – 稳定集是光滑流形 $W_\gamma^s(0, 0, t_0)$. 由 (反) 周期性, 如果点 (z_0, v_0, t_0) 的轨线按 γ – 范数趋于 M 的

[9] 回忆反周期性, 在这里是指 $X_t(\sigma(z_0, v_0); t_0) = \sigma X_t(z_0, v_0; t_0 + \tau)$, 其中 X_t 表示时间 t 移位, σ 是 (z, v) – 空间的某个对合: $\sigma \circ \sigma = id$.

轨线, 则点 $\sigma X_\tau(z_0, v_0, t_0)$ 的轨线也趋于 M 的轨线, 反之亦然 (在纯周期情形我们假设 $\sigma = id$ (恒同)). 这意味着

$$\sigma \circ X_\tau(W^s_\gamma(0,0,t_0)) \equiv W^s_\gamma(0,0,t_0),$$

即流形 $W^s_\gamma(0,0,t_0)$ 关于映射 $\sigma \circ X_\tau$ 是不变的. 这个映射正是截面 $t = t_0$ 的 Poincaré 映射 (详情见第 3 章). 因此, 我们建立了扩展系统的 Poincaré 映射不动点 (0,0) 的不变流形的存在性. 在截面 $\{t = t_0\}$ 上从这个流形上的点出发的轨道集合给出系统自己对应的不变流形. 类似地, 引理 5.2 可以用来断言某些光滑不变叶层的存在性. 现在我们可以如在平衡态情形所作的, 用同样方法回到局部系统.

因此, 我们得到在周期轨线的小邻域内的局部不变流形和叶层的分层. 对应的定理类似于上面处理平衡态的定理.

定理 5.18 对某个 $\beta > \alpha$, 设 $\mathbb{C}^r$ – 光滑系统的周期轨线 L 有 n 个乘子严格位于复平面的圆周 $|(\cdot)| = e^{\alpha\tau}$ 内, 其它 m 个乘子严格位于圆周 $|(\cdot)| = e^{\beta\tau}$ 外. 如果 $\alpha < 0$, 则在 $\mu = 0$ 系统有唯一确定的 $(n+1)$ 维强稳定 (非主) $\mathbb{C}^r$ – 不变流形 W^{ss}, 它在 L 的每一点切于对应于前面 n 个乘子的特征子空间, 并包含所有当 $t \to +\infty$ 时指数式趋于 L 的轨线, 对任何 $0 > \gamma > \alpha$, 趋于的速度大于 $e^{\gamma t}$. 如果 μ 变化时周期轨线不消失, 并且连续依赖于 μ, 则 W^{ss} 也连续依赖于 μ. 此外, 如果系统关于所有的变量包括 μ 是 $\mathbb{C}^r$ – 光滑的, 则流形 W^{ss} 关于 μ 是 $\mathbb{C}^{r-1}$ – 光滑的 (W^{ss} 的切线关于所有的变量是 $\mathbb{C}^{r-1}$ 光滑的).

定理 5.19 在上面定理的假设下, 如果 $\alpha > 0$, 则对所有小 μ, 系统有 $(n+1)$ 维扩展稳定不变 $\mathbb{C}^q$ – 流形 W^{sE} (其中 q 是满足 $q\alpha < \beta$ 和 $q \leqslant r$ 的最大整数), 当 $\mu = 0$ 时在 L 的每一点它切于对应的前 n 个乘子的特征子空间, 且它包含对所有正时间都位于 L 的小邻域内的所有轨线的集 N^+. 虽然 W^{sE} 不唯一, 但它们中的任何两个在 N^+ 的每一点都有相同的切线. 此外, 所有直到 q 阶的导数在 N^+ 的一切点都是唯一确定的. 流形 W^{sE} 连续依赖于 μ, 且如果系统关于所有的变量包括 μ 是 $\mathbb{C}^r$ – 光滑的, 则流形 W^{sE} 关于 μ 是 $\mathbb{C}^q$ – 光滑的.

对 L 乘子的谱的不同划分的选择, 以及改变系统时间方向得到上面定理对应的变形, 我们可以求得在第 3 章 (非主, 主, 扩展稳定和不稳定流形) 和 5.1 节 (强稳定, 强不稳定, 中心稳定和中心不稳定流形) 引入过的周期轨线局部不变流形的所有类型.

如上, 我们可以在 τ – 周期轨线 L 附近将自治系统的线性部分写为 Jordan 型. 故我们有

$$\begin{aligned} \dot{y}_i &= A_i y_i + f_i(x, y, z, \mu, t), \\ \dot{z}_j &= C_j z_j + h_j(x, y, z, \mu, t), \\ \dot{x} &= Bx + g(x, y, z, \mu, t), \end{aligned} \tag{5.4.5}$$

其中矩阵 A_i 的谱在直线 $\mathrm{Re}(\cdot)=\alpha_i$ 上, 矩阵 B 的谱在虚轴上以及矩阵 C_j 的谱位于直线 $\mathrm{Re}(\cdot)=\beta_j$ 上 (这里的指标 i 和 j 假设在有限范围内). 非线性函数 f, g 和 h 关于时间是 (反) 周期. 设

$$\cdots<\alpha_2<\alpha_1<0<\beta_1<\beta_2<\cdots.$$

定理 5.20 存在常规稳定和常规不稳定光滑局部不变流形序列

$$\cdots\subset W^s_{-2}\subset W^s_{-1}\subset W^s_0\subset W^s_1\subset\cdots$$

和

$$\cdots\subset W^u_{-2}\subset W^u_{-1}\subset W^u_0\subset W^u_1\subset\cdots,$$

其中的流形类型[10]是

$$\begin{aligned}
&W^s_{-i}:(x,z,y_1,\cdots,y_{i-1})=\varphi^{ss}_i(y_i,y_{i+1},\cdots;t),\\
&W^s_{-1}:(x,z)=\varphi^{ss}_1(y;t),\\
&W^s_0:z=\varphi^{sC}(x,y,\mu;t),\\
&W^s_j:(z_{j+1},\cdots)=\varphi^{sE}_j(x,y,z_1,\cdots,z_j,\mu;t)
\end{aligned}$$

和

$$\begin{aligned}
&W^u_{-i}:(y_{i+1},\cdots)=\varphi^{uE}_i(x,z,y_1,\cdots,y_i,\mu,t),\\
&W^u_0:y=\psi^{uC}(x,z,\mu,t),\\
&W^u_1:(x,y)=\psi^{uu}_1(z,t),\\
&W^u_j:(x,y,z_1,\cdots,z_{j-1})=\psi^{uu}_j(z_j,z_{j+1},\cdots;t),
\end{aligned}$$

其中函数 φ 和 ψ 以及它们的一阶导数在 $(x,y,z,\mu)=0$ 为零.

关于不变流形 W^s_0 和 W^u_0, 分别存在强稳定和强不稳定 $\mathbb{C}^{r-1}$ – 光滑不变叶层族 F^{ss}_{-i} 和 F^{uu}_j, 它们分别具有下面类型的 $\mathbb{C}^r$ – 光滑叶片 l^{ss}_{-i}

$$(x,y_1,\cdots,y_{i-1})=\eta^{s(i)}_{\xi^0,\mu}(y_i,y_{i+1},\cdots;t_0)$$

和 l^{uu}_j

$$(x,z_1,\cdots,z_{j-1})=\eta^{u(j)}_{\xi^0,\mu}(z_j,z_{j+1},\cdots;t_0),$$

其中 ξ^0 表示为对应的叶片与不变流形 $W^u_{-(i-1)}\bigcap W^s_0$ 或 $W^s_{j-1}\bigcap W^u_0$ 的交点 $(x^0,y^0_1,\cdots,y^0_{i-1})$ 或 $(x^0,z^0_1,\cdots,z^0_{j-1})$. 值 t_0 定义的超平面 $\{t=t_0\}$ 整个地包含对应的叶片. 对任何点 $M\in W^s_0$, 通过 M 的叶片彼此嵌入:

$$\cdots\subset l^{ss}_{-2}\subset l^{ss}_{-1}$$

[10] 关于 t 是 τ – 周期的.

以及对任何点 $M \in W_0^u$，有

$$\cdots \subset l_2^{uu} \subset l_1^{uu},$$

如果 $M \in W_0^s$ 且 $M \in N^+$ (M 的向前轨道对所有正时间都在 L 的小邻域内), 或者如果 $M \in W_0^u$ 且 $M \in N^-$ (M 的向后轨道对所有负时间都在 L 的小邻域内), 则通过 M 的所有强稳定和强不稳定叶片分别都由系统唯一确定.

最后, 我们指出, 借助 Poincaré 映射这些定理容易重新叙述为: 不变流形与截面 $\{t = t_0\}$ 的交给出在原点的不动点的不变流形.

第 6 章　中心流形. 非局部情形

局部中心流形定理是研究平衡态和周期轨线小邻域内分支的熟知的标准工具. 但是, 正如上一章指出的, 局部分支并不代表所有的重要分支. 由 Andronov 和 Leontovich [40] 的工作, 大家知道, 在二维系统周期轨线四种主要类型的稳定性边界中, 存在两类对应于由于**同宿回路**而使周期轨线消失的边界, 同宿回路是平衡态与 $t \to +\infty$ 和 $t \to -\infty$ 时都趋于此平衡态的轨线的并. 在 Andronov 和 Leontovich 的经典工作中, 虽然这两类边界同样很重要, 且它们在不同类型的二维分支之间是不分离的, 但这类对象在局部分支理论中不考虑. 处理同宿回路和更加复杂的同宿环和异宿环以及高维系统中其它非局部结构的大范围分支还是上世纪 60 年代中期 Shilnikov [60—62] 的工作以后才出现的. 这个理论被证明是复杂动力学性态的不同模型, 以及不同类型的非局部动力学之间的传递的各种景象的好来源. 在本书 (第二卷) 我们将大范围理论这部分分开, 专门处理具简单性态 (非混沌) 的动力系统. 在本书的这一卷我们仅仅触及非局部情形下类似的中心流形的存在性的一般问题.

从上世纪 80 年代初我们就开始研究这个特殊问题. 自那以后它吸引了许多学者的注意. 在同宿回路附近**非局部中心流形**的存在性现在已经被 Turaev [73], Homburg [36] 以及 Sandstede [56] 所建立 (后者也包括无穷维情形). 对异宿环这类中心流形的存在性结果在某些异宿环附近被 Shashkov [57] 所推导. 在这里我们仅对最简单的情形 (至少有一个主特征指数是实数) 给出详细证明. 我们用最近才被 Turaev [75] 得到的, 在任意复杂同宿环和异宿环附近, 非局部中心流形存在性的充分必要条件来结束本章.

指出在局部和非局部中心流形理论之间的许多实质性区别是很重要的. 首先, 非局部中心流形的维数与相应分支问题的退化性程度没有关系. 在局部理论中, 中心流形的维数等于特征指数在虚轴上的个数, 由此得知高维中心流形对应线性化系统的高次退化性. 相反, 即使简单的 (余维 1) 大范围分支问题也未必能产生低维中心流形. 大范围分支与局部分支的另一个值得注意的区别是在非局部情形, 中心流形的光滑性并不高. 事实上, 它的光滑性与系统的光滑性并没有联系, 一般地, 非局部中心流形仅为 $\mathbb{C}^1$ 光滑.

因此, 当研究一个特殊的非局部分支问题时, 我们不能直接化到中心流形上: 通常, 精细的问题要求计算包括高于一阶的导数. 此外, 如果中心流形的维数充分高, 它的存在实际上没有给出有用的信息. 相反, 如果它是低维 ($\dim W^C = 1, 2, 3, 4$) 的, 则一个将所有轨线捕获在其邻域内的低维不变流形的存在, 可极大地简化我们对系统动力学的理解, 即使中心流形仅为 $\mathbb{C}^1$ – 光滑. 在这种情形下, 为了作些猜测, 我们至少可考虑具有某些光滑性假设的低维模型, 它必须在用到原来的非简化系统时确保有效.

6.1 同宿回路的中心流形定理

考虑 $\mathbb{R}^{n+m}$, $n \geqslant 1$, $m \geqslant 1$ 中的动力系统族

$$\dot{x} = F(x, \mu). \tag{6.1.1}$$

假设 $F(x,\mu)$ 关于相变量 x 和参数 μ 是 $\mathbb{C}^r$ $(r \geqslant 1)$ 类. 也假设下面的条件满足.

(A) 设系统有鞍点型结构稳定平衡态 O. 假设 O 的特征指数 $(\lambda_n, \cdots, \lambda_1, \gamma_1, \cdots, \gamma_m)$ 按下面次序排列

$$\mathrm{Re}\ \lambda_n \leqslant \cdots \leqslant \mathrm{Re}\ \lambda_1 < 0 < \gamma_1 < \mathrm{Re}\ \gamma_2 \leqslant \cdots \leqslant \mathrm{Re}\ \gamma_m,$$

其中 γ_1 假设是实数.

此时稳定流形 W^s 的维数等于 n, 而 $\dim W^u = m$. 由于主指数 γ_1 是实数, 存在 $(m-1)$ 维非主 (强) 不稳定子流形 $W^{uu} \subset W^u$. 回忆非主不稳定流形的主要性质是, 当 $t \to -\infty$ 时所有位于 W^{uu} 中的轨线都必须与线性化系统的 Jacobi 矩阵对应于非主特征值 $(\gamma_2, \cdots, \gamma_n)$ 的特征空间相切趋于 O, 而 $W^u \backslash W^{uu}$ 中的轨线必须与特征值 γ_1 对应的特征方向相切趋于 O.

我们也假设

(B) 在 $\mu = 0$, 系统具有同宿回路, 即存在 $t \to \pm\infty$ 时趋于 O 的轨线 Γ(由定义, $\Gamma \subseteq W^s \bigcap W^u$).

以及

(C) 同宿轨线 Γ 不位于非主不稳定子流形 W^{uu} 内.

假设 (C) 导致轨线 Γ 沿着对应主特征值 γ_1 的特征方向离开鞍点 O, 如图 6.1.1 所示.

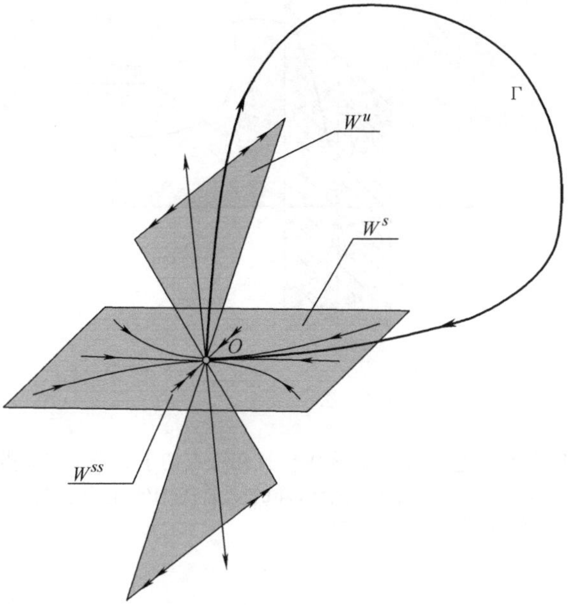

图 6.1.1 条件 (C) 导致轨线 Γ 沿着对应于主特征值 γ_1 的特征方向离开鞍点 O.

条件 (A), (B) 和 (C) 起着不同的作用: 条件 (A) 不包含分支: 仅仅是选择了所考虑的一类系统. 如果 (A) 由系统自己满足, 则对附近的任何系统 (即对任何右端及其一阶导数接近于 F 的系统) 它也成立. 此外, 一旦在 $\mu=0$ 它满足, 则对所有充分小 μ 它仍满足.

对条件 (B), 它不能对所有小 μ 成立. 可以证明如果系统有同宿回路, 则对附近某系统这个回路可能消失 (W^s 和 W^u 可能没有交点). 因此, 条件 (B) 定义 $\mu=0$ 为参数的分支值并指定相应的分支现象 (同宿回路分支). 一般地, 对右端及其一阶导数接近于 F 的任何系统, 可存在零附近的 μ 值使得扰动系统也有同宿回路.

如同条件 (A), 条件 (C) 并不带来任何退化性. 它仅假设所考虑的单参数族是在**一般位置**: 如果它对所给的族不满足, 则总可以通过对右端的小扰动来达到, 且一旦它满足, 则对任何接近的族也满足.

设 q 是满足 $q\gamma_1 < \mathrm{Re}\ \gamma_2$ 的最大整数. 回忆 (见 2.7 节) 在假设 (A) 下存在 $\mathbb{C}^{\min(q,r)}$ – 光滑扩展稳定不变流形 W^{sE}, 它在 O 切于对应特征值 $(\lambda_n,\cdots,\lambda_1,\gamma_1)$ 的特征空间 E^{sE}. 流形 W^{sE} 整个地包含稳定流形 W^s. 虽然它不是唯一确定的, 但任何两个这样的流形在 W^s 的任何点有相同的切线. 另一个重要对象 (见 5.4 节) 是不稳定流形 W^u 上的光滑不变叶层 $\mathcal{F}^u$, 它将非主不稳定流形 W^{uu} 包含在其叶片中, 见图 6.1.2.

不变扩展稳定流形是在 O 的小邻域内局部定义的. 但是, 如果我们取的点属于轨线 Γ 的一段, 这个小段属于 W^s_{loc}, 则包含这个点的 W^{sE}_{loc} 的充分小段可以用系统

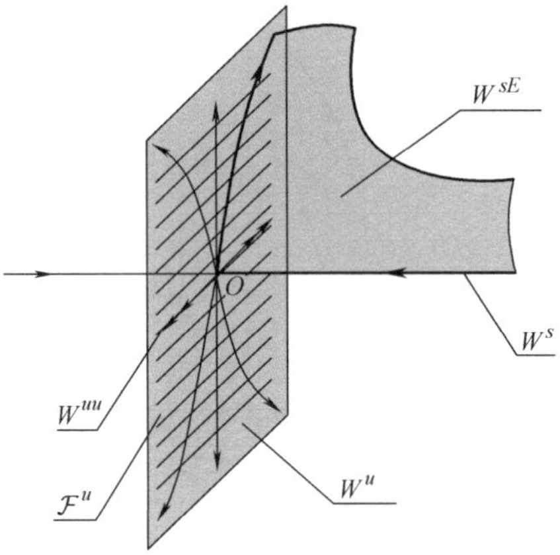

图 6.1.2　扩展稳定流形 W^{sE} 包含稳定流形 W^s, 且在鞍点切于对应于特征指数 $\lambda_n, \cdots, \lambda_1, \gamma_1$ 的特征空间. 流形 W^{sE} 并不唯一, 但任何两个这样的流形在 W^s 上有公共切线. 强不稳定子流形 W^{uu} 唯一地嵌入 W^u 上的光滑不变叶层 $\mathcal{F}^u$.

的向后轨线延拓到 Γ 上任何前面指定点的小邻域, 见图 6.1.3. 按相同的方法, 用系统的向前轨线将局部强不稳定叶层扩展到整个不稳定流形.

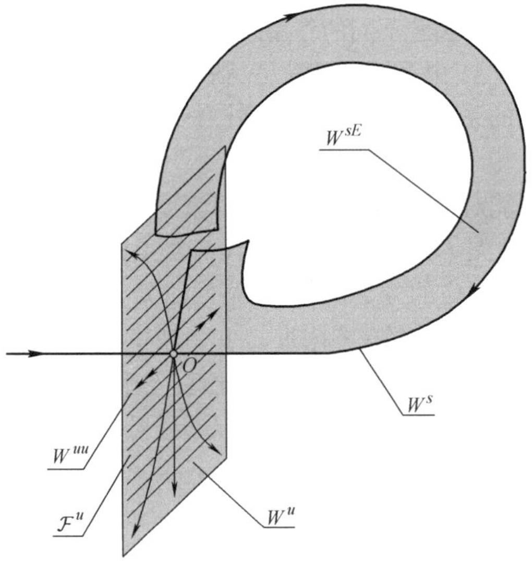

图 6.1.3　扩展稳定流形 W^{sE} 沿着接近于同宿回路 Γ 的向后轨线的延拓.

由于 Γ 同时位于 W^u 和 W^s 内, Γ 的每一点既属于扩展稳定流形的某一片, 又属于强不稳定叶层的某一叶片. 因此, 下面的要求是有意义的.

(D) 流形 W^{sE} 在同宿轨线 Γ 上的每一点与叶层 $\mathcal{F}^u$ 的叶片横截相交.

注意到条件 (D) 只需要在轨线 Γ 的一点验证就行了, 因为流形 W^{sE} 和叶层 $\mathcal{F}^u$ 关于由系统 X_0 定义的流是不变的. 也要注意流形 W^{sE} 和叶层 $\mathcal{F}^u$ 的叶片具有互补的维数. 因此我们的横截条件 (D) 是适定的. 如同条件 (C), 这是一个一般位置条件.

定理 6.1　如果条件 (A), (B), (C) 和 (D) 成立, 则存在同宿轨线 Γ 的小邻域 U, 使得对所有充分小的 μ, 系统 X_μ 具有 $(n+1)$ 维 $\mathbb{C}^{\min(q,r)}$ – 光滑不变稳定中心流形 W^{sC}, 使得任何不在 W^{sC} 内的轨线当 $t \to +\infty$ 时都离开 U. 流形 W^{sC} 在 O 与扩展稳定特征空间 $\mathcal{E}^{sE}$ 相切 (图 6.1.4).

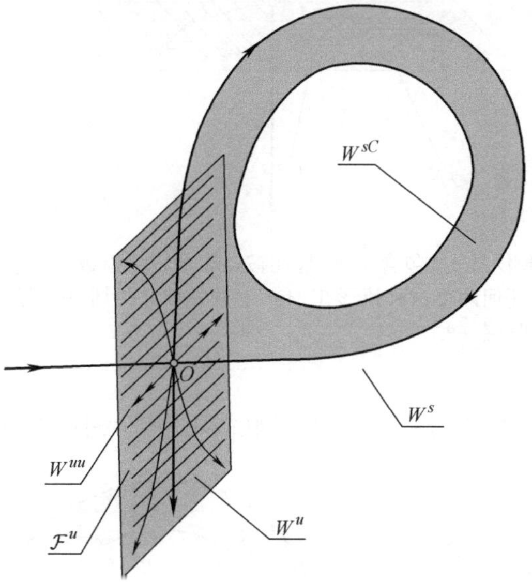

图 6.1.4　稳定中心流形 W^{sC}.

下面两节我们将证明这个定理. 注意, 由于这个问题关于时间反向的对称性, 得知存在对应的**不稳定中心流形**定理, 它可叙述如下. 如上, 假设系统在 $\mu = 0$ 有同宿回路 Γ. 我们修改条件 (A), (C) 和 (D) 如下.

(A′) 设点 O 的特征指数满足下面的条件:

$$\text{Re }\lambda_n \leqslant \cdots \leqslant \text{Re }\lambda_2 < \lambda_1 < 0 < \text{Re }\gamma_1 \leqslant \cdots \leqslant \text{Re }\gamma_m.$$

此时, 由于主稳定特征值 λ_1 是实数, 存在 $(n-1)$ 维强稳定子流形 $W^{ss} \subset W^s$.

(C′) 假设同宿轨线 Γ 不在 W^{ss} 内.

(D′) 假设在 Γ 上的每一点, 扩展不稳定流形 W^{uE} 与强稳定叶层 $\mathcal{F}^s$ 的叶片横截相交, 见图 6.1.5.

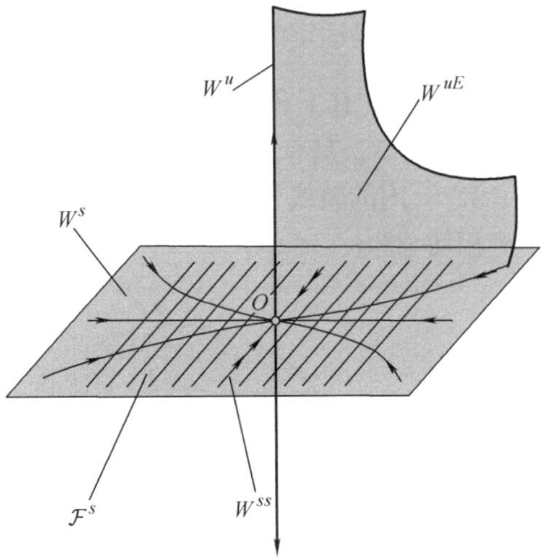

图 6.1.5　扩展不稳定流形 W^{uE} 包含 W^u, 且在鞍点切于特征指数 $\lambda_1, \gamma_1, \cdots, \gamma_m$ 对应的特征空间. 流形 W^{uE} 不唯一. 任何两个这种流形在 W^u 上处处彼此相切. 强稳定子流形 W^{ss} 唯一地嵌入在 W^u 上的光滑不变叶层 $\mathcal{F}^s$.

如同在上面的情形, 我们可以沿着向前轨线延拓扩展不稳定不变流形, 见图 6.1.6.

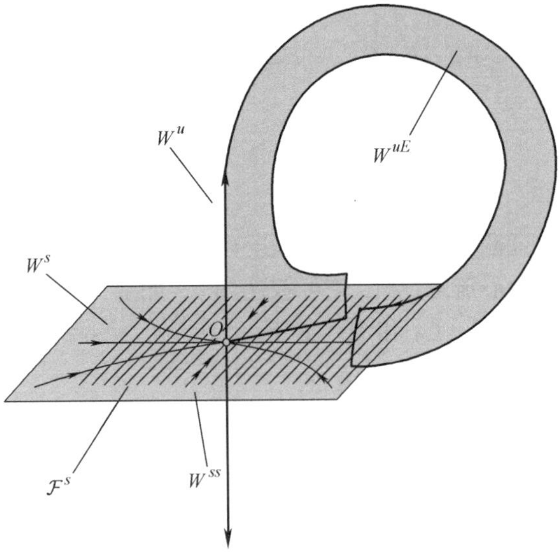

图 6.1.6　扩展不稳定流形 W^{uE} 沿着接近于 Γ 的向前轨线的延拓.

定理 6.2 如果条件 (A′), (B), (C′) 和 (D′) 成立, 则存在同宿轨线 Γ 的小邻域 U, 使得对充分小的 μ, 系统有 $(m+1)$ 维 $\mathbb{C}^{\min(p,r)}$ – 光滑不稳定不变中心流形 W^{uC}, 使得 W^{uC} 外的任何轨线当 $t \to -\infty$ 时都离开 U, 见图 6.1.7 (这里 p 是满足 $p|\lambda_1| < |\ \mathrm{Re}\ \lambda_2|$ 的最大整数). 流形 W^{uC} 在点 O 切于对应于特征指数 $(\gamma_m, \cdots, \gamma_1, \lambda_1)$ 的特征空间 E^{uE}.

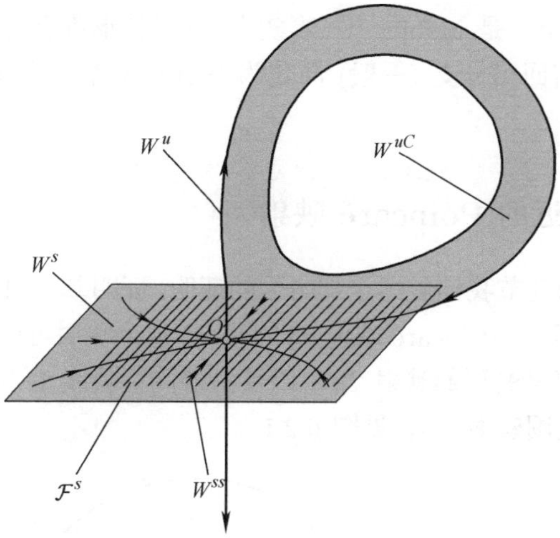

图 6.1.7 不稳定中心流形 W^{uC}. W^{sC} 的逆情形.

在定理 6.1 和定理 6.2 的条件都满足的情形下我们有下面的结果.

定理 6.3 W^{uC} 和 W^{sC} 的交是一个二维 $\mathbb{C}^{\min(p,q,r)}$ – 光滑不变中心流形 W^C, 它包含对所有时间都整个地位于邻域 U 内的所有轨线. 流形 W^C 在 O 与对应于主特征指数 (γ_1, λ_1) 的特征空间 E^L 相切.

这个定理把鞍点 – (1,1) 同宿回路的分支问题化为 W^C 上的二维系统的研究 (如果一般性条件 (C), (C′), (D), (D′) 满足). 注意两个主指数是实数的条件的重要性是, 一般地, 同宿回路附近的中心流形的维数等于主特征指数 (包括负的和正的) 的个数, 且当这个维数大于 2 时, 这种回路的分支在某些情形下可相当复杂.

对鞍点 – (1,1) 同宿回路的情形, 二维动力学相对简单. 尽管如此, 化到中心流形上时仍需要小心. 首先我们注意 W^c 的低光滑性. 一般地, 它仅仅是 $\mathbb{C}^1$, 这就有可能在将二维结果直接转移到高维时出现障碍. 因此, 由 E.A.Leontovich 发展的同宿回路的二维分支理论产生越来越高的退化层次 (对应于在分支中出现的极限环个数的大量增加). 对这些情形的研究要求提高系统的光滑性, 当然, 参照定理 6.3, 在高维情形简单重复这个分层的朴素思想会导致不准确的结果. 不像局部分支情形, 定理 6.1 — 定理6.3 本质上包含的是定性结果而不是解析特性.

第二, 我们注意, 流形 W^c 不是局部的 (它不同胚于圆盘). 由于在 O 它的切平面是主平面 $\mathcal{E}^L$, 它局部地与鞍点主流形 W^L_{loc} 之一重合. 在 $\mu=0$, 这个流形必须包含同宿轨线 Γ 位于 W^s_{loc} 中的一段 Γ^+, 以及 Γ 位于 W^u_{loc} 中的一段 Γ^-. 从 Γ^+ 的小邻域, W^L_{loc} 的小段可以沿着回路 Γ 用向前轨线延拓一直到达 Γ^-. 作为延拓结果所得的流形必须在这时与同一个局部流形 W^L_{loc} 以光滑黏合的方式回到 O 的邻域, 其目的为了形成光滑不变流形 W^c. 如果它保持定向, 所得的黏合流形是二维圆环. 如果它不可定向, 流形 W^c 是 Möbius 带. 事实上, 两种情形都有可能. 因此, 在高维情形, 鞍点 – (1,1) 同宿回路分支 (一般) 简化为平面上或者二维不可定向流形上的对应分支.

6.2 同宿回路附近的 Poincaré 映射

在这一节和下面几节我们叙述定理 6.1 的证明, 证明基于对由同宿回路 Γ 小邻域 U 内系统轨线定义的 Poincaré 映射 T 的研究. 这个映射可以表示为两个映射的叠加: 鞍点 O 附近定义的**局部映射** T_{loc}, 以及沿着同宿轨线 Γ 在鞍点小邻域外的大范围部分定义的**大范围映射** T_{glo}, 见图 6.2.1.

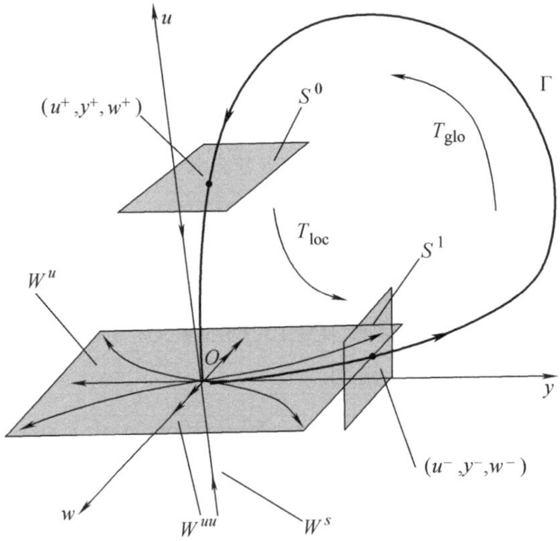

图 6.2.1 Poincaré 映射表示为两个映射的叠加: 在鞍点 O 附近沿着截面 S^{in} 到 S^{out} 的轨线定义的**局部映射** T_{loc}, 以及沿着同宿回路 Γ 的大范围部分从 S^{out} 开始到 S^{in} 结束的轨线定义的**大范围映射**T_{glo}.

在鞍点 O 的小邻域内引入坐标 (u,y,w), $u\in\mathbb{R}^n$, $y\in\mathbb{R}^1$ 和 $w\in\mathbb{R}^{m-1}$ 使得系统局部地取形式

$$
\begin{aligned}
\dot{u} &= Au + f(u,y,w,\mu),\\
\dot{y} &= \gamma y + g(u,y,w,\mu),\\
\dot{w} &= Bw + h(u,y,w,\mu),
\end{aligned}
\tag{6.2.1}
$$

其中 A 是 $(n\times n)$ 矩阵, 谱 $A=\{\lambda_1,\cdots,\lambda_n\}$, B 是 $(m-1)\times(m-1)$ 矩阵, 谱 $B=\{\gamma_2,\cdots,\gamma_m\}$, 且 $\gamma\equiv\gamma_1$. 我们选择某个 $\lambda>0$ 和 $\eta>0$ 使得

$$\max\{\operatorname{Re}\lambda_1,\cdots,\operatorname{Re}\lambda_n\}<-\lambda, \tag{6.2.2}$$

$$\min\{\operatorname{Re}\gamma_2,\cdots,\operatorname{Re}\gamma_m\}>\eta>\gamma. \tag{6.2.3}$$

函数 f,g,h 是 $\mathbb{C}^r$ – 光滑且

$$(f,g,h)(0,0,0,0)=0,\qquad \left.\frac{\partial(f,g,h)}{\partial(u,y,w,\mu)}\right|_{(x,y,z,\mu)=0}=0. \tag{6.2.4}$$

在这些坐标下, 当 $\mu=0$ 时, 稳定流形在 O 切于空间 $\{(y,w)=0\}$, 不稳定流形切于 $\{u=0\}$, 以及强不稳定流形切于 $\{(u,w)=0\}$.

在 $\mu=0$, 同宿轨线 Γ 当 $t\to+\infty$ 时回到位于局部稳定流形内 O 的小邻域. 因此, 对某个小 ξ, 轨线与曲面 $\|u\|=\xi$ 在某点 $M^+\in W^s_{\rm loc}$ 相交. 记点 M^+ 的坐标为 (u^+,y^+,w^+), 见图 6.2.1. 选择某个小 $\delta>0$ 并考虑小区域

$$S^{\rm in}=\{\|u\|=\xi,\ \ \|(u-u^+,y-y^+,w-w^+)\|\leqslant\delta\}. \tag{6.2.5}$$

由定理 2.4 得知在 $W^s_{\rm loc}$ 上有 $\dfrac{d}{dt}\|u\|<0$, 即沿着 $W^s_{\rm loc}$ 中的轨线 $\|u\|$ 严格递减. 这导致对充分小 ξ, 曲面 $\|u\|=\xi$ 与 $W^s_{\rm loc}$ 上的轨线横截相交, 因此与所有附近的轨线横截相交. 从而作为这个截面的一部分, 区域 $S^{\rm in}$ 与接近于 Γ 的轨线横截相交, 只要 μ 充分地小.

由于轨线 Γ 不在非主不稳定子流形 W^{uu} 上 (定理 6.1 的条件 (C)), 它沿着与 y 轴重合的主方向离开鞍点 O. 不失一般性, 我们可以假设 Γ 朝着 y 的正方向离开鞍点 O. 此时对充分小的 $y^->0$, 同宿轨线在某点 $M^-\in W^u_{\rm loc}$ 穿过曲面 $\{y=y^-\}$. 记 $M^-=(u^-,y^-,w^-)$. 由于在 $\mu=0$ 轨线 Γ 与 $\{y=y^-\}$ 横截相交, 得知对所有小 μ, 小区域

$$S^{\rm out}=\{y=y^-,\|(u-u^-,w-w^-)\|\leqslant\delta\} \tag{6.2.6}$$

是截面 (即它与系统的轨线横截相交). 在 $\mu=0$, M^- 的轨线 (轨线 Γ) 在某个有限正时间到达点 M^+. 因此, 由轨线关于初始条件和参数的连续依赖性, 对所有小的 μ 从 M^- 附近的 $S^{\rm out}$ 上开始的轨线必须在 M^+ 附近与 $S^{\rm in}$ 相交. 因此, 我们可以定义映射 $T_{\rm glo}$, 它将 $S^{\rm out}$ 上 M^- 的小邻域映为 $S^{\rm in}$ 上 M^+ 的小邻域.

从 $S^{\rm in}$ 上出发的所有轨线都进入鞍点 O 的 ξ 邻域. 如果轨线不属于局部稳定流形, 它在某个时间以后离开 O 的小邻域. 如果从某个点 $M^0\in S^{\rm in}$ 开始的轨线在属于 $S^{\rm out}$ 的点 M^1 离开鞍点的小邻域, 我们将说 M^0 和 M^1 由局部映射 $T_{\rm loc}:M^0\to M^1$ 相联系.

显然, 对所有正时间停留在同宿回路小邻域内的轨线必须与 $S^{\rm in}$ 和 $S^{\rm out}$ 相交, 即轨线在离开原点邻域以后必须沿着 Γ 的大范围段与截面横截, 然后穿过 $S^{\rm in}$ 回到原

点的邻域, 在 S^{in} 于某点进入这个邻域以后, 它只可能在 S^{out} 的某一点离开 (或者对所有以后的时间它都停留在 O 的小邻域内, 这时它属于 W^s_{loc}). 由定义, 轨线与截面的相继交点由映射 T_{loc} 或者 T_{glo} 相联系. 因此, 这里考虑的轨线与映射 $T = T_{\text{glo}} \circ T_{\text{loc}}$ 的迭代之间存在对应.

因为从 S^{out} 到 S^{in} 的飞行时间是有限的, 故映射 T_{glo} 是 $\mathbb{C}^r$ – 微分同胚. 因此关于映射 T_{glo} 必要的估计可以简单地由 Taylor 级数展开得到. 我们将对大范围映射的研究推迟到本节的末尾, 现在考虑不大平凡的局部映射的结构问题 (因为轨线在它到达 S^{out} 以前在 O 的小邻域内所花的时间可以无限的大, 当起点趋于 W^s_{loc} 时它趋于无穷). 为了克服这个困难, 我们利用在 2.8 节和 5.2 节阐述过的边值问题方法.

我们用 (u^0, y^0, w^0) $(\|u^0\| = \xi)$ 记 S^{in} 上的坐标, 而以 (u^1, w^1) 表示 S^{out} 上的坐标. 设 $\{y = \psi^s(u, \mu), w = \varphi^s(u, \mu)\}$ 是 W^s_{loc} 的方程, $\{u = \psi^u(y, w, \mu)\}$ 是 W^u_{loc} 的方程. 同时令 $\{w = \varphi^{sE}(u, y, \mu)\}$ 是局部扩展稳定流形 W^{sE}_{loc} 的方程. 用 l^{uu} 记通过点 M^- 的扩展不稳定叶层的叶片. 设 $\{y = \psi^{uu}(w, \mu), u = \varphi^{uu}(w, \mu)\}$ 是 l^{uu} 的方程.

引理 6.1 对某小 δ' 存在定义在 $\|u^0 - u^+\| \leqslant \delta$, $\|w^1 - w^-\| \leqslant \delta$ 和 $0 < y^0 - \psi^s(u^0, \mu) \leqslant \delta'$ 上的函数 u_{loc} 和 w_{loc}, 使得对两点 $M^0 \in S^{\text{in}}$ 和 $M^1 \in S^{\text{out}}$, 关系 $M^1 = T_{\text{loc}} M^0$ 成立, 当且仅当

$$u^1 = u_{\text{loc}}(u^0, y^0, w^1, \mu), \quad w_0 = w_{\text{loc}}(u^0, y^0, w^1, \mu). \tag{6.2.7}$$

函数 u_{loc} 和 w_{loc} 满足下面的不等式

$$\left\| \frac{\partial u_{\text{loc}}}{\partial(u^0, y^0)} \right\| \leqslant C e^{(\gamma - \lambda + \varepsilon)\tau}, \tag{6.2.8}$$

$$\left\| \frac{\partial u_{\text{loc}}}{\partial \mu} \right\| \leqslant C \max\left\{1, e^{(\gamma - \lambda + \varepsilon)\tau}\right\}, \tag{6.2.9}$$

$$\left\| \frac{\partial u_{\text{loc}}}{\partial w^1} \right\| \leqslant C, \tag{6.2.10}$$

$$\left\| \frac{\partial w_{\text{loc}}}{\partial(u^0, y^0, \mu)} \right\| \leqslant C, \tag{6.2.11}$$

$$\left\| \frac{\partial w_{\text{loc}}}{\partial w^1} \right\| \leqslant C e^{-(\eta - \gamma - \varepsilon)\tau}, \tag{6.2.12}$$

其中 C 是某正常数, λ, η 和 γ 满足条件 (6.2.2) 和 (6.2.3). 如果 δ 充分小, 小正数 ε 可以使得任意小. 这里 $\tau(y^0, u^0, w^1, \mu)$ 是从 M^0 到 M^1 的飞行时间, 当 $y^0 \to \psi^s(u^0, \mu)$ 时它趋于无穷, 且

$$\left\| \frac{\partial \gamma}{\partial(u^0, y^0, \mu)} \right\| \leqslant C e^{(\gamma + \varepsilon)\tau}, \quad \left\| \frac{\partial \gamma}{\partial w^1} \right\| \leqslant C. \tag{6.2.13}$$

此外,

$$
\begin{aligned}
&\lim_{y^0\to\psi^s(u^0,\mu)} u_{\mathrm{loc}} = \psi^u(y^-, w^1, \mu),\\
&\lim_{y^0\to\psi^s(u^0,\mu)} w_{\mathrm{loc}} = \psi^s(u^0, \mu),\\
&\lim_{y^0\to\psi^s(u^0,\mu)} \frac{\partial u_{\mathrm{loc}}}{\partial w^1} = \frac{\partial \psi^u}{\partial w}(y^-, w^1, \mu),\\
&\lim_{y^0\to\psi^s(u^0,\mu)} \frac{\partial u_{\mathrm{loc}}}{\partial \mu} = \frac{\partial \psi^u}{\partial \mu}(y^-, w^1, \mu) \quad \text{如果 } \gamma < \lambda,\\
&\lim_{y^0\to\psi^s(u^0,\mu)} \frac{\partial w_{\mathrm{loc}}}{\partial(u^0, y^0, \mu)} = \frac{\partial \varphi^{sE}}{\partial(u, y, \mu)} \ (u^0, y^0, \mu).
\end{aligned}
\tag{6.2.14}
$$

证明 如在 2.7 节证明的, 对任何正数 $\tau > 0$ 以及对任何小的 (u^0, y^1, w^1) 存在系统的唯一轨线 $(u^*(t), y^*(t), w^*(t))$, 它停留在原点的小邻域内, 且是边值问题

$$
u^*(0) = u_0, \quad y^*(\tau) = y^1, \quad w^*(\tau) = w^1
$$

的解. 因此从点 M^0 出发的轨线在时刻 $t = \tau$ 到达点 M^1, 当且仅当

$$
\begin{aligned}
u^1 &= u^*(\tau; u^0, y^1, w^1, \mu, \tau),\\
y^0 &= y^*(0; u^0, y^1, w^1, \mu, \tau),\\
w^0 &= w^*(0; u^0, y^1, w^1, \mu, \tau)
\end{aligned}
\tag{6.2.15}
$$

(考虑到解 (u^*, y^*, w^*) 依赖于边值 (u^0, y^1, w^1), 飞行时间 τ 以及 μ 的事实. 如在 2.8 节证明的, 它 $\mathbb{C}^r$ – 光滑依赖于所有变量). 这里考虑的边值问题是 5.2 节考虑过的边值问题的特殊情形: 我们应该按照那一节, 考虑 u 为 z – 变量, (y, w) 为 v – 变量. 定理 5.12 的估计在这里 (我们应该在 (5.2.27) 中假设 $\alpha = \lambda$ 和 $\beta = \gamma - \varepsilon$) 给出

$$
\begin{aligned}
&\left\| \frac{\partial u^*}{\partial(u^0, \tau)} \right\| \leqslant C e^{-\lambda\tau},\\
&\left\| \frac{\partial u^*}{\partial(w^1, \mu)} \right\| \leqslant C,\\
&\left\| \frac{\partial(y^*, w^*)}{\partial(y^1, w^1, \tau)} \right\| \leqslant C e^{-(\gamma-\varepsilon)\tau},\\
&\left\| \frac{\partial(y^*, w^*)}{\partial(u^0, \mu)} \right\| \leqslant C
\end{aligned}
\tag{6.2.16}
$$

(这里, 我们用公式 (5.2.27a) 计算 (y^*, w^*) 在 $t = 0$ 的导数, 以及用 (5.2.27b) 计算 u^* 在 $\tau - t = 0$ 的导数).

如同我们在 2.8 节讨论过的, $\tau=+\infty$ 时的极限对应于 $M^0\in W^s_{\mathrm{loc}}$ 和 $M^1\in W^u_{\mathrm{loc}}$, 即

$$\begin{aligned} y^*|_{\tau=+\infty}&=\psi^s(u^0,\mu),\\ w^*|_{\tau=+\infty}&=\varphi^s(u^0,\mu),\\ u^*|_{\tau=+\infty}&=\psi^u(y^1,w^1,\mu). \end{aligned}\tag{6.2.17}$$

此外,

$$\begin{aligned} \left.\frac{\partial y^*}{\partial(u^0,\mu)}\right|_{\tau=+\infty}&=\frac{\partial\psi^s}{\partial(u^0,\mu)}(u^0,\mu),\\ \left.\frac{\partial w^*}{\partial(u^0,\mu)}\right|_{\tau=+\infty}&=\frac{\partial\varphi^s}{\partial(u^0,\mu)}(u^0,\mu),\\ \left.\frac{\partial u^*}{\partial(y^1,w^1,\mu)}\right|_{\tau=+\infty}&=\frac{\partial\psi^u}{\partial(y^1,w^1,\mu)}(y^1,w^1,\mu). \end{aligned}\tag{6.2.18}$$

同时我们可以记

$$\begin{aligned} u^1&=u^{**}(\tau;u^0,y^0,w^1,\mu,\tau),\\ y^1&=y^{**}(\tau;u^0,y^0,w^1,\mu,\tau),\\ w^0&=w^{**}(0;u^0,y^0,w^1,\mu,\tau), \end{aligned}\tag{6.2.19}$$

其中 $(u^{**}(t),\ y^{**}(t),\ w^{**}(t))$ 是系统边值问题

$$u^{**}(0)=u^0,\quad y^{**}(0)=y^0,\quad w^{**}(\tau)=w^1\tag{6.2.20}$$

的解, 此系统是从 (6.2.1) 通过从原点的小邻域延拓到整个空间 $\mathbb{R}^{n+m}$ 得到的 (注意, 一旦 (6.2.15) 满足, 解停留在原点的小邻域内, 当应用 5.2 节的结果时, 相关的边值问题 (6.2.20) 应该不用担心会受到这个延拓的影响). 问题 (6.2.20) 是 5.2 节和 5.3 节考虑的边值问题的特殊情形: 现在我们应该将变量 (u,y) 记为 z – 变量, 将 w – 变量记为 v – 变量且假设 $\alpha=\gamma+\varepsilon$ 和 $\beta=\eta$. 此时定理 5.12 的估计 (见 (5.2.26a) 和 (5.2.26b)) 给出

$$\begin{aligned} \left\|\frac{\partial(y^{**},u^{**})}{\partial(u^0,y^0,\mu,\tau)}\right\|&\leqslant Ce^{(\gamma+\varepsilon)\tau},\\ \left\|\frac{\partial(y^{**},u^{**})}{\partial w^1}\right\|&\leqslant C,\\ \left\|\frac{\partial w^{**}}{\partial(w^1,\tau)}\right\|&\leqslant Ce^{-\eta\tau},\\ \left\|\frac{\partial w^{**}}{\partial(u^0,y^0,\mu)}\right\|&\leqslant C \end{aligned}\tag{6.2.21}$$

(在这里由公式 (5.2.26a) 计算 w^{**} 在 $t=0$ 的导数, 以及由公式 (5.2.26b) 计算 (u^{**},y^{**}) 在 $\tau-t=0$ 的导数).

$\tau=+\infty$ 时的极限在 5.3 节已经考虑过. 按照引理 5.3, w^{**} 的导数在 $\tau=+\infty$ 时的极限与其图像是极限点 M^0 的常规稳定流形的函数的导数重合. 由于点 M^0 属于在 $\tau=+\infty$ 的 $W^s_{\rm loc}(O)$, 它的常规稳定流形与 O 的常规稳定流形重合 —— 在我们的情形, 它是 W^{sE} 的扩展稳定流形. 因此

$$\left.\frac{\partial w^{**}}{\partial(u^0,y^0,\mu)}\right|_{\tau=+\infty}=\frac{\partial\varphi^{sE}}{\partial(u^0,y^0,\mu)}(u^0,\psi^s(u^0,\mu),\mu). \tag{6.2.22}$$

由问题关于时间反向的一般对称性 (见定理 5.12 证明中的附注), u^{**} 和 y^{**} 的导数在 $\tau=+\infty$ 时的极限与其图像是极限点 M^1 的常规不稳定流形的函数的导数重合 —— 在我们的情形, 它是通过 M^1 的强不稳定叶层的叶片 l^{uu}. 因此,

$$\left.\frac{\partial(y^{**},u^{**})}{\partial w^1}\right|_{\tau=+\infty}=\frac{\partial(\psi^{uu},\varphi^{uu})}{\partial w^1}(w^1,\mu). \tag{6.2.23}$$

固定对应于 $M^1\in S^{\rm out}$ 的值 $y^1=y^-$, 我们可以视 (6.2.15) 的第二个方程为确定从 M^0 到 M^1 的飞行时间 τ 的隐函数方程. 我们可立刻证明导数 $\dfrac{\partial y^*}{\partial\tau}$ 不为零 (它是负数). 因此, 由方程

$$y^0=y^*(0;u^0,y^-,w^1,\mu,\tau) \tag{6.2.24}$$

可以解出 τ: 值 $\tau=+\infty$ 对应于 $y^0=\psi^s(u^0,\mu)$, 由于 $\dfrac{\partial y^*}{\partial\tau}<0$, 当单调增加 y^0 时 τ 减少到有限值. 因此, 对某个充分小 δ', 当 y^0 从 $\psi^s(u^0,\mu)$ 变到 $\psi^s(u^0,\mu)+\delta'$ 时, 由这个方程唯一定义的飞行时间为 (u^0,y^0,w^1,μ) 的函数. 将 τ 的表达式代入 u^* 和 w^{**} 将给出需要的函数 $u_{\rm loc}$ 和 $w_{\rm loc}$ (固定 $y^1=y^-$ 和 $||u^0||=\xi=||u^+||$).

由 (6.2.24) 得

$$\begin{aligned}\frac{\partial\tau}{\partial y^0}&=\left(\frac{\partial y^*}{\partial\tau}\right)^{-1},\\ \frac{\partial\tau}{\partial(u^0,w^1,\mu)}&=-\left(\frac{\partial y^*}{\partial\tau}\right)^{-1}\frac{\partial y^*}{\partial(u^0,w^1,\mu)}.\end{aligned} \tag{6.2.25}$$

为了估计这些导数, 比较 (6.2.15) 的第二个方程与 (6.2.19) 的第二个方程, 立刻有

$$\begin{aligned}1&=\frac{\partial y^*}{\partial y^1}\frac{\partial y^{**}}{\partial y^0},\\ 0&=\frac{\partial y^*}{\partial(u^0,w^1,\mu)}+\frac{\partial y^*}{\partial y^1}\frac{\partial y^{**}}{\partial(u^0,w^1,\mu)}.\end{aligned} \tag{6.2.26}$$

我们也指出, 按照引理 5.1,

$$\frac{\partial y^*}{\partial\tau}=-\left.\frac{\partial y^*}{\partial y^1}\dot y\right|_{M^1}-\frac{\partial y^*}{\partial w^1}\dot w|_{M^1}.$$

由这个方程以及 (6.2.25) 和 (6.2.26) 得

$$\frac{\partial\tau}{\partial(u^0,y^0,w^1,\mu)}=-\frac{\partial y^{**}}{\partial(u^0,y^0,w^1,\mu)}\Big/\left(\dot y|_{M^1}-\frac{\partial y^{**}}{\partial w^1}\,\dot w|_{M^1}\right). \tag{6.2.27}$$

注意这个公式中的分母不为零 (是正数). 事实上, 由于轨线 Γ 不属于 W^{uu}, 它离开原点时切于 y 轴 (见定理 2.5). 因此, w^- 的值必须比 y^- 小很多. 特别地, 这意味着 $\dot{y}|_{M^1} \gg \|\dot{w}\|_{M^1}$, 而我们的论断可由 $\dfrac{\partial y^{**}}{\partial w^1}$ 的有界性得知 (注意 $\dot{y}|_{M^1}$ 是正数, 因为它事实上等于 γy^-, 而 y^- 是正数).

因此, $\dfrac{\partial y^*}{\partial \tau}$ 的逆 $\dfrac{\partial \tau}{\partial y^0}$ 存在, 这就证明了飞行时间事实上是由 (u^0, y^0, w^1, μ) 唯一确定. $\dfrac{\partial \tau}{\partial y^0}$ 为负的要求由公式 (6.2.27) 得到: 由定义 $\dfrac{\partial y^{**}}{\partial y^0}$ 在 $\tau = 0$ 等于 1, 且由于这个导数在任何 τ 都不可能为零 (由于 (6.2.26) 第一个方程), 因此对所有 τ 它保持为正数.

由关系式 (6.2.27) 和 (6.2.21) 我们得到不等式 (6.2.13). 函数 u_{loc} 和 w_{loc} 定义为

$$\begin{aligned} u_{\text{loc}}(u^0, y^0, w^1, \mu) &\equiv u^*(\tau(u^0, y^0, w^1, \mu); u^0, y^-, w^1, \mu, \tau(u^0, y^0, w^1, \mu)), \\ w_{\text{loc}}(u^0, y^0, w^1, \mu) &\equiv w^{**}(\tau(u^0, y^0, w^1, \mu); u^0, y^0, w^1, \mu, \tau(u^0, y^0, w^1, \mu)). \end{aligned} \tag{6.2.28}$$

我们现在可以验证由估计 (6.2.16), (6.2.21) 和 (6.2.13) 可得 (6.2.8)—(6.2.12), 由极限关系 (6.2.18), (6.2.22) 和 (6.2.23) 可得 (6.2.14). 这样我们就完成了对引理的证明.

函数 u_{loc} 和 w_{loc} 的高阶导数也可容易地用定理 5.12 和恒等式 (6.2.28) 和 (6.2.27) 进行估计 (在 (6.2.27) 中, $\dot{y}$ 和 $\dot{w}$ 在点 $M^1(u^1, y^-, w^1)$ 的值由公式 (6.2.1) 计算). 略去明显的计算, 最后所得的结果如下:

引理 6.2　在引理 6.1 中下面估计成立:

$$\begin{aligned} \left\| \frac{\partial^{|k_1|+|k_2|+|k_3|} u_{\text{loc}}}{\partial(u^0, y^0)^{k_1} \partial \mu^{k_2} \partial(w^1)^{k_3}} \right\| &\leqslant C e^{((|k_1|+|k_2|)(\gamma+\varepsilon)-\lambda)\tau} (k_1 \neq 0), \\ \left\| \frac{\partial^{|k_2|+|k_3|} u_{\text{loc}}}{\partial \mu^{k_2} \partial(w^1)^{k_3}} \right\| &\leqslant C \max(1, e^{(|k_2|(\gamma+\varepsilon)-\lambda)\tau}), \\ \left\| \frac{\partial^{|k_1|+|k_2|} w_{\text{loc}}}{\partial(u^0, y^0, \mu)^{k_1} \partial(w^1)^{k_2}} \right\| &\leqslant \begin{cases} C & \text{如果 } k_2 = 0 \text{ 且 } |k_1|(\gamma+\varepsilon) < \eta, \\ C e^{-(\eta - |k_1|(\gamma+\varepsilon))\tau} & \text{如果 } k_2 \neq 0 \text{ 或 } |k_1|(\gamma+\varepsilon) > \eta. \end{cases} \end{aligned} \tag{6.2.29}$$

如在引理 6.1, 我们注意, 这些公式中的导数都有界于一常数, 事实上当 $\tau \to +\infty$ 时, 它们的有限极限等于对应常规稳定流形的导数 (见引理 5.3 后面的附注).

引理 6.1 和引理 6.2 中的估计对我们的目的已经绰绰有余. 我们将证明不变流形定理所需的概述为下面的引理.

引理 6.3　我们用下面方法改变截面 S^{in} 和 S^{out} 上的坐标:

$$\begin{aligned} y^0_{\text{new}} &= y^0 - \psi^s(u^0, \mu), \\ w^0_{\text{new}} &= w^0 - \varphi^{sE}(u^0, y^0, \mu) \quad \text{在 } S^{\text{in}} \text{ 上}, \\ u^1_{\text{new}} &= u^1 - \psi^u(y^1, w^1, \mu) \quad \text{在 } S^{\text{out}} \text{ 上} \end{aligned}$$

(我们直化交 $W^s_{\rm loc}\bigcap S^{\rm in}$ 和 $W^u_{\rm loc}\bigcap S^{\rm out}$, 且使得交 $W^{sE}_{\rm loc}\bigcap S^{\rm in}$ 当 $\mu=0$ 时在点 $M^+=\Gamma\bigcap S^{\rm in}$ 切于 $\{w^0=0\}$). 点 $M^0\in S^{\rm in}$ 和 $M^1\in S^{\rm out}$ 由映射 $T_{\rm loc}$ 相联系, 当且仅当

$$u^1=u_{\rm loc}(u^0,y^0,w^1,\mu),\quad w_0=w_{\rm loc}(u^0,y^0,w^1,\mu),\tag{6.2.30}$$

其中函数 $u_{\rm loc}$ 和 $w_{\rm loc}$ 现在定义在 $y^0\in[0,\delta']$, 它们在新坐标下满足下面的不等式:

$$\begin{aligned}&\left\|\frac{\partial^{|k_1|+|k_2|}u_{\rm loc}}{\partial(u^0,y^0,\mu)^{k_1}\partial(w^1)^{k_2}}\right\|\leqslant Ce^{|k_1|(\gamma+\varepsilon)\tau},\qquad (k_1\neq 0),\\&\left\|\frac{\partial^{|k_1|+|k_2|}w_{\rm loc}}{\partial(u^0,y^0,\mu)^{k_1}\partial(w^1)^{k_2}}\right\|\leqslant Ce^{-(\eta-|k_1|(\gamma+\varepsilon))\tau},\quad (k_2\neq 0).\end{aligned}\tag{6.2.31}$$

所有直到 $\min(q,r)$ 阶的导数 $\dfrac{\partial^{|k|}u_{\rm loc}}{\partial(w^1)^k}$ 和 $\dfrac{\partial^{|k|}w_{\rm loc}}{\partial(u^0,y^0,\mu)^k}$ 连续且有界, 其中 r 是系统的光滑次数, q 是满足 $q\gamma<\eta$ 的最大整数. 此外, 在新坐标下有

$$u_{\rm loc}(u^0,0,w^1,\mu)\equiv 0,\quad w_{\rm loc}(u^0,0,w^1,\mu)\equiv 0\tag{6.2.32}$$

以及对 $k\leqslant\min(q,r)$ 有

$$\frac{\partial^k w_{\rm loc}}{\partial(u^0,y^0,\mu)^k}(u^0,0,w^1,\mu)\equiv 0.\tag{6.2.33}$$

由前面两个引理立刻得这个引理. 此外, 由 (6.2.32) 得到

$$\frac{\partial u_{\rm loc}}{\partial w^1}\equiv 0\quad 若\quad y^0=0.\tag{6.2.34}$$

现在我们考虑大范围映射 $T_{\rm glo}:S^{\rm out}\mapsto S^{\rm in}$. 由于从 $S^{\rm in}$ 到 $S^{\rm out}$ 的飞行时间有界 (且光滑依赖于初始点), 映射 $T_{\rm glo}$ 是 $\mathbb{C}^r$ – 微分同胚. 由于某种原因, 较为方便的是考虑逆映射 $T^{-1}_{\rm glo}$. 又因它也是 $\mathbb{C}^r$ – 光滑的, 我们可以在点 M^+ 附近将映射 $T^{-1}_{\rm glo}:S^{\rm in}\mapsto S^{\rm out}$ 写为形式

$$\begin{aligned}&\begin{pmatrix}u^1-u^1(\mu)\\ w^1-w^-(\mu)\end{pmatrix}\\&=\begin{pmatrix}d_{11}&d_{12}&d_{13}\\ d_{21}&d_{22}&d_{23}\end{pmatrix}\begin{pmatrix}u^0-u^+\\ y^0\\ w^0\end{pmatrix}+\begin{pmatrix}u_{\rm glo}\,(u^0,y^0,w^0,\mu)\\ w_{\rm glo}(u^0,y^0,w^0,\mu)\end{pmatrix}.\end{aligned}\tag{6.2.35}$$

其中 $(u^-(\mu),w^-(\mu))$ 是点 M^+ 的像 $T^{-1}_{\rm glo}M^+$ 的坐标. 在 $\mu=0$ 它是点 $M^-=\Gamma\bigcap S^{\rm out}$. 回忆在引理 6.3 的坐标下 $u^-(0)=0$. $d_{11},d_{12},d_{13},d_{21},d_{22}$ 和 d_{23} 分别为 $n\times(n-1),n\times 1,n\times(m-1),(m-1)\times(n-1),(m-1)\times 1$ 和 $(m-1)\times(m-1)$ 矩阵. 函数 $u_{\rm glo}$ 和 $w_{\rm glo}$ 表示非线性项.

回忆由假设, 当 $\mu=0$ 时流形 W^{sE} 在 Γ 上的点与强不稳定叶层的叶片横截相交 (条件 (D)). 因此, W^{sE} 的延拓在点 M^- 的切线与在同一点处叶片 l^{uu} 的切线的交是零. 在这一点 $W^u_{\rm loc}$ 的切线张成 l^{uu} 的切平面以及相速度向量 $(\dot{u},\dot{y},\dot{w})|_M$ —— 它在 M^- 切于 Γ. 这个向量也包含在 W^{sE} 的切线中 (因为 W^{sE} 包含 Γ). 因此, W^{sE} 和 $W^u_{\rm loc}$ 在 M^- 的切线的交是一维的 (它张成相速度向量). 由此得知 W^{sE} 在 M^- 与 $W^u_{\rm loc}$ 横截相交. 因此, $W^{sE}_{\rm loc}\bigcap S^{\rm in}$ 在映射 $T^{-1}_{\rm glo}$ 下的像必须与交 $W^u_{\rm loc}\bigcap S^{\rm out}$ 横截. 在引理 6.3 的坐标下, 后者由 $\{u^1=0\}$ 给出, $W^{sE}_{\rm loc}\bigcap S^{\rm in}$ 在 $\mu=0$ 与 $\{w^0=0\}$ 相切. 因此, 横截性条件 (D) 在这些坐标下化为空间

$$u^1=(d_{11}(0),\ d_{12}(0))\begin{pmatrix}u^0-u^+\\ \\ y^0\end{pmatrix}$$

与空间 $u^1=0$ 的横截相交性, 这意味着

$$\det(d_{11},d_{12})\neq 0. \tag{6.2.36}$$

6.3 同宿回路附近中心流形定理的证明

为了证明定理 6.1, 必须在截面 $S_{\rm in}$ 上建立 Poincaré 映射的逆 $T^{-1}=T^{-1}_{\rm glo}\circ T^{-1}_{\rm loc}$ 的不变流形的存在性. 我们利用定理 4.4 来做到这点 (环域原理的推广).

回忆 (见引理 6.3) 我们已经用定义在 $\{\|u^0-u^+\|\leqslant\delta,\ \|w^1\|\leqslant\delta,\ y^0\in[0,\delta']\}$ 上的函数 $u_{\rm loc}$ 和 $w_{\rm loc}$ 将映射 $T_{\rm loc}:M_0\mapsto M_1$ 表示为交叉形式, 其中 δ 和 δ' 为某小量. 映射 $T^{-1}_{\rm glo}$ 由公式 (6.2.35) 给出. 从这两个映射的叠加得知两点 (u^0,y^0,w^0) 和 $(\bar{u}^0,\ \bar{y}^0,\ \bar{w}^0)$ 由映射 $T^{-1}:(u^0,y^0,w^0)\mapsto(\bar{u}^0,\bar{y}^0,\bar{w}^0)$ 相联系, 当且仅当

$$\begin{aligned}\bar{w}^0&=w_{\rm loc}(\bar{u}^0,\bar{y}^0,w^1,\mu),\\ u^1&=u_{\rm loc}(\bar{u}^0,\bar{y}^0,w^1,\mu),\\ u^1-u^-(\mu)&=d_{11}(u^0-u^+)+d_{12}y^0+d_{13}w^0+u_{\rm glo}(u^0,y^0,w^0,\mu),\\ w^1-w^-(\mu)&=d_{21}(u^0-u^+)+d_{22}y^0+d_{23}w^0+w_{\rm glo}(u^0,y^0,w^0,\mu),\end{aligned} \tag{6.3.1}$$

其中 (u^1,w^1) 是中间点, 这里点 (u^0,y^0,w^0) 的向后轨线与 $S^{\rm out}$ 相交.

我们用下面方法扩展这里函数的定义域. 首先, 假设对 $y^0\leqslant 0$ 有 $(u_{\rm loc},w_{\rm loc})\equiv 0$, 然后对这些函数乘上某些在 $(u^+,0,0)$ 的小邻域以外为零的因子:

$$u_{\rm loc}\to u_{\rm loc}\cdot\mathcal{X}\left(\frac{\|u^0-u^+,y^0,w^1\|}{\rho}\right),$$

$$w_{\rm loc}\to w_{\rm loc}\cdot\mathcal{X}\left(\frac{\|u^0-u^+,y^0,w^1\|}{\rho}\right),$$

其中 $\mathbb{C}^r$ – 光滑函数 $\mathcal{X}$ 满足

$$\mathcal{X}(s)=\begin{cases}1, & \text{如果 } s\leqslant\dfrac{1}{2},\\ 0, & \text{如果 } s\geqslant 1,\end{cases}\quad \text{和}\quad \left|\frac{\partial\mathcal{X}}{\partial s}\right|<3. \tag{6.3.2}$$

这里 ρ 是小常数. 我们可以看到这样的乘数本质上不改变引理 6.3 中的估计, 仅仅可能出现额外的常数因子. 注意到函数 $u_{\rm loc}$ 和 $w_{\rm loc}$ 在 $(u^+,0,0)$ 的 $\dfrac{\rho}{2}$ 小邻域内保持相同, 但它们在定义域的边界上现在是恒等于零, 因此我们可以考虑它们在邻域外面恒等于零而不失光滑性.

同样过程可应用于映射 $T_{\rm glo}^{-1}$ —— 函数 $u_{\rm glo}$ 和 $w_{\rm glo}$ 可以在点 $(u^0=u^+,\ y^0=0,\ w^0=0)$ 的 $\dfrac{\rho}{2}$ 邻域外进行修改, 使得它们在与那点距离为 ρ 处为零, 这允许我们假设 $T_{\rm glo}^{-1}$ 对所有的 $(u^0,\ y^0,\ w^0)$ 都有定义. 回忆 $u_{\rm glo}$ 和 $w_{\rm glo}$ 是非线性函数, 因此, 如果 ρ 充分小, 则修改后的映射 $T_{\rm glo}^{-1}$ 处处非常接近于它的线性部分.

特别地, 这意味着 (由横截性条件 (6.2.36)) (6.3.1) 中的第三个方程可将 $(u^0,\ y^0)$ 解出如下:

$$(u^0,\ y^0)=f(u^1,\ w^0,\ \mu), \tag{6.3.3}$$

其中 f 是某光滑函数, 它的所有导数一致有界. 因此, (6.3.1) 中的第四个方程可重写为形式

$$w_1=g(u^1,w^0,\mu), \tag{6.3.4}$$

其中 g 是光滑函数, 它的导数一致有界. 将最后一个方程代入 (6.3.1) 的第二个方程, 我们得到

$$u^1=u_{\rm loc}(\bar{u}^0,\ \bar{y}^0,\ g(u^1,\ w^0,\ \mu),\ \mu).$$

由于 $\dfrac{\partial u_{\rm loc}}{\partial w^1}$ 对小的 y^0 趋于零 (见引理 6.3) , 可以取 ρ 足够小使得这个导数对修改函数 $u_{\rm loc}$ 一致地小. 因此从上面的方程可以将 u^1 解出,

$$u_1=\tilde{u}_{\rm loc}\,(\bar{u}^0,\ \bar{y}^0,\ w^0,\mu), \tag{6.3.5}$$

其中函数 $\tilde{u}_{\rm loc}$ 本质上满足与函数 $u_{\rm loc}$ 相同 (由引理 6.3 给出) 的估计.

将这个表达式代入 (6.3.3) 以及 (6.3.1) 的第一个方程, 可将映射 T^{-1} 表示为交叉形式

$$\begin{aligned}\bar{w}^0&=F(w^0,(\bar{u}^0,\bar{y}^0)),\\(u^0,y^0)&=G(w^0,(\bar{u}^0,\bar{y}^0)).\end{aligned} \tag{6.3.6}$$

我们可以看到, 利用引理 6.3 的估计, 函数 F 和 G 满足定理 4.4 的条件 (在定理下面给出的弱光滑的条件下, 注意到函数 $u_{\rm loc}$ 在 $y^0=0$ 不光滑). 因此, 我们立刻有 $\mathbb{C}^{\min(q,r,)}$ – 光滑流形 $w^0=\phi^*(u^0,\ y^0,\ \mu)$ 的存在性, 它关于修改映射 T^{-1} 是不变的. 函数 ϕ^* 对所有的 $u^0,\ y^0,\ \mu$ 都有定义. 由于修改映射与原映射 T^{-1} 在 $y^0\geqslant 0$ 的

$(u^+,\ 0,\ 0)$ 的小邻域内重合, 故上面的流形与这个定义域的交是原映射的光滑不变流形.

由构造 (见 4.2 节的环域原理的证明), 任何点的修改映射 T^{-1} 的向前迭代都指数式地收敛于我们找到的 "大" 不变流形. 故所有向后迭代处于这个流形的有界距离内的点都必须位于这个流形内. 利用原来的 Poincaré映射 T, 这意味着所有其向前迭代位于点 $(u^0,\ 0,\ 0)$ 的小邻域内的轨线必须属于 "小" 不变流形.

从截面上的这个流形中的点出发的轨线集是所考虑的微分方程系统的不变流形 (我们应该选择停留在同宿回路小邻域 U 内的轨线段). 由构造, 这个流形包含对所有正时间都停留在 U 内的所有轨线. 特别, 它包含交 $W^s_{\rm loc}\bigcap U$. 点 O 也必须包含在所得的不变流形内. 注意, 上面不变流形的光滑性得自己被证明的它与截面 $S_{\rm in}$ 的交 (除了在平衡态 O 外) 的处处光滑性. O 处的光滑性必须分开验证, 但我们在这里避免了它的完全证明, 因为它与我们的目的无关. 在这里我们仅指出所得的不变流形局部地与扩展稳定流形 $W^{sE}_{\rm loc}(O)$ 之一重合, 由此得知在 O 处的光滑性.

6.4　异宿环的中心流形定理

我们已经证明的同宿回路的非局部中心流形定理可以直接推广到一类异宿环. 就是说, 假设光滑依赖于某个参数向量 μ 的 $\mathbb{C}^r$ – 光滑动力系统族

$$\dot{x} = X(x,\mu) \tag{6.4.1}$$

有几个鞍点平衡态 $O_1,\cdots,O_k$, 它们满足上一节的条件 (A), 即对每个鞍点主正特征指数是实数且是单的. 设每个 O_i 的稳定流形是 n 维, 不稳定流形是 m 维. 假设在 $\mu=0$, **对每个 $i=1,\cdots,k$, 存在交 $W^u(O_i)\bigcap W^s(O_{i+1})$ (相应地, 对 $i=k$ 是 $W^u(O_k)\bigcap W^s(O_1)$) 的轨线 Γ_i.**

轨线 Γ_i 称为**异宿**的, 因为 $t\to-\infty$ 时它趋于 O_i (它位于 $W^u(O_i)$ 内), 而 $t\to+\infty$ 时趋于另外的平衡态 O_{i+1} (它位于 $W^s(O_{i+1})$). 并 $C=O_1\bigcup\Gamma_1\bigcup O_2\bigcup\cdots\bigcup O_k\bigcup\Gamma_k$ 称为**异宿环**或者**异宿回路**. 注意, 一般来说 k 个独立控制参数 $\mu_1,\cdots,\mu_k$ 对系统有 k 个异宿轨线环是必要的.

对轨线 Γ_i 我们加上由上一节的条件 (C) 和 (D) 给出的相同的一般性条件. 即

对每条异宿轨线 Γ_i, 假设它不在非主不稳定子流形 $W^{uu}(O_i)$ 上, 且假设扩展稳定流形 $W^{sE}(O_{i+1})$ 在异宿轨线 Γ_i (对每一个 $i=1,\cdots,k$) 的每一点与 $W^u(O_i)$ 的强不稳定叶层 $\mathcal{F}^u(O_i)$ 的叶片横截相交.

定理 6.4　存在异宿环 C 的小邻域 U, 使得对所有充分小的 μ, 系统有 $(n+1)$ 维 $\mathbb{C}^q$ – 光滑[1]不变的稳定中心流形 W^{sC}, 使得 $t\to+\infty$ 时任何不在 W^{sC} 中的轨线

[1] 对所有的 O_i, 整数 q 必须满足 $q\leqslant r$ 以及 $q\gamma_1^{(i)}<\mathrm{Re}\,\gamma_2^{(i)}$, 其中 $\gamma_1^{(i)}$ 是 O_i 的主正特征指数, $\gamma_2^{(i)}$ 是下一个正特征指数.

都离开 U. 流形 W^{sC} 在 O_i 切于扩展稳定特征空间 $\mathcal{E}^{sE}(O_i)$.

这定理的证明与定理 6.1 相同. 我们可以在 O_{i+1} 附近对每条 Γ_i 构造局部截面 $S_{\text{in}}^{(i)}$. 然后考虑 Poincaré 映射的逆 $T_i: S_{\text{in}}^{(i)} \to S_{\text{in}}^{(i-1)}$ (映射 T_i 是由系统的向后轨线定义). 映射 T_i 可以如 6.3 节用的同样方法确切地修改, 这样它们可写为交叉形式

$$\begin{aligned} \bar{w}_{i-1} &= F_i(w_i, (\bar{u}_{i-1}, \bar{y}_{i-1}), \mu), \\ (u_i, y_i) &= G_i(w_i, (\bar{u}_{i-1}, \bar{y}_{i-1}), \mu), \end{aligned} \tag{6.4.2}$$

其中 w – 变量属于 $\mathbb{R}^{m-1}$, (u, y) – 变量属于 $\mathbb{R}^n$, 函数 F_i, G_i 满足定理 4.4 的条件. 可以验证用 $x = (w_1, \cdots, w_k)$ 和 $y = ((u_1, y_1), \cdots, (u_k, y_k); \mu)$ 表示的关系 (6.4.2) (与人为方程 $\mu = \bar{\mu}$ 一起) 定义了交叉映射

$$\begin{aligned} \bar{x} &= F(x, \bar{y}), \\ y &= G(x, \bar{y}), \end{aligned} \tag{6.4.3}$$

它满足定理 4.4 的条件. 因此, 存在下面类型的光滑不变流形

$$(w_1, \cdots, w_k) = \varphi^*((u_1,\ y_1), \cdots, (u_k,\ y_k);\ \mu).$$

此外我们还需要一点: 每一个 w_i 在这里应该仅仅依赖于 $(u_i,\ y_i,\ \mu)$. 这些依赖性的图像 $\mathcal{L}_i^*$ 在扩展截面 $S_{\text{in}}^{(i)}$ 上可定义不变流形:

$$T_i \mathcal{L}_i^* = \mathcal{L}_{i-1}^*.$$

为了证明映射 (6.4.3) 的不变流形有要求的结构, 只需指出定理 4.4 得到的不变流形是任意 Lipschitz 流形迭代的极限. 因此, 如果将 $(w_1 = 0, \cdots, w_k = 0)$ 作为初始猜测流形, 它实际上分别代表在 $S_{\text{in}}^{(1)}, \cdots, S_{\text{in}}^{(k)}$ 上独立曲面的集合, 丁是问题的本质恰好是所有的迭代都有相同的结构. 因此它们的极限也有相同的结构.

导出的曲面 $\mathcal{L}_i^*$ 与截面 $S_{\text{in}}^{(i)}$ 原来的局部片的交定义了原来 Poincaré 映射的不变流形. 故从这些曲面中的任何一个出发的轨线的集合就是系统本身所要求的不变流形.

注意到通过改变时间方向, 我们就得到对每个 Q_i 主**负**特征指数是实且单时类似的**中心不稳定流形**定理, 以及正和负主特征指数都是实且单时的二维**中心**流形定理, 如在 6.1 节对同宿回路所作的一样.

在一大类可能的异宿或同宿结构中, 所考虑的异宿环代表的是最简单情形之一. 例如, 单个鞍点平衡态可以在某个 μ 值 (在双参数族内) 有多于一个同宿回路. 在这里我们区分两个一般情形:

- **8 字形同宿** —— 同宿轨线 Γ_1 和 Γ_2 从相反方向进入鞍点, 如图 6.4.1 所示,
- **蝴蝶同宿**—— 同宿轨线 Γ_1 和 Γ_2 沿着同一个方向 (负 x 方向) 回到 O, 所以它们在 O 处彼此相切 (当 $t \to +\infty$) 如图 6.4.2 所示.

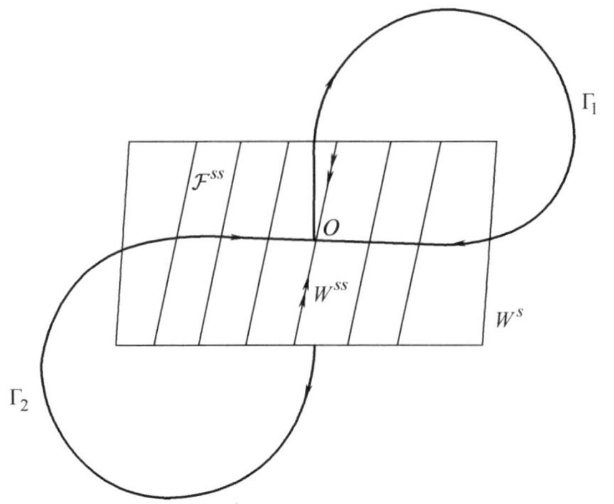

图 6.4.1　8 字形同宿, 对此, 非一致性条件满足: 分界线 Γ_1 仅与它的强稳定叶片相交, 而叶片与分界线 Γ_2 不相交.

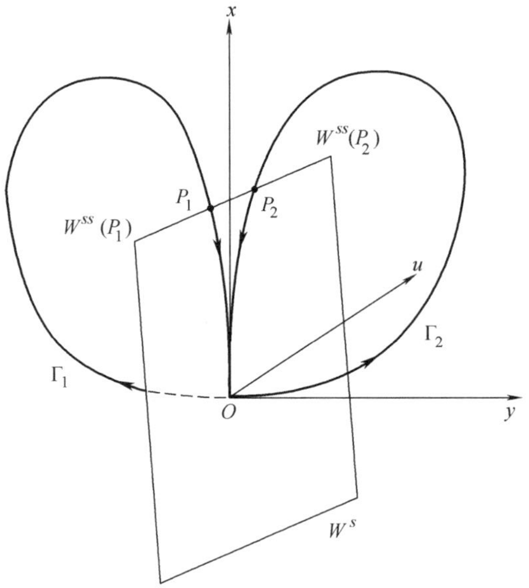

图 6.4.2　蝴蝶同宿由两个回路 Γ_1 和 Γ_2 组成, 它不满足非一致性条件: 位于平衡态附近任意点 $P_1 \in \Gamma_1$ 的强稳定叶片与某点 $P_2 \in \Gamma_2$ 的强稳定叶片重合.

注意, 这两种情形对应条件 (C) 成立时的两类同宿轨线: 它们都不属于 W^{uu}, 因此沿着主方向即 y 轴离开 O.

假设横截性条件 (D) 对两类同宿轨线 (见 6.1 节) 满足. 再次用上一节的构造我们可以证明下面的结果.

定理 6.5 存在 8 字形同宿轨线的小邻域 U, 使得对所有充分小的 μ, 系统具有 $(n+1)$ 维 $\mathbb{C}^q$ - 光滑不变稳定中心流形 W^{sC}, 任何不在 W^{sC} 内的轨线当 $t \to +\infty$ 时都离开 U. 流形 W^{sC} 在 O 与扩展稳定特征空间 $\mathcal{E}^{sE}$ 相切.

同时, 在蝴蝶同宿轨线附近显然在 O 不可能存在与 $\mathcal{E}^{sE}$ 相切的 $(n+1)$ 维光滑不变流形. 事实上, 这样的流形与 $W^u(O)$ 的交将是一维且必须包含同宿轨线 Γ_1 和 Γ_2. 因此得知, 光滑系统在不变流形上有具**非光滑**不稳定流形 (它必须是一维且包含两条彼处相切于 O 的轨线) 的鞍点平衡态. 这对结构稳定鞍点是不可能的.

我们看到, 在非局部中心流形定理的证明中事实上起着至关重要作用的横截性条件 (D) 并不总是充分的. 然而, 在任意复杂的同宿或异宿环附近, 非局部中心流形定理存在足够简单的充分必要条件.

设 C 是有限个平衡态 $O_1, O_2, \cdots$, 周期轨线 $L_1, L_2, \cdots$ 以及同宿/异宿轨线 $\Gamma_1, \Gamma_2, \cdots$ 的并: $t \to +\infty$ 时每条 Γ_s 趋于某些轨线 O_i 或 L_i, 且当 $t \to -\infty$ 时趋于同一个或另外的轨线 O_i 或 L_i (因此, Γ_s 位于对应轨线的稳定和不稳定流形的交内. 在结构不稳定平衡态或周期轨线的情形, 我们应该考虑中心稳定或中心不稳定流形). 我们称任何这样的集合 C 为**异宿环**.

假设下面的三分条件成立:

存在非负整数 $k \geqslant 1$, m, n ($k+m+n=$ 相空间的维数) 使得异宿环中的每个平衡态或周期轨线, 对某正数 β_i^u 和 β_i^s 恰有 k 个特征指数 λ 位于长条

$$-\beta_i^s < \operatorname{Re}\lambda < \beta_i^u$$

内 (这是谱的中心部分), n 个特征指数位于这个长条的右边:

$$\operatorname{Re}\lambda > \beta_i^u$$

以及 m 个特征指数位于这个长条的左边:

$$\operatorname{Re}\lambda < -\beta_i^s.$$

可排列为

$$\operatorname{Re}\Lambda^{ss} < -\beta_i^s < \operatorname{Re}\Lambda^c < \beta_i^u < \operatorname{Re}\Lambda^{uu}.$$

更精确地, 考虑到中心部分与强稳定和强不稳定部分之间的空隙,可写为

$$\operatorname{Re}\Lambda^{ss} < -\beta_i^{ss} < -\beta_i^s < \operatorname{Re}\Lambda^c < \beta_i^u < \beta_i^{uu} < \operatorname{Re}\Lambda^{uu}. \tag{6.4.4}$$

其中 $\beta_i^{uu} > \beta_i^u > 0, \beta_i^{ss} > \beta_i^s > 0$.

分离值 β_i 对环中不同的平衡点和周期轨线可以不同. 一个重要的要求是属于每个谱部分的特征指数的个数 k, m, n 与特殊的轨线**无关**. 注意个数 k, m, n 并不由

系统唯一确定. 例如, 如果环仅包含一条回归轨线, 即鞍点周期轨线 L, 则原则上, 我们可以考虑 L 的所有特征指数为临界的, 这时 $m=n=0$ 而 k 等于相空间的维数; 或者我们可以考虑所有具负实部的特征指数强稳定, 具正实部的特征指数强不稳定, 而仅有一个等于零的平凡特征指数是临界的情形 (即 $k=1$). 其它各种对应于 k 的中间值的情形也是允许的.

当研究具体的高维大范围分支问题时, 虽然并不显然, 但特征指数谱的这样的分法总是可以办到的. 通常将主特征指数取作为临界的, 非主的作为强稳定和 (或者) 强不稳定的.

我们用另外的要求来限制对三分法的不同选择. 就是说, 假定对在环 C 中每一个同宿/异宿轨线 Γ_s **横截条件**成对地满足.

这些条件类似于 6.1 节的条件 (D) 和 (D$'$). 按照定理 5.16, 定理 5.17 和定理 5.20, 当 $t\to+\infty$ 时趋于平衡态 O_i 或者趋于周期轨线 L_i 的轨线 Γ_s, 位于 O_i 或 L_i 的 $(m+k)$ 维扩展稳定流形 W^{sE} 内, 并且通过 Γ_s 的每一点存在唯一确定的 m 维强稳定叶层 $\mathcal{F}^{ss}$ 的叶片; 在 Γ_s 每一点 W^{sE} 的切线也唯一确定. 类似地, 当 $t\to-\infty$ 时异宿环中的轨线 Γ_s 趋于某平衡态 O_j, 或者趋于周期轨线 L_j, 由此得知 Γ_s 位于 O_j 或者 L_j 的 $(n+k)$ 维扩展不稳定流形 W^{uE} 内 (在 Γ_s 的每一点 W^{uE} 的切线是唯一确定的), 以及通过 Γ_s 的每一点存在唯一确定的强不稳定叶层 $\mathcal{F}^{uu}$ 的 n 维叶片. 流形 W^{sE} 在 O_i 或 L_i 与对应特征指数谱的临界部分和强稳定部分的线性化系统的扩展稳定不变子空间 $\mathcal{E}^{sE}$ 相切. 流形 W^{uE} 在 O_j 或 L_j 与对应谱的临界部分和强不稳定部分的扩展不稳定不变子空间 $\mathcal{E}^{uE}$ 相切. 叶层 $\mathcal{F}^{ss}$ 包含强稳定流形, 它在 O_i 或 L_i 切于强稳定不变子空间 $\mathcal{E}^{ss}$, 并且叶层 $\mathcal{F}^{uu}$ 包含强不稳定流形, 它在 O_j 或 L_j 切于强不稳定不变子空间 $\mathcal{E}^{uu}$.

横截性条件是:

在每条轨线 $\Gamma_s\subset C$ 的每一点, 扩展不稳定流形与强稳定叶层的叶片横截相交, 以及扩展稳定流形与强不稳定叶层的叶片横截相交.

注意到由于子空间关于线性化系统的不变性, 横截性必须在每条轨线 Γ_s 的一个点得到验证.

特征指数谱的分法的不同选择导致包含于上面横截性条件中的不同流形和叶层. 对我们的一些选择横截性可能成立, 但对有些则可能不成立. 因此在不同可能的三分法中这些条件会作出进一步的选择.

定理 6.6　设 q 和 p 是使得对环中任何平衡态或者周期轨线, 满足 $\beta_i^{uu}>q\beta_i^u,\beta_i^{ss}>p\beta_i^s$ 的最大整数 (诸 β 是 (6..4.4) 中的分离常数).

设 $\mathbb{C}^r$ – 光滑系统 $(r\geqslant 1)$ 有异宿环 C, 且设三分条件和横截条件满足. 则在 C 的小邻域 U 内, 系统有包含 C 的 k 维光滑不变流形 $\mathcal{W}^C$, 它在 C 的每一个平衡态和周期轨线与临界子空间 $\mathcal{E}=\mathcal{E}^{sE}\bigcap\mathcal{E}^{uE}$ 相切, 当且仅当局部强稳定和局部强不稳定叶层的任何叶片与集合 C 相交不多于一点. 在这条件下, 流形 $\mathcal{W}^C$ 对任何 $\mathbb{C}^r$ – 接近于原系统的系统存在, 且它关于系统连续变化.

流形 $\mathcal{W}^C$ 是 $\mathbb{C}^{\min(p,q,r)}$ – 光滑的. 它是 $(m+k)$ 维 $\mathbb{C}^{\min(q,r)}$ – 光滑不变流形 $\mathcal{W}^{sC}$ 和 $(n+k)$ 维 $\mathbb{C}^{\min(p,r)}$ – 光滑不变流形 $\mathcal{W}^{uC}$ 的交, 它们在异宿环 C 的每个平衡态和周期轨线分别切于扩展稳定和扩展不稳定不变子空间 $\mathcal{E}^{sE}$ 和 $\mathcal{E}^{uE}$. 对所有正时间停留在邻域 U 内的所有轨线属于 $\mathcal{W}^{sC}$, 对所有负时间停留在邻域 U 内的所有轨线属于 $\mathcal{W}^{uC}$. 因此, 所有停留在 U 的轨线整个地属于不变流形 $\mathcal{W}^C$.

我们不准备给出这个定理的证明. 这一章前面的几个非局部中心流形定理为其特殊情形. 例如, 当我们考虑单个同宿回路时, 强不稳定流形是强不稳定叶层的特殊叶片. 如果同宿轨线位于这个叶片内, 形式地讲, 它与叶片相交于连续点, 这些连续点妨碍光滑不变流形的存在性. 因此, 条件 (C) 和 (C′) 对 6.1 节中的定理的成立是必须的.

当我们考虑一对同宿回路时, 强不稳定叶层的叶片是 6.2 节坐标下的一类曲面

$$(u,\ y) = \psi(w).$$

我们可以直化叶层使得叶片是曲面 $\{y = \text{常数}\}$ 与不稳定流形的交. 在 8 字形同宿的情形, 对应 $y > 0$ 的每个叶片交同宿轨线 Γ_1 于一点, 而对应 $y < 0$ 的每个叶片也交于同宿轨线 Γ_2 仅一点. 强不稳定流形即对应 $y = 0$ 的叶片交同宿环 $C = O \bigcup \Gamma_1 \bigcup \Gamma_2$ 于点 O. 因此, 8 字形同宿轨线附近, 关于非局部中心不稳定流形的存在性的定理 6.5 与定理 6.6 的一般结果是一致的.

相反, 在蝴蝶同宿的情形, 对应正 y 的每一个叶片与两条同宿轨线相交. 因此我们前面关于不存在光滑不变流形的结论与后面的定理在形式上是一致的.

附录 A　鞍点平衡态附近系统的特殊形式

在研究由鞍点以及它们的连接轨线组成的同宿回路分支和异宿环分支时, 我们碰到在鞍点平衡态附近系统解的适当渐近问题. 显然在平衡态附近系统的形式越简单, 就越易于研究它的性态. 将系统在鞍点附近化为适合于许多分支问题的好形式的可能性由 2.9 节的定理 2.17 建立, 我们在这里叙述它的完全证明.

考虑依赖于某些参数 μ 的动力系统族 $X(\mu)$. 假设 $X(\mu)$ 对所有变量和参数是 $\mathbb{C}^r$ – 光滑 $(r \geqslant 2)$ 的. 我们可将 $X(\mu)$ 表示为形式 (见第 2 章)

$$\begin{aligned}
\dot{x} &= A_1(\mu)x + f_1(x, y, u, v, \mu),\\
\dot{u} &= A_2(\mu)u + f_2(x, y, u, v, \mu),\\
\dot{y} &= B_1(\mu)y + g_1(x, y, u, v, \mu),\\
\dot{v} &= B_2(\mu)v + g_2(x, y, u, v, \mu),
\end{aligned} \tag{A.1}$$

其中分块对角矩阵

$$A(0) \equiv \begin{pmatrix} A_1(0) & 0 \\ 0 & A_2(0) \end{pmatrix}$$

的特征值位于复平面虚轴的左边, 分块对角矩阵

$$B(0) \equiv \begin{pmatrix} B_1(0) & 0 \\ 0 & B_2(0) \end{pmatrix}$$

的特征值位于复平面虚轴的右边.

我们也假设矩阵 $A_1(0)$ 的特征值 $(\lambda_1, \cdots, \lambda_{m_1})$ 有相同的实部, 即

$$\operatorname{Re}\lambda_1 = \cdots = \operatorname{Re}\lambda_{m_1} = \lambda, \lambda < 0,$$

矩阵 $B_1(0)$ 的特征值 $(\gamma_1,\cdots,\gamma_{n_1})$ 的实部彼此相等, 即

$$\operatorname{Re}\gamma_1=\cdots=\operatorname{Re}\gamma_{n_1}=\gamma,\quad \gamma>0.$$

关于矩阵 $A_2(0)$ 和 $B_2(0)$ 的特征值, 假设 $A_2(0)$ 特征值的实部严格小于 λ, $B_2(0)$ 的严格大于 γ. 在这种情形下, x 和 y 分别是主稳定和主不稳定坐标, u 和 v 是非主坐标.

定理 A.1　存在关于 (x,u,y,v) 为 $\mathbb{C}^{r-1}$ 类的局部坐标变换 (变换关于 (x,u,y,v) 的一阶导数对 (x,u,y,v,μ) 是 $\mathbb{C}^{r-2}$ 的)[1], 将系统 (A.1) 化为形式

$$\begin{aligned}\dot{x}&=A_1(\mu)x+f_{11}(x,u,y,v,\mu)x+f_{12}(x,u,y,v,\mu)u,\\ \dot{u}&=A_2(\mu)u+f_{21}(x,u,y,v,\mu)x+f_{22}(x,u,y,v,\mu)u,\\ \dot{y}&=B_1(\mu)y+g_{11}(x,u,y,v,\mu)y+g_{12}(x,u,y,v,\mu)v,\\ \dot{v}&=B_2(\mu)v+g_{21}(x,u,y,v,\mu)y+g_{22}(x,u,y,v,\mu)v,\end{aligned}\tag{A.2}$$

其中 $f_{i\,j}$, $g_{i\,j}$ 关于 (x,u,y,v) 是 $\mathbb{C}^{r-1}$ 的, 它们关于 (x,u,y,v) 的一阶导数对 (x,u,y,v,μ) 是 $\mathbb{C}^{r-2}$ 的, 并且

$$\begin{aligned}&f_{i\,j}(0,0,0,0,\mu)=0,\quad g_{i\,j}(0,0,0,0,\mu)=0,\\ &f_{1i}(x,u,0,0,\mu)\equiv 0,\quad g_{1i}(0,0,y,v,\mu)\equiv 0,\\ &f_{j1}(0,0,y,v,\mu)\equiv 0,\quad g_{j1}(x,u,0,0,\mu)\equiv 0\ (i,j=1,2)\end{aligned}\tag{A.3}$$

证明　用鞍点不变流形直化的变量变换将系统 (A.1) 化为 (A.2) 的形式. 这个变换有形式 (见 2.7 节)

$$\begin{aligned}\tilde{x}&=x-\varphi_{1s}(y,v,\mu),\\ \tilde{u}&=u-\varphi_{2s}(y,v,\mu),\\ \tilde{y}&=y-\psi_{1u}(x,u,\mu),\\ \tilde{v}&=v-\psi_{2u}(x,u,\mu),\end{aligned}\tag{A.4}$$

其中 $\{x=\varphi_{1s}\ (y,v,\mu),u=\varphi_{2s}(y,v,\mu)\}$ 和 $\{y=\psi_{1u}(x,u,\mu),v=\psi_{2u}(x,u,\mu)\}$ 分别是鞍点的稳定和不稳定流形的方程. 这个变换没有给我们恒等式 (A.3). 到目前为止我们得到在 (A.2) 中的函数 $f_{i\,j}$ 和 $g_{i\,j}$ 是 $\mathbb{C}^{r-1}$ – 光滑且在原点为零.

[1] 在 $r=\infty$ 时, 变换关于 (x,u,y,v) 是 $\mathbb{C}^{\infty}$ 的, 但是对 μ 只有有限光滑性.

我们也可将系统 (A.2) 重写为形式

$$\begin{aligned}\dot{x} &= A_1(\mu)x + \underline{R_1(x,u,\mu)} + \underline{\varphi_1(y,v,\mu)x} + \varphi_2(y,v,\mu)u + \cdots,\\ \dot{u} &= A_2(\mu)u + R_2(x,u,\mu) + \underline{\varphi_3(y,v,\mu)x} + \varphi_4(y,v,\mu)u + \cdots,\\ \dot{y} &= B_1(\mu)y + \underline{P_1(y,v,\mu)} + \underline{\psi_1(x,u,\mu)y} + \psi_2(x,u,\mu)v + \cdots,\\ \dot{v} &= B_2(\mu)v + P_2(y,v,\mu) + \underline{\psi_3(x,u,\mu)y} + \psi_4(x,u,\mu)v + \cdots,\end{aligned} \tag{A.5}$$

其中

$$\begin{aligned}R_i &= f_{i1}(x,u,0,0,\mu)x + f_{i2}(x,u,0,0,\mu)u,\\ P_i &= g_{i1}(0,0,y,v,\mu)y + g_{i2}(0,0,y,v,\mu)u,\\ \varphi_1 &= f_{11}(0,0,y,v,\mu), \quad \varphi_2 = f_{12}(0,0,y,v,\mu),\\ \varphi_3 &= f_{21}(0,0,y,v,\mu), \quad \varphi_4 = f_{22}(0,0,y,v,\mu),\\ \psi_1 &= g_{11}(x,u,0,0,\mu), \quad \psi_2 = g_{12}(x,u,0,0,\mu),\\ \psi_3 &= g_{21}(x,u,0,0,\mu), \quad \psi_4 = g_{22}(x,u,0,0,\mu)\end{aligned}$$

以及

$$\begin{aligned}R_i(x,u,\mu) &= \widetilde{R}_{i1}(x,u,\mu)x + \widetilde{R}_{i2}(x,u,\mu)u,\\ P_i(y,v,\mu) &= \widetilde{P}_{i1}(y,v,\mu)y + \widetilde{P}_{i2}(y,v,\mu)v,\\ \widetilde{R}_{i\,j}(0,0,\mu) &\equiv 0, \quad \widetilde{P}_{ij}(0,0,\mu) \equiv 0,\\ \varphi_j(0,0,\mu) &\equiv 0, \quad \psi_j(0,0,\mu) \equiv 0,\end{aligned}$$

省略号表示后面我们将称为**可以忽略**的项: 在前面两个方程中它们是满足

$$\tilde{f}(0,0,y,v,\mu) \equiv 0 \quad 和 \quad \tilde{f}(x,u,0,0,\mu) \equiv 0$$

的形如 $\tilde{f}(x,u,y,v,\mu)x$ 和 $\tilde{f}(x,u,y,v,\mu)u$ 的项, 在后面两个方程中它们是满足

$$\tilde{g}(0,0,y,v,\mu) \equiv 0 \quad 和 \quad \tilde{g}(x,u,0,0,\mu) \equiv 0$$

的形如 $\tilde{g}(x,u,y,v,\mu)y$ 和 $\tilde{g}(x,u,y,v,\mu)v$ 的项.

显然, 这个定理的证明化为消去 (A.5) 中的下划线项. 为了去掉这些项, 我们将执行一系列连贯的变量变换

(1)

$$\begin{aligned}\xi_1 &= x + h_1(y,v,\mu)x, \quad & \xi_2 &= u + h_2(y,v,\mu)x,\\ \eta_1 &= y, & \eta_2 &= v,\end{aligned}$$

其中 $h_i(0,0,\mu) = 0$;

(2)

$$\xi_1 = x, \qquad \xi_2 = u,$$

$$\eta_1 = y + s_1(x,u,\mu)y, \quad \eta_2 = v + s_2(x,u,\mu)y,$$

其中 $s_i(0,0,\mu)=0$;

(3)

$$\xi_1 = x + r_1(x,u,\mu)x + r_2(x,u,\mu)u, \quad \xi_2 = u,$$

$$\eta_1 = y, \qquad \eta_2 = v,$$

其中 $r_1(0,0,\mu)=0, r_2(0,0,\mu)=0$; 以及

(4)

$$\xi_1 = x, \qquad \xi_2 = u,$$

$$\eta_1 = y + p_1(y,v,\mu)y + p_2(y,v,\mu)v, \quad \eta_2 = v,$$

其中 $p_1(0,0,\mu)=0, p_2(0,0,\mu)=0$.

变量变换 (1) 去掉系统 (A.5) 中的项 φ_1 和 φ_3. 用变量变换 (2) 消去项 ψ_1 和 ψ_3. 用变换 (3) 消去项 R_1. 最后用变量变换 (4) 消去项 P_1, 因此原系统化为我们所要求的形式.

第一步. 我们作坐标变换 (1). 系统 (A.5) 的第一个方程写为

$$\begin{aligned}
\dot{\xi}_1 &= \dot{x} + \frac{\partial h_1}{\partial y}\dot{y}x + \frac{\partial h_1}{\partial v}\dot{v}x + h_1(y,v,\mu)\dot{x} \\
&= A_1(\mu)x + R_1(x,u,\mu) + \varphi_1(y,v,\mu)x + \varphi_2(y,v,\mu)u \\
&\quad + \frac{\partial h_1}{\partial y}\Big(B_1(\mu)y + P_1(y,v,\mu) + \underline{\psi_1(x,u,\mu)y} + \underline{\psi_2(x,u,\mu)v}\Big)x \\
&\quad + \frac{\partial h_1}{\partial v}\Big(B_2(\mu)v + P_2(y,v,\mu) + \underline{\psi_3(x,u,\mu)y} + \underline{\psi_4(x,u,\mu)v}\Big)x \\
&\quad + h_1(y,v,\mu)\Big(A_1(\mu)x + \underline{R_1(x,u,\mu)} + \varphi_1(y,v,\mu)x + \varphi_2(y,v,\mu)u\Big) + \cdots .
\end{aligned} \tag{A.6}$$

注意到带下划线的被加项

$$\frac{\partial h_1}{\partial y}\psi_1(x,u,\mu)yx, \quad \frac{\partial h_1}{\partial y}\psi_2(x,u,\mu)vx, \quad \frac{\partial h_1}{\partial v}\psi_3(x,u,\mu)yx,$$

$$\frac{\partial h_1}{\partial v}\psi_4(x,u,\mu)vx, \quad h_1(y,v,\mu)R_1(x,u,\mu)$$

是可被忽略的 (即它们可以写为 $\tilde{f}_1(x,u,y,v,\mu)x + \tilde{f}_2(x,u,y,v,\mu)u$, 其中 $\tilde{f}_i(0,0,y,v,\mu)\equiv 0$ 以及 $\tilde{f}_i(x,u,0,0,\mu)\equiv 0$). 我们也指出

$$R_1(x,u,\mu) = R(\xi_1,\xi_2,\mu) + \cdots,$$

如上, 其中省略号表示可忽略的项. 由于

$$
\begin{aligned}
x &= \xi_1 - h_1(y,v,\mu)x, \\
u &= \xi_2 - h_2(y,v,\mu),
\end{aligned} \tag{A.7}
$$

我们得到

$$
\begin{aligned}
\dot{\xi}_1 = {} & A_1(\mu)\xi_1 + R_1(\xi_1,\xi_2,\mu) + \varphi_2(\eta_1,\eta_2,\mu)\xi_2 \\
& + [-A_1(\mu)h_1(y,v,\mu) + \varphi_1(y,v,\mu) - \varphi_2(y,v,\mu)h_2(y,v,\mu) \\
& + \frac{\partial h_1}{\partial y}(B_1(\mu)y + P_1(y,v,\mu)) + \frac{\partial h_1}{\partial v}(B_2(\mu)v + P_2(y,v,\mu)) \\
& + h_1(y,v,\mu)A_1(\mu) + h_1(y,v,\mu)\varphi_1(y,v,\mu) \\
& - h_1(y,v,\mu)\varphi_2(y,v,\mu)h_2(y,v,\mu)]\,x + h_1(\eta_1,\eta_2,\mu)\varphi_2(\eta_1,\eta_2,\mu)\xi_2 + \cdots .
\end{aligned} \tag{A.8}
$$

类似地, 我们得到 (A.5) 中第二个方程

$$
\begin{aligned}
\dot{\xi}_2 &= \dot{u} + \frac{\partial h_2}{\partial y}\dot{y}x + \frac{\partial h_2}{\partial v}\dot{v}x + h_2(y,v,\mu)\dot{x} \\
&= A_2(\mu)u + R_2(x,u,\mu) + \varphi_3(y,v,\mu)x + \varphi_4(y,v,\mu)u \\
&\quad + \frac{\partial h_2}{\partial y}(B_1y + P_1(y,v,\mu))\,x + \frac{\partial h_2}{\partial v}(B_2v + P_2(y,v,\mu))\,x \\
&\quad + h_2(y,v,\mu)\,(A_1(\mu)x + \varphi_1(y,v,\mu)x + \varphi_2(y,v,\mu)u) + \cdots \\
&= A_2\xi_2 + R_2(\xi_1,\xi_2,\mu) + \varphi_4(\eta_1,\eta_2,\mu)\xi_2 \\
&\quad + [-A_2(\mu)h_2(y,v,\mu) + \varphi_3(y,v,\mu) - \varphi_4(y,v,\mu)h_2 \\
&\quad + \frac{\partial h_2}{\partial y}(B_1(\mu)y + P_1(y,v,\mu)) + \frac{\partial h_2}{\partial v}(B_2(\mu)v + P_2(y,v,\mu)) \\
&\quad + h_2(y,v,\mu)A_1(\mu) + h_2(y,v,\mu)\varphi_1(y,v,\mu) \\
&\quad - h_2(y,v,\mu)\varphi_2(y,v,\mu)h_2(y,v,\mu)]\,x \\
&\quad + h_2(\eta_1,\eta_2,\mu)\varphi_2(\eta_1,\eta_2,\mu)\xi_2 + \cdots .
\end{aligned} \tag{A.9}
$$

第三个和第四个方程的形式在这样的变量变换下不受影响.

假设函数 $h_1(y,v,\mu)$ 和 $h_2(y,v,\mu)$ 满足下面的条件

$$
\begin{aligned}
A_1h_1 - h_1A_1 - \varphi_1 + \varphi_2h_2 - h_1\varphi_1 + h_1\varphi_2h_2 &= \frac{\partial h_1}{\partial y}(B_1y + P_1) + \frac{\partial h_1}{\partial v}(B_2v + P_2), \\
A_2h_2 - h_2A_2 - \varphi_3 + \varphi_4h_2 - h_2\varphi_1 + h_2\varphi_2h_2 &= \frac{\partial h_2}{\partial y}(B_1y + P_1) + \frac{\partial h_2}{\partial v}(B_2v + P_2).
\end{aligned} \tag{A.10}
$$

由此得知 (A.8) 和 (A.9) 中方括号内的表达式为零. 接下来考虑下面的矩阵方程系统

$$
\begin{aligned}
\dot{X} &= A_1X - XA_1 - \varphi_1 + \varphi_2U - X\varphi_1 + X\varphi_2U, \\
\dot{U} &= A_2U - UA_1 - \varphi_3 + \varphi_4U - U\varphi_1 + U\varphi_2U, \\
\dot{y} &= B_1y + P_1, \\
\dot{v} &= B_2v + P_2.
\end{aligned}
\tag{A.11}
$$

这里, 矩阵 $X \in \mathbb{R}^{m_1\times m_1}$ 和 $U \in \mathbb{R}^{m_2\times m_1}$, 其中 m_2 是向量 u 的维数. 系统 (A.11) 有平衡态 $O_1(0,0,0,0)$. 其线性化系统是

$$
\begin{aligned}
\dot{X} &= A_1X - XA_1 - \frac{\partial\varphi_1}{\partial y}(0,0,\mu)y - \frac{\partial\varphi_1}{\partial v}(0,0,\mu)v, \\
\dot{U} &= A_2U - UA_1 - \frac{\partial\varphi_3}{\partial y}(0,0,\mu)y - \frac{\partial\varphi_3}{\partial v}(0,0,\mu)v, \\
\dot{y} &= B_1y, \\
\dot{v} &= B_2v.
\end{aligned}
$$

这个系统的特征指数的谱可以表示为下面相应线性算子的谱的并,

$$
\begin{aligned}
X &\mapsto A_1X - XA_1, \\
U &\mapsto A_2U - UA_1, \\
y &\mapsto B_1y, \\
v &\mapsto B_2v.
\end{aligned}
$$

现在回忆矩阵理论中熟知的事实 (见 [39]), 就是说, 对任何方阵 A 和 B, 算子 $Z \mapsto AZ - ZB$ (其中 Z 是长方形矩阵) 的谱属于矩阵 A 和 B 的特征值之间所有可能的差所组成的数集.

于是, 由于矩阵 A_2 的特征值位于矩阵 A_1 特征值的左方, 而后者都位于直线 $\mathrm{Re}\cdot = \lambda$ 上, 由此得知当 $\mu = 0$ 时系统 (A.11) 的平衡态有 m_1^2 个特征指数在虚轴上, $m_1 \cdot m_2$ 个特征指数在左半开平面, $n_1 + n_2 = n$ 个特征指数在右半开平面. 因此, 系统 (A.11) 的平衡态有由方程 $\{X = h_1(y,v,\mu), U = h_2(y,v,\mu)\}$ 定义的 n 维强不稳定不变流形 $\widetilde{W}_1^{uu}$. 此外, 函数 $h_1(y,v,0)$ 和 $h_2(y,v,0)$ 满足条件 (A.10), 因为这些正是流形 $\{X = h_1, U = h_2\}$ 关于 (A.11) 的不变性条件.

h_1 和 h_2 关于 (y,v) 的光滑性与系统 (A.11) 的光滑性相同, 都等于 $\mathbb{C}^{r-1}$, 因为由构造, 函数 φ_i 和 ψ_i 是 $\mathbb{C}^{r-1}$. 而关于 μ 的光滑性减少 1, 此外, 即使 $r = \infty$ 它也仅为有限光滑 (见 5.4 节).

因此, 由强不稳定流形定理, 满足 (A.10) 的光滑函数 h_1, h_2 存在. 在作了变量变换 (1) 以后我们的系统取 (A.5) 的形式, 其中 $\varphi_1 \equiv 0$ 和 $\varphi_3 \equiv 0$.

第二步. 执行变换 (2) 我们得到

$$
\begin{aligned}
\dot{\xi}_1 &= A_1(\mu)\xi_1 + R_1(\xi_1,\xi_2,\mu) + \varphi_2(\eta_1,\eta_2,\mu)\xi_2 + \cdots ,\\
\dot{\xi}_2 &= A_2(\mu)\xi_2 + R_2(\xi_1,\xi_2,\mu) + \varphi_4(\eta_1,\eta_2,\mu)\xi_2 + \cdots ,\\
\dot{\eta}_1 &= \dot{y} + \frac{\partial s_1}{\partial x}\dot{x}y + \frac{\partial s_1}{\partial u}\dot{u}y + s_1(x,u,\mu)\dot{y}\\
&= B_1(\mu)y + P_1(y,v,\mu) + \psi_1(x,u,\mu)y + \psi_2(x,u,\mu)v\\
&\quad + \frac{\partial s_1}{\partial x}\left(A_1(\mu)x + R_1(x,u,\mu)\right)y + \frac{\partial s_1}{\partial u}\left(A_2(\mu)u + R_2(x,u,\mu)\right)y\\
&\quad + s_1(x,u,\mu)\left(B_1(\mu)y + \psi_1(x,u,\mu)y + \psi_2(x,u,\mu)v\right) + \cdots\\
&= B_1(\mu)\eta_1 + P_1(\eta_1,\eta_2,\mu) + \psi_2(\xi_1,\xi_2,\mu)\eta_2\\
&\quad + [-B_1(\mu)s_1(x,u,\mu) + \psi_1(x,u,\mu)\\
&\quad - \psi_2(x,u,\mu)s_2(x,u,\mu) + \frac{\partial s_1}{\partial x}\left(A_1(\mu)x + R_1(x,u,\mu)\right)\\
&\quad + \frac{\partial s_1}{\partial u}\left(A_2(\mu)u + R_2(x,u,\mu)\right) + s_1(x,u,\mu)B_1(\mu)\\
&\quad + s_1(x,u,\mu)\psi_1(x,u,\mu) - s_1(x,u,\mu)\psi_2(x,u,\mu)s_2(x,u,\mu)]\,y\\
&\quad + s_1(\xi_1,\xi_2,\mu)\psi_2(\xi_1,\xi_2,\mu)\eta_2 + \cdots ,\\
\dot{\eta}_2 &= \dot{v} + \frac{\partial s_2}{\partial x}\dot{x}y + \frac{\partial s_2}{\partial u}\dot{u}y + s_2(x,u,\mu)\dot{y}\\
&= B_2(\mu)v + P_2(y,v,\mu) + \psi_3(x,u,\mu)y + \psi_4(x,u,\mu)v\\
&\quad + \frac{\partial s_2}{\partial x}\left(A_1x + R_1(x,u,\mu)\right)y + \frac{\partial s_2}{\partial u}\left(A_2u + R_2(x,u,\mu)\right)y\\
&\quad + s_2(x,u,\mu)\left(B_1(\mu)y + \psi_1(x,u,\mu)y + \psi_2(x,u,\mu)v\right) + \cdots\\
&= B_2\eta_2 + P_2(\eta_1,\eta_2,\mu) + \psi_4(\xi_1,\xi_2,\mu)\eta_2\\
&\quad + [-B_2(\mu)s_2(x,u,\mu) + \psi_3(x,u,\mu) - \psi_4(x,u,\mu)s_2\\
&\quad + \frac{\partial s_2}{\partial x}\left(A_1(\mu)u + R_1(x,u,\mu)\right) + \frac{\partial s_2}{\partial u}\left(A_2(\mu)u + R_2(x,u,\mu)\right)\\
&\quad + s_2(x,u,\mu)B_1(\mu) + s_2(x,u,\mu)\psi_1(x,u,\mu)\\
&\quad - s_2(x,u,\mu)\psi_2(x,u,\mu)s_2(x,u,\mu)]\,y\\
&\quad + s_2(\xi_1,\xi_2,\mu)\psi_2(\xi_1,\xi_2,\mu)\eta_2 + \cdots .
\end{aligned}
$$

选取函数 s_1 和 s_2 使得方括号中的表达式变成恒等于零, 即

$$
\begin{aligned}
B_1s_1 - s_1B_1 - \psi_1 + \psi_2s_2 - s_1\psi_1 + s_1\psi_2s_2 &= \frac{\partial s_1}{\partial x}(A_1x + R_1) + \frac{\partial s_1}{\partial u}(A_2u + R_2),\\
B_2s_2 - s_2B_2 - \psi_3 + \psi_4s_2 - s_2\psi_1 + s_2\psi_2s_2 &= \frac{\partial s_2}{\partial x}(A_1x + R_1) + \frac{\partial s_2}{\partial u}(A_2u + R_2).
\end{aligned}
\tag{A.12}
$$

为了证明这样的 s_1 和 s_2 存在, 考虑矩阵系统

$$\begin{aligned}\dot{x} &= A_1x + R_1,\\ \dot{u} &= A_2u + R_2,\\ \dot{Y} &= B_1Y - YB_1 - \psi_1 + \psi_2V - Y\psi_1 + Y\psi_2V,\\ \dot{V} &= B_2V - VB_1 - \psi_3 + \psi_4V - V\psi_1 + V\psi_2V,\end{aligned} \tag{A.13}$$

其中 $Y \in \mathbb{R}^{n_1^2}$ 且 $V \in \mathbb{R}^{n_1n_2}$. 对所有小 μ 这个系统有平衡态 $O_2(0,0,0,0)$. 其线性化系统是

$$\begin{aligned}\dot{x} &= A_1x\\ \dot{u} &= A_2u,\\ \dot{Y} &= B_1Y - YB_1 - \frac{\partial\psi_1}{\partial x}(0,0,\mu)x - \frac{\partial\psi_1}{\partial u}(0,0,\mu)u,\\ \dot{V} &= B_2V - VB_1 - \frac{\partial\psi_3}{\partial x}(0,0,\mu)x - \frac{\partial\psi_3}{\partial u}(0,0,\mu)u.\end{aligned}$$

在 $\mu = 0$ 处特征指数的位置如下: n_1^2 个特征值在虚轴上, n_1n_2 个特征值在虚轴左边, 以及 m 个特征值在虚轴的右边. 因此, 系统 (A.13) 具有由 $\{Y = s_1(x,u,\mu),\ V = s_2(x,u,\mu)\}$ 定义的 m 维强稳定不变流形 W_2^{ss}.

我们已经找到了满足条件 (A.12) 的函数 $s_1(x,u,\mu)$ 和 $s_2(x,u,\mu)$. 因此变量变换 (1) 和 (2) 使得系统 (A.5) 满足 $\varphi_1 \equiv 0$, $\varphi_3 \equiv 0$, $\psi_1 \equiv 0$ 和 $\psi_3 \equiv 0$.

第三步. 为了作变量变换 (3), 我们引入记号

$$\mathrm{x} = \begin{pmatrix} x \\ u \end{pmatrix}, \qquad \mathrm{y} = \begin{pmatrix} y \\ v \end{pmatrix},$$

$$A(\mu) = \begin{pmatrix} A_1(\mu) & 0 \\ 0 & A_2(\mu) \end{pmatrix}, \quad B(\mu) = \begin{pmatrix} B_1(\mu) & 0 \\ 0 & B_2(\mu) \end{pmatrix},$$

$$r(\mathrm{x},\mu) = (r_1(\mathrm{x},\mu),\ r_2(\mathrm{x},\mu)), \quad R(\mathrm{x},\mu) = \begin{pmatrix} R_1(\mathrm{x},\mu) \\ R_2(\mathrm{x},\mu) \end{pmatrix},$$

$$p(\mathrm{y},\mu) = (r_1(\mathrm{y},\mu),\ r_2(\mathrm{y},\mu)), \quad P(\mathrm{y},\mu) = \begin{pmatrix} P_1(\mathrm{y},\mu) \\ P_2(\mathrm{y},\mu) \end{pmatrix}.$$

借助上面的新记号, 变量变换 (3) 取形式

$$\xi_1 = x + r(\mathrm{x},\mu)\,\mathrm{x},\ \ \xi_2 = u,\ \ \eta_1 = y,\ \ \eta_2 = v.$$

设 $R(\mathrm{x},\mu)=\widetilde{R}(\mathrm{x},\mu)\,\mathrm{x}$, 因此, $R_1(\mathrm{x},\mu)=\widetilde{R}_1(\mathrm{x},\mu)\,\mathrm{x}$ 和 $R_2(\mathrm{x},\mu)=\widetilde{R}_2(\mathrm{x},\mu)\,\mathrm{x}$. 作这个变量变换后得到

$$\begin{aligned}\dot{\xi}_1 &= \dot{x}+\frac{\partial r}{\partial \mathrm{x}}\dot{\mathrm{x}}\mathrm{x}+r(\mathrm{x},\mu)\dot{\mathrm{x}}\\ &= A_1(\mu)x+R_1(\mathrm{x},\mu)+\varphi_2(\mathrm{y},\mu)u\\ &\quad+\frac{\partial r}{\partial \mathrm{x}}(A(\mu)\mathrm{x}+R(\mathrm{x},\mu))\mathrm{x}+r(\mathrm{x},\mu)(A(\mu)\mathrm{x}+R(\mathrm{x},\mu))+\cdots\\ &= A_1(\mu)\xi_1+\varphi_2(\eta_1,\eta_2,\mu)\xi_2+\Big[-A_1(\mu)r(\mathrm{x},\mu)+\widetilde{R}_1(\mathrm{x},\mu)\\ &\quad+\frac{\partial r}{\partial \mathrm{x}}(A(\mu)\mathrm{x}+\widetilde{R}(\mathrm{x},\mu)\mathrm{x})+r(\mathrm{x},\mu)A(\mu)+r(\mathrm{x},\mu)\widetilde{R}(\mathrm{x},\mu)\Big]\,\mathrm{x}+\cdots,\\ \dot{\xi}_2 &= A_2(\mu)\xi_2+\widehat{R}_2(\xi_1,\xi_2,\mu)+\varphi_4(\eta_1,\eta_2,\mu)\xi_2+\cdots,\\ \dot{\eta}_1 &= B_1(\mu)\eta_1+P_1(\eta_1,\eta_2,\mu)+\widehat{\psi}_2(\xi_1,\xi_2,\mu)\eta_2+\cdots,\\ \dot{\eta}_2 &= B_2(\mu)\eta_2+P_2(\eta_1,\eta_2,\mu)+\widehat{\psi}_4(\xi_1,\xi_2,\mu)\eta_2+\cdots,\end{aligned}$$

其中

$$\widehat{R}_2(0,0,\mu)\equiv 0,\quad \frac{\partial \widehat{R}_2}{\partial(\xi_1,\xi_2)}(0,0,\mu)\equiv 0,$$
$$\widehat{\psi}_2(0,0,\mu)\equiv 0,\quad \widehat{\psi}_4(0,0,\mu)\equiv 0.$$

假设 $r(x,\mu)$ 使得方括号内的表达式为零, 即假定下面的条件成立

$$\begin{aligned}&\frac{\partial r}{\partial \mathrm{x}}(A(\mu)\mathrm{x}+\widetilde{R}(\mathrm{x},\mu)\mathrm{x})\\ &=A_1(\mu)r(\mathrm{x},\mu)-r(\mathrm{x},\mu)A(\mu)-\widetilde{R}_1(\mathrm{x},\mu)-r(\mathrm{x},\mu)\widetilde{R}(\mathrm{x},\mu).\end{aligned}\tag{A.14}$$

考虑矩阵微分方程系统

$$\begin{aligned}\dot{\mathrm{x}}&=A(\mu)\mathrm{x}+\widetilde{R}(\mathrm{x},\mu)\mathrm{x},\\ \dot{Y}&=A_1(\mu)Y-YA-\widetilde{R}_1(\mathrm{x},\mu)-Y\widetilde{R}(\mathrm{x},\mu),\end{aligned}\tag{A.15}$$

其中 $Y\in\mathbb{R}^{m_1 m}$, $\mathrm{x}\in\mathbb{R}^m$. 对所有充分小 μ, 这个系统有平衡态 $O_3(0,0)$, 它的特征指数由线性算子

$$\mathrm{x}\mapsto A(\mu)\,\mathrm{x},$$
$$Y\mapsto A_1(\mu)Y-YA(\mu)-\frac{\partial \widetilde{R}_1}{\partial \mathrm{x}}(0,\mu)\,\mathrm{x}.$$

的谱组成. 由此得知当 $\mu=0$ 时, 点 O_3 有 m_1^2 个特征指数在虚轴上, 有 $(mm_1-m_1^2)$ 个和 m 个特征指数分别位于虚轴的左边和右边. 这导致对充分小的 μ, 系统 (A.15) 具有 m 维不变流形 (强稳定) $Y=r(\mathrm{x},\mu)$. 这给出满足条件 (A.14) 的函数 r 的存在性.

具有这样的 $r(\mathrm{x},\mu)$ 的变换 (3) 将系统变为满足 $\varphi_1\equiv 0$, $\varphi_3\equiv 0$, $\psi_1\equiv 0$, $\psi_3\equiv 0$ 和 $R_1\equiv 0$ 的形式 (A.5).

第四步. 作变量变换 (4), 我们得到

$$
\begin{aligned}
\dot{\xi}_1 &= A_1(\mu)\xi_1 + R_1(\xi_1,\xi_2,\mu) + \widehat{\varphi}_2(\eta_1,\eta_2,\mu)\xi_2 + \cdots,\\
\dot{\xi}_2 &= A_2(\mu)\xi_2 + R_2(\xi_1,\xi_2,\mu) + \widehat{\varphi}_4(\eta_1,\eta_2,\mu)\xi_2 + \cdots,\\
\dot{\eta}_1 &= \dot{y} + \frac{\partial p}{\partial \mathrm{y}}\dot{\mathrm{y}}\mathrm{y} + p(\mathrm{y},\mu)\dot{\mathrm{y}}\\
&= B_1(\mu)y + P_1(\mathrm{y},\mu) + \psi_2(\mathrm{y},\mu)v\\
&\quad + \frac{\partial p}{\partial \mathrm{y}}\left(B(\mu)\mathrm{y} + P(\mathrm{y},\mu)\right)\mathrm{y} + p(\mathrm{y},\mu)\left(B(\mu)\mathrm{y} + P(\mathrm{y},\mu)\right) + \cdots\\
&= B_1(\mu)\eta_1 + \psi_2(\xi_1,\xi_2,\mu)\eta_2 + \Big[-B_1(\mu)p(\mathrm{y},\mu) + \widetilde{P}_1(\mathrm{y},\mu)\\
&\quad + \frac{\partial p}{\partial \mathrm{y}}(B(\mu)\mathrm{y} + \widetilde{P}(\mathrm{y},\mu)\mathrm{y}) + p(\mathrm{y},\mu)B(\mu) + p(\mathrm{y},\mu)\widetilde{P}(\mathrm{y},\mu)\Big]\,\mathrm{y} + \cdots,\\
\dot{\eta}_2 &= B_2(\mu)\eta_2 + \widehat{P}_2(\eta_1,\eta_2,\mu) + \psi_4(\xi_1,\xi_2,\mu)\eta_2 + \cdots,
\end{aligned}
$$

其中 $P(\mathrm{y},\mu)=\widetilde{P}(\mathrm{y},\mu)\mathrm{y}$.

选择函数 p 使得方括号中的表达式恒等于零, 即

$$
\begin{aligned}
&\frac{\partial p}{\partial \mathrm{y}}(B(\mu)\mathrm{y} + \widetilde{P}(\mathrm{y},\mu)\mathrm{y})\\
&= B_1(\mu)p(\mathrm{y},\mu) - p(\mathrm{y},\mu)B(\mu) - \widetilde{P}_1(\mathrm{y},\mu) - p(\mathrm{y},\mu)\widetilde{P}(\mathrm{y},\mu).
\end{aligned}
\tag{A.16}
$$

显然, 系统最后取所求的形式.

为了确认这样的函数 p 的存在性, 考虑矩阵微分方程系统

$$
\begin{aligned}
\dot{X} &= B_1(\mu)X - XB(\mu) - \widetilde{P}_1(\mathrm{y},\mu) - X\widetilde{P}(\mathrm{y},\mu),\\
\dot{y} &= B(\mu)\,\mathrm{y} + \widetilde{P}(\mathrm{y},\mu)\,\mathrm{y},
\end{aligned}
\tag{A.17}
$$

其中 $X\in\mathbb{R}^{n_1 n}$ 且 $\mathrm{y}\in\mathbb{R}^n$. 对所有充分小的 μ, 这个系统有平衡态 $O_4(0,0)$, 它的特征指数是由线性算子

$$
\begin{aligned}
X &\mapsto B_1(\mu)X - XB(\mu) - \frac{\partial \widetilde{P}_1}{\partial \mathrm{y}}(0,\mu)\,\mathrm{y},\\
\mathrm{y} &\mapsto B_1(\mu)\,\mathrm{y}
\end{aligned}
$$

的谱组成. 当 $\mu=0$ 时 O_4 的特征指数有: n_1^2 个在虚轴上, $(n_1n-n_1^2)$ 个和 n 个特征值分别位于虚轴的左边和右边. 因此, 对充分小 μ, 系统 (A.17) 具有形如 $X=p(\mathrm{y},\mu)$ 的 m 维不变流形 W_4^{uu} (强不稳定), 其中函数 p 满足条件 (A.16). 证明完毕.

附录 B　鞍点不动点附近轨线的一次渐近

在 $\mathbb{R}^{n+m}$ 中具 m 维稳定和 n 维不稳定不变流形的鞍点不动点的邻域内考虑 $\mathbb{C}^r$ – 光滑 $(r \geqslant 2)$ 映射族 $T(\mu)$.

设鞍点的乘子是 $(\lambda_1, \cdots, \lambda_m)$ 和 $(\gamma_1, \cdots, \gamma_n)$, 其中 $|\lambda_k| < 1$ $(k = 1, \cdots, m)$ 以及 $|\gamma_k| > 1$ $(k = 1, \cdots, n)$. 假设乘子 $(\lambda_1, \cdots, \lambda_{m_1})$ 按绝对值等于某 λ, $0 < \lambda < 1$, 余下的稳定乘子 $(\lambda_{m_1+1}, \cdots, \lambda_m)$ 的绝对值严格小于 λ. 对不稳定乘子 $(\lambda_{m_1+1}, \cdots, \lambda_m)$ 我们假设 $|\gamma_1| = \cdots = |\gamma_{n_1}| = \gamma > 1$ 以及对 $k > n_1$ 有 $|\gamma_k| > \gamma$.

完全类似于平衡态附近的系统 (见附录 A), 映射 $T(\mu)$ 可以 (用 $\mathbb{C}^{r-1}$ 变量变换) 化为形式

$$\begin{aligned}
\overline{x} &= A_1(\mu)x + f_{11}(x, y, v, \mu)x + f_{12}(x, u, y, v, \mu)u, \\
\overline{u} &= A_2(\mu)u + f_{21}(x, y, v, \mu)x + f_{22}(x, u, y, v, \mu)u, \\
\overline{y} &= B_1(\mu)y + g_{11}(x, u, y, \mu)y + g_{12}(x, u, y, v, \mu)v, \\
\overline{v} &= B_2(\mu)v + g_{21}(x, u, y, \mu)y + g_{22}(x, u, y, v, \mu)v,
\end{aligned} \tag{B.1}$$

其中 $A_1(0)$ 的特征值是 $(\lambda_1, \cdots, \lambda_{m_1})$, $A_2(0)$ 的特征值是 $(\lambda_{m_1+1}, \cdots, \lambda_m)$, $B_1(0)$ 的特征值是 $(\gamma_1, \cdots, \gamma_{n_1})$, 以及 $B_2(0)$ 的特征值是 $(\gamma_{n_1+1}, \cdots, \gamma_n)$. 此外, $\mathbb{C}^{r-1}$ – 函数[1] f_{ij} 和 g_{ij} 满足

$$\begin{aligned}
f_{ij}(0, 0, 0, 0, \mu) = 0, &\quad g_{ij}(0, 0, 0, 0, \mu) = 0, \\
f_{11}(x, 0, 0, \mu) \equiv 0, &\quad g_{11}(0, 0, y, \mu) \equiv 0,
\end{aligned}$$

[1] 它们对所有的变量和 μ 有直到 $(r-1)$ 阶连续导数, 除了单独关于 μ 的最后 $(r-1)$ 阶导数可能不存在.

$$f_{12}(x,u,0,0,\mu)\equiv 0,\quad g_{12}(0,0,y,v,\mu)\equiv 0,$$
$$f_{j1}(0,y,v,\mu)\equiv 0,\quad g_{j1}(x,u,0,\mu)\equiv 0. \tag{B.2}$$

我们特别注意化为这个形式, 因为它让我们在鞍点不动点附近可以得到边值问题 (见 3.7 节) 解的好估计. 就是说, 令函数 $\xi_k^{1,2},\eta_k^{1,2}$ 定义边值问题的解: 点 (x^1,u^1,y^1,v^1) 是点 (x^0,u^0,y^0,v^0) 在映射 $T(\mu)^k$ (在原点的小邻域内) 作用下的像, 当且仅当 $(x^1,u^1)=(\xi_k^1,\xi_k^2)\ (x^0,u^0,y^1,v^1)$ 和 $(y^0,v^0)=(\eta_k^1,\eta_k^2)\ (x^0,u^0,y^1,v^1)$. 设 $\lambda_0(\mu)$ 和 $\gamma_0(\mu)$ 是使得对一切 $j\geqslant 0$ 有

$$||A_1(\mu)^j||\leqslant 常数\cdot\lambda_0(\mu)^j,\quad ||B_1(\mu)^{-j}||\leqslant 常数\cdot\gamma_0(\mu)^{-j}. \tag{B.3}$$

例如, 当仅存在一个稳定主乘子 ($m_1=1$ 且 λ_1 是实数) 时, 则 $\lambda_0(\mu)=\lambda_1(\mu)$. 如果存在一对复共轭稳定主乘子 ($m_1=2$ 且 $\lambda_1=\lambda_2^*$ 是非实数), 则 $\lambda_0(\mu)=\mathrm{Re}\,\lambda_1(\mu)$. 类似地, 如果 $n_1=1$, 则 $\gamma_0(\mu)=\gamma_1(\mu)$; 如果 $n_1=2$, 且 $\gamma_1=\gamma_2^*$ 不是实数, 则 $\gamma_0(\mu)=\mathrm{Re}\,\lambda_1(\mu)$.

因为 A 和 B 光滑依赖于 μ, 对 $q=1,\cdots,r-1$ 我们也有

$$\left\|\frac{\partial^q}{\partial\mu^q}(A_1(\mu)^j)\right\|\leqslant 常数\cdot j^q\lambda_0(\mu)^j,\quad \left\|\frac{\partial^q}{\partial\mu^q}\left(B_1(\mu)^{-j}\right)\right\|\leqslant 常数\cdot j^q\gamma_0(\mu)^{-j}. \tag{B.4}$$

我们还要引入量 λ' 和 γ', 它们满足 $\lambda_0^2<\lambda'<\lambda_0$ 和 $\gamma_0<\gamma'<\gamma_0^2$, 使得对一切 $j\geqslant 0$ 有

$$||A_2(\mu)^j||\leqslant 常数\cdot(\lambda')^j,\quad ||B_2(\mu)^{-j}||\leqslant 常数\cdot(\gamma')^{-j}, \tag{B.5}$$

且对所有关于 μ 的导数, 相同的估计成立.

引理 B.1　如果恒等式 (B.2) 成立, 则

$$\xi_k^1=A_1(\mu)^kx^0+o(\lambda_0(\mu)^k),\quad \eta_k^1=B_1(\mu)^{-k}y^1+o(\gamma_0(\mu)^{-k}), \tag{B.6}$$

$$\xi_k^2=o(\lambda_0(\mu)^k),\quad \eta_k^2=o(\gamma_0(\mu)^{-k}). \tag{B.7}$$

其中项 $o(\lambda_0^k)$ 和 $o(\gamma_0^{-k})$ 是 $\mathbb{C}^{r-1}$ – 光滑的, 且它们关于 (x^0,u^0,y^1,v^1) 的所有导数分别也是 $o(\lambda_0^k)$ 和 $o(\gamma_0^{-k})$ 阶, 关于 μ 微分 q 次的导数分别有 $o(k^q\lambda_0^k)$ 和 $o(k^q\gamma_0^{-k})$ $(q=0,\cdots,r-2)$ 的估计.

证明　记

$$f_i=f_{i1}x+f_{i2}u\quad 和\quad g_i=g_{i1}y+g_{i2}v. \tag{B.8}$$

只需证明 (见 3.7 节), 对给定小的 (x^0, u^0, y^1, v^1), 系统

$$
\begin{aligned}
x_j &= A_1^j x^0 + \sum_{s=0}^{j-1} A_1^{j-s-1} f_1(x_s, u_s, y_s, v_s, \mu),\\
u_j &= A_2^j u^0 + \sum_{s=0}^{j-1} A_2^{j-s-1} f_2(x_s, u_s, y_s, v_s, \mu),\\
y_j &= B_1^{-(k-j)} y^1 - \sum_{s=j}^{k-1} B_1^{-(s+1-j)} g_1(x_s, u_s, y_s, v_s, \mu),\\
v_j &= B_2^{-(k-j)} v^1 - \sum_{s=j}^{k-1} B_2^{-(s+1-j)} g_2(x_s, u_s, y_s, v_s, \mu)
\end{aligned} \tag{B.9}
$$

的解 $\{(x_0, u_0, y_0, v_0), \cdots, (x_k, u_k, y_k, v_k)\}$ 满足下面的估计

$$
\begin{aligned}
\|x_j - A_1^j x^0\| &\leqslant \lambda_0^j \varphi_1(k),\\
\|u_j\| &\leqslant \lambda_0^j \varphi_2(j),\\
\|y_j - B_1^{-(k-j)} y^1\| &\leqslant \gamma_0^{-(k-j)} \psi_1(k),\\
\|v_j\| &\leqslant \gamma_0^{-(k-j)} \psi_2(k-j),
\end{aligned} \tag{B.10}
$$

其中 φ_i 和 ψ_i 是趋于零的某些正序列.

此外, 类似的估计对 (B.10) 左端的表达式关于 $(x^0, u^0, y^1, v^1, \mu)$ 的所有导数必须成立, 这时 φ_i 和 ψ_i 可依赖于导数的阶数.

如我们在 3.7 节证明的, (B.9) 的解是逐次逼近 $\{(x_0^{(n)}, u_0^{(n)}, y_0^{(n)}, v_0^{(n)}), \cdots, (x_k^{(n)}, u_k^{(n)}, y_k^{(n)}, v_k^{(n)})\}$ 当 $n \to +\infty$ 时的极限, 以初始猜测 $(x_0^{(1)}, u_0^{(1)}, y_0^{(1)}, v_0^{(1)}) = 0$ 开始的逐次逼近如下:

$$
\begin{aligned}
x_j^{(n+1)} &= A_1^j x^0 + \sum_{s=0}^{j-1} A_1^{j-s-1} f_1(x_s^{(n)}, u_s^{(n)}, y_s^{(n)}, v_s^{(n)}, \mu),\\
u_j^{(n+1)} &= A_2^j u^0 + \sum_{s=0}^{j-1} A_2^{j-s-1} f_2(x_s^{(n)}, u_s^{(n)}, y_s^{(n)}, v_s^{(n)}, \mu),\\
y_j^{(n+1)} &= B_1^{-(k-j)} y^1 - \sum_{s=j}^{k-1} B_1^{-(s+1-j)} g_1(x_s^{(n)}, u_s^{(n)}, y_s^{(n)}, v_s^{(n)}, \mu),\\
v_j^{(n+1)} &= B_2^{-(k-j)} v^1 - \sum_{s=j}^{k-1} B_2^{-(s+1-j)} g_2(x_s^{(n)}, u_s^{(n)}, y_s^{(n)}, v_s^{(n)}, \mu).
\end{aligned} \tag{B.11}
$$

因此, 为了证明 (B.9) 解的某些估计, 我们可以假设 n 次逐次逼近满足这些估计, 然后, 以这个假设为基础再验证 $(n+1)$ 次逐次逼近也满足这些估计. 当然估计必须与 n 无关.

按照这个方法 (见引理 3.3) 我们已经证明对任何 $\bar{\lambda} > \lambda_0$ 和 $\bar{\gamma} < \gamma_0$ 有

$$||x_j, u_j|| \leqslant K\bar{\lambda}^j, \quad ||y_j, v_j|| \leqslant K\bar{\gamma}^{j-k}, \tag{B.12}$$

其中 K 是某正常数 (它依赖于 $\bar{\lambda}$ 和 $\bar{\gamma}$ 的特殊选择). 现在让我们验证, 恒等式 (B.2) 的满足允许我们改进这些估计: 即在 (B.12) 中可以令 $\bar{\lambda} = \lambda_0$ 和 $\bar{\gamma} = \gamma_0$.

事实上, 假设 n 次逼近满足

$$\begin{aligned} &||x_j^{(n)}|| \leqslant K_x \lambda_0^j, \qquad ||u_j^{(n)}|| \leqslant K_u \lambda_0^j, \\ &||y_j^{(n)}|| \leqslant K_y \gamma_0^{j-k}, \quad ||v_j^{(n)}|| \leqslant K_v \gamma_0^{j-k}. \end{aligned} \tag{B.13}$$

我们必须验证适当选取常数 K_x, K_u, K_y, K_v 以后 $(n+1)$ 次逼近满足

$$\begin{aligned} &||x_j^{(n+1)}|| \leqslant K_x \lambda_0^j, \qquad ||u_j^{(n+1)}|| \leqslant K_u \lambda_0^j, \\ &||y_j^{(n+1)}|| \leqslant K_y \gamma_0^{j-k}, \quad ||v_j^{(n+1)}|| \leqslant K_v \gamma_0^{j-k}. \end{aligned} \tag{B.14}$$

将 (B.12), (B.13) 代入 (B.11) 得

$$\begin{aligned} &||x_j^{(n+1)}|| \leqslant \lambda_0^j \varepsilon + \sum_{s=0}^{j-1} \lambda_0^{j-s-1} (\delta K_x^2 \lambda_0^{2s} + C K_u \gamma_0^{s-k} \lambda_0^s), \\ &||u_j^{(n+1)}|| \leqslant (\lambda')^j \varepsilon + \sum_{s=0}^{j-1} (\lambda')^{j-s-1} (C K^2 \bar{\lambda}^{2s} + \delta K_u \lambda_0^s). \end{aligned} \tag{B.15}$$

其中, C 是某个常数, ε 是 (x^0, u^0, y^1, v^1) 范数的上界. 注意考虑恒等式 (B.2): 用常数 δ 估计 $||f_{22}||$, 缩小考虑的鞍点不动点的邻域可使得 δ 变得任意小, 以及 $||f_{21}||$ 的估计为 $||f_{21}(x, y, v)|| \leqslant ||f_{21}(0, y, v)|| + \sup ||f'_{21x}|| \cdot ||x|| \leqslant C||x||$. 用相同的方法我们有 $||f_{11}(x, y, v)|| \leqslant \sup ||f'_{11x}|| \cdot ||x||$, 由于在 $(y, v) = 0$ 有 $f'_{11x} = 0$ 得知 $||f_{11}(x, y, v)|| \leqslant \delta||x||$, 其中 δ 可取任意小. 对函数 f_{12} 由恒等式 (B.2) 得 $||f_{12}|| \leqslant C||y, v||$.

由 (B.15) 我们有 $||x_j^{(n+1)}|| \leqslant \lambda_0^j \varepsilon + \dfrac{\lambda_0^{j-1} \delta K_x^2}{1 - \lambda_0} + \dfrac{\lambda_0^{j-1} C K_u \gamma_0^{j-k}}{\gamma_0 - 1}$, 以及 $||u_j^{(n+1)}|| \leqslant (\lambda')^j \varepsilon + \dfrac{(\lambda')^j C K^2}{\lambda' - \bar{\lambda}^2} + \dfrac{\lambda_0^j \delta K_u}{\lambda_0 - \lambda'}$, 由此对 $(x, u)_j^{(n+1)}$ 得估计 (B.14), 只要选择 K_x 和 K_u 使得

$$\begin{aligned} K_x &\geqslant \varepsilon + \frac{\delta K_x^2}{\lambda_0(1 - \lambda_0)} + \frac{C K_u}{\lambda_0(\gamma_0 - 1)}, \\ K_u &\geqslant \varepsilon + \frac{C K^2}{\lambda' - \bar{\lambda}^2} + K_u \frac{\delta}{\lambda_0 - \lambda'}. \end{aligned}$$

由于问题的对称性, 对 $(y, v)_j^{(n+1)}$ 所要求的估计可用同样方法得到.

因此, (B.11) 的解 (以及所有的逐次逼近) 满足

$$(x_j, u_j) = O(\lambda_0^j), \quad (y_j, v_j) = O(\gamma_0^{-(k-j)}). \tag{B.16}$$

现在我们假设 n 次逐次逼近满足 (B.10). 基于恒等式 (B.2), 函数 f_1 有估计

$$||f_1|| \leqslant \sup_x ||f'_{11x}|| \cdot ||x||^2 + \sup ||f'_{12(y,v)}|| \cdot ||u|| \cdot ||y,v||. \tag{B.17}$$

由于当 $(y,v) \to 0$ 时 $f'_{11x} \to 0$, 由 (B.16), 假设 (B.10) 成立, 则 n 次逼近有

$$||f_1(x_s^{(n)}, u_s^{(n)}, y_s^{(n)}, v_s^{(n)}, \mu)|| \leqslant \widetilde{\varphi}_1(k-s)\lambda_0^{2s} + C\gamma_0^{s-k}\lambda_0^s\varphi_2(s), \tag{B.18}$$

其中 C 是某常数, φ_2 是 (B.10) 中对 u 的估计量, $\widetilde{\varphi}_1$ 是当 $k-s \to +\infty$ 时趋于零的正函数 (与 (B.10) 中 φ_i 和 ψ_i 的选择无关).

类似地,

$$||f_2(x_s^{(n)}, u_s^{(n)}, y_s^{(n)}, v_s^{(n)}, \mu)|| \leqslant \widetilde{\varphi}_2(s)\lambda_0^s + \delta\varphi_2(s)\lambda_0^s, \tag{B.19}$$

其中 δ 可由缩小鞍点邻域的大小而取得足够地小, 且当 $s \to +\infty$ 时 $\widetilde{\varphi}_2(s) \to 0$ ($\widetilde{\varphi}_2$ 在固定的 $x = x_s^{(n)}$ 给出 $||f_{21}||$ 的上界. 由 (B.2) 当 $x \to 0$ 时它趋于零).

由 (B.18), (B.19), 我们分别得到

$$\left\|\sum_{s=0}^{j-1} \lambda_0^{-s} f_1(x_s^{(n)}, u_s^{(n)}, y_s^{(n)}, v_s^{(n)}, \mu)\right\| \leqslant \sum_{s=0}^{j-1} \lambda_0^s \widetilde{\varphi}_1(k-s) + C\sum_{s=0}^{j-1} \gamma_0^{s-k}\varphi_2(s)$$

以及

$$\left\|\sum_{s=0}^{j-1} (\lambda')^{-s} f_2(x_s^{(n)}, u_s^{(n)}, y_s^{(n)}, v_s^{(n)}, \mu)\right\| \leqslant \sum_{s=0}^{j-1} \left(\frac{\lambda_0}{\lambda'}\right)^s [\widetilde{\varphi}_2(s) + \delta\varphi_2(s)].$$

因此 (见 (B.11)), 如果

$$\varphi_1(k) = \sum_{s=0}^{k-1} \lambda_0^s \widetilde{\varphi}_1(k-s) + C\sum_{s=0}^{k-1} \gamma_0^{s-k}\varphi_2(s) \tag{B.20}$$

和

$$\varphi_2(j) = \left(\frac{\lambda'}{\lambda_0}\right)^j \left(\varepsilon + \frac{1}{\lambda'}\sum_{s=0}^{j-1} \left(\frac{\lambda_0}{\lambda'}\right)^s [\widetilde{\varphi}_2(s) + \delta\varphi_2(s)]\right), \tag{B.21}$$

则 $(x,u)^{(n+1)}$ 将满足 (B.10).

大家知道, 当 $k \to +\infty$ 时对任何 $\alpha < 1$ 和当 $k-s \to +\infty$ 时趋于零的任何序列 φ 和式

$$\sum_{s=0}^{k-1} \alpha^s \varphi(k-s)$$

趋于零. 因此方程 (B.20) 实际上定义了收敛于零的序列 $\varphi_1(k)$, 只要 $s \to +\infty$ 时 $\varphi_2(s)$ 趋于零.

由 (B.21), 给出的序列 $\varphi_2(j)$ 可重写为

$$\varphi_2(j+1)=\frac{\lambda'}{\lambda_0}\left(1+\frac{\delta}{\lambda'}\right)\cdot\varphi_2(j)+\frac{1}{\lambda_0}\cdot\widetilde{\varphi}_2(j).$$

由于对充分小 δ, $\frac{\lambda'}{\lambda_0}\left(1+\frac{\delta}{\lambda'}\right)<1$, 以及当 $j\to\infty$ 时 $\widetilde{\varphi}_2(j)\to 0$, 得知由这个公式 $\varphi_2(j)$ 的确趋于零.

由问题的对称性, 可用完全类似的方法求得适当函数 ψ_1 和 ψ_2. 这样我们已经证明了估计 (B.10). 要完成引理的证明, 还需要证明 (B.9) 的解 (x_j,u_j,y_j,v_j) 的所有导数有类似的估计.

在 3.7 节我们已经证明逐次逼近收敛于边值问题的解以及它们的导数. 因此, 我们可以**假设**对某些与 n 无关但依赖于导数的阶数 $|p|$ 的收敛于零的序列 $\varphi_{1,2}$ 和 $\psi_{1,2}$, n 次逼近满足[2]

$$\begin{aligned}
&||D_p x_j^{(n)}-D_p(A_1(\mu)^j x^0)||\leqslant k^{p_2}\lambda_0^j\varphi_1^{(p)}(k),\\
&||D_p u_j^{(n)}||\leqslant k^{p_2}\lambda_0^j\varphi_2^{(p)}(j),\\
&||D_p y_j^{(n)}-D_p(B_1(\mu)^{-(k-j)}y^1)||\leqslant k^{p_2}\gamma_0^{-(k-j)}\psi_1^{(p)}(k),\\
&||D_p v_j^{(n)}||\leqslant k^{p_2}\gamma_0^{-(k-j)}\psi_2^{(p)}(k-j).
\end{aligned}\tag{B.22}$$

于是, 基于这个假设, 我们必须证明下一个逼近 $\{(x_j^{(n+1)},\ u_j^{(n+1)},\ y_j^{(n+1)},\ v_j^{(n+1)})\}_{j=0}^k$ 满足相同的估计.

事实上, 我们只需要对 $x_j^{(n+1)}$ 和 $u_j^{(n+1)}$ 验证. 由问题的对称性, 可对 $y_j^{(n+1)}$ 和 $v_j^{(n+1)}$ 得到类似的结论.

微分 (B.11) 给出

$$\begin{aligned}
D_p x_j^{(n+1)}&=D_p(A_1(\mu)^j x^0)+\sum_{s=0}^{j-1}D_p\left(A_1(\mu)^{j-s-1}f_1(x_s^{(n)},u_s^{(n)},y_s^{(n)},v_s^{(n)},\mu)\right),\\
D_p u_j^{(n+1)}&=D_p(A_2(\mu)^j u^0)+\sum_{s=0}^{j-1}D_p\left(A_2(\mu)^{j-s-1}f_2(x_s^{(n)},u_s^{(n)},y_s^{(n)},v_s^{(n)},\mu)\right).
\end{aligned}$$

[2] 我们用记号 $D_p=\dfrac{\partial^{p_1+p_2}}{\partial(x^0,u^0,y^1,v^1)^{p_1}\partial\mu^{p_2}}$ 其中 $(p=(p_1,\ p_2))$.

由 (B.4), (B.5) 我们有

$$
\begin{aligned}
&||D_p x_j^{(n+1)} - D_p(A_1(\mu)^j x^0)|| \\
\leqslant\ &\text{常数}\cdot\lambda_0^{j-1} \sum_{p_1'=p_1,p_2'=0,\cdots,p_2} k^{p_2-p_2'} \sum_{s=0}^{j-1} \lambda_0^{-s} ||D_{p'} f_1(x_s^{(n)}, u_s^{(n)}, y_s^{(n)}, v_s^{(n)}, \mu)||, \\
&||D_p u_j^{(n+1)}|| \\
\leqslant\ &\text{常数}\cdot(\lambda')^j \left[1 + \sum_{p_1'=p_1,p_2'=0,\cdots,p_2} \sum_{s=0}^{j-1} (\lambda')^{-s} ||D_{p'} f_2(x_s^{(n)}, u_s^{(n)}, y_s^{(n)}, v_s^{(n)}, \mu)||\right].
\end{aligned}
\tag{B.23}
$$

现在, 用与前面相同的方法, 为了证明引理, 我们必须验证类似于 (B.18) 和 (B.19) 的估计关于任何 p 阶导数 $D_p f_{1,2}$ 也成立:

$$
||D_p f_1(x_s^{(n)}, u_s^{(n)}, y_s^{(n)}, v_s^{(n)}, \mu)|| \leqslant [\beta_1(k-s)\lambda_0^{2s} + \beta_2(s)\gamma_0^{s-k}\lambda_0^s] k^{p_2} \tag{B.24}
$$

和

$$
||D_p f_2(x_s^{(n)}, u_s^{(n)}, y_s^{(n)}, v_s^{(n)}, \mu)|| \leqslant [\beta_3(s) + \delta\varphi_2^{(p)}(s)]\lambda_0^s k^{p_2}, \tag{B.25}
$$

其中 δ 可以在缩小所考虑的鞍点不动点的邻域的情况下取得任意小, $\beta_{1,2,3}$ 是收敛于零的某些序列, 此外, β_3 与 (B.22) 中估计量 $\varphi_{1,2}^{(p)}$ 和 $\psi_{1,2}^{(p)}$ 的特殊选择无关, $\beta_{1,2}$ 与 $\varphi_1^{(p)}$ 和 $\psi_1^{(p)}$ 无关 (不过,$\beta_{1,2,3}$ 可以依赖于对应低阶导数的 φ 和 ψ).

由链规则, 导数 $D_p f_i(x_s^{(n)}, u_s^{(n)}, y_s^{(n)}, v_s^{(n)}, \mu)$ 由下面和式估计:

$$
\begin{aligned}
\text{常数}\ \cdot \sum_{q_1,q_2,q_3} &\left\|\frac{\partial^{q_1+q_2+q_3} f_i}{\partial(x,u)^{q_1}\partial(y,v)^{q_2}\partial\mu^{q_3}}(x_s^{(n)}, u_s^{(n)}, y_s^{(n)}, v_s^{(n)}, \mu)\right\| \\
&\times ||D_{l_1}(x_s^{(n)}, u_s^{(n)})|| \cdots ||D_{l_{q_1}}(x_s^{(n)}, u_s^{(n)})|| \\
&\times ||D_{l_{q_1+1}}(y_s^{(n)}, v_s^{(n)})|| \cdots ||D_{l_{q_1+q_2}}(y_s^{(n)}, v_s^{(n)})||,
\end{aligned}
\tag{B.26}
$$

其中 $q_{1,2,3}$ 是满足 $q_1+q_2+q_3 \leqslant p_1+p_2$ 的非负整数, 诸 l 是满足 $l_{11}+\cdots+l_{q_1+q_2,1} = p_1$ 和 $l_{12}+\cdots+l_{q_1+q_2,2}+q_3 = p_2$ 的非负整数对.

由假设, 导数 $||D_l u_s^{(n)}||$ 和 $||D_l v_s^{(n)}||$ 的估计由 (B.22) 给出. 由于 φ_1 和 ψ_1 与 j 无关, 存在与 φ 和 ψ 的特殊选择无关的常数 C, 使得对所有充分大的 k, 当 (B.22) 满足时

$$
||D_l x_s^{(n)}|| \leqslant C\lambda_0^s k^{l_2}, \quad ||D_l y_s^{(n)}|| \leqslant C\gamma_0^{-(k-s)} k^{l_2}. \tag{B.27}
$$

因此, 估计 (B.26) 可重写为

$$
\text{常数}\cdot \sum_{q_1,q_2,q_3} \left\|\frac{\partial^{q_1+q_2+q_3} f_i}{\partial(x,u)^{q_1}\partial(y,v)^{q_2}\partial\mu^{q_3}}(x_s^{(n)}, u_s^{(n)}, y_s^{(n)}, v_s^{(n)}, \mu)\right\| \lambda_0^{q_1 s}\gamma_0^{q_2(s-k)} k^{p_2-q_3}. \tag{B.28}
$$

显然, 在对 f_1 的估计中, 满足 $q_1 \geqslant 2$ 和 $q_2 \geqslant 1$ 的项适合 (B.24), f_2 的估计中所有满足 $q_1 \geqslant 2$ 的项适合 (B.25). 我们也指出,

$$\frac{\partial^{q_2+q_3} f_i}{\partial(y,v)^{q_2}\partial\mu^{q_3}} \equiv \frac{\partial^{q_2+q_3} f_{i1}}{\partial(y,v)^{q_2}\partial\mu^{q_3}} \cdot x_s^{(n)} + \frac{\partial^{q_2+q_3} f_{i2}}{\partial(y,v)^{q_2}\partial\mu^{q_3}} \cdot u_s^{(n)} = o(\lambda_0^s)$$

(我们用了 (B.10), (B.16) 和恒等式 (B.2), 这给出当 $x \to 0$ 时 $\dfrac{\partial^{q_2+q_3} f_{i1}}{\partial(y,v)^{q_2}\partial\mu^{q_3}} \to 0$). 因此, 对 f_1 的估计 (B.28) 中满足 $q_1 = 0$ 和 $q_2 \geqslant 1$ 的项以及对 f_2 的估计中满足 $q_1 = 0$ 的所有项分别也适合 (B.24) 和 (B.25).

情形 $q_1 = 0, q_2 = 0$ 对应于只对 μ 的微分 (即 $p_1 = 0$ 和 $p_2 = q_3$). 回忆关于 μ 的第 $(r-1)$ 阶导数可以不存在, 因此我们必须仅对 $q_3 \leqslant r-2$ 估计导数 $\dfrac{\partial^{q_3} f_1}{\partial\mu^{q_3}}$. 这些导数关于 (x,u,y,v) 光滑, 因此我们可以 (利用在 $(y,v)=0$, 有 $f_1 \equiv 0$. 见 (B.2)) 写为

$$\left\|\frac{\partial^{q_3} f_1}{\partial\mu^{q_3}}\right\| \leqslant \|y,v\| \cdot \sup\left\|\frac{\partial}{\partial(y,v)}\frac{\partial^{q_3} f_1}{\partial\mu^{q_3}}\right\|.$$

由此, 所考虑的项的估计恰如其它项在 $q=0$ 时的估计.

(B.26) 中最后剩下要研究的项是 $(q_1 = 1)$

$$\left\|\frac{\partial}{\partial x}\frac{\partial^{q_2+q_3} f_i}{\partial(y,v)^{q_2}\partial\mu^{q_3}}\right\| \cdot \gamma_0^{q_2(s-k)}\lambda_0^s k^{p_2-q_3}$$

和

$$\left\|\frac{\partial}{\partial u}\frac{\partial^{q_2+q_3} f_i}{\partial(y,v)^{q_2}\partial\mu^{q_3}}\right\| \cdot \gamma_0^{q_2(s-k)} o(\lambda_0^s) k^{p_2-q_3}.$$

注意, 当 $(x,u) \to 0$ 时 $f'_{ix} \to 0$ (见 (B.2)). 因此, 上面两项都以 $\gamma_0^{q_2(s-k)} o(\lambda_0^s) k^{p_2}$ 为估计, 即它们适合 (B.25). 如果 $q_2 \geqslant 1$, 则适合 (B.24).

剩下来考虑对 f_1 的情形 $q_1 = 0, q_2 = 0$. 为了满足 (B.24) 我们必须证明当 $k - s \to +\infty$ 时

$$\left\|\frac{\partial}{\partial(x,u)}\frac{\partial^{q_3} f_1}{\partial\mu^{q_3}}\right\| \cdot \lambda_0^{-s}$$

趋于零, 这显然可由 (B.16) 得到, 因为 $f_1 = f_{11}x + f_{12}y$ 以及诸 f_{1i} 在 $(y,v)=0$ 为零 (见 (B.2)).

我们已经证明导数 $D_p f_i(x_s^{(n)}, u_s^{(n)}, y_s^{(n)}, v_s^{(n)}, \mu)$ 满足估计 (B.24) 和 (B.25). 注意, 对 $x_s^{(n)}$ 和 $y_s^{(n)}$ 的导数我们仅用了估计 (B.27), 它们与 (B.22) 中的 φ 和 ψ 的选择无关. 因此, (B.24) 中的估计量 $\beta_{1,2}$ 事实上与 φ_1 和 ψ_1 无关. 在 (B.26) 中对 (B.25) 有作用且依赖于 $\varphi_{1,2}^{(p)}$ 和 $\psi_{1,2}^{(p)}$ 的仅有项是

$$\|f'_{2u}\| \cdot \|D_p u_s^{(n)}\| \quad 和 \quad \|f'_{2v}\| \cdot \|D_p v_s^{(n)}\|.$$

这里第一项的估计为 $\delta\lambda_0^s\varphi_2^{(p)}(s)k^{p_2}$, 其中 δ 可取任意小. 第二项的估计为

$$k^{p_2}\psi_2^{(p)}(k-s)\cdot(\|f'_{21v}\|\ \|x_s^{(n)}\| + \|f'_{22v}\|\ \|u_s^{(n)}\|),$$

对充分大的 k 这给出与 $\varphi_{1,2}^{(p)}$ 和 $\psi_{1,2}^{(p)}$ 的选择无关的估计 $o(\lambda_0^s)k^{p_2}$ (见 (B.16), (B.2)). 所有这些完全与 (B.25) 是一致的.

现在, 对接下来的逼近 $\{(x_j^{(n+1)}, u_j^{(n+1)}, y_j^{(n+1)}, v_j^{(n+1)})\}_{j=0}^k$, 估计 (B.22) 的正确性由 (B.24), (B.25) 得到, 它**刚好**与由 (B.18), (B.19) 得到 (B.10) 的正确性的方法完全一样. 引理得证.

注 在映射至少是 $\mathbb{C}^3$ – 光滑的情形, 用同样方法可得到 (B.6) 和 (B.7) 中函数 ξ 和 η 以及它们直到 $(r-2)$ 阶导数稍微好一点的估计, 就是其中项 $o(\lambda_0^k)$ 和 $o(\gamma_0^{-k})$ 分别由 $O((\lambda')^k)$ 和 $O((\gamma')^{-k})$ 代替 (见 Gonchenko 和 Shilnikov [27]).

参考文献

[1] Afraimovich, V. S., Gavrilov, N. K., Lukyanov, V. S. and Shilnikov, L. P. [1985] *The Principal Bifurcations of Dynamical Systems*, Textbook, (Gorky State University: Gorky).

[2] Afraimovich, V. S. and Shilnikov, L. P. [1974] "On small periodic perturbations of autonomous systems," *Doclady AN SSSR* **5**, 734–742.

[3] Afraimovich, V. S. and Shilnikov, L. P. [1977] "The annulus principle and problems on interaction of two self-oscillation systems," *Prikladnaja Matematika i Mehanika* **41**, 618–627.

[4] Andronov, A. A. [1933] "Mathematical problems of the theory of selfoscillations," *Proc. of Vsesojuznaja konferenziya po kolebanijam, Moscow-Leningrad.* GTTI.

[5] Andronov, A. A., Leontovich, E. A., Gordon, I. E. and Maier, A. G. [1973] *The Theory of Dynamical Systems on a Plane* (Israel program of scientific translations, Israel).

[6] Andronov, A. A., Leontovich, E. A., Gordon, I. E. and Maier, A. G. [1971] *The Theory of Bifurcations of Dynamical Systems on a Plane* (Israel program of scientific translations, Israel).

[7] Andronov, A. A. and Pontryagin, L. S. [1937] "Systèmes grossieres," *Dokl. Acad. Nauk SSSR* **14**(5), 247–251.

[8] Andronov, A. A. and Vitt, A. A. [1933] "On Lyapunov stability," *Zhurnal Eksperimental'noi i Teoreticheskoi Fisiki* **5**.

[9] Andronov, A. A., Vitt, A. A. and Khaikin, S. E. [1966] *Theory of Oscillations* (Pergamon Press: Oxford).

[10] Arnold, V. I. [1983] *Geometrical Methods in the Theory of Ordinary Differential Equations* (Springer-Verlag: New York).[1]

1 有中译本 (译自俄文版)——阿诺尔德 (В. И. Арнольд) 著. 常微分方程的几何方法. 齐民友, 译. 北京: 科学出版社, 1989.

[11] Belitskii, G. R. [1961] "An algorithm for finding all vertices of convex polyhedral sets," *J. SIAM* **9**(1), 72–88.

[12] Belitskii, G. R. [1979] *Normal Forms, Invariants, and Local Mappings* (Naukova Dumka: Kiev).

[13] Bendixson, J. [1901] "Sur les courbes definies par les equations differentielles," *Acta Mathem.* **24**.

[14] Birkhoff, G. D. [1927] *Dynamical Systems* (A.M.S. Publications: Providence).

[15] Birkhoff, G. D. [1935] "Nouvelles recherches sur les systèmes dynamiques," *Memoire Pont. Acad. Sci. Novi Lyncaei* **1**(3), 85–216.

[16] Bronstein, I. U. and Kopanskii, A. Ya. [1994] *Smooth Invariant Manifolds and Normal Forms.* World Scientific Series A on Nonlinear Science, Vol. 7 (World Scientific: Singapore).

[17] Bruno, A. D. [1979] *The Local Method of Nonlinear Analysis of Differential Equations* (Nauka: Moscow).

[18] Bruno, A. D. [1991] "On finitely smooth linearization of a system of differential equations near a hyperbolic singular point," *Doklady AN SSSR* **318**(3), 524–527.

[19] Cartwright, M. L. and Littlewood, J. E. [1945] "On nonlinear differential equations of the second order, I: The equation $\ddot{y}+k(1-y^2)\dot{y}+y=b\lambda k\cos(\lambda t+a)$, k large," *J. Lond. Math. Soc.* **20**, 180–189.

[20] Chen, K. T. [1963] "Equivalence and decomposition of vector fields about an elementary critical point," *Amer. J. Math.* **85**(4), 693–722.

[21] Coddington, E. A. and Levisnon, N. [1955] *Theory of Ordinary Differential Equations* (McGraw-Hill Book Company: New York).

[22] Denjoy, A. [1932] "Sur les courbes définies par les équations différentielles á la surface du tore," *J. Math.* **17**(IV), 333–375.

[23] Dulac, H. [1912] "Solutions d'un systeme d'equations differentielles dans le voisinage des valeurs singulieres," *Bull. Math. France* **40**, 324–383.

[24] Floquet, G. [1883] "Sur les équations differéntielles linéaires á coefficients périodiques," *Ann. Ecole Norm., Ser. 2* **12**, 47–89.

[25] Gavrilov, N. K. and Shilnikov, A. L. [1996], "On a blue sky catastrophe model," *Proc. Int. Conf. Comtemp. Problems of Dynamical Systems Theory*, Ed. Lerman, L. (Nizhny Novgorod State University: Nizhny Novgorod).

[26] Gonchenko, S. V. and Shilnikov, L. P. [1986] "On dynamical systems with structurally unstable homoclinic curves," *Soviet Math. Dokl.* **33**(1), 234–238.

[27] Gonchenko, S. V. and Shilnikov, L. P. [1993] "On moduli of systems with a structurally unstable homoclinic Poincaré curve," *Russian Acad. Sci. Izv. Math.* **41**(3), 417–445.

[28] Gonchenko, S. V., Shilnikov, L. P. and Turaev, D. V. [1993a] "On models with non-rough Poincaré homoclinic curves," *Physica D* **62**, 1–14.

[29] Gonchenko, S. V., Shilnikov, L. P. and Turaev, D. V. [1993b] "Dynamical phenomena in multi-dimensional systems with a structurally unstable homoclinic Poincaré curve," *Russian Acad. Sci. Dokl. Math.* **47**(3), 410–415.

[30] Gonchenko, S. V., Shilnikov, L. P. and Turaev, D. V. [1996] "Dynamical phenomena in systems with structurally unstable Poincaré homoclinic orbits," *Interdisc. J. Chaos* **6**(1), 1–17.

[31] Grobman, D. M. [1959] "On homeomorphisms of systems of differential equations," *Doklady AN SSSR* **128**(5), 880–881.

[32] Hadamard, J. [1901] "Sur l'itération et les solutions a asymptotiques des équations différentielles," *Bull. Soc. Math. France* **29**, 224–228.

[33] Hartman, F. [1964] *Ordinary Differential Equations* (Wiley: New York).

[34] Hermann, M. [1971] "Mesure de Lebesgue et nombre de rotation," *Proc. Symp. Geometry and Topology*, Lecture Notes in Mathematics, Vol. 597 (Springer-Verlag: New York), pp. 371–295.

[35] Hirsch, M., Pugh, C. and Shub, M. [1977] *Invariant Manifolds*, Lecture Notes in Mathematics, Vol. 583 (Springer-Verlag: New York).

[36] Homburg, A. J. [1996] "Global aspects of homoclinic bifurcations of vector fields," *Memoirs of the A.M.S.* **578**.

[37] Kelley, A. [1967] "The stable, center-stable, center-unstable, unstable manifolds," *J. Diff. Eq.* **3**, 546–570.

[38] Krylov, N. M. and Bogolyubov, N. N. [1947] *Introduction to Nonlinear Mechanics* (Princeton Univ. Press: Princeton).

[39] Lancaster, P. [1969] *Theory of Matrices* (Academic Press: New York).

[40] Leontovich, E. A. [1951] "On a birth of limit cycles from a separatrix loop," *DAN SSSR* **78**(4), 641–644.

[41] Lerman, L. M. and Shilnikov, L. P. [1973] "On the classification of structurally stable nonautonomous systems of second order with a finite number of cells." *Sov. Math. Dokl.* **14**(2), 444–448.

[42] Lorenz, E. N. [1963] "Deterministic non-periodic flow," *J. Atmos. Sci.* **20**, 130–141.

[43] Lyapunov, A. M. [1950] *The General Problem on Stability Motion* (Gostekhizdat: Moscow).

[44] Markov, A. A. [1933] "Stabilitat im Liapunoffschen Sinne und Fastperiodizitat," *Math. Zeitschr.* **36**.

[45] Maier, A. G. [1939] "A rough transformation of circle into circle," *Uchenye zapiski universiteta*, **12** (Gorky University: Gorky), pp. 215–229.

[46] de Melo, W. and Pugh, C. [1994] "The $\mathbb{C}^1$ Brunovsky hypothesis," *Diff. Equations.* **112**, 300–337.

[47] Nemytskii, V. V. and Stepanov, V. V. [1960] *Qualitative Theory of Differential Equations* (Princeton Univ. Press: Princeton).[2]

[2] 有中译本 (译自俄文版)——涅梅茨基 (В. В. Немыцкий), 斯捷巴诺夫 (В. В. Степанов) 著. 微分方程定性论 (上册). 王柔怀, 童勤谟, 译. 北京: 科学出版社, 1956; 涅梅茨基 (В. В. Немыцкий), 斯捷巴诺夫 (В. В. Степанов) 著. 微分方程定性论 (下册). 王柔怀, 童勤谟, 译. 北京: 科学出版社, 1959.

[48] Ovsyannikov, I. M. and Shilnikov, L. P. [1987] "On systems with a saddlefocus homoclinic curve," *Math. USSR Sb.* **58**, 557–574.

[49] Ovsyannikov, I. M. and Shilnikov, L. P. [1992] "Systems with a homoclinic curve of multidimensional saddle-focus type, and spiral chaos," *Math. USSR Sb.* **73**, 415–443.

[50] Perron, O. [1930] "Die Stabilitätsfrage bei Differentialgleichungen," *Math. Zeitschrift* **32**, 703–728.

[51] Petrowsky, I. [1934] "Uber das Verhalten der Integralkurven eines Systems gewöhnlicher Differentialgleichungen in der Nähe eines singularen *Punktes. Matemat. Sbornik* **41**, 108–156.

[1930] "Über das Verhalten der Integralkurven eines Systems gewohnlicher Differentialgleichungen in der Nähe eines singularen Funktes," *Math. Zeitschrift.*

[52] Pliss, V. A. [1964] "A reduction principle in the theory of stability of motion," *Izv. Akad. Nauk SSSR Ser. Mat.* **28**, 1297–1324.

[53] Poincaré, H. [1892, 1893, 1899] *Les méthodes nouvelles de la mécanique céleste*, Vols. 1–3, (Gauthier-Villars: Paris).

[54] Poincaré, H. [1921] "Analyse des travans de Henri Poincaré faite par luimeme," *Acta mathematica* **38**, 36–135.

[55] Samovol, V. S. [1972] "On linearization of systems of differential equations in the vicinity of a singular point," *Doklady AN SSSR* **206**(3), 542–548.

[56] Sanstede, B. [1995] " Center manifold for homoclinic solutions," *Weierstrass Inst. Appl. Analysis & Stochastic, preprint N* 186.

[57] Shashkov, M. V. [1991] "On existence of a smooth invariant twodimensional attractive manifold for systems with a separatrix contour," in *Methods of Qualitative Theory and Theory of Bifurcations* (Nizhny Novgorod State University, Russia), pp. 61–73.

[58] Shashkov, M. V. [1994] "Bifurcations of separatrix contours," Ph.D. thesis, Nizhny Novgorod State University, Russia.

[59] Shashkov, M. V. and Turaev, D. V. [1997] "On a proof of the global center invariant manifolds," *to appear.*

[60] Shilnikov, L. P. [1963] "Some cases of degeneration of periodic motion from singular trajectories," *Math. USSR Sbornik* **61**, 443–466.

[61] Shilnikov, L. P. [1965] "A case of the existence of a denumerable set of periodic motions," *Sov. Math. Dokl.* **6**, 163–166.

[62] Shilnikov, L. P. [1967] "The existence of a denumerable set of periodic motions in four-dimensional space in an extended neighborhood of a saddlefocus," *ibid* **8**(1), 54–58.

[63] Shilnikov, L. P. [1967] "On a Poincaré-Birkhoff problem," *Math. USSR Sbornik* **3**, 415–443.

[64] Shilnikov, L. P. [1969] "On a new type of bifurcation of multi-dimensional dynamical systems," *Soviet Math. Dokl.* **10**, 1368–1371.

[65] Shilnikov, L. P. [1970] "A contribution to the problem of the structure of an extended neighborhood of a rough equilibrium state of saddle-focus type," *Math. USSR Sbornik*

10(1), 91–102.

[66] Shilnikov, L. P. and Turaev, D. V. [1995] "On a blue sky catastrophy," *Soviet Math. Dokl.* **342**(5), 596–599.

[67] Siegel, C. L. [1952] "Über die normal form analytischer Differential-Gleichungen in der Nahe einer Gleichgenwichtslösung," *Nach. der Acad. Wiss. Göttingen,* 21–30.

[68] Smale, S. [1965] "Diffeomorphisms with many periodic points," in *Diff. and Combin. Topology*, ed. by S. Cairns (Princeton Univ. Press: Princeton), pp. 63–80.

[69] Smale, S. [1967] "Differentiable dynamical systems," *Bull. Amer. Math. Soc.* **73**, 747–817.

[70] Shoshitaishvili, A. N. [1975] "Bifurcations of the topological type of a vector field near a singular point," *Trudy Seminarov I. G. Petrovskogo* **1**, 279–309.

[71] Sternberg, S. [1958a] "Local contraction and a theorem of Poincaré," *Amer. J. Math.* **79**, 809–824.

[72] Sternberg, S. [1958b] "On the structure of local homeomorphisms of Euclidian n-space, II," ibid. **80**, 623–631.

[73] Turaev, D. V. [1984] "On a case of bifurcations of a contour composed by two homoclimic curves of a saddle," in *Methods of Qualitative Theory of Differential Equations* (Gorky State University: Gorky), pp. 162–175.

[74] Turaev, D. V. [1991] "On bifurcations of dynamical systems with two homoclinic curves of the saddle," Ph.D. thesis, Nizhny Novgorod State University, Russia.

[75] Turaev, D. V. [1996] "On dimension of non-local bifurcational problems," *Int. J. Bifurcation and Chaos* **2**(4), 911–914.

[76] Shilnikov, L. P. [1994] "Chua's Circuit: Rigorous results and future problems," *Int. J. Bifurcation and Chaos* **4**(3), 489–519.

[77] Mira, C. [1997] "Chua's Circuit and the qualitative theory of dynamical systems," *Int. J. Bifurcation and Chaos* **7**(6), 1911–1916.

[78] Madan, R. N. [1993] *Chua's Circuit: A Paradigm for Chaos* (World Scientific: Singapore).

[79] Pivka, L., Wu, C. W. and Huang, A. [1996] "Lorenz equation and Chua's equation," *Int. J. Bifurcation and Chaos* **6**(12B), 2443–2489.

[80] Wu, C. W. and Chua, L. O. [1996] "On the generality of the unfolded Chua's Circuit," *Int. J. Bifurcation and Chaos* **6**(5), 801–832.

[81] Chua, L. O. [1998] *CNN: A Paradigm for Complexity* (World Scientific: Singapore).

第一卷和第二卷索引

A

B

C

G

H

J

K

L

M

N

O

P

Q

R

S

X

Y

Z

相关图书清单

序号	书号	书名	作者
1	9787040183030	微积分学教程（第一卷）（第 8 版）	[俄] Г. М. 菲赫金哥尔茨
2	9787040183047	微积分学教程（第二卷）（第 8 版）	[俄] Г. М. 菲赫金哥尔茨
3	9787040183054	微积分学教程（第三卷）（第 8 版）	[俄] Г. М. 菲赫金哥尔茨
4	9787040345261	数学分析原理（第一卷）（第 9 版）	[俄] Г. М. 菲赫金哥尔茨
5	9787040351859	数学分析原理（第二卷）（第 9 版）	[俄] Г. М. 菲赫金哥尔茨
6	9787040287554	数学分析（第一卷）（第 7 版）	[俄] В. А. 卓里奇
7	9787040287561	数学分析（第二卷）（第 7 版）	[俄] В. А. 卓里奇
8	9787040183023	数学分析（第一卷）（第 4 版）	[俄] В. А. 卓里奇
9	9787040202571	数学分析（第二卷）（第 4 版）	[俄] В. А. 卓里奇
10	9787040345247	自然科学问题的数学分析	[俄] В. А. 卓里奇
11	9787040183061	数学分析讲义（第 3 版）	[俄] Г. И. 阿黑波夫 等
12	9787040254396	数学分析习题集（根据 2010 年俄文版翻译）	[俄] Б. П. 吉米多维奇
13	9787040310047	工科数学分析习题集（根据 2006 年俄文版翻译）	[俄] Б. П. 吉米多维奇
14	9787040295313	吉米多维奇数学分析习题集学习指引（第一册）	沐定夷、谢惠民 编著
15	9787040323566	吉米多维奇数学分析习题集学习指引（第二册）	谢惠民、沐定夷 编著
16	9787040322934	吉米多维奇数学分析习题集学习指引（第三册）	谢惠民、沐定夷 编著
17	9787040305784	复分析导论（第一卷）（第 4 版）	[俄] Б. В. 沙巴特
18	9787040223606	复分析导论（第二卷）（第 4 版）	[俄] Б. В. 沙巴特
19	9787040184075	函数论与泛函分析初步（第 7 版）	[俄] А. Н. 柯尔莫戈洛夫 等
20	9787040292213	实变函数论（第 5 版）	[俄] И. П. 那汤松
21	9787040183986	复变函数论方法（第 6 版）	[俄] М. А. 拉夫连季耶夫 等
22	9787040183993	常微分方程（第 6 版）	[俄] Л. С. 庞特里亚金
23	9787040225211	偏微分方程讲义（第 2 版）	[俄] О. А. 奥列尼克
24	9787040257663	偏微分方程习题集（第 2 版）	[俄] А. С. 沙玛耶夫
25	9787040230635	奇异摄动方程解的渐近展开	[俄] А. Б. 瓦西里亚娃 等
26	9787040272499	数值方法（第 5 版）	[俄] Н. С. 巴赫瓦洛夫 等
27	9787040373417	线性空间引论（第 2 版）	[俄] Г. Е. 希洛夫
28	9787040205251	代数学引论（第一卷）基础代数（第 2 版）	[俄] А. И. 柯斯特利金
29	9787040214918	代数学引论（第二卷）线性代数（第 3 版）	[俄] А. И. 柯斯特利金
30	9787040225068	代数学引论（第三卷）基本结构（第 2 版）	[俄] А. И. 柯斯特利金
31	9787040502343	代数学习题集（第 4 版）	[俄] А. И. 柯斯特利金
32	9787040189469	现代几何学（第一卷）曲面几何、变换群与场（第5版）	[俄] Б. А. 杜布洛文 等

（续表）

序号	书号	书名	作者
33	9787040214925	现代几何学（第二卷）流形上的几何与拓扑（第5版）	[俄] Б. А. 杜布洛文 等
34	9787040214345	现代几何学（第三卷）同调论引论（第 2 版）	[俄] Б. А. 杜布洛文 等
35	9787040184051	微分几何与拓扑学简明教程	[俄] А. С. 米先柯 等
36	9787040288889	微分几何与拓扑学习题集（第 2 版）	[俄] А. С. 米先柯 等
37	9787040220599	概率（第一卷）（第 3 版）	[俄] А. Н. 施利亚耶夫
38	9787040225556	概率（第二卷）（第 3 版）	[俄] А. Н. 施利亚耶夫
39	9787040225549	概率论习题集	[俄] А. Н. 施利亚耶夫
40	9787040223590	随机过程论	[俄] А. В. 布林斯基 等
41	9787040370980	随机金融数学基础（第一卷）事实 • 模型	[俄] А. Н. 施利亚耶夫
42	9787040370973	随机金融数学基础（第二卷）理论	[俄] А. Н. 施利亚耶夫
43	9787040184037	经典力学的数学方法（第 4 版）	[俄] В. И. 阿诺尔德
44	9787040185300	理论力学（第 3 版）	[俄] А. П. 马尔契夫
45	9787040348200	理论力学习题集（第 50 版）	[俄] И. В. 密歇尔斯基
46	9787040221558	连续介质力学（第一卷）（第 6 版）	[俄] Л. И. 谢多夫
47	9787040226331	连续介质力学（第二卷）（第 6 版）	[俄] Л. И. 谢多夫
48	9787040292237	非线性动力学定性理论方法（第一卷）	[俄] L. P. Shilnikov 等
49	9787040294644	非线性动力学定性理论方法（第二卷）	[俄] L. P. Shilnikov 等
50	9787040355338	苏联中学生数学奥林匹克试题汇编 (1961—1992)	苏淳 编著
51	9787040498707	图说几何（第二版）	[俄] Arseniy Akopyan

图字：01–2009–7933 号

METHODS OF QUALITATIVE THEORY IN NONLINEAR DYNAMICS, PART I

图书在版编目 (CIP) 数据

非线性动力学定性理论方法. 第 1 卷 / (俄罗斯) 施尔尼科夫 (Shilnikov, L.P.) 等著; 金成桴译. — 北京: 高等教育出版社, 2010.9（2024.7重印）

ISBN 978–7–04–029223–7

I. ①非··· II. ①施···②金··· III. ①非线性力学:动力学–定性理论 IV. ①O322

中国版本图书馆 CIP 数据核字 (2010) 第 131080 号

策划编辑 李 鹏　　责任编辑 蒋 青　　封面设计 张 楠
责任绘图 尹 莉　　版式设计 王 莹　　责任校对 金 辉
责任印制 刁 毅

出版发行	高等教育出版社	咨询电话	400–810–0598
社　　址	北京市西城区德外大街 4 号	网　　址	http://www.hep.edu.cn
邮政编码	100120		http://www.hep.com.cn
印　　刷	涿州市京南印刷厂	网上订购	http://www.landraco.com
开　　本	787 × 1092　1/16		http://www.landraco.com.cn
印　　张	20.5	版　　次	2010 年 9 月第 1 版
字　　数	420 000	印　　次	2024 年 7 月第 4 次印刷
购书热线	010–58581118	定　　价	58.00元

本书如有缺页、倒页、脱页等质量问题，请到所购图书销售部门联系调换

物 料 号　29223–00